"十四五"高等职业教育医药类系列教材

零售药店管理
LINGSHOU YAODIAN GUANLI
第二版

（供药学类、中医药类、药品与医疗器械类专业用）

苏兰宜　霍亚丽　主编

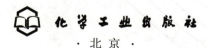

·北京·

内容简介

《零售药店管理》为"十四五"高等职业教育医药类系列教材之一,根据课程改革的需要,落实立德树人根本任务而编写。内容涵盖了药品陈列与养护、处方药零售、非处方药零售、顾客服务、药品零售票据、核算与盘点六个模块,共12个任务。在编写教材过程中,依据《药品经营质量管理规范》《医药商品购销员国家职业标准》《医药商品储运员国家职业资格标准》,坚持以职业活动为导向,注重知识和技能相结合的操作性和实用性。

本教材以零售药店经营活动为框架,组织教学内容,按照实际工作需求和情境,设计工作任务,体现工作过程的程序化观念,使教材更贴近岗位需求,有助于实践能力的培养。本教材重在培养门店店长、营业员、收银员、质管员等岗位职业能力。

本教材按模块、任务进行目录结构设计,基本按学习目标、工作流程、案例导入、案例分析、相关知识、任务实施、任务测评、知识扩展、思考与练习的模式编写,具有实用性和创新性,顺应当前模块化课程改革的要求。

《零售药店管理》是面向高职高专、五年一贯制及中职学生开展营销专业、药品经营与管理专业、药学专业、药剂专业、中药专业等药店管理技能培训用书。也可作为"药品购销"职业技能等级证书考核的参考教材。

图书在版编目(CIP)数据

零售药店管理/苏兰宜,霍亚丽主编. —2版. —北京:化学工业出版社,2023.9
"十四五"高等职业教育医药类系列教材
ISBN 978-7-122-43589-7

Ⅰ.①零⋯ Ⅱ.①苏⋯②霍⋯ Ⅲ.①药品-专业商店-商业经营-高等职业教育-教材 Ⅳ.①F717.5

中国国家版本馆CIP数据核字(2023)第100828号

责任编辑:陈燕杰   文字编辑:何 芳
责任校对:宋 玮   装帧设计:王晓宇

出版发行:化学工业出版社(北京市东城区青年湖南街13号 邮政编码100011)
印　　刷:三河市航远印刷有限公司
装　　订:三河市宇新装订厂

787mm×1092mm　1/16　印张 19$\frac{3}{4}$　字数452千字　2023年9月北京第2版第1次印刷

购书咨询:010-64518888   售后服务:010-64518899
网　　址:http://www.cip.com.cn

凡购买本书,如有缺损质量问题,本社销售中心负责调换。

定　　价:56.00元   版权所有　违者必究

本书编写人员

编写人员

主　　编　苏兰宜　霍亚丽

副 主 编　张　晶　张　宁

编　　者（以姓氏笔画排序）

苏兰宜（江西省医药学校）

张　宁（山东药品食品职业学院）

张　晶（山东医药技师学院）

张亦含（天津生物工程职业技术学院）

赵文骅（山西药科职业学院）

袁志学（天津生物工程职业技术学院）

高慧丰（山东医药技师学院）

崔荣娜（山东药品食品职业学院）

黎小英（江西省医药学校）

霍亚丽（山东医药技师学院）

前 言

在新医改方案提出后，药品零售企业的竞争日趋激烈。加上新版《中华人民共和国药品管理法》及一系列配套的法律法规的颁布和实施，对零售药店采购、验收、储存、养护、销售等环节有了新的规定，对零售药店从业人员提出了更高的要求。2022年10月，习近平总书记在党的二十大报告中指出，要推进健康中国建设，深化医药卫生体制改革，促进医保、医疗、医药协同发展和治理。在这样的机遇下，药品零售企业需要加快企业扩张速度，提高连锁水平，完善企业内部管理机制，努力提高药店自身的管理水平，同时零售药店各岗位面临技能人才的紧缺问题也迫在眉睫。

本书在《药店零售技术》第一版基础之上进行了修订并充分考虑当前形势的需求。本教材按模块、任务进行目录结构设计，基本按"学习目标、工作流程、案例导入、案例分析、相关知识、任务实施、任务测评、知识扩展、思考与练习"的格式编写，具有实用性和创新性，顺应当前模块化课程改革的要求。

教材共分六个模块，12个任务。分别如下：模块一药品陈列与养护，包括任务一药品陈列和任务二药品贮存养护；模块二处方药零售，包括任务三西药处方药零售和任务四中药处方药零售；模块三非处方药零售，包括任务五非处方药零售；模块四顾客服务，包括任务六处理顾客投诉、任务七退换货处理和任务八药品不良反应报告；模块五药品零售票据，包括任务九销售凭据填写和任务十进销存日报表的填写；模块六核算与盘点，包括任务十一柜组核算和任务十二盘点操作。编写分工如下：苏兰宜编写任务三，霍亚丽编写任务五，张晶编写任务四，张宁编写任务六和任务八，张亦含编写任务十二和附录二，赵文骅编写任务十和任务十一，袁志学编写任务二，高慧丰编写任务五和任务七，崔荣娜编写任务九和附录一，黎小英编写任务一。本书由苏兰宜、霍亚丽主编。

  本教材在编写过程中，进行了大量的调研，得到了许多行业专家、企业技术人员、参编单位的支持和帮助，在此表示衷心的感谢！由于编者水平有限，本书难免存在疏漏与不足之处，望广大读者批评指正。

编　者

2023年6月

目录

001 模块一　药品陈列与养护

002 任务一　药品陈列
- 002　学习目标
- 002　工作流程
- 003　案例导入
- 003　案例分析
- 004　相关知识
- 013　任务实施
- 014　任务测评
- 016　知识扩展
- 019　思考与练习

022 任务二　药品贮存养护
- 022　学习目标
- 022　工作流程
- 027　案例导入
- 027　案例分析
- 028　相关知识
- 037　任务实施
- 038　任务测评
- 038　知识扩展
- 044　思考与练习

047 模块二　处方药零售

048 任务三　西药处方药零售
- 048　学习目标
- 048　工作流程
- 051　案例导入
- 051　案例分析
- 053　相关知识
- 062　任务实施
- 067　任务测评
- 069　知识扩展
- 071　思考与练习

074　任务四　中药处方药零售

- 074　学习目标
- 074　工作流程
- 077　案例导入
- 078　案例分析
- 078　相关知识
- 089　任务实施
- 091　任务测评
- 091　知识扩展
- 095　思考与练习

099　模块三　非处方药零售

100　任务五　非处方药零售

- 100　学习目标
- 100　工作流程
- 145　案例导入
- 145　案例分析
- 146　相关知识
- 151　任务实施
- 152　任务测评
- 154　知识扩展
- 172　思考与练习

175　模块四　顾客服务

176　任务六　顾客投诉处理

- 176　学习目标
- 176　工作流程
- 177　案例导入
- 177　案例分析
- 178　相关知识
- 182　任务实施
- 183　任务测评
- 184　知识扩展
- 185　思考与练习

187　任务七　退换货处理

- 187　学习目标
- 187　工作流程
- 189　案例导入
- 189　案例分析
- 190　相关知识
- 199　任务实施
- 201　任务测评
- 202　知识扩展
- 204　思考与练习

208　任务八　药品不良反应报告

- 208　学习目标
- 208　工作流程
- 208　案例导入
- 209　案例分析
- 209　相关知识
- 219　任务实施
- 222　任务测评
- 222　知识扩展
- 222　思考与练习

225　模块五　药品零售票据

226　任务九　销售凭据填写

- 226　学习目标
- 226　工作流程
- 228　案例导入
- 228　案例分析
- 230　相关知识
- 233　任务实施
- 234　任务测评
- 235　知识扩展
- 236　思考与练习

239　任务十　进销存日报表的填写

- 239　学习目标
- 239　工作流程
- 240　案例导入
- 242　相关知识
- 244　任务实施
- 245　任务测评
- 245　知识扩展
- 246　思考与练习

249　模块六　核算与盘点

250　任务十一　柜组核算

250　学习目标
250　工作流程
255　案例导入
255　案例分析
256　相关知识
257　任务实施
258　任务测评
258　知识扩展
259　思考与练习

262　任务十二　盘点操作

262　学习目标
262　工作流程
265　案例导入
265　案例分析
265　相关知识
271　任务实施
272　任务测评
272　知识扩展
273　思考与练习

275　附录一　药店质量管理制度

298　附录二　药店质量管理表式

305　参考文献

数字资源

数字资源1-1　药店商品的简单分类——药品陈列必备技能
数字资源1-2　药品养护检查
数字资源2-1　处方的相关知识
数字资源2-2　中药饮片调配操作流程
数字资源3-1　非处方药零售
数字资源4-1　顾客投诉处理
数字资源4-2　零售药店药品退换货程序
数字资源4-3　药品不良反应
数字资源5-1　销售凭据填写
数字资源5-2　进销存报表制作
数字资源6-1　盘点操作注意事项

教学PPT

习题答案

模块一

药品陈列与养护

任务一
药品陈列

学习目标

1. 掌握药品陈列的操作流程。
2. 掌握药品的分类方法和陈列原则。
3. 熟悉门店布局和功能区,熟悉药店陈列设施设备。
4. 能按陈列原则及要求正确地进行陈列。
5. 能熟练进行中药饮片的装斗、换斗。

扫一扫 数字资源1-1 药店商品的简单分类——药品陈列必备技能

工作流程

(一)陈列前准备

1. 验收合格的商品

做好验收记录后,按《药品经营质量管理规范》(GSP)要求的分类陈列原则进行分类整理。若有首次配送的新品种,先将其条形码和价格信息录入电脑及POS机,并规范填写相应的标价签。

2. 检查中药斗橱

将斗内饮片量不足的斗橱拉出,以备补货。

(二)药品陈列操作流程

1. 药品上架陈列

(1)属原有经营品种,按卖场分区,对应原陈列位置,直接上架补货,并依照其特点采取适宜的陈列方式。

(2)属首次配送的新品种,按其分类性质和陈列原则,安排新的陈列位置,上架陈列，并加挂已填写好的标价签。

（3）属总部指定促销的品种，应选择端架或靠近收银台处等优势货位陈列。

2.中药材、中药饮片补货操作

（1）将需要补货的药斗拉出，取出药斗内剩余的饮片，过筛除去饮片粉屑备用。

（2）清斗，将药斗清理干净。

（3）把新到的中药饮片核对无误后加入药斗下层，将过筛后的陈货加在上面。

（4）药斗归位，并复核中药名称与内装饮片一致。

（三）结束过程

（1）剩余品种存放　可选择相应区域内的边柜或脚橱暂时存放。

（2）价签复核　将新陈列上架的商品与价签逐一核对，尤其是注意商品的规格、等级、产地与价签上是否一致，以防差错。

（3）贮存　剩余中药材、中药饮片标记好后贮存。

（四）药品陈列的质量控制点

（1）货架和斗橱补货时，按有效期先后排列，新货摆放在后面或底层，保证"先产先出、近期先出"。

（2）对配送的进口品种，要在价签上标明产地，要将供货商的《进口药品注册证》和《进口药品检验报告书》复印件保存在门店档案中，以备相关部门核查。

（3）由供货商制作供展示用的挂旗和挂幅、柜台陈列盒、柜台展示卡等印刷品，在陈列时，一般要先到当地工商行政管理部门注册登记后进行，否则视为非法广告。

（4）中药斗橱补货时，一定要"清斗"后再补货，从而保证中药饮片整洁卫生。

案例导入

药品陈列

某药店的营业员小李，拿了两个中包装的同一种药品到货架上进行陈列，她先将两个中包装打开一端，取出里面所有的药品放在一边，将已空的中包装盒并排放在货架上，把取出的药品仔细地摆放在空包装盒的上面和四周。

案例分析

（1）小李这样陈列的目的是将店内库存较少的药品，借助于空包装盒，给顾客带来一种量大货丰的视觉美感，让顾客有足够的选择余地。

（2）这种陈列法的优点是：① 空包装盒弥补了数量的不足，让商品在货架上看起来丰满充实；② 能使顾客产生"量大就是美"的视觉美感，刺激顾客的购买欲望；③ 成本低、易操作；④ 节约了在店库存药品占用的企业资金。

相关知识

(一) 基本概念

(1) 陈列　系指将适宜的产品以引人注目的方式展示于商店合适的位置，以满足客户需求，从而增加销售。

(2) 陈列点　即陈列位置，好的陈列位置可以提高销售和提升品牌。一般较好的陈列点有：① 顾客进门第一眼看到的位置；② 正对卖场光源，光线充足的位置；③ 各个方向不阻挡视线的位置；④ 同类药品的中间位置；⑤ 收银台边的位置；⑥ 店员经常站立的位置旁边。

(3) 陈列面　系指面向顾客的药品的单侧外包装面，一般指药品外包装的正面。经调查发现，销售额可随着陈列面增大而增加。由于标签可能遮挡商品，因此三个以上陈列面的视觉效果较好。

(4) 中药　系指在中医理论指导下，用于预防、治疗、诊断疾病并具有康复与保健作用的物质。包括中药材、中药饮片、中成药。

(5) 西药　系指以化学方法合成的，或从天然产物中提取的有效成分而制成的药物或制剂，称为化学药。包括化学原料药及其制剂和抗生素，如阿司匹林、青霉素、止痛片等。

(6) 中药材　在传统医术指导下应用的原生药材，其道地药材，是指在特定自然条件、生态环境的地域内所产的药材。

(7) 中药饮片　指在中医药理论体系下，根据辨证施治和调剂、制剂的需要对中药材进行特定加工炮制后的制成品。

(8) 中成药　系指是以中药材为原料，在中医药理论指导下，为了预防及治疗疾病的需要，按规定的处方和制剂工艺将其加工制成一定剂型的中药制品。如六味地黄丸、六神丸等。

(9) 抗生素　系指微生物所产生的具有抗病原体或其他活性的一类次级代谢产物，能干扰其他生活细胞发育功能。如阿莫西林、头孢克肟、庆大霉素等。

(10) 生化药品　系指从动物、植物和微生物等生物体内提取、分离、纯化、合成的活性物质，存在于生物体内，具有一定生理功能的物质。

(11) 生物制品　系指以天然或人工改造的微生物、寄生虫、代谢产物等为起始材料，采用生物学工艺或分离纯化技术制备，并以生物学技术和分析技术控制中间产物和成品质量制成的生物活性制剂，用于某些疾病的预防、治疗和诊断。如疫苗、抗毒素、血液制品、免疫球蛋白等。

(12) 新药　系指未曾在中国境内外上市销售的药品。

(13) 特药　指治疗重特大疾病的一些费用较高、疗效确切且无其他治疗方案可替代的特殊治疗药品。

(14) 仿制药　指与商品名药在剂量、安全性和效力、质量、作用以及适应证上相同的一种药物。

(15) 辅助用药　是指有助于增加主要治疗药物的作用或通过影响主要治疗药物的吸

收、作用机制、代谢以增加其疗效的药物；或在疾病常规治疗基础上，有助于疾病或功能紊乱的预防和治疗的药物。

（16）进口药　指在中国大陆境外生产的药品，在中国大陆注册销售。凡是在中国大陆境外生产，产地在中国大陆以外的地方，从外国或港、澳、台进口的药品在大陆注册销售都叫进口药品。进口药品分两类，一类是港澳台进口的药品，在中国大陆注册销售，发放的是《医药产品注册证》。一类是从其他国家进口的药品，在中国大陆注册销售，发给的是《进口药品注册证》。

（17）剂型　系指药物制剂的形态，为适应治疗或预防的需要而制备的药物应用形式，合适的剂型是为了发挥药物的最佳疗效，减少毒副作用，以及便于使用、贮存和运输。如片剂、胶囊剂、气雾剂等。

（18）含有特殊药品的复方制剂　系指含麻黄碱、可待因、地芬诺酯、甘草浸膏、曲马多等成分的复方制剂。含有特殊药品的复方制剂在临床也需按照特殊药品进行管理，应凭处方购买，并在专业医生指导下使用，不可自行用药。

（二）药品的分类方法

药品分类的目的在于深入研究药品质量和性质，从而有利于合理地组织药品流通，便于仓库的保管与养护，以及消费者选购和使用。药品品种繁多、性质各异，分类的方法不尽相同，常用药品分类方法有如下几种。

1.按药品的来源分类

（1）动物　如牛磺酸、甲状腺等。

（2）植物　如黄连素、长春碱、颠茄等。

（3）矿物　如芒硝、硫黄、硼砂等。

（4）生物　如微生态制剂、辅酶A等。

（5）合成或半合成　如阿司匹林、苯海拉明等。

2.按剂型分类

根据不同的给药途径或形式，可分为以下几类。

（1）注射剂型　如粉针剂、小容量注射液、大容量注射液等。

（2）口服剂型　固体制剂，如片剂、胶囊、颗粒剂、丸剂、散剂等；液体制剂，如口服溶液、糖浆剂、乳剂、混悬剂、合剂等。

（3）外用制剂　固体制剂，如散剂、贴膏剂；半固体制剂，如软膏剂、乳膏剂、栓剂、凝胶剂；液体制剂，如擦剂、洗剂、酊剂、滴眼剂、滴鼻剂、滴耳剂。

（4）其他剂型　如外用喷雾剂、口腔喷雾剂、气雾剂、吸入粉雾剂。

（5）新剂型　如控（缓）释制剂、TTS、脂质体等。

同一种药物，根据临床需要可以制成不同的剂型，如尼莫地平有片剂和注射剂，不同剂型有不同的使用特点，同一种药物剂型不同，作用也不同。

3.按药理作用和治疗用途分类

（1）抗微生物药　如青霉素类、氨基糖苷类、大环内酯类、磺胺类、抗真菌药、抗病毒药等。

(2) 抗寄生虫药　如抗疟药、驱肠虫药等。

(3) 解热镇痛抗炎抗风湿药　如镇痛药、解热镇痛抗炎药、抗痛风药。

(4) 神经系统用药　如抗帕金森病药、抗癫痫药、脑血管病用药、中枢兴奋药等。

(5) 精神障碍药　如抗焦虑药、抗抑郁药、镇静催眠药等。

(6) 呼吸系统用药　如镇咳药、祛痰药、平喘药。

(7) 消化系统用药　如抗酸药、抗溃疡病药、胃动力药、泻药、肝胆辅助用药、微生态制剂等。

(8) 心血管系统用药　如抗心绞痛药、抗心律失常药、抗心力衰竭药、抗高血压药、调脂及抗动脉粥样硬化药等。

(9) 泌尿系统用药　如脱水利尿药、良性前列腺增生药等。

(10) 血液系统用药　如抗贫血药、抗血小板药、抗凝血药及溶栓药等。

(11) 激素及影响内分泌药　如胰岛素及口服降糖药、肾上腺皮质激素药、甲状腺激素及抗甲状腺素药、骨质疏松药等。

(12) 抗过敏药　如氯苯那敏、氯雷他定等。

(13) 维生素、矿物质类药　如维生素A、葡萄糖酸钙、肠外营养药等。

(14) 调节水、电解质及酸碱平衡药　如口服补液盐、碳酸氢钠、葡萄糖等。

(15) 免疫系统用药　如雷公藤多苷、硫唑嘌呤等。

(16) 抗肿瘤药　如烷化剂、抗代谢药、抗肿瘤抗生素等。

(17) 解毒药　如有机磷酸酯中毒解毒药、阿片类中毒解毒药等。

(18) 专科用药　如皮肤科用药、五官科用药、儿科用药、妇科用药等。

本分类方法的优点是使不同用途的药品品类清晰，方便选购，有助于指导患者合理用药。

4. 按药品管理要求分类

药品分类管理是指根据药品的安全性、有效性原则，依其品种、规格、适应证、剂量及给药途径不同，将药品分为处方药和非处方药并作出相应的管理规定。

(1) 按处方药和非处方药分类　处方药必须凭执业医师或执业助理医师处方才可调配、购买和使用。目前处方药分为单轨管理制和双轨管理制，单轨管理制指的是只能凭医师处方才能销售的处方药，主要指抗菌药物，包括抗生素和磺胺类、喹诺酮类及抗结核药物、抗真菌药物；双轨管理制则指也可不凭医师处方即可销售的处方药。非处方药不需要凭执业医师或执业助理医师处方即可自行判断、购买和使用。非处方药经审批可以在大众传播媒介进行广告宣传，处方药只准在专业性医药报刊进行广告宣传。

根据《中华人民共和国药品管理法》的规定，根据药品的安全性，非处方药分为甲类、乙类两类，经营处方药、非处方药的批发企业和经营处方药、甲类非处方药的零售企业必须具有《药品经营企业许可证》。经省级药品监督管理部门或其授权的药品监督管理部门批准的其他商业企业可以零售乙类非处方药。非处方药的包装上必须印有国家制定的非处方药专有标识。

(2) 按普通药品和特殊管理药品分类　特殊管理药品包括麻醉药品、精神药品、医疗用毒性药品、放射性药品，在管理和使用过程中应严格执行国家有关管理规定。

麻醉药品是指连续使用后机体易产生依赖性（成瘾性）、停药后可出现严重的戒断症状的药品。

精神药品是指能直接作用于中枢神经系统，使之兴奋或抑制，连续使用可产生依赖性的药品，其与麻醉药品的主要区别在于精神药品停药后一般不产生戒断症状。

医疗用毒性药品是指毒性剧烈、治疗量与中毒量相近、使用不当会致人中毒或死亡的药品。

放射性药品是指用于临床诊断或治疗的放射性同位素制剂或者其标记化合物，与其他药品的不同之处在于，放射性药品含有的放射性核素能放射出射线。

特殊管理药品的标签或者包装上应当印有国务院药品监督管理部门规定的专有标识（图1-1-1）。

（a）麻醉药品　（b）精神药品　（c）毒性药品　（d）放射性药品

图1-1-1　特殊管理药品专有标识

（3）按国家基本药物分类　国家基本药物是指《国家基本药物目录》中的药品。目的是要在国家有限的资金资源下获得最大的、合理的全民保健效益，其所列品种是专家和基层广大医药工作者从我国临床应用的各类药物中通过科学评价筛选出来的具有代表性的药物，这些药物适应基本医疗卫生需求，具有疗效好、不良反应小、质量稳定、价格合理、使用方便、保障供应等特点。

（4）按基本医疗保险药品分类　基本医疗保险药品是指保证职工临床治疗必需的，纳入基本医疗保险给付范围内的药品，分为甲类和乙类两种。

甲类药品的费用按规定由基本医疗保险基金支付，在全国所有统筹地区都应保证支付。乙类药品费用可以根据所在地经济水平和用药习惯进行适当调整，医疗保险基金支付比例由各统筹地区根据当地医疗保险基金的承受能力确定。

（三）药店布局与功能区

1.药店布局

根据《药品经营质量管理规范》（GSP）的要求，药店中药品的陈列应当符合以下要求。

（1）按剂型、用途以及储存要求分类陈列，并设置醒目标志，类别标签字迹清晰、放置准确。

（2）药品放置于货架（柜），摆放整齐有序，避免阳光直射。

（3）处方药、非处方药分区陈列，并有处方药、非处方药专用标识。

（4）处方药不得采用开架自选的方式陈列和销售。

（5）外用药与其他药品分开摆放。

（6）拆零销售的药品集中存放于拆零专柜或者专区。

（7）第二类精神药品、毒性中药品种和罂粟壳不得陈列。

(8) 冷藏药品放置在冷藏设备中，按规定对温度进行监测和记录，并保证存放温度符合要求。

(9) 中药饮片柜斗谱的书写应当正名正字；装斗前应当复核，防止错斗、串斗；应当定期清斗，防止饮片生虫、发霉、变质；不同批号的饮片装斗前应当清斗并记录。

(10) 经营非药品应当设置专区，与药品区域明显隔离，并有醒目标志。

药店应当定期对陈列、存放的药品进行检查，重点检查拆零药品和易变质、近效期、摆放时间较长的药品以及中药饮片。发现有质量疑问的药品应当及时撤柜，停止销售，由质量管理人员确认和处理，并保留相关记录。

药店应当对药品的有效期进行跟踪管理，防止近效期药品售出后可能发生的过期使用。药店设置库房的，库房的药品贮存与养护管理应当符合《药品经营质量管理规范》的相关规定。

2. 药店功能区

根据零售药店的功能定位、经营特色，结合国家的相关法律法规、部门要求，药店的区域一般分为商品区（药品区和非药品区）、顾客区（顾客咨询区和顾客休息区等）、员工区（办公区和员工休息区等）。三个场所必须分开或隔离。在药品储存、陈列等区域不得存放与经营活动无关的物品及私人用品，在工作区域内不得有影响药品质量和安全的行为。

(1) 药品区　根据药品的储存条件不同，将药品区划分为常温区、阴凉区、冷藏区，三区不可混淆。常温区的温度范围为10～30℃，存放常温储存药品。阴凉区的温度不超过20℃，存放对热不稳定的药品，如栓剂、乳膏剂等。冷藏区的温度范围为2～8℃，低温储存药品于冷藏柜内，如疫苗、胰岛素、金双歧等制剂。阴凉区、常温区内再根据GSP分类的原则划分处方药区和非处方药区，经营中药饮片的还需设置中药饮片区。

① 处方药区　严格按照处方药的相关法规管理、存放、陈列处方药，多为封闭式柜台、背柜陈列。由药师接待、调剂处方、指导用药等。在处方药区，要悬挂或张贴处方药标识牌，并有规范的警示语、忠告语。

② 非处方药区　多为开架或开放式背柜，便于顾客自行选购或在店员推荐下购买。在非处方药区，要悬挂或张贴非处方药标识牌。

③ 中药饮片区　有饮片经营资质的门店设置中药斗橱及柜台，作为药师审方、划价、调剂、复核、发药的场所。常在卖场的一侧，连接卖场及员工区。无饮片资质的门店可以销售药食同源类商品。

(2) 非药品区　非药品区包括医疗器械区、保健食品区、消杀用品区等区域。

① 医疗器械区　分开存放陈列一类、二类、三类医疗器械，有医疗器械经营资质的门店可以设置，主要包括各类"械"字文号的商品。没有医疗器械经营资质的门店不得设立医疗器械区，但可以经营一类及部分二类商品。

② 保健食品区　存放陈列具有特定保健功能或者以补充维生素、矿物质为目的食品，即适宜特定人群食用，具有调节机体功能的作用，不以治疗疾病为目的。其产品标识（图

图1-1-2　保健食品标识

1-1-2）为天蓝色图案，下有"保健食品"字样，俗称"蓝帽子标志"。

③ 消杀用品区　存放消毒剂、卫生用品等"消"字号的产品。

（四）药店设施设备

零售药店的设施与设备是保障零售药店正常运营的重要条件。GSP规定，企业的营业场所应当与其药品经营范围、经营规模相适应，并与药品储存、办公、生活辅助及其他区域分开。营业场所应当具有相应设施或者采取其他有效措施，避免药品受室外环境的影响，并做到宽敞、明亮、整洁、卫生。营业场所应当有以下营业设备：① 货架和柜台；② 监测、调控温度的设备；③ 经营中药饮片的，有存放饮片和处方调配的设备；④ 经营冷藏药品的，有专用冷藏设备；⑤ 经营第二类精神药品、毒性中药品种和罂粟壳的，有符合安全规定的专用存放设备；⑥ 药品拆零销售所需的调配工具、包装用品。

1.陈列设备

药店应配备可供药品陈列的设备，如材质不一的货架、柜台、展台等，以及临时设置地推等。要求是整齐、协调，与药店环境相适宜，易于分类、陈列和清洁。

2.监测、调节温度的设备

药品应按照GSP规定的温度进行储藏和陈列。经营冷藏药品的，药店应配备专用冷藏设备，如冷藏柜、冰箱等。药店也应配备符合药品特性要求的温湿度调节和阴凉设备，如温湿度记录仪、空调等。

3.中药饮片设备

按照GSP规定，经营中药饮片的应配备存放饮片的设备，如刻有正名正字的木质斗橱，或不同材质的容器等。配备计量和调配处方的用品及场所设备，如戥称、天平等，计量设备应定期校验，保证计量准确。

4.收银设备

配备POS机、电脑、医保机、银联机、一卡通机器等，无关人员不得以任何理由操作，不得在以上仪器上存储无关文件。若发生故障应及时联系相关部门维修。

5.消防设备

药店应配备消防设备，如灭火器，避免发生重大火灾事故。

6.其他设备

药店为了加大宣传，一般会配备LED显示屏、音响、身高体重测量仪等设备，吸引顾客，提高客流量。

除以上设备外，药店应当建立能够符合经营和质量管理要求的计算机系统，并满足药品追溯的要求。

（五）药品陈列的原则和要求

药品陈列是指药店为了最大限度地方便消费者购买药品，提高营业额和利润，利用门店的有限资源，合理规划店内布局即货架摆放顺序、药品摆放位置和堆码方式，为顾客创造一个舒适、方便的购物环境。有效的陈列可以引起顾客的购买欲，并促使其采取购买行动。

1. 药品陈列的原则

（1）**符合GSP的规定** 药品应按剂型、用途以及储存要求进行分类陈列。做到药品与非药品分开、处方药与非处方药分开、外用药与其他药品分开、易串味的药品与一般药品分开；拆零药品集中存放于拆零专柜或专区；特殊管理药品按照国家有关规定存放；冷藏药品放置在冷藏设备中并检测和记录温度。

（2）**易见易取原则** 易见易取原则是指把不同类别的药品陈列在顾客容易看到的位置，这样便于顾客挑选药品。要点：① 药品正面面向顾客，不被其他药品挡住视线；② 货架最底层不易看到的药品要倾斜陈列或前进陈列；③ 货架最上层不宜陈列过高、过重和易碎的药品；④ 对药店主推的新品或直邮广告（DM）上宣传的产品突出陈列，可以陈列在端架、堆头或黄金位置，以便让顾客看到商品，从而起到好的陈列效果。

（3）**满陈列原则** 满陈列原则是指使药品在货架上陈列面丰满、有量感，给人以丰富、充实、值得信赖的感觉，以刺激顾客的购买欲望，进而提高货架的销售能力和储存功能，相应地减少药店的库存，加快药品周转速度。要点：① 货架上药品数量充足；② 避免货架内出现空缺；③ 货架上药品品种要丰富；④ 促销商品满陈列。在保证药品陈列丰满的同时，还应将药品按从左到右、从高到低的顺序依次陈列，同一外形、同类同功效的产品陈列在一起，保持陈列的美观和整齐。满陈列图片见图1-1-3。

（4）**垂直陈列原则** 垂直陈列指将同一品牌或者同类的商品按照从上到下的方式陈列在不同高度的货架层位上。优点为：① 顾客在挑选时实现上下移动较横向移动方便；② 货架的不同层次对商品的销售影响很大，垂直陈列可使各商品享受到货架不同的层次，不至于某商品因占据好的层次销量很好，而其他商品在比较差的层次销量较差。

垂直陈列有两种方法：一是完全垂直陈列，对销量大或包装大的商品从最上一层到最下一层全部垂直陈列；二是部分垂直陈列，采用主辅结合陈列原则，将四层和五层或二层和三层垂直陈列。垂直陈列的图片见图1-1-4。

图1-1-3　满陈列

图1-1-4　垂直陈列

（5）**先产先出、近期先出原则** 药店店员在上架和理货时，根据药品的生产日期和有效期，将先生产的商品或近效期商品摆放在前排，新上架的药品放置在原有同一药品的后排。

（6）**关联性原则** 根据商品的用途、使用对象等关联关系，可以让商品组合起到互补和延伸作用。药店的非处方药区和非药品区非常强调商品之间的关联性，关联性商品一般陈列在通道的两侧，或同一通道、同一方向、同一侧的不同组货架上。如感冒药区和清热解毒药、止咳药相邻，妇科用药和儿科用药相邻，维生素类药和钙制剂类的药品相邻等。这样陈列可使顾客消费时产生连带性，方便顾客购药。

（7）主辅结合陈列原则　在药店，功效相近的同类药品存在不同厂家或不同剂型的多个品种，根据周转率和毛利率的高低，可以划分为4种商品：① 高周转率、高毛利率的商品，这是主力商品，应在卖场中黄金位置进行量感陈列；② 高周转率、低毛利率的商品；③ 低周转率、高毛利率的商品；④ 低周转率、低毛利率的商品，这类商品将被淘汰。

主辅结合陈列是将高周转率的商品和低周转率的商品相邻陈列，让高周转率的商品带动低周转率的商品销售。

（8）季节性陈列原则　在不同的季节将季节性畅销商品陈列在醒目的位置，如端架或堆头陈列，其商品陈列面、陈列量较大，并粘贴购物点（POP）广告，吸引顾客，促进销售。

2. 陈列的基本要求

在货架或柜台上陈列商品时要注意以下几点。

（1）正面朝外　商品正面朝向顾客，展示名称、厂家、功效等信息，切勿倒置。

（2）从左到右　以顾客面向着货架的一侧，从左到右的方向摆放商品。

（3）从高到低　将包装盒尺寸由大到小横向排列在货架上。

（4）商品靠前　以商品包装盒的前缘为准，所有商品前缘对齐成一条直线，与货架前方的"面"保持一致。

（5）从下到上　每层货架的商品的前缘从下到上呈现阶梯状，依次向上，依次向里，让每一层的商品都尽可能被顾客看到。

（6）上小下大　包装尺寸较小的商品摆放在货架上端，尺寸较大的商品摆放在货架下端。

（7）上轻下重　较轻的商品摆放在货架上端，较重的商品摆放在货架下端。

（8）能竖不躺　商品包装盒能竖放则尽量实现竖立陈列，能增大陈列视线面积、提升产品关注度的商品除外。对于糖浆剂、口服液等剂型的商品，竖立陈列能避免长期横放产生的商品损耗。

（9）价签对应　价签与商品要一一对应，避免产生误会，导致顾客信任度降低。

（六）药品陈列的方法与技巧

1. 橱窗陈列

为避免阳光照射导致药品变质，橱窗中不可陈列药品，可利用空包装盒或者商品海报，采用不同的组合排列方法，展示宣传季节性、广告支持、新商品及重点促销的商品。

2. 季节性陈列

根据季节性陈列原则，卖场布置应充满季节气氛，并将季节性畅销商品突出陈列。

3. 主题陈列

结合某一事件或节日，集中陈列有关的系列商品，以渲染气氛，营造一个特定的环境，以利于某类商品的销售。如高血压日、糖尿病日。

4. 专柜陈列

按作用用途或品牌设立专柜，将相同或有关联作用的药品陈列摆放在同一专柜。如糖尿病药品专柜、心血管疾病药品专柜。

5. 量感陈列

指陈列商品的数量要充足，给消费者以丰满、丰富的印象。量感可以使消费者产生有充分挑选余地的心理感受，进而激发购买欲望。经调查发现，有明确购买目标的顾客只占总顾客的25%，而75%的消费者属于随机购买和冲动型购买。

6. 质感陈列

强调的是商品自身的优良品质和特色，适合于品牌、高档、珍贵的药品。一般陈列的数量极少的，甚至是一个品种，主要是通过陈列道具、光、色彩的结合，配合各种装饰品或背景来突出药品的特色。

7. 端架陈列

指将商品陈列于货架的两端面向通道的位置。端头是顾客通过流量最大、往返频率最高的地方，一般陈列要推荐给顾客的新商品、利润高及重点促销的商品。端头陈列的商品可以是单一品种，也可以是组合商品。经市场调查，调查资料显示：将单一的商品陈列改为组合商品陈列，销售额会大大提高。端架陈列图片见图1-1-5。

图1-1-5　端架陈列

8. 分段陈列

根据顾客的视线范围，可以将货架可分为上、中、下3段进行商品陈列，从而达到最大的经济效益。上段属于感觉性陈列，主要陈列"希望顾客注意"的商品、主推产品、有意培养的商品；中段主要陈列价格较便宜、利润较少、销售量稳定的药品；下段主要陈列体积大、重量大、需求弹性低、滞销的商品。以开放式货架为例，从地板开始往上60～180cm的货架空间是中等身材的顾客主动注视及伸手可及的范围，这个区域是医药商品的有效陈列范围。其中，80～120cm是顾客易注视的范围，也是商品陈列的"黄金地带"，主要陈列周转快、利润高、品牌药品等；60cm以下和180cm以上是顾客不易注视或接触的空间，常用于陈列需求弹性低的商品。

9. 中心陈列

将药店主推的品种摆放在药店中心位置，利用道具、光、色彩等结合，使顾客进入药店就能看到主推药品。

10. 图案造型陈列

以货架、柜台和展台为基础，利用空的药品包装盒的形状、色彩进行布置，运用适当的想象，结合心理学、美学等内容，形成一定的图案造型，使顾客在看到商品的同时感受到艺术的感染，以产生美好的印象。常用的图案造型包括直线陈列、曲线陈列、梯形陈列、岛屿陈列（图1-1-6）、构图陈列等。

图1-1-6　岛屿陈列

11. 悬挂式陈列

悬挂式陈列的对象包括医药商品、POP、小件宣传物品等，一般悬挂在开放式货架上、端架或者橱窗里。悬挂式陈列可以全方位地展现商品包装的各个面，让顾客更全面地了解商品，获得更多信息。

（七）药品陈列的注意事项

（1）陈列药品应避免阳光直射，需避光、密闭储存的药品不应陈列。
（2）拆零药品集中存放于拆零专柜，并保留原包装的标签。
（3）易被盗商品应陈列在视线可及或可控位置。
（4）过期及包装破损商品不能陈列。
（5）危险药品需要陈列时，只能陈列代用品或空包装。
（6）特殊管理药品按照国家有关规定存放。

任务实施

（一）找出错误的陈列

1. 任务实施目的

培养学生掌握按照GSP要求进行药品分类陈列的方法，熟悉常见药品的性质或属性；让学生掌握货架的特点及排列方法，掌握药品陈列的一般要求和技巧。

2. 物品准备

（1）货架5组，其中两组高货架约170cm，三组矮货架约150cm。
（2）商品或空商品盒准备，包括处方药品6种，非药品3种，非处方药品15种（其中解热镇痛药类3种，易串味药品3种，外用药品3种，妇科用药3种，儿童用药3种）。每种药品均准备两种规格各10盒（包），并准备一组药品批号不同的药品。
（3）准备标价签和药品分类标示牌若干。

3. 操作过程

（1）实训教师课前设计好含有错误的陈列方案，并按方案把货架摆放好，商品陈列到货架上，方案中的考核点可包括：① 药品与非药品混排；② 处方药与非处方药混排；③ 处方药开架陈列；④ 易串味的药与普通药混排；⑤ 内服药与外用药混排；⑥ 儿童用药与妇科用药混排；⑦ 高、矮货架混排；⑧ 药品与标价签不符；⑨ 规格与标价签不符；⑩ 药品高矮混排不美观。
（2）实训学生分成小组，每组以4～5人为宜。
（3）实训开始，每小组学生仔细观察，找出错误的陈列并说出错误的原因。
（4）小组成员一起纠正错误的陈列。
（5）填写实训报告（表1-1-1）。

表1-1-1　任务实施报告

班级：	小组：	时间：
课题：		
目的：		
器材、物品：		
步骤： 1.观察陈列 2.找出陈列中的错误 3.修正陈列 4.结束并整理		
教师评价：		

（6）教师现场考核点评。

任务测评

（1）每个考核点记8分，十项共80分；实训报告20分。
（2）每找出一项得5分，纠正正确得3分。

（二）按规定进行医药商品分类

1.任务实施目的

（1）培养学生掌握药品按剂型或用途以及贮存要求分类的方法。
（2）熟悉常见药品的用途、剂型、贮存性质等商品知识。

2.物品准备

（1）准备以下分类标示牌，2组。

① 处方药区：抗微生物药、心血管系统药、激素及影响内分泌药、神经系统药、精神障碍药、血液系统药、消化系统药、呼吸系统药、抗过敏药、解热镇痛抗炎药、外用药。

② 非处方药区：抗寄生虫药、激素及影响内分泌药、血液系统药、消化系统药、呼吸系统药、抗过敏药、解热镇痛抗炎药、儿科用药、外用药。

③ 其他：非药品、含麻含特、冷藏。

（2）准备以下医药商品包装盒，每种2盒　阿莫西林胶囊、头孢克洛干混悬剂、罗红霉素胶囊、阿奇霉素片、恩替卡韦分散片、阿米夫定片、阿苯达唑片、磷酸哌嗪宝塔糖、硝酸甘油片、硝苯地平、普萘洛尔、卡托普利、吲达帕胺、阿托伐他汀钙片、盐酸二甲双胍缓释片、格列美脲片、甲巯咪唑片、左甲状腺素钠、醋酸泼尼松片、左炔诺孕酮片、右旋糖酐铁、阿司匹林肠溶片、奥美拉唑肠溶胶囊、美沙拉嗪肠溶片、铝碳酸镁咀嚼片、乳果糖口服溶液、聚乙二醇4000散、桉柠蒎肠溶软胶囊、硫酸特布他林片、盐酸氨溴索口服溶液、硫酸沙丁胺醇气雾剂、咪唑斯汀缓释片、氯雷他定片、布洛芬缓释胶囊、双氯芬酸钠肠溶片、硝酸咪康唑乳膏、联苯苄唑乳膏、复方地塞米松乳膏、地奈德软膏、双歧杆菌乳杆菌三联活菌片、地衣芽孢杆菌活菌胶囊、合生元益生菌冲剂、奥卡西平片、盐酸帕罗西汀片、草酸艾司西酞普兰片、天然维生素E、小儿化痰止咳颗粒、美息伪麻片、可待因桔梗片、万通筋骨贴。

（3）准备2组双向货架，2个药篮。

3.操作过程

（1）将准备好的各类商品混合后盛放到药篮内。

（2）将分类标示牌分别固定在货架上。

（3）实训开始，在6分钟内，学生要将50种混合在一起的商品按作用及用途进行分类，并分别摆放到相应的货架分类标示牌的区域，要求摆放整齐。

（4）填写实训报告（表1-1-2）。

表1-1-2 任务实施报告

班级：	小组：	时间：
课题：		
目的：		
器材、物品：		
步骤： 1.挑拣分离 2.药品归类 3.复核 4.结束并整理复位		
教师评价：		

（5）教师现场考核点评。

任务测评

每种药品分类正确得2分，40种共80分；任务实施报告20分。

知识扩展

（一）陈列药品的标价签

标价签是药店陈列商品时，标明商品价格等因素的价格标签，通常放置在商品下方的货架上，与商品左下角对齐。药店因所销售的商品的特殊性，所以它使用的是药品专用标价签，并要求规范填写各项内容。标价签包括药品名称、规格或等级、剂型、质量层次、零售价、计价单位、生产企业（或产地）等。

1. 药品名称

标价签应如实标明药品名称。一种药品既有通用名又有商品名的，要全部标明。如通用名为"阿莫西林胶囊"，商品名为"阿莫仙"，要全部标明；中成药（或中药饮片）名称填通用名一栏，如有商品名的也要如实填写；配方中药材名称应填写规范名称，如黄连（雅连）、大黄（将军）、贝母（川贝、浙贝）、当归（秦归）等。

2. 规格

标价签应准确标明药品的规格或等级。如0.5g×100片、6g×1包×30包、12片×1包×60包、1mg：2mL×1支等。名贵中药材应按等级、计价单位标明"××条以内"、"××头以上"等。

3. 剂型

价签应详细标明药品的剂型，如"片"指普通口服片剂，包括包衣片（含糖衣片、薄膜衣片、肠溶片、缓释片等）、阴道片等；"胶囊"指普通胶囊剂，包括硬胶囊、软胶囊（胶丸）、肠溶胶囊、缓释胶囊等；"注射剂"包括注射用水针剂、粉针剂（含冻干粉针）等；"丸"包括蜜丸、水蜜丸、水丸、糊丸、浓缩丸、蜡丸和微丸等；"冲剂"包括颗粒剂等其他剂型。

4. 质量层次

标价签必须如实填写药品的质量层次，如专利药、优质优价的中成药、单独定价的药品等。

5. 零售价

标价签必须如实标明执行价格。属政府定价、政府指导价管理的药品要如实标明价格主管部门公布的零售价，属市场调节价的药品应标明药品生产企业制定的零售价或物价部门的公示价，不得模糊标示。

6. 生产企业

标价签必须如实标明药品生产企业的名称或规范简称，如江中药业、石药集团、江苏正大天晴、扬子江药业等。进口药品应如实标明国名及厂名。中药材应标明药材的实际原产地。

（二）药品的补货管理及维护

药店补货是指理货员将标好价格的药品，依照药品各自既定的陈列位置，定时或不定时地将药品补充到货架上。定时补货是指在非营业高峰时的补货。不定时补货是指只要货架上的药品即将售完，就立即补货，以免由于缺货影响销售。

1. 补货方法

（1）整箱补货　适用于体积小且少量多次出货的药品，当药品销售完后，由店员用手推车推着药品到货架前进行补货。

（2）货架上层向下层补货　适用于同组货架上下层摆放一致的药品补货，操作时将上层陈列一致的药品拿取一部分移动至下层层板，以此完成补货行为。

2. 补货的注意事项

（1）商品缺货、营业高峰期和结束营业前必须进行补货，以免因补货不及时造成缺货而影响销售。

（2）补货以补满货架、端架和促销区为原则，尽量不堵塞通道、不妨碍顾客自由购物、不影响卖场整洁。

（3）补货应按照堆头、端架、货架的先后顺序进行，在货架上应按照从前到后、从上到下、从左到右的顺序，将品种进行整理并摆放在合适的位置。

（4）补货品种按促销品种、主力品种、一般品种的重要等级依次补货上架。

（5）当药品缺货但又无法找到库存时，必须通过对系统库存数据的查询进行确定。确定属于缺货时，将缺货标签放置在货架上。

（6）当某种药品缺货时，不允许用其他药品进行填补或采用拉大相邻药品排面的方法填补空位，要保留其本来占有的空间。

（7）依据药品的有效期，严格遵循"先进先出"的原则，保质期较短或临近有效期的商品要陈列在货架的最外端，如果有旧包装商品，一般要先将旧包装商品销售完后才能将新包装商品上架。

（8）补货时必须检查商品的质量、外包装以及条形码是否完好，标签是否正确。

（9）补货时必须保证所有商品正面朝外，如果补货完毕后商品仍然不能够充满整个排面，需将商品前移，保证商品从外部观察相对饱满。

（10）补货时不能随意变动陈列排面和陈列方式，应在价格标签所示陈列范围内补货。

补货人员应定期检查药店中的各类商品，确保产品系列完整、规格齐全、货源充足；确保商品包装清洁、干净、无污损；检查商品是否过期；避免商品摆放凌乱，消费者不易寻找；保证商品轻拿轻放；与企业及时沟通，了解商品信息，寻求售后服务，共同发展以满足消费者需求；定期改变陈列的方式或相对位置，给消费者以新鲜感。

（三）相关法规和制度

《药品经营质量管理规范》（2016版）节选

第一百四十五条　营业场所应当有以下营业设备：

（一）货架和柜台；

（二）监测、调控温度的设备；

（三）经营中药饮片的，有存放饮片和处方调配的设备；

（四）经营冷藏药品的，有专用冷藏设备；

（五）经营第二类精神药品、毒性中药品种和罂粟壳的，有符合安全规定的专用存放设备；

（六）药品拆零销售所需的调配工具、包装用品。

第一百四十六条 企业应当建立能够符合经营和质量管理要求的计算机系统，并满足药品追溯的要求。

第一百四十七条 企业设置库房的，应当做到库房内墙、顶光洁，地面平整，门窗结构严密；有可靠的安全防护、防盗等措施。

第一百四十八条 仓库应当有以下设施设备：

（一）药品与地面之间有效隔离的设备；

（二）避光、通风、防潮、防虫、防鼠等设备；

（三）有效监测和调控温湿度的设备；

（四）符合储存作业要求的照明设备；

（五）验收专用场所；

（六）不合格药品专用存放场所；

（七）经营冷藏药品的，有与其经营品种及经营规模相适应的专用设备。

第一百四十九条 经营特殊管理的药品应当有符合国家规定的储存设施。

第一百五十条 储存中药饮片应当设立专用库房。

第一百五十一条 企业应当按照国家有关规定，对计量器具、温湿度监测设备等定期进行校准。

第一百五十九条 企业应当对营业场所温度进行监测和调控，以使营业场所的温度符合常温要求。

第一百六十条 企业应当定期进行卫生检查，保持环境整洁。存放、陈列药品的设备应当保持清洁卫生，不得放置与销售活动无关的物品，并采取防虫、防鼠等措施，防止污染药品。

第一百六十一条 药品的陈列应当符合以下要求：

（一）按剂型、用途以及储存要求分类陈列，并设置醒目标志，类别标签字迹清晰、放置准确。

（二）药品放置于货架（柜），摆放整齐有序，避免阳光直射。

（三）处方药、非处方药分区陈列，并有处方药、非处方药专用标识。

（四）处方药不得采用开架自选的方式陈列和销售。

（五）外用药与其他药品分开摆放。

（六）拆零销售的药品集中存放于拆零专柜或者专区。

（七）第二类精神药品、毒性中药品种和罂粟壳不得陈列。

（八）冷藏药品放置在冷藏设备中，按规定对温度进行监测和记录，并保证存放温度符合要求。

（九）中药饮片柜斗谱的书写应当正名正字；装斗前应当复核，防止错斗、串斗；应当定期清斗，防止饮片生虫、发霉、变质；不同批号的饮片装斗前应当清斗并记录。

（十）经营非药品应当设置专区，与药品区域明显隔离，并有醒目标志。

第一百六十二条 企业应当定期对陈列、存放的药品进行检查，重点检查拆零药品和易变质、近效期、摆放时间较长的药品以及中药饮片。发现有质量疑问的药品应当及时撤柜，停止销售，由质量管理人员确认和处理，并保留相关记录。

第一百六十三条 企业应当对药品的有效期进行跟踪管理，防止近效期药品售出后可能发生的过期使用。

第一百六十四条 企业设置库房的，库房的药品储存与养护管理应当符合本规范第二章第十节的相关规定。

第一百六十九条 药品拆零销售应当符合以下要求：

（一）负责拆零销售的人员经过专门培训；

（二）拆零的工作台及工具保持清洁、卫生，防止交叉污染；

（三）做好拆零销售记录，内容包括拆零起始日期、药品的通用名称、规格、批号、生产厂商、有效期、销售数量、销售日期、分拆及复核人员等；

（四）拆零销售应当使用洁净、卫生的包装，包装上注明药品名称、规格、数量、用法、用量、批号、有效期以及药店名称等内容；

（五）提供药品说明书原件或者复印件；

（六）拆零销售期间，保留原包装和说明书。

思考与练习

（一）填空题

1. 陈列是将_____展示于合适的商店位置，以满足客户需求，从而_____。

2. 抗生素系指微生物所产生的具有_____或其他活性的一类次级代谢产物，能_____的化学物质。

3. 药品按其作用及用途分类，优点是使不同_____的药品名目清晰，方便零售经营，指导患者合理用药。其缺点在于不同_____混杂，不便贮藏管理。

4. GSP第二十八条规定：进口药品应有符合规定的、加盖了供货单位质量检验机构原印章的"_____"和"_____"复印件。

5. 主辅结合陈列是将_____和_____的商品相邻陈列，让_____的商品带动_____的商品销售。

6. 药品陈列遵循"先产先出，近效期先出"的原则，即按时间顺序或按批号先后，先产的商品、近效期的商品摆在_____先销售，后产的或批号较新的商品摆在_____。

7. 危险药品需要陈列时，只能陈列_____或_____。

（二）单项选择题

1. 拆零药品集中存放于拆零专柜，并保留原包装的（　　）。
　　A. 合格证　　　　　B. 标签　　　　　C. 生产批准文号　　D. 外包装

2.经营中药材应标明（　　）。
   A.合格证　　　B.质量　　　C.产地　　　D.功效
3.中药饮片补货时，把新到的中药饮片核对无误后加入药斗（　　）。
   A.下层　　　B.一端　　　C.中间　　　D.上层
4.除去外包装的陈列适合于（　　）商品。
   A.包装破损商品　　　B.体积大的商品　　　C.怕热商品　　　D.瓶装商品
5.按货架上、中、下分段陈列时，上段应陈列（　　）药品。
   A.销售量稳定的　　　B.希望顾客关注的　　　C.周转率高的　　　D.体积大的
6.根据药品的（　　），非处方药分为甲、乙两类。
   A.产地　　　B.有效性　　　C.剂型　　　D.安全性
7.货架和斗橱补货时，按有效期先后排列，新货摆放在后面或底层，这样做是为了保证（　　）。
   A.盘点准确　　　B.先进先出　　　C.方便顾客　　　D.提高营业额
8.门店商品进行调价作业时，（　　）为主要管理人员。
   A.经理　　　B.营业员　　　C.收银员　　　D.质量员
9.在货架上，从上至下摆满同一种药品的陈列方法属于（　　）。
   A.垂直陈列　　　B.纵向陈列　　　C.专柜陈列　　　D.多处陈列

（三）多项选择题

1.中药系指中药材及其（　　）的总称。通常为中医所使用的药物或制剂。
   A.提取物　　　B.饮片　　　C.中草药　　　D.成药
   E.中成药
2.处方药系指必须凭（　　）的处方才可调配、购买和使用的药品。
   A.医师　　　B.主任医师　　　C.病房护士　　　D.药师
   E.执业助理医师
3.（　　）商品不能出现在药店的货架上。
   A.非药品　　　B.口服液　　　C.过期药品　　　D.近效期药品
   E.包装破损药品
4.量感陈列产生"数大就是美"的视觉美感，下列（　　）属于量感陈列。
   A.关联陈列　　　B.堆头陈列　　　C.筐式陈列　　　D.排面陈列
   E.多处陈列
5.黄金位置的陈列，要陈列（　　）。
   A.重点推销品种　　　B.高毛利率品种　　　C.畅销品种　　　D.重点培养品种
   E.本地产品

（四）判断题

1.一般不能改变陈列的方式或相对位置。（　　）
2.容易被盗商品应陈列在视线易及或可控位置。（　　）
3.在填写标价签时，在"名称"栏中如实标明药品名称。一种药品既有通用名又有商品名的要全部标明。（　　）

4. 药品空包装盒不可以陈列。（　　）
5. 中药饮片药斗前应写处方名。（　　）
6. 处方药可以采取开架自选方式陈列。（　　）
7. 商品陈列的"黄金地带"是离地板60～180cm。（　　）
8. 在门店经理的指导下，根据销售情况可调换部分商品的陈列。（　　）
9. 季节性陈列是将卖场布置出季节气氛，并将季节性畅销药品突出陈列的方法。（　　）
10. 中药斗橱补货时，一定要"清斗"后再补货。（　　）

（五）问答题

1. 药店中某一药品在店库存较大，但又临近效期，应采取什么陈列措施以促销此产品？

2. 某一药品由于包装体积太大且量多，在货架上不易摆放时，应采取什么样的陈列方式？

任务二
药品贮存养护

学习目标

1. 掌握药品贮存的工作流程。
2. 掌握药品常规养护及不同剂型药品的贮存方法。
3. 掌握药品的重点养护。
4. 能操作各种药品养护器械和工具。
5. 能填写验收记录、温湿度记录及质量检查记录等各种管理表格。

工作流程

（一）贮存前工作

1. 药店接收配送药品

（1）核对验收　门店验收员要对配送单上所有品种，逐一核对数量、品名、规格、效期、批号、产地。

（2）质量验收　检查药品外包装、药品形状等；鉴别中药材及饮片的真伪优劣。

（3）办理交接手续　将验收结果在配送单上注明并签字后，由送货员将回执联和不合格的药品及"药品拒收报告单"（表1-2-1）带回。

2. 药品入账

门店对配送药品验收无误后，要在配送单上逐一签字确认，签好字的配送单一联返回配送中心，另一联留存。该配送单可作为门店的验收记录、购进记录，将其编号按日期整理装订成册，即为门店的库存账册。

表1-2-1 药品拒收报告单

药品名称		规格		数量		金额	
生产企业					生产日期或批号		
供货单位					进货凭证		
检验标准		检验日期		抽验数量			
检验情况与存在的问题（包括内在质量、外观质量及包装等）							
验收员意见					日期：	年 月 日	
验收组意见					日期：	年 月 日	
质量部意见					日期：	年 月 日	
经办人：_____					填表日期：	年 月 日	

（二）贮存操作过程

1. 药品分类贮存

（1）中西成药一般按分类原则直接上架存放。

（2）特殊商品、易串味商品采用单独的闭柜存放。需低温贮存的商品放入冷藏柜或箱。

（3）货架陈列满后，若有剩余药品，可选择相应区域内的边柜或橱暂时存放。

（4）中药饮片复核准确后直接补充到斗橱，剩余的饮片做好标记后，在调剂柜下或专门的存放柜中贮存。

2. 室内温度和湿度的控制

利用温度和湿度测量设备定时测量每天卖场内的温度和湿度，当温度、相对湿度超出安全范围时，要及时利用空调或通风等措施进行调控，并按时填写"室内温度和湿度记录表"（表1-2-2）。

3. 库存药品的质量检查

定期进行药品质量检查。中西成药一般以1个月为周期，分区分批检查一遍，中药材和中药饮片应每周检查一遍，发现问题能处理的及时处理，处理不了的及时上报公司质量部门，并填写"药品质量养护记录"（表1-2-3）。

表 1-2-2　室内温度和湿度记录表

门店名称：		适宜温度范围：					适宜相对湿度范围：					
年月日期	上午						下午					
	记录时间	气候	温度/℃	湿度/%	超标采取的控制措施	采取措施后		记录时间	气候	温度/℃	湿度/%	超标采取的控制措施	采取措施后	
						温度	湿度						温度	湿度
1														
2														
3														
⋮														
29														
30														
说明	1.每日记录时间范围为上午9:30～10:30，下午3:30～4:30。 2.每日具体记录时间要填在记录时间栏内。 3.气候栏内可填入相应符号：晴○，阴×，雨～，雪※，大风△。 4.此表从开始第一日起，记录人就应签名，如多人轮换记录应在表中设计记录人栏，每日均由实际记录人签名														

记录人：_____

表 1-2-3　药品质量养护记录

门店名称：　　　　　检查日期：　　年　月　日

货号	货位	品名	规格	生产企业	批号	批准文号	有效期	单位	数量	质量状况	处理意见	养护员
说明	1.有效期不宜写××年，而应填写有效期至××年××月。 2.进店达一个季度的药品方列入养护之列。 3.如在店检查药品没有质量问题，在质量情况一栏中填写"正常"即可。 4.数量栏填实际库存数。 5.养护员应在养护员栏内签名											

4.避光、防潮和防火措施

对怕光、怕热、易潮、易变质的药品进行重点养护，怕光、怕热的药品陈列贮存时，要远离店内向阳的门窗位置；易潮易霉变药品，特别是中药材和饮片，要充分干燥后密封贮存；备好安全消防器材，定期检查，组织店内员工学习安全消防知识，以防患于未然。

5.防止生物侵害

做好药品尤其是中药材及饮片的防虫、防鼠、防霉措施，橱柜要牢固、密封；贵细药材可采取传统对抗同贮法；销售周期长的药材、饮片，要经常晾晒保持干燥。

6.药品的效期管理

定期排查所有效期商品，并做好有效期记录，发现近效期药品应及时预警并安排促销，填写"近效期药品示意表"（表1-2-4）。

表1-2-4 近效期药品示意表

有效期至____年　　　　门店名称：_____　　　　　　第___页

品名	1月	2月	3月	4月	5月	6月	7月	8月	9月	10月	11月	12月

（三）贮存后的养护工作

1.药品贮存养护相关记录表单的填写

（1）室内"温度和湿度记录表"填写　①每日记录时间范围为上午9:30～10:30及下午3:30～4:30；②每日具体记录时间要填在记录时间栏内；③气候栏内可填入相应符号：如晴○、阴×、雨～、雪※、大风△；④此表从开始第一日起，就应有记录人签名，如多人轮换记录应在表中设计记录人栏，每日均由实际记录人签名。

（2）"药品质量养护记录"填写　①有效期不宜写××年，而应填写有效期至××年××月；②进店达一个季度的药品和进店1周以上的中药材、饮片方列入养护之列；③如在店检查药品没有质量问题，在质量情况一栏中填写"正常"即可；④数量栏填实际库存数；⑤养护员应在养护员栏内签名。

（3）"近效期药品示意表"填写　①在有效期截止的月份栏内打"√"即可；②近效期药品均要填入该表；③近效期6个月的药品要用红色笔注明，以便安排促销。

2.不合格药品处理

（1）在店内发现药品变质、破损等不合格药品时，要先撤架停售，再填写"药品质量复查通知单"（表1-2-5），上报公司质量管理部门和质量管理负责人进行复查确认。

表1-2-5 药品质量复查通知单

药品名称		规格		数量	
生产企业		生产批号		有效期	
供货单位		购进日期		存放地点	
复查原因				验收、养护员（签章） 年　月　日	
复查结论				质管部负责人（签章） 年　月　日	

（2）质量部门确认为不合格品的，会出具"检验报告书"和"药品停售通知单"。门店根据通知单要求，立即停止销售，并按销售记录追回售出的不合格品。

（3）门店要及时与公司配送中心联系，能退货则办理退货手续，如不能退货则拟作销毁处理，并填写"不合格药品报损审批表"（表1-2-6），报质量管理部门审核。

表1-2-6　不合格药品报损审批表

报告门店：　　　　　报告时间：＿＿＿年＿＿月＿＿日　　　　　财损号＿＿＿＿

药品名称	生产企业	规格	单位	单价	数量	金额	批号
财产损失					有效期		
不合格原因（附检验报告）：							
店经理签字		柜（组）长签字		营业员签字			
业务部门意见						负责人（签章） 年　月　日	
质量部门意见						负责人（签章） 年　月　日	
财会部门意见						负责人（签章） 年　月　日	
主管领导签署意见						负责人（签章） 年　月　日	

（4）质量部门批准报损后，按报损销账。报损后需作销毁处理时，门店要在业务、质管、财务等部门的监督下销毁，填写"报损药品销毁记录表"（表1-2-7）。

表1-2-7　报损药品销毁记录表

＿＿＿＿＿＿年

日期	药品名称	规格	单位	生产企业	批号	有效期	数量	销毁人	批准人	监督人	销毁方式

3.不合格药品台账

门店要做好药品质量报损登记，并每月将不合格药品记入"不合格药品台账"（表1-2-8）并报送公司质量管理部门备档。

表1-2-8 不合格药品台账

门店号 _____

日期	药品名称	生产企业	规格	单位	单价	数量	金额	批号	供货单位	不合格原因

（四）贮存过程中质量控制点

（1）成药尽量上架存放，以保证货架上商品丰满充实。

（2）中药材或中药饮片贮存时要做好标示，防止混淆，并做好防虫、防潮、防晒的措施。

（3）对易散失水分而造成减重的贵细药材，应密封或及时分装成小包装存放。

案例导入

药品养护的一般措施

雪蛤膏又叫哈士蟆油，采自吉林长白山珍贵药用动物——雌性林蛙输卵管干品，以块大、色淡黄、有蜡质光泽、质柔韧有弹性者为佳（在空气中极易脱水萎缩变色并失去光泽）。属于贵细的动物药材，每克价值10～20元。该药材配送到门店时，一般是1000g或500g的大包装，门店有经验的中药调剂员会把大包的雪蛤膏立刻分装成5g或10g装的小包装，用透明、密封性能好的小塑料袋分装并封口后，再陈列到贵细药材玻璃柜中。

请分析说出：

（1）门店调剂员这样操作的目的是什么？

（2）这样操作对以后的销售有哪些益处？

案例分析

门店调剂员这样操作的主要目的是防止雪蛤膏脱水减重。因为如果不进行小袋分装，把1000g雪蛤膏装在一个大袋子里或大贮存瓶里，每来一位想买雪蛤膏的顾客都要打开一次，顾客购买过程中会不断翻动、挑选，而雪蛤膏在空气中极易脱水萎缩变色并失去光泽。时间长了，雪蛤膏脱水减重非常明显，由于其价格高，给门店带来的经济损失就比较大。另外，采用小塑料袋密封分装后也有利于贮存、养护和销售。密封的雪蛤膏小包装可集中陈列在冷藏箱中，也可少部分陈列在贵细药材柜橱里，减少了脱水、变色、融化、霉变等现象的发生。顾客在购买时，不能打开一点一点部分挑选，只能整袋选择，为商品销售带来了很大的便利。

案例启示：药店内所有贵细药材和饮片（如参茸片、藏红花、虫草等），均可采用小塑料袋密封分装的方法进行贮存、陈列和销售。

相关知识

（一）药品养护概述

1. 药品的在店养护

药品的在店养护是指药品在药店贮存过程中进行的保养和维护工作。它是药店药品保管的一项经常性工作，对药品贮存安全、保证药品质量、减少损耗、促进药品流通有着重要的作用。见数字资源1-2药品养护检查。

数字资源1-2

药品的在店养护应贯彻"以防为主"的原则，基本要求是根据药品的性质和包装的质量、形状，正确地选择架位、货位堆码存放，合理地使用门店面积，提高空间利用率，并为安全保管、及时检查、盘点和药品陈列等创造方便条件；按照贮存药品性质的需要，控制和调节卖场的温度、湿度；定期进行药品的在架检查，及时了解药品的质量变化，并采取相应的防治措施；熟悉药品性能，研究影响药品质量的各种因素，掌握药品质量变化的规律，提高药品保管养护的科学水平，及时采取各种有效措施防患于未然；保持卖场的清洁卫生，做好防治微生物和鼠害、虫害工作。此外，对久贮和接近效期的药品，要及时促销或催促有关业务部门调整，以避免和减少不应有的损失。因此，药店的药品养护工作涉及面很广、科学技术性强。

2. 药品的合理贮存安排

门店药品的贮存安排，是以合理安排在店药品的贮存地点为先决条件的，既要考虑各种药品不同的保管特点，又要具体结合门店的贮存、空间条件，采取科学的保管方法。

目前门店药品均采取分区分类陈列贮存。分区分类是指药品按GSP规范要求，将药品与非药品、处方药与非处方药、内服药与外用药、易串味药品、特殊管理药品等实行分区存放，分类陈列销售，是药店商品管理的最基本方法。

3. 药品的合理堆放

药品堆码是指仓储药品堆存的形式和方法。合理的药品堆码有利于仓库、人身、药品、设备、建筑物的安全，有利于收货的存取和在库养护的作业，有利于提高仓容利用率。而药店里药品合理地陈列、摆放，则有利于药店日常零售作业的迅捷、准确，有利于顾客自选，有利于商品盘点和在架养护作业。

一般不要把怕热的药品存放在门店向阳的一侧，因为常受阳光照射，温度较高；含有芳香性易挥发成分或易风化的药品，不要堆放于门窗或通道附近，以免过度风吹导致药品有效成分散失或风化；见光易变质的药品，应设法避光；怕潮易变质的药品可置于货架上层；质量大、体积大的药品要摆放在货架的底层。

4. 温度和湿度管理

温度和湿度是影响药品变质的重要因素，温度和湿度管理不当常会加速药品的分解、挥发、熔化、变形、冻结、潮解、风化、稀释、溶化、发酵、酸败、生霉、虫蛀等，以致药品变质失效。所以建立门店温度和湿度管理制度，严格控制卖场的温度和湿度，是防止药品霉坏变质的基本条件，是做好药品养护工作的关键。

（1）测量温湿度的仪器　温度是表示物质冷热的程度。空气的温度称为气温。药店测量温湿度的仪器称为温湿度计。

a.温度计是根据物质热胀冷缩的原理，利用对冷热变化敏感的物质（如水银或酒精等）制成。酒精为无色液体，沸点较低，所以通常染成桃红色制成酒精温度计，用于测量较低的温度。测量较高温度和准确性要求较高的应选用水银温度计。见图1-2-1中（a）。

b.机械式物理感应温湿度计。该种温湿度计由机械机芯（感温元件）、表盘、指针、通风孔构成。温湿度计外围或后面分布着多个孔洞，通过感温元件快速感知温度和湿度，读取表盘上指针指向的刻度，即可记录当下的温湿度。见图1-2-1中（b）。

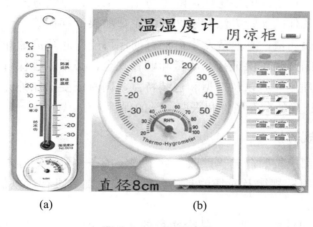

图1-2-1　温湿度计

（2）温度和湿度的变化及测量和记录　室内温度和湿度直接受气候变化的影响，只是室内温度和湿度变化的时间比库外慢些，变化程度小些。因此，除了要熟悉各种药品的特性外，还必须了解气候变化的规律，掌握温度和湿度年变化和日变化的情况，做好门店温度和湿度的测量和记录，以便适当地控制和调节门店内温度和湿度，创造适宜的贮存条件，保证药品的质量。

（3）调节门店温度和湿度的措施　根据温度和湿度的记录找出门店内温度和湿度变化的规律，结合药品的性质与包装，可采取下列措施调节店内的温度和湿度。

① 湿度调节　易吸潮变质的药品在贮存中应注意防潮。对这类药品除必须包装严密外，当仓库相对湿度在75%以上时，应采取措施降低店内的湿度。目前，调节和控制室内湿度的措施主要是采取通风和空调相结合的方法。

a.通风散湿　先查看温湿度计，查出当时室内外的温度和湿度，掌握室外空气的水汽量必须低于室内的原则，然后按下述条件进行比较，考虑能否通风。

当室内温度、相对湿度都高于室外时，可长时间开启门窗通风，能使室内温度和湿度均有一定程度降低；当室内温度、相对湿度都低于室外时，应密闭门窗，不可通风。当室外温度略高于室内，但不超过3℃，而绝对湿度和相对湿度都低于室内时，亦可通风。当室外温度高于室内3℃以上，则不能通风，因热空气进入室内后，由于其温度升高，相对湿度能立即增加，使药品更易吸潮。当室外绝对湿度和相对湿度都高于室内，虽室外温度低于室内，亦不宜通风，否则会带进潮气。

因此在一天中虽然凌晨2～5时库外温度低，但此时相对湿度最大，不宜通风；一般应在上午8～12时，即当温度逐渐上升、湿度逐渐下降时通风较为适宜。

b.机械除湿　安装具有除湿功能的空调或增设除湿设备，当库内相对湿度超标时，即启用此类设备以达除湿目的。

② 温度调节　凡容易风化、挥发和遇热易变质的药品，温度升高可加速其变化，在贮存时都要加强密闭，注意控制温度。一般可采取下列措施：通风降温，当库内温度高于库外时，可启开门窗通风降温；安装空调，按仓库面积适当安装空调设备，当温度超标时，即启用空调降温。

总之，药品在贮存期间的稳定性，除了与生产工艺、包装方式及药品本身的性质有关外，还与其贮存条件的保管方法有密切的关系。如果贮存保管不当，同样会使药品变质、失去疗效，贻误病情，甚至危及生命，有的还可能引起药品爆炸或燃烧，造成人员伤亡和财产损失。因此为了保证药品质量和贮存安全，必须加强保管工作。首先必须充分了解各种药品的理化性质以及剂型和包装特点，同时还要熟知外界因素对药品产生什么影响，然后提供正确的贮存条件和采取科学的保管方法。

（二）药品常规养护

（1）常规药品都应按照药典"贮藏"项下规定的条件进行贮存与保管，也可根据药品的性质、包装、周转规律及卖场的具体条件等因地制宜进行，以保证药品质量正常、数量准确和贮藏安全。

（2）应按药品的性质、剂型并结合卖场的实际情况，采取"分区分类、货位编号"的方法加以妥善保管。

（3）堆码、陈列存放应符合药品保管的要求，同时应注意药品与非药品、内服药与外用药应分开存放；易串味的药品、中药材、中药饮片以及危险品等应与其他药品分开存放；名称容易混淆的药品（如甘汞、升汞等）应分别存放。

（4）实行药品保管责任制度，建立门店库存保管账，正确记载药品的进、出、存动态，经常检查，定期盘点，保证账、货相符。

（5）药店内（卖场）的相对湿度应保持在35%～75%，并经常保持清洁卫生。采取有效措施，防止药品生霉、被虫蛀或鼠咬。

（6）加强安全防护措施，确保门店、药品和人身安全。

（三）不同剂型药品的贮存方法

1.散剂的贮存保管

散剂在贮存过程中，空气、温度、湿度、光线及微生物等对其质量都有一定的影响，其中以湿度影响最大。因为散剂的分散度比一般原料药大得多，其吸湿性也比较显著，吸潮后散剂可发生湿润、失去流动性、结块等物理变化，或变色、变质、效价降低等化学变化，或微生物污染等生物变化。因此在散剂的贮存保管中防潮是关键。

一般散剂均应在干燥处密闭保存，同时还要结合药物的性质、散剂的包装特点等来综合考虑具体保管方法。

（1）防潮　散剂分散度较大，吸湿性能较强，吸潮后常使药物结块，包装上有痕印，特别是加糖的散剂更易吸湿，要特别注意防潮。

（2）避光　有些散剂含有不稳定成分，遇光易氧化分解变色变质。如含磺胺类药物的散剂遇光线照射后逐渐变色失效，故应避光、密封，在干燥处保存。

（3）防热　含糖散剂、中草药散剂或生化药品散剂，吸潮受热易发生虫蛀、生霉现象。含挥发性药物及含结晶水药物成分的散剂受热后更容易挥发散失，造成药效降低。这些药物应特别注意防热，应密封在容器中置干燥阴凉处保存。

（4）隔离存放　有特殊臭味的散剂应与其他药品隔开存放，以防串味。口服散剂与局部用散剂应分区、分库或远离存放。特殊管理药品的散剂应专柜、专库存放。此外在散剂的贮存过程中应避免重压、撞击，以防包装破裂，造成漏粉，并注意防虫蛀鼠咬。在贮存中还要对引湿性强的散剂经常重点检查，对吸潮剂也需定期检查，并及时更换。

2.片剂的贮存保管

片剂除含主药外，尚含有赋形剂等，在相对湿度较大时，辅料易吸收水分，可使片剂发生质量变异，因此相对湿度对片剂质量影响最大；其次是温度、光线，它们亦可促使某些片剂变质失效。所以片剂保管养护工作，不但要考虑片剂所含主药的性质，而且要结合片剂的剂型、辅料及包装等特点综合加以考虑。

（1）防潮

① 一般压制片吸潮后即可发生松片、破碎、发霉、变质等现象，因此均需密封在干燥处保存。一般贮存片剂的库房湿度要求较严格，以相对湿度在45%～70%为宜，不得超过75%，如遇梅雨季节或相对湿度超过75%时，应注意通风或采取其他防潮措施。基层单位如果条件不允许，可选择地势较高、地面有隔潮层的库房存放片剂。如果仓库是楼房，应将片剂存放在底层以外的楼层。

② 包衣片（糖衣片、肠溶衣片）吸潮受热后，包衣退色、退光、溶化、粘连，片面产生花斑甚至膨胀、脱壳、霉变等，因此保管要求较一般片剂严，需置干燥、阴凉处密封保存。有生药、脏器和蛋白质类片剂，如洋地黄片、干酵母片、胃蛋白酶片等，吸潮后除产生片剂松散、霉变外，还会生虫、产生异臭，需特别注意在干燥处保存。

③ 某些吸潮后易变色、变质及易潮解、溶化粘连的片剂，如三溴片、乙酰水杨酸片、碘化钾片等，需特别注意在干燥处保存。

④ 含糖片剂除一般辅料外还掺有多量糖粉，如各种钙糖片、口含片等，吸潮受热后易溶化、粘连、变形，应密封置干燥凉处保存。

（2）避光　凡药物对光敏感的片剂，如磺胺类药物片剂、维生素C片、硫酸亚铁片、对氨基水杨酸钠片、环磷酰胺片、盐酸苯海拉明片等，均需装于避光容器内在干燥凉暗处保存。

（3）防热　含有挥发性药物的片剂，受热后能使药物挥发，成分损失，有效成分含量下降，影响药物的疗效。如西瓜霜含片、薄荷喉片、人丹等应注意防热，置干燥凉暗处保存。

（4）隔离存放　内服片剂、外用片剂、环境卫生消毒用片剂等，均须分开贮存，以免混淆错发；有特殊臭味的片剂，也应与其他片剂分开存放，以免串味。

(5) 其他片剂

① 抗生素类、某些生化制剂等一些性质不稳定的片剂，应严格按照规定的贮存条件保管，掌握"先产先出，近效期先出"的原则，以免过期失效。

② 片剂在贮存期间，由于生产工艺、包装、空气、光线、湿、热等影响，随时都有可能出现各种质量变异现象，因此，除采取适当的养护措施外，还需经常和定期地进行库存质量检查，了解掌握质量变化规律，采取相应的措施及时处理所发生的质量问题。

3. 胶囊剂的贮存保管

根据胶囊剂的囊壳及其性质对剂型稳定性的影响，对胶囊剂保管应以防潮、防热为主，同时结合主药的特性，考虑具体的保管方法。

(1) 防潮、防热

① 一般胶囊剂都应密封，贮存于干燥凉暗处，注意防潮、防热。但也不宜过分干燥，以免胶囊中的水分过少、脆性增加而发生脆裂漏粉。

② 具有颜色的胶囊剂在受热、吸湿后除发生软化、粘连、变形、膨胀外，还能出现颜色不均、退色、变色、表面浑浊、失去光泽等现象，应特别注意防潮、防热，将其放置于干燥阴凉处保存。

③ 装有生药或脏器制剂的胶囊剂如羚羊角胶囊、蜂王浆胶囊等吸潮、受热后，易发霉、生虫、发臭，因此更要特别注意防潮、防热，将其密封于干燥阴凉处保存。

④ 抗生素类的胶囊如头孢氨苄胶囊、头孢地尼胶囊等吸潮、受热后易使其效价下降，更应特别注意防潮、防热，应将其密封，置于干燥凉暗处。

(2) 避光　凡主药对光线敏感的胶囊剂，如维生素 AD 胶丸、辅酶 Q_{10} 胶囊等，遇光有效成分易被氧化，颜色变深而失效，故应避光保存。

4. 注射剂的贮存保管

注射剂在贮存期的稳定性除了与药品本身的理化性质、生产工艺和包装方式有关外，还与贮存条件和保管方法有密切的关系。因此注射剂在贮存期间的保管养护应根据其理化性质、使用溶剂和包装方式，结合外界因素的影响综合考虑，提供良好的贮存条件和方法，以确保注射剂质量。

(1) 避光　一般注射剂应避光贮存，并应按《中华人民共和国药典》（以下简称《中国药典》）规定的条件保管。光线对一些化学活性强的药物影响尤为突出，易引起变色、变质、产生沉淀等，如肾上腺素、盐酸氯丙嗪、对氨基水杨酸钠、维生素类等注射剂遇光均易变色变质，在贮存保管中要注意采取各种遮光措施，以防紫外线照射。油溶液注射剂、乳浊型注射剂由于含植物油，内含不饱和脂肪酸，遇光、空气或贮存温度过高均易氧化酸败，其颜色会逐渐变深，因此一般都应避光、避热保存。

(2) 防热　脏器或酶类注射剂（如垂体后叶注射液、催产素注射液、注射用辅酶A）易受温度的影响，温度较高易引起蛋白质变性，光线亦可使其失去活性，因此一般均需在凉暗处避光保存。有些对热特别不稳定（如三磷酸腺苷钠、细胞色素C、胰岛素等）的注射液应在 2～10℃ 保存。一般来说这类注射剂低温保存能增加其稳定性，但温度过低也会发生冻结变性而使药效降低。

生物制品，如精制破伤风抗毒素、白蛋白、丙种球蛋白、冻干人血浆等，从化学成分上看具有蛋白质性质，温度过高或过低均易使蛋白质变性，故最佳保存条件应为2～10℃的暗处。除冻干品外，一般贮存温度不能低于0℃，否则会因冻结而造成蛋白质变性，融化后可能出现振摇不散的絮状沉淀，致使不可再供药用。

抗生素类注射剂一般性质都不够稳定，遇热后能够促使分解，效价降低，故一般应置凉处避光保存，并注意"先产先出，近效期先出"。如为胶塞铝盖小瓶包装的粉针剂，还应注意防潮，置干燥的凉暗处保存。

（3）防冻　水溶液注射剂包括水混悬注射剂、乳浊型注射剂，因以水为溶剂，故在低温下易冻结，冻结后体积膨胀，往往会使容器破裂；少数注射剂受冻后，即使容器没有破裂，也会因结冰而发生成分脱水导致质量变异，致使不可供药用，因此水溶液注射剂在冬季应注意防冻，库房温度一般应保持在0℃以上。而油溶液注射剂、其他溶剂注射剂，低温对其影响不大，无须考虑防冻。

（4）防潮　注射用粉针剂目前有两种包装，一种为小瓶装，另一种为安瓿装。小瓶装的封口为橡胶塞外轧铝盖再烫蜡。从外观看封口很严密，但并不能保证完全不漏气、不受潮，因压盖、贮存、运输等原因，尤其在南方湿热地区，易发生吸潮粘瓶、结块变色等变质现象。因此小瓶装的注射用粉针剂在保管过程中应特别注意防潮，且不得倒置，以防止药物和橡胶塞长期接触而影响药物质量。安瓿装的注射用粉针剂的封口严密，不易受潮，故一般比小瓶装的稳定，主要根据药物的理化性质进行保管，但应检查安瓿有无裂纹冷爆现象。

（5）正确存放、及时出库　大输液剂、代血浆等为大体积注射剂，冬季除应注意防冻外，在贮存过程中切记不可横卧、倒置。因横卧或倒置会使药液长时间与橡胶塞接触，橡胶塞中的一些杂质会进入药液，形成小白点，贮存时间越长，澄明度变化越大。另外，在贮存和搬动过程中，不可扭动、挤压和碰撞瓶塞，以免漏气造成污染。又因输液瓶能被药液浸蚀，其表面的硅酸盐在药液中可分解成偏硅酸盐沉淀。所以在保管中不得倒置，并应分批号按出厂先后次序有条理地贮存和发出，尽快周转使用。

钙、钠盐类注射液，如氯化钠、乳酸钠、枸橼酸钠、碘化钠、碳酸氢钠及氯化钙、溴化钙、葡萄糖酸钙等注射液，久贮药液能侵蚀玻璃，尤其是质量较差的安瓿玻璃，能产生脱片及浑浊（多量小白点）现象，这类注射液在保管时也要注意"先产先出"，不宜久贮，并加强澄明度检查。

注射剂在贮存期间，由于受多种因素的影响，随时都有可能出现质量变异现象，因此，除需采取适当的保管养护措施外，还必须定期进行库存质量检查，了解掌握质量变化规律，采取相应的措施，及时处理所发生的质量问题。

5.水剂类药品的贮存保管

水剂类药品一般含药量较低，溶剂为水，因此其防腐能力差，多不稳定，容易发霉变质，有时还会变色、变味、沉淀、分层、挥发、分解等，严冬还会冻结等。所以该类药品应密封贮于阴凉处，严防污染；发货时应"先产先出"，周转迅速，防止久贮变质，冬季还要防冻。由于玻璃包装容器易碎，贮运时应注意轻拿轻放，以免破裂损坏。此外，该类药品还应根据各自剂型的特点，采取适当的保管方式。

（1）溶液剂的保管养护　很多溶液剂药品的稳定性较差，易氧化、分解、沉淀、变色、霉变和产生异臭等，所以其保管要根据不同的药品而选择恰当的方法。如含挥发性成分的溶液剂应避热；遇光易分解的药物应避光，贮存于阴凉处；易滋生微生物的药物应严密封口，放于干燥阴凉处；有特臭、刺激性气味的药物应避免与吸附性很强的药品混放，以防串味。对人体有害的各种防腐、消毒药品应与内服药分隔存放。

（2）芳香水剂的保管养护　多数芳香水剂性质不稳定，易挥发、霉败、变臭、分解变质等，尤其是含萜烯结构的挥发油更容易氧化，不但氧化后失去原味，而且产生的树脂性黏稠物质易黏着于瓶口。光、温度、空气等均可影响其质量。高温能使芳香成分挥发，冰冻能使挥发性成分游离出来，封口不严可使其霉败变味或滋生微生物；长期光照会加速芳香物及对光敏感物质等的光化降解反应。因此，芳香水剂一般都应密封，并避光保存在凉处；冬季需防冻，并注意"先产先出"，不宜久贮。

（3）合剂的保管养护　合剂的保管养护方法同于一般水剂类，应密闭保存在阴凉处。某些药品遇光会变质，降低药效（如复方甘草合剂），应避光保存。合剂一般不宜久存，要注意"先产先出"。

（4）混悬剂的保管养护　温度对混悬剂的贮存很重要，它能影响混悬剂分散液的黏度，从而影响药物微粒的沉降速度，因此，除应注意一般水剂类的要求外，特别要注意气温变化情况和地区温度差异的影响。

（5）乳剂的保管养护　乳剂的性质不稳定，易分层（乳析）、破裂、酸败等。最初的分层振摇后仍可恢复原来的均匀状态；若分层进一步发展，往往会引起乳剂的破裂，即乳剂的分散相合并而形成油水两层的分离现象，此时，虽经振摇也不能恢复原有乳剂的状态。

温度对乳剂的贮存也很重要，它是影响乳剂稳定性的主要因素。过高的温度可使乳剂黏度下降而促使其发生分层；温度过低可使乳剂析出结晶而破坏乳化层。空气、光线对乳剂也有影响，含植物油的乳剂若包装不严，在遇光受热过久的情况下易酸败。此外，乳剂还易被微生物污染而霉变、发酵或有乳剂破坏等现象。因此，该类药在保存时应严密封口，存于阴凉避光处。冬季还应注意防冻。

（6）滴眼剂的保管养护　滴眼剂是无菌制剂，以水溶液或水混悬液居多，大多不稳定，易受空气、二氧化碳、光、温度等影响而分解变质。若包装容器的封口不严或贮存环境不清洁卫生，还易引起铜绿假单胞菌、霉菌、金黄色葡萄球菌等致病微生物的污染，若再用于患者眼中会引起严重危害。因此，滴眼剂应密闭保存在避光阴凉处，注意有效期，掌握"先产先出，近效期先出"的原则，不宜久贮，冬季还应防冻。此外，还应根据滴眼剂的包装不同，采取不同的保管方法。

① 玻璃滴眼瓶　此包装不很严密，其橡胶帽（大、小帽头）易脱落，缝隙处易出现结晶物，有时有生霉现象。贮存时应尖头向下，直立存放，以减少药液和橡胶帽接触。冬季需防冻。此外玻璃瓶宜轻拿轻放，否则易碎。近年来已很少采用此类包装。

② 塑料滴眼瓶　此包装封口熔封，较为密封，受外界影响较小，且不易破碎，能避光。但验收、保管时不易做澄明度检查。贮存时瓶口向上。

③ 带滴管立式玻璃滴眼瓶　此包装用铝盖封圈，比较严密。使用、携带都较方便。贮存时不要倒置，冬季要注意防冻，且保护滴管不被污染。

6.糖浆剂的贮存保管

（1）糖浆剂的一般保管方法　糖浆剂如制备及贮存不当，易产生霉败、沉淀和变色等质量变异。热、光线均能促进糖浆剂发生变化。因此，糖浆剂在保管时应注意密闭，并在30℃以下避光保存。

（2）糖浆剂的防霉措施　糖浆剂中糖的浓度较高，本身具有良好的防腐作用，含糖浓度低的糖浆剂一般亦加有防腐剂。但是在储存保管期间，如糖浆剂包装不严、受热或污染，则仍然会出现生霉、发酵甚至变酸、发臭现象。有时发酵产生的二氧化碳气体较多，受热膨胀，可使容器爆破。在南方湿热地区，这种情况尤易发生。因此糖浆剂的保管养护关键在于防止糖浆霉败，其主要措施应以防热、防污染为主。如炎热季节温度较高，应置阴凉通风处保存，或采取降温措施；梅雨季节需加强养护和检查，发现封口不严，应予以密封，瓶塞上面或瓶盖内纸垫出现生霉，应用消毒棉蘸酒精（70%）拭净，以防蔓延；南方湿热地区则更应掌握"先产先出"，加速流通，不宜久贮。

（3）糖浆剂的防冻问题　糖浆剂为水性溶液，一般含糖浓度较高，故不像水剂类易于冻结，但冬季在特冷的地区，有些含糖量较低的糖浆亦会发生冻结。根据初步试验，含糖量在60%（g/mL）以上的药物糖浆在-21.5℃的低温下一般不冻结，主要因为药用糖浆除含糖外，还含有流浸膏、酊剂或其他化学药物，有的还含有乙醇、甘油或其他多元醇、防腐剂等稳定剂，这些都是降低冰点的重要因素，所以它们的冰点远远低于含糖量60%（g/mL）的单纯蔗糖溶液。含糖量在60%（g/mL）以上的药用糖浆虽然多数在-25℃的低温情况下发生冻结，但一般仅呈凝冻状态，质地松软，亦没有包装破裂现象，放置室温中即可全部自行解冻，和留样对比没有显著区别和变化，亦无蔗糖析出的不溶现象。

因此，药用糖浆剂含糖量在60%（g/mL）以上的，一般可不防冻，个别特冷地区可根据情况确定；含糖60%（g/mL）以下的制剂，则应根据处方及各地气温情况，考虑是否需要防冻。若糖浆剂遇冷受冻，一般可置室温中自行解冻，受冻严重者可置温水中缓缓融化，解冻后恢复澄清者仍可供药用。

（4）糖浆剂浑浊、沉淀问题　含浸出制剂的糖浆剂，在贮存过程中往往会出现浑浊或沉淀。可通过具体分析后进行处理。

① 如含少量沉淀，摇匀后能均匀分散者，则仍可供药用。

② 如经确定沉淀系无效物或对患者服用不利时，可以过滤除去，但操作中应注意清洁卫生，严防微生物污染。

③ 因糖浆剂败坏而产生的浑浊、沉淀则无须处理，不可再供药用。

7.含乙醇药剂的贮存保管

因为乙醇具有防腐性，所以多数含乙醇药剂在贮存中比较稳定，含乙醇量在40%以上的，尚能延缓某些药物的水解，只有少数品种（如洋地黄酊、麦角流浸膏等）易分解变质。因为溶剂乙醇冰点（液体冻结时的温度）较低不易冻结，所以含乙醇药剂虽为液体制剂，但在冬季仍不易冻结，故大多数含乙醇成药在冬季贮运过程中一般可以不必防冻。这与一般水性制剂（溶剂为水）有所不同，后者在低温下易于冻结，冬季必须防冻。

首先应当指出，药物的含乙醇量是与其冰点成反比的，含乙醇量越高，冰点越低，亦就越不容易冻结。此外，药物的浓度亦为降低冰点的重要因素，药物浓度越高，冰点越低，如40.5%乙醇溶液冰点为-23.6℃，而含乙醇量为40%的各种制剂实际上在-30℃还不冻结。因此，可以认为，含乙醇量为40%以上的制剂，如大多数酊剂、流浸膏剂、醑剂等含乙醇成药，在冬季贮运过程中，一般可以不必防冻。某些生药酊剂，如复方龙胆酊、海葱酊，在低温下发生大量沉淀，含有结晶药物的醑剂、癣药水等在低温下能析出结晶，但随温度升高，这些沉淀或结晶能重新溶解，并不影响质量。

因为乙醇有较强的挥发性、燃烧性，所以对于本类制剂主要根据乙醇易挥发、易燃烧的特性加强保管。

（1）防受热挥发　首先注意瓶口应密塞，在阴凉处保存。夏季注意防热，贮存过程中，应经常检查有无挥发减量，若有挥发应及时整理、加固包装。

（2）防火　含乙醇药剂易燃烧，故贮存地点应严禁烟火，杜绝火源、火种，并防止与易燃物品共存一处，以防引起火灾。

（3）避光　许多含乙醇药剂的有效成分遇光易变质，如阿片酊（含吗啡）、麦角流浸膏、亚硝酸乙酯醑、癣药水（含酚类）等，受日光照射后，能发生沉淀、变色、效价或含量降低等变化。所以，含乙醇药剂一般都应密封在遮光容器内，在阴凉处保存。

（4）防久贮变质　易于分解变质的制剂，除应按上述要求进行保管外，还应进行定期检查，严格掌握"先产先出，近效期先出"的原则，以防过期失效或久贮变质。

8.软膏剂、乳膏剂、糊剂和眼用半固体制剂的贮存保管

软膏剂、乳膏剂、糊剂和眼用半固体制剂在贮存期间的稳定性，与其基质、药物的性质、贮存的条件（温度、光线、湿度）、容器和包装形式等有关。用凡士林作为基质的软膏剂等制剂一般比较稳定，但若含有某些不稳定的药物，则容易变质。用动植物油脂作为基质的软膏剂等制剂易于酸败，光、空气、温度等均能促使其酸败，故不易保存，乳剂型基质、水溶性基质的软膏剂等制剂不稳定，如用塑料管包装，久贮后易失水或霉败。因此，软膏剂等制剂应根据药物和基质的性质，结合包装容器的特点进行保管。

（1）一般软膏剂、乳膏剂、糊剂和眼用半固体制剂应密闭、避光，置干燥凉暗处，温度控制在25℃以下保存，眼膏剂应置遮光无菌容器中密封贮存。乳剂型基质和水溶性基质制成的软膏剂等制剂，冬季还应防冻，夏季则应避热保存，以免水分与基质分离，失去其均匀性。

（2）软膏剂、乳膏剂、糊剂和眼用半固体制剂中含有不稳定的药物或基质时，除应根据它们的性质加强保管外，还应掌握"先产先出"，避免久贮。

（3）具有特殊臭味的软膏剂、乳膏剂、糊剂和眼用半固体制剂，如硫黄软膏、松馏油软膏、盐酸金霉素鱼肝油软膏等，应置凉处，并与一般药物隔离存放，以防串味。

（4）眼膏剂的包装已经灭过菌，保管中不应随便启开，以防微生物污染。

（5）根据软膏剂、乳膏剂、糊剂和眼用半固体制剂包装容器的特点，保管中尚需注意以下事项，锡管装已具备遮光、密闭的条件，在30℃以下保存即可，但在贮运中要防止重压，堆码不宜过高，以防锡管受压发生变形或破裂。塑料管装，因质软、有透气性，装有水溶性基质的软膏剂等制剂在南方潮热地区多不稳定，保管中应注意避光，避免重压与久贮。玻璃管装，棕色瓶装的已达到避光要求，可密闭在干燥处保存，若系无色瓶装的必要时还要考虑避光，贮运中还要防止重摔，并不得倒置或侧放，以免破碎、流油。

扁形金属或塑料盒，已达到避光要求，可密闭保存在干燥处，贮运中应防止重压，亦不得倒置或侧放，以免包装变形、流油。

9.栓剂的贮存保管栓剂

由于基质的特性，易受温度、湿度的影响而发生融化走油、软化变形等质量变异现象，因此栓剂在贮存期间应充分注意防热、防潮。具体保管方法如下。

（1）栓剂一般应在30℃以下密闭保存，防止因受热、受潮而变形、发霉、变质。

（2）避免重压，并且贮存时间不宜过长，以免腐败、酸败。此外，因栓剂为体腔内用药，保管中还应注意清洁卫生，防止异物、微生物的污染。

（3）油明胶基质的栓剂引湿性强，吸潮后变不透明，并有"出汗"现象，气候干燥时又易干化变硬，故应装在玻璃瓶中密塞，于凉处保存。

（4）受热易融化、遇光易变色的栓剂，如联苯苄唑栓、聚维酮碘栓，应密闭、避光，在凉处保存。

任务实施

药品养护的相关记录表单的填写

1.任务实施目的

培养学生掌握药品质量检查的方法和分析判断的能力；教会学生正确填写"药品质量养护记录"（表1-2-3）和"药品质量复查通知单"（表1-2-5）。

2.物品准备

（1）备10盒150mL装的急支糖浆（其中3个包装盒上有药液渗出，且已变色）；10盒双黄连口服液（其中5盒已出现沉淀变质）。

（2）打印好"药品质量养护记录"和"药品质量复查通知单"两种表单若干份。

（3）宽敞明亮的教室，一张带光源的工作台。

3.操作过程

（1）取待查药品至工作台上，打开光源逐一检查每一盒药品。

（2）将检查结果填入"药品质量养护记录"，有质量问题的药品填写"药品质量复查通知单"。

（3）填写实训报告（表1-2-9）。

表1-2-9　实训报告

班级：	小组：	时间：
课题：		
目的：		

续表

班级：	小组：	时间：
器材、物品：		
步骤： 1. 2. 3. 4.		
教师评价：		

（4）实训教师现场考核点评。

任务测评

（1）20种药品检查结果，每一种2分，共40分；填写"药品质量养护记录"和"药品质量复查通知单"各20分；实训报告20分。

（2）时间90分钟。

知识扩展

（一）商品的重点养护

1.性质不稳定药品的保管养护方法

（1）遇光易变质的药品应置于避光容器内，在阴凉干燥的暗处存放，防止日光照射及高温。

（2）受热易变质、易挥发的药品应注意密封在阴凉处保存。易风化药品也不宜贮存于温度过高和过于干燥的地方，以免失去结晶水，影响剂量准确。

（3）怕冻药品在低温下易变质或冻裂容器，一般应在0℃以上仓库保存，防止冻结。

（4）易吸潮引湿的药品和易霉变虫蛀的药品应在干燥阴凉处保存，梅雨季节应注意采取防潮、防热措施。

（5）易串味的药品应贮存于凉处，与一般药品特别是吸附性药品要隔离存放。易氧化和易吸收二氧化碳的药品应注意密封保存。

2.特殊管理药品的保管方法

《药品管理法》中将医疗用毒性药品、精神药品、麻醉药品及放射性药品列为特殊管理的药品，实行特殊的管理办法。管理办法由国务院有关部门制定。

（1）医疗用毒性药品、精神药品、麻醉药品、放射性药品绝不能与其他药品混合存放，应专库或专柜集中存放，各品种之间要有适当距离，设立专职人员保管，严格遵守专用账卡登记管理制度。

（2）严格出入库手续，随时和定期盘点，要求数字准确，账货相符。

（3）结合药品性能考虑贮藏条件，绝大多数毒性药品、麻醉药品、精神药品、放射性药品遇光易变质，故应注意避光保存。

（4）由于破损、变质、过期失效而不可供药用的医疗用毒性药品、精神药品和麻醉药品，应清理登记、列表上报、监督销毁，不得随便处理。

（5）放射性药品的贮存应具有与放射剂量相适应的防护装置。放射性药品置放的铅容器应避免拖拉或撞击。

3.危险药品的保管方法

危险药品是指受光、热、空气、水分、撞击等外界因素的影响可以引起燃烧、爆炸或具有腐蚀性、刺激性、剧毒性和放射性的药品。

危险药品的贮藏以防火、防爆、确保安全为关键，其保管方法如下。

（1）危险药品应贮存于危险品仓库内，按其理化性质、危险程度以及与消防方法是否有抵触，分区、分类和分堆保管，对互相接触能引起燃烧、爆炸或产生毒害气体的危险品，不得同库贮存。如少量短期贮存，应单独存放在与其他库房有一定距离的小库房内，隔绝火源，分类存放，并采取必要的安全措施。

（2）危险药品中的毒害品、爆炸品、放射性药品，应严格实行双人双锁管理制度。

（3）注意安全操作，搬运药品时应轻拿轻放，防止震动、撞击、摩擦、重压或倾倒。

（4）经常检查包装容器是否严密，若发现封口不牢、渗漏或有破损等现象，应在指定安全地点进行整修，或及时与有关部门联系处理。

（二）中药养护技术介绍

中药养护是运用现代科学方法研究中药保管和养护防患规律的一门综合性技术。医药仓储工作者在继承中医药学遗产和前人贮存养护经验的基础上，结合现代多学科知识和技术，不断发展中药的科学养护技术。目前，中药常用的养护方法主要有传统中药养护技术、化学药剂养护技术及现代中药养护技术等几大类。

1.传统中药养护技术

（1）日晒法　日晒法就是利用太阳的热能及紫外线将害虫和霉菌杀死的方法。一般适用于根及根茎类较难干燥、曝晒后对质量影响不大的中药材，如黄精、地黄、大黄、何首乌等，受日光作用后可使水分散发，起到干燥、防霉的作用。

（2）阴干法　阴干法又称摊晾法，系将中药置于阴凉处，借温热空气流动，吹散药材水分而干燥的方法。适用于芳香叶类、花类、果皮类等药材，如艾叶、紫苏叶、红花、玫瑰花、橘皮等。

（3）通风法　通风法是利用空气流动规律，使库内外空气发生对流的一种调节库房温度和湿度的措施，以起到降湿防潮的作用。工作实践中要做到通风合理，一般在晴天无雾及室外相对湿度低于库内时，方可开窗、开门通风。反之，则应关好门窗，防止室外潮气进入库内。有条件的也可在仓库安装通风换气设备,科学正确地做好通风除潮工作。

（4）吸湿除潮法　除前述方法外,实际工作中也可在库房采用吸湿剂和机械除湿机。如选择密封较好的小库房或适当的容器（缸、桶等）,放入生石灰、木炭、硅胶、无水氯化钙等吸湿剂,可起到吸湿降潮作用,保持贮存环境干燥。应注意的是,对生石灰吸湿后的粉末要及时更换；木炭、硅胶吸湿饱和后应及时干燥"活化"。除此之外,吸湿除潮还有机械吸潮,常用的有空气去湿机等设备。

（5）密封养护法　本法的目的是将中药与外界隔离,减少不良因素对药物质量的影响。密封的含义一是对库房门的密封,二是对缸、罐、铁桶等容器的密封；或在容器内放入一定量的木炭、硅胶。此外,实际工作中也有用干砂埋藏党参、牛膝、板蓝根、山药等较完整的个货；将阿胶、龟甲胶等胶类中药埋入糠中,糠的隔潮性能使外界湿气不致侵入,保持药材干燥。这是防止中药材软化、虫蛀、霉变的方法。

值得注意的是,中药材密封或埋藏前一定要使自身水分处于安全范围内,否则会出现发热腐烂、霉变、虫蛀。一般适用于易走油、溢糖、发霉、虫蛀,回潮后不宜曝晒、烘干的品种,如人参、枸杞子、鹿茸等。

（6）烘干法　对含水量过高的中药,也可采用火炕、烘箱、烘房等设施进行干燥,可有效防止虫害及霉变。主要适用于阴天不能日晒或晒不透的药材。上述方法干燥时,要根据药材性质并不断翻动和控制时间,以防焦化。

（7）对抗同贮养护　对抗同贮养护是利用不同中药所含成分及散发的特殊气味,同贮时相互克制起到防蛀、防霉、保色等的一种养护方法。

对抗同贮一般适合数量不太大的中药保存,如泽泻、山药与牡丹皮同贮,可防泽泻、山药生虫,防牡丹皮变色；藏红花与冬虫夏草同贮可防冬虫夏草生虫；大蒜与薏苡仁、土鳖虫分别同贮,可防薏苡仁、土鳖虫发生虫蛀、霉变；鹿茸埋藏于花椒中可防生虫、褪色等。此外,医药工作者近年将全蝎、地龙、蜈蚣、金钱白花蛇等动物中药,采用喷洒一定比例的白酒密封养护,在防蛀防霉方面也取得了确切效果。

（8）冷藏养护技术　采用调控温度的方法贮存中药,常用的方法如安装空调、使用冰箱、建冷库或阴凉库等冷藏方法。夏季梅雨高温季节,可将经济价值偏高的中药,如人参、西洋参、蛤蚧、枸杞子、蛤士蟆油等,贮存于阴凉库（20℃以下）中,可防蛀、防霉、保质以安全过夏。

2.化学药剂养护技术

化学药剂养护法是利用无机或有机的防霉剂、杀虫剂与仓虫接触,从而杀灭霉菌和害虫的方法。采用此法的原则是高效低毒、环保无污染,易推广使用。目前最常用的是磷化铝熏蒸养护法。磷化铝（AIP）是近年来中药材广泛应用的一种新型杀虫剂,为灰绿色粉末磷化铝与辅料混合压制的片剂。具有使用简便、用量少、渗透力强、杀虫效率高、排毒散发快、不易被药吸附而且可杀灭微生物的多种优点。施用方法为采用塑料帐密封货垛或全仓密封熏蒸。根据货垛体积和库房空间大小,在垛及库房内走道上,把药片放入瓷盘或铁盘上摊开,每立方米用5～7g。使用磷化铝应注意分散施药,专人保管,严禁遇水遇火、日光曝晒,以免引起火灾及对人员造成毒害。需要注意的是,传统硫黄熏中药，虽有漂白、增艳、防虫的效果，但现代研究证明此法会使中药材残留大量的二氧化硫（SO_2）及砷（As）、汞（Hg）等重金属。《中华人民共和国药典》2005年版一部将用硫黄熏的方法删除，表示中药材以后不允许再使用硫黄熏。

3. 现代中药养护技术

随着科学技术的不断发展及中医药现代化步伐的加快，越来越多的现代科学养护方法被应用。

（1）气调养护法　气调养护法是指在密闭条件下，对导致药材发生质变的空气中的氧浓度进行有效控制，人为地造成低氧或人为造成高浓度的二氧化碳状态，在这样的环境中新的害虫不能产生和侵入，而原有害虫、微生物因缺氧造成窒息死亡或不能繁殖，同时阻隔了潮湿空气对中药的影响，从而保证了药材质量。

（2）远红外线加热干燥养护法　该法干燥的原理是将电能转变为远红外线辐射出去，被干燥物体的分子吸收后产生共振，引起分子、原子的振动和转动，导致物体变热，经过热扩散、蒸发现象或化学变化，最终达到干燥的目的。远红外线干燥通常在密闭箱内进行，受大气中杂菌污染机会少，具有较高的杀虫、灭卵及杀菌效率，具有干燥快、脱水率高、成本低的优点。但应注意，厚度超过10mm的药材，该法干燥的效果一般较差。

（3）微波干燥养护法　微波干燥是一种感应加热和介质加热方法。中药材中的水和脂肪均可不同程度地吸收微波能量，并将其转化为热量。中药微波加热干燥是我国近年来迅速发展的一项新技术。其优点是无污染、杀微生物及杀霉菌效力强。

（三）常见药品养护设备的使用

（1）空调设备　主要用于调节店内空气温度和湿度。夏天卖场内温度要控制在30℃以下，相对湿度不论季节应控制在35%～75%范围内。

（2）冷藏箱或冷藏柜　温度设定在2～10℃范围内，主要用于存放生物活性药品和怕热、极易虫蛀、霉变、融化、升华的贵细中药材等。

（四）相关法规和制度

《药品经营质量管理规范》于2016年7月20日由国家食品药品监督管理总局令第28号发布（节选）。

第一百三十一条　企业应当对直接接触药品岗位的人员进行岗前及年度健康检查，并建立健康档案。患有传染病或者其他可能污染药品的疾病的，不得从事直接接触药品的工作。

第一百三十二条　在药品储存、陈列等区域不得存放与经营活动无关的物品及私人用品，在工作区域内不得有影响药品质量和安全的行为。

第一百三十八条　药品零售操作规程应当包括：

（一）药品采购、验收、销售；

（二）处方审核、调配、核对；

（三）中药饮片处方审核、调配、核对；

（四）药品拆零销售；

（五）特殊管理的药品和国家有专门管理要求的药品的销售；

（六）营业场所药品陈列及检查；
（七）营业场所冷藏药品的存放；
（八）计算机系统的操作和管理；
（九）设置库房的还应当包括储存和养护的操作规程。

第一百三十九条 企业应当建立药品采购、验收、销售、陈列检查、温湿度监测、不合格药品处理等相关记录，做到真实、完整、准确、有效和可追溯。

第一百四十五条 营业场所应当有以下营业设备：
（一）货架和柜台；
（二）监测、调控温度的设备；
（三）经营中药饮片的，有存放饮片和处方调配的设备；
（四）经营冷藏药品的，有专用冷藏设备；
（五）经营第二类精神药品、毒性中药品种和罂粟壳的，有符合安全规定的专用存放设备；
（六）药品拆零销售所需的调配工具、包装用品。

第一百四十七条 企业设置库房的，应当做到库房内墙、顶光洁，地面平整，门窗结构严密；有可靠的安全防护、防盗等措施。

第一百四十八条 仓库应当有以下设施设备：
（一）药品与地面之间有效隔离的设备；
（二）避光、通风、防潮、防虫、防鼠等设备；
（三）有效监测和调控温湿度的设备；
（四）符合储存作业要求的照明设备；
（五）验收专用场所；
（六）不合格药品专用存放场所；
（七）经营冷藏药品的，有与其经营品种及经营规模相适应的专用设备。

第一百四十九条 经营特殊管理的药品应当有符合国家规定的储存设施。

第一百五十条 储存中药饮片应当设立专用库房。

第一百五十一条 企业应当按照国家有关规定，对计量器具、温湿度监测设备等定期进行校准或者检定。

第一百五十九条 企业应当对营业场所温度进行监测和调控，以使营业场所的温度符合常温要求。

第一百六十条 企业应当定期进行卫生检查，保持环境整洁。存放、陈列药品的设备应当保持清洁卫生，不得放置与销售活动无关的物品，并采取防虫、防鼠等措施，防止污染药品。

第一百六十一条 药品的陈列应当符合以下要求：
（一）按剂型、用途以及储存要求分类陈列，并设置醒目标志，类别标签字迹清晰、放置准确。
（二）药品放置于货架（柜），摆放整齐有序，避免阳光直射。
（三）处方药、非处方药分区陈列，并有处方药、非处方药专用标识。
（四）处方药不得采用开架自选的方式陈列和销售。

（五）外用药与其他药品分开摆放。

（六）拆零销售的药品集中存放于拆零专柜或者专区。

（七）第二类精神药品、毒性中药品种和罂粟壳不得陈列。

（八）冷藏药品放置在冷藏设备中，按规定对温度进行监测和记录，并保证存放温度符合要求。

（九）中药饮片柜斗谱的书写应当正名正字；装斗前应当复核，防止错斗、串斗；应当定期清斗，防止饮片生虫、发霉、变质；不同批号的饮片装斗前应当清斗并记录。

（十）经营非药品应当设置专区，与药品区域明显隔离，并有醒目标志。

第一百六十二条　企业应当定期对陈列、存放的药品进行检查，重点检查拆零药品和易变质、近效期、摆放时间较长的药品以及中药饮片。发现有质量疑问的药品应当及时撤柜，停止销售，由质量管理人员确认和处理，并保留相关记录。

第一百六十三条　企业应当对药品的有效期进行跟踪管理，防止近效期药品售出后可能发生的过期使用。

第一百六十四条　企业设置库房的，库房的药品储存与养护管理应当符合本规范第二章第十节的相关规定。

【链接】

《药品经营质量管理规范》（节选）
第二章　第十节　储存与养护

第八十三条　企业应当根据药品的质量特性对药品进行合理储存，并符合以下要求：

（一）按包装标示的温度要求储存药品，包装上没有标示具体温度的，按照《中华人民共和国药典》规定的贮藏要求进行储存；

（二）储存药品相对湿度为35%～75%；

（三）在人工作业的库房储存药品，按质量状态实行色标管理，合格药品为绿色，不合格药品为红色，待确定药品为黄色；

（四）储存药品应当按照要求采取避光、遮光、通风、防潮、防虫、防鼠等措施；

（五）搬运和堆码药品应当严格按照外包装标示要求规范操作，堆码高度符合包装图示要求，避免损坏药品包装；

（六）药品按批号堆码，不同批号的药品不得混垛，垛间距不小于5cm，与库房内墙、顶、温度调控设备及管道等设施间距不小于30cm，与地面间距不小于10cm；

（七）药品与非药品、外用药与其他药品分开存放，中药材和中药饮片分库存放；

（八）特殊管理的药品应当按照国家有关规定储存；

（九）拆除外包装的零货药品应当集中存放；

（十）储存药品的货架、托盘等设施设备应当保持清洁，无破损和杂物堆放；

（十一）未经批准的人员不得进入储存作业区，储存作业区内的人员不得有影响药品质量和安全的行为；

（十二）药品储存作业区内不得存放与储存管理无关的物品。

第八十四条 养护人员应当根据库房条件、外部环境、药品质量特性等对药品进行养护，主要内容是：

（一）指导和督促储存人员对药品进行合理储存与作业。

（二）检查并改善储存条件、防护措施、卫生环境。

（三）对库房温湿度进行有效监测、调控。

（四）按照养护计划对库存药品的外观、包装等质量状况进行检查，并建立养护记录；对储存条件有特殊要求的或者有效期较短的品种应当进行重点养护。

（五）发现有问题的药品应当及时在计算机系统中锁定和记录，并通知质量管理部门处理。

（六）对中药材和中药饮片应当按其特性采取有效方法进行养护并记录，所采取的养护方法不得对药品造成污染。

（七）定期汇总、分析养护信息。

第八十五条 企业应当采用计算机系统对库存药品的有效期进行自动跟踪和控制，采取近效期预警及超过有效期自动锁定等措施，防止过期药品销售。

第八十六条 药品因破损而导致液体、气体、粉末泄漏时，应当迅速采取安全处理措施，防止对储存环境和其他药品造成污染。

第八十七条 对质量可疑的药品应当立即采取停售措施，并在计算机系统中锁定，同时报告质量管理部门确认。对存在质量问题的药品应当采取以下措施：

（一）存放于标志明显的专用场所，并有效隔离，不得销售；

（二）怀疑为假药的，及时报告食品药品监督管理部门；

（三）属于特殊管理的药品，按照国家有关规定处理；

（四）不合格药品的处理过程应当有完整的手续和记录；

（五）对不合格药品应当查明并分析原因，及时采取预防措施。

第八十八条 企业应当对库存药品定期盘点，做到账、货相符。

思考与练习

（一）填空题

1.中药材或中药饮片贮存时，一定做好＿＿＿＿＿＿＿，防止混淆，并做好＿＿＿＿＿＿、防潮、＿＿＿＿＿＿的措施。

2.对易散失水分而造成减重的贵细药材，应＿＿＿＿＿＿＿或及时＿＿＿＿＿成小包装。

3.定期进行药品质量检查。中西成药一般以＿＿＿＿＿为周期，分区分批检查一遍，中药材和中药饮片应＿＿＿＿＿检查一遍，发现问题能处理的及时处理，处理不了的及时上报公司＿＿＿＿＿＿部门，并填写＿＿＿＿＿＿记录。

4.加强药品的效期管理，定期排查所有效期商品，并做好有效期记录，发现近效期药品，及时预警并＿＿＿＿＿＿＿＿＿。

5.温度计是根据物质热胀冷缩的原理，利用对冷热变化敏感的物质水银、酒精等制成。酒精温度计，用于测量＿＿＿＿＿＿的温度；测量＿＿＿＿＿温度和准确性要求＿＿＿＿＿＿＿的应选用水银温度计。

6.药物变质的内因主要是指药物本身的_____和_____，以及由它所反映的物理性质和化学性质。

7.对胶囊剂保管应_____、_____以为主，同时结合主药的特性，考虑具体的保管方法。

8.光线使药品变质，_____线起着主要作用，它能直接引起或促进药品发生氧化、变色、分解等化学反应。

9.按GSP的要求，按剂型、用途以及储存要求分类陈列，并设置_____，类别标签字迹清晰、放置准确。

（二）单项选择题

1.药品的在店养护应贯彻（　　）的原则。
　　A.质量第一　　　B.效益第一　　　C.以防为主　　　D.防治结合

2.药物能够从空气中吸收水蒸气的性质称为药物的（　　）。
　　A.吸附性　　　　B.吸湿性　　　　C.潮解　　　　　D.风化

3.药店内（卖场）的相对湿度应保持在（　　）。
　　A.30%～50%　　　B.40%～65%　　　C.35%～75%　　　D.50%～70%

4.怕冻药品在低温下易变质或冻裂容器，一般应在（　　）℃以上仓库保存，防止冻结。
　　A.15　　　　　　B.10　　　　　　C.5　　　　　　　D.0

5.在散剂的贮存保管中（　　）是关键。
　　A.防潮　　　　　B.温度　　　　　C.光照　　　　　D.防虫

6.药用糖浆剂含糖量在（　　）（g/mL）以上的，一般可不防冻。
　　A.40%　　　　　B.50%　　　　　C.60%　　　　　D.70%

7.在贮存过程中，对片剂质量影响最大的外界因素是（　　）。
　　A.温度　　　　　B.光线　　　　　C.霉变　　　　　D.湿度

8.药店使用冷藏箱或柜，温度应设定在（　　）范围内，主要用于存放生物活性药品和怕热、极易虫蛀、霉变、融化、升华的贵细中药材等。
　　A.0～8℃　　　　B.2～10℃　　　　C.8～15℃　　　　D.10～20℃

9.需要低温贮存的药品，应及时陈列到（　　）。
　　A.冷藏柜　　　　B.地窖中　　　　C.通道口　　　　D.端架

（三）多项选择题

1.下面影响药品稳定性的外界因素包括（　　）。
　　A.空气　　　　　B.温度　　　　　C.光线　　　　　D.声音
　　E.时间

2.下面属于传统中药养护技术的有（　　）。
　　A.日晒法　　　　B.喷药养护　　　C.阴干法　　　　D.通风法
　　E.气调养护

3.目前中药饮片最常用的磷化铝熏蒸养护法具有（　　）优点。
　　A.使用简便　　　　B.用量少　　　　　C.渗透力强　　　　D.杀虫效率高
　　E.可杀灭微生物
4.夏天药店卖场内允许达到的温度值是（　　）℃。
　　A.20　　　　　　　B.25　　　　　　　C.28　　　　　　　D.30
　　E.35

（四）判断题

1.一般说，相对湿度如在40%以下即显得过于干燥，而高达75%以上即显得过于潮湿。（　　）
2.温度是表示物质冷热的程度。（　　）
3.易串味的药品应贮存于通风处，与一般药品特别是吸附性药品要隔离存放。（　　）
4.中药材对抗同贮一般适合数量不太大的中药保存。（　　）
5.中药材目前最常用的化学养护技术是磷化铝熏蒸养护法。（　　）
6.特殊管理的药品应按照国家的有关规定存放。（　　）
7.贮存时间较长是药品变质的重要原因。（　　）
8.糖浆剂在保管时应注意密闭，并在30℃以下避光保存。（　　）
9.生物制品，温度过高或过低均易使蛋白质变性，故最佳保存条件应为2～10℃的暗处。（　　）
10.发现卖场内药品变质、破损时，要先撤架停售。（　　）

（五）问答题

1.散剂的贮存保管应注意哪些事项？
2.举例说明中药对抗同贮养护的方法。

（六）分析题

通常情况药店要求营业人员应定期检查整理药店中的产品，确保产品系列完整，规格齐全，货源充足；确保货架上陈列的产品包装清洁，整齐，无灰尘；营业员需要经常清洁货架及架上陈列的商品。但大多药店都严禁使用湿抹布清洁药品上的灰尘和污渍。

请分析原因，并指出正确的清洁工具。

模块二

处方药零售

任务三

西药处方药零售

学习目标

1. 能识别和解读处方的基本结构、常用处方用语和配方程序。
2. 能识别药品说明书。
3. 能正确销售不同类别西药处方药。
4. 能按零售药店计价常规要求计价。
5. 能遵守GSP的要求及对顾客友善。

工作流程

（一）西药处方药零售前准备工作

1. 职业形象准备

医药商品是用于防病治病、康复保健的特殊商品，药品从业人员，尤其是和顾客有接触的药品销售人员得到顾客的信任是顺利开展工作的基础。所以要求销售药品的人员每天上岗前必须整理自己的外表，做到仪容仪表端庄、整洁、热情、大方。

（1）工作步骤

① 穿好整洁的工作服，佩戴胸卡。

② 修饰好自己的容貌和仪表。

③ 规范站姿、准备微笑迎接顾客。

（2）基本要求

① 个人卫生　上岗前应做好包括头发、面部、颈部、手部、指甲的清洁，同时清除口腔及身体异味，禁止留长指甲。男士应不留胡须，勤剪鼻毛，保持面容洁净。

② 发型要求　头发要清洁，发型应自然大方，长度要适宜，男士要求前不遮眉，旁不遮耳，后不及衣领，不留大鬓角及胡须；女士避免怪异的发型和发色，应将头发整齐束起，以免头发挡住眼睛，上岗前需整理好自己的头发。

③ 化妆要求　女性药品购销员为了表示对顾客的尊重应适度淡妆，但不应留长指甲和涂彩色指甲油，香水浓度和气味淡雅柔和，不佩戴形状特异和有色的眼镜。

④ 仪表要求

a. 着装　上岗前应着企业统一的制服，保持制服整洁、熨烫平整、纽扣统一齐全，不应将衣袖或裤脚卷起，在左胸前佩戴好胸卡。不可穿着过于休闲的鞋子甚至拖鞋上岗。

b. 饰物佩戴　尽管GSP规范没有明确禁止，但是对可能影响药品质量的中药调剂、代客煎药等岗位不宜佩戴饰物，药品购销岗位可以佩戴简单饰物（如一枚戒指或一条项链），式样不应过于夸张，以体现文雅端庄。

2. 环境准备

营业环境必须整洁、明亮、舒适，让顾客一来就有一种温馨、清爽、健康的感受。为此应做好以下工作。

（1）清洁空气，调节温度　营业场所应保持药品陈列在规定的温度和湿度环境下。营业前需打开换气设备，让空气通畅，同时检查温度计和湿度计，如果超过规定范围可开启空调，把温度和湿度调至适宜的范围。

（2）清洁场地，整理台面　营业场所要保持干净卫生、整齐有序，在售前清洁、拖洗地面，擦抹柜台、货架、商品及有关设施，清除杂物，确保无积尘、无污迹，物品定置有序，展柜美观漂亮，通道畅通无阻。

（3）播放音乐，调整灯光　营业场所可选播适宜的轻音乐，检查营业场所的亮度，整理广告画牌，护理花卉盆景，使整体环境显得舒适、明亮、优美。

3. 设施和药品准备

营业前的物质准备是整个销售工作的一个重要环节，有序的物质准备是缩短销售时间，加快成交速度，使销售工作顺利进行的根本保证。

（1）整理补货　经过前一天的销售，货架、柜台陈列的商品会出现不丰满或缺档的现象，必须及时进行补货。对货架、柜台上以各种形式陈列的商品及其标签进行归类、整理，补足商品，做到整齐、丰满、美观大方，不得有空位。如出现急缺或断货，及时通知采购部门。在整理商品的同时，要认真检查商品质量；如发现破损、霉变、污染的商品，要及时按GSP规定处理。

（2）查验标签　在整理商品的同时，必须逐个检查标价签，要求做到货价相符，标签齐全，货签对位。对各种原因引起的商品变价要及时调整标价，标签要与商品的货号、品名、产地、规格、单位、单价相符。

（3）物品准备　营业前，营业员要根据自己出售商品的操作需要，准备或查验好售货工具和用品，并按习惯放在固定适当的地方，以便售货时取用。需准备或查验的售货用具一般分为以下几类。

① 计价收银用具　常用的计价收银用具有电子收银机、电子计算器、收付款码等。对其必须常校检、检查。

② 计量用具　常用的计量用具主要是指电子秤、天平等度量衡器。对其不仅要正确使用，还必须注意依法使用。

③ 包装用具　如纸、袋、盒、绳、夹、卫生药袋等。在进行包装时，要注意大小适宜，包扎牢靠，符合卫生标准。同时，还要注意有利于环境保护。

④ 宣传材料　宣传用具，在此是指与商品相关的广告、说明、介绍以及图片、声

像、软件等。在上岗之前，应将其认真备齐，以供赠送或索取。

⑤ 收银　在顾客付款时，不允许要求顾客只能扫码付款或收现金但需顾客自备零钱，更不准以任何借口拒找零钱。

（二）西药处方药的零售过程

（1）收方　从顾客处接收处方。

（2）审方　由执业药师或依法经过资格认定的药学技术人员进行审方，审方包括"处方规范审核"和"用药安全审核"。

（3）收费　按实际零售价计价收费，开具凭证。

（4）调配处方　按处方调配，调配时要仔细检查核对药品标签上的名称、规格、用法、用量等，防止出差错。调配的药品必须完全与处方相符。严格按照规章制度办事，严禁用手直接取药。配方人需在处方上签字。

（5）包装、标示　于分装袋或分装容器上贴上或写上药名、规格、用法、用量、有效期限及注意事项。

（6）核对检查　仔细核对所取药品的名称、规格、用法、用量，患者姓名、年龄、性别等，保证不出差错。复核无误后由执业药师签字。

（7）发药　发药时应语言清晰，详细交代用法、用量、间隔时间、不良反应和注意事项，耐心回答顾客的询问。

（8）礼貌道别　送别顾客的基本要求是亲切自然，用语简单，语气委婉。如微笑着说："祝您健康""请慢走""走好""谢谢"等即可。

（9）西药处方药零售流程图　见图2-1-1。

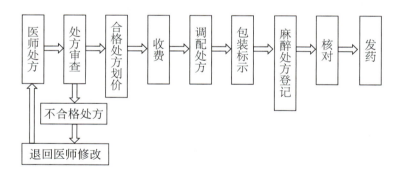

图2-1-1　西药处方药零售流程图

（三）西药处方药零售结束工作

店员在为顾客进行商品包装时，还应询问顾客是否还需要别的相关商品。当将包装好的商品交到顾客手中时，应主动向顾客表示感谢，送走顾客后，进行自我整理。

1.理货和补货

西药处方药零售完成后，将药品摆放回原位置。售药完成后，要及时理货和补货。理货是按照"从左到右，从上到下"的顺序，按"端架→堆头→货架"的先后顺序将货品进行整理并摆放于合适的位置；理货最好在每日销售高峰期之前和之后进行；理货商品的先后次序一般是促销商品→主力商品→易混乱商品→一般商品。

经过理货及补货后一般要达到以下要求。

① 商品的价格标签正确、干净。

② 商品陈列整齐；商品陈列的位置符合门店陈列图的要求；必须将不同货号的货物分开，并与其价格标签的位置一一对应；商品陈列符合"先进先出"以及安全的原则。

③ 商品的标签、包装、保质日期必须检查合格。

④ 商品的零星散货已经回到正确的位置；商品的缺货标签正确放置；破损的商品包装被修复。

⑤ 对补货产生的垃圾进行处理，做好商品、货架、通道的清洁工作，保持补货区域的卫生，检查通道有无遗漏的商品、垃圾、价格标签等。

⑥ 注意商品及货架卫生，多检查，及时发现问题并解决。

2. 处方登记、保存

每次的处方必须存档，以便计算使用性消耗药品的总量，并做到及时补货。

案例导入

小李在某三甲医院心血管内科看门诊，医生询问症状，小李回答说有时候感觉心跳有停顿感，医生听后进行了详细问询及心脏听诊并测量了血压，显示血压高，随后医生又开了心电图检查。等心电图结果出来后再到医生处复诊，随后医生开具了处方。小李拿到处方后到医院对面的药房去拿药，小张接待了她，并直接拿了处方中的药品销售给她。请问，小张的销售正确吗？应该如何销售？

案例分析

小张的销售是不正确的，她应该严格按西药处方药零售的质量控制点进行销售。具体步骤为：① 对接收的处方进行审核；② 执业药师审核签字；③ 调配处方；④ 处方药品的核对；⑤ 提醒患者用药注意事项。

（一）对接收的处方进行审核

1. 处方规范审核

审核处方内容是否完整？书写是否规范？字迹是否清晰？有否执业医师或执业助理医师签章？有否医疗机构盖章？涂改处是否有执业医师或执业助理医师盖章等。

2. 用药安全审核

药品名称是否正确？用药剂量是否正确？是否重复用药？不得超过极量。如需超量者，必须经过医生再次签字始可调配。特别注意儿童、老人、孕妇、哺乳期妇女的用药剂量问题。用药方法是否正确（给药途径、间隔时间、注射速度、患者肝肾功能状态、过敏史、病情等）？处方中有否配伍禁忌的药品？药物相互作用和不良反应（药效的增强、协同、拮抗、减弱作用，副作用及毒性）。

在用药安全审核中，参考《中华人民共和国药典》《新编药物学》《国家基本医疗保险药品诠释》等权威参考书及电子计算机的药物咨询软件，切忌过于信任自己的记忆力和经验。

（二）执业药师审核签字

执业药师对处方审核后必须签字，签字后依据处方正确调配、销售药品。对处方不得擅自更改或代用，对有配伍禁忌或超剂量的处方应当拒绝调配、销售，必要时，经处方医师更正或重新签字，方可调配、销售。

（三）调配处方

1.谨慎读方，严防药名混淆　由于病种繁杂、药品品种繁多、用药范围广泛，药品名称中相似相近的很多，例如其他疾病中出现的药物，如地巴唑与他巴唑（甲巯咪唑）、异丙嗪与异丙胺、优降宁（帕吉林）与优降糖（格列本脲）、心得安（普萘洛尔）与心得平（氧烯洛尔）、心痛定（硝苯地平）与心痛平（美普地尔）、肝乐（二异丙胺）与肝泰乐（葡醛内酯）、胃复康（贝那替秦）与胃复安（甲氧氯普胺）等。读方不慎，极易发生差错事故。

2.严守规程，实行"三看三对一取药"　即取药前，"看"所取药品标签药名，"对"照处方药名；"取"药时，"看"所取药名称，"对"照药品性状；取药后，"看"所取药品包装，"对"照所配药品。取药完毕，用于贮放药品的容器或其他包装应及时送回原定位置。处方中各种药品配齐后，要自己核对一遍。调配取药应按处方自上而下逐个进行，自核自对则应自下而上查对。

3.用法、用量及用药注意事项标注要明确易懂　调配使用的投药包装在调配时要标注患者姓名、药品名称、发药日期、用法与用量及用药注意事项等。尤为值得注意的是用法、用量及用药注意事项的标注务必准确易懂，提醒患者注意。

（四）处方药品的核对

1.核对药品　由于包装的小型化，绝大多数药品在调配后，仍能保持着原有的性状，核对者必须熟悉各药品的基本性状特征，并根据其特征，对照处方药品，看其是否一致。有疑问者，应详细查核，找出原装药品进行比较。如片剂的颜色、味道、厚薄；针剂的容器形状、内容物颜色及包装上的标签等。发现错配情况，务必及时处理。

2.核对规格与数量　药品的规格大小，对处方所开的数量有直接的关系。在处方总量一定时，规格小，则数量多，反之则数量少。所以，必须了解各药品的具体规格。药品的数量还应联系其计量单位进行核对，不仅要核对实际调配数与处方开写数是否相符，而且要核对处方总量是否超出有关规定。特别是毒性药品、麻醉药品、精神药品，应加倍注意。

3.核对用法与用量及有关注意事项　处方中各种药品的用法与用量及有关注意事项，必须在投药包装上反映出来，无论是门市药房患者还是门诊患者的用药，务必书写明晰、准确。核对人员应对处方中每一个品种逐一检查，防止漏写、错写以及书写笔迹不清或用词不准确的情况。

（五）提醒患者用药注意事项

指导患者合理用药，增强患者依从性，必须交代用药注意事项，调配使用的投药包装上应加以标注。

1.临调配时，由调剂人员直接书写在投药包装的"备注"栏内。

2.调配时，配贴用药注意卡。注意卡上要交代的内容常有：不宜突然停药；不宜从事驾驶车辆、管理机器及高空作业等有危险性的工作；不宜饮牛奶；不宜饮酒；避免皮肤直接接受阳光照晒，以免引起过敏；用前注意振摇均匀；要把整片药用水吞服；应放在舌头下面含化，让其自然溶化吸收；本品漱口用，每日数次，不要咽下；服药后应多饮开水；服药期间，大小便颜色可能有变化等。可以将上述各条分别铅印在卡上。

相关知识

（一）营业中的服务规范

1.仪表整洁，举止大方

穿着整洁、举止大方，证件佩戴齐全，站姿端正。接待顾客时做到"四勤"，即眼勤、嘴勤、手勤、腿勤。

2.微笑服务，主动热情

接待顾客时，精神饱满、面带微笑、语言语调适当、态度和蔼，给人以亲切的感觉。要关心顾客，有问必答，不怕麻烦，向顾客详细交代药品的用法用量和注意事项，发药时对顾客要有称呼，对老年顾客要有尊称。

3.尊重患者，人人平等

对待顾客均应平等对待，一视同仁。由于顾客的生理和疾病的痛苦而心情不佳，从业人员要充满爱护之心，满腔热情地为他们服务。

4.业务熟练、讲究信誉

从业人员必须具有丰富的专业知识和熟练的职业技能，才能为患者提供优质的药学服务，做到尽职尽责。同时，要认真执行药品价格政策，对紧缺药品按规定供应；对药品的质量宣传应实事求是，不夸大宣传。

（二）处方的相关知识

1.处方的含义

处方是指医疗和生产中关于药剂调制的一项重要的书面文件。广义的处方是指制备任何一种药剂或制剂的书面文件。狭义的处方是由执业医师或执业助理医师为患者诊断、预防或治疗疾病而开具的用药指令，是药学技术人员审核、调配、核对并作为发药凭证的医疗文书。见数字资源2-1处方的相关知识。

数字资源2-1

2.处方的种类和颜色

（1）处方的种类　按处方的性质分为法定处方、医师处方和协定处方。

① 法定处方　指《中华人民共和国药典》和局颁标准中收载的处方，具有法律的约束力。

② 医师处方　指执业医师或执业助理医师在诊疗活动中为患者开具的处方。

③ 协定处方　是医院药剂科与临床医师根据医院日常医疗用药的需要，共同协商制定的处方。适于大量配制和贮备，便于控制药品的品种和质量。每个单位的协定处方仅限于在本单位使用。

（2）处方的颜色　处方由各医疗机构按规定的格式统一印制。处方的颜色分别为：麻醉处方粉红色、急诊处方淡黄色、儿科处方淡绿色、普通处方白色，并在处方的右上角以文字注明。

3. 处方的意义

处方具有法律上、技术上和经济上三个方面的意义。

（1）法律上　因开具处方或调配处方造成的医疗差错或事故，医师和药师分别负有相应的法律责任。医师有诊断权和开具处方权，但无调配处方权；药师具有审核、调配处方权，但无诊断权和开具处方权。

（2）技术上　开具和调配处方者必须由经过医药院校系统专业学习，并经过资格认定的医药卫生技术人员担任，医师对患者的病情做出诊断后，在安全、有效、经济、合理的原则下开具处方；药学专业技术人员对处方进行审核，按处方准确、快捷地调配，并发药给患者，具备开具和调配处方的技术性。

（3）经济上　处方是药品消耗及经济收入结账的凭证和原始依据，也是患者在诊疗疾病全过程中用药报销的真实凭据。

（三）处方的识别和解读

1. 处方的组成

处方作为一种特殊文件，有一定的组成，包括以下三部分。

（1）处方前记　也称处方的自然项目。包括医疗机构名称、科别、费别、患者姓名、性别、年龄、住院或门诊号、就诊日期、临床诊断等项目，麻醉药品和一类精神药品处方还应包括患者的身份证号、代办人姓名和身份证号。

（2）处方正文　正文以Rp或R（拉丁文Recipe"请取"的缩写）开始，分列药品名称、剂型、规格、数量、用法、用量。药品的名称可以开写通用名或商品名。

（3）处方后记　包括医师、配方人、核对人、发药人的签名及发药日期、药品金额等。目前医疗机构大都使用电子处方，医师打印的电子处方其格式要与手写处方一致，并应有严格的签名管理程序。必须设置处方或医嘱正式开具后不能修改的程序。

2. 处方格式

×××××医院

处方签

姓名_____　性别_____　年龄_____　门诊（住院）号_____　科别_____

处方费别：医保□　非医保□　其他□　　医保号_____　床号_____

临床诊断：_____　处方日期_____年_____月_____日

Rp:
　　硫酸亚铁片　0.3×30
　　　　　　Sig.0.3　　t.i.d.p.o.

续表

Vit C 片　0.1×20		
	Sig.0.1　t.i.d.p.o.	
审核人＿＿＿＿＿＿	核对人＿＿＿＿＿＿	医师＿＿＿＿＿＿
配方人＿＿＿＿＿＿	发药人＿＿＿＿＿＿	药品金额（元）＿＿＿＿

3. 处方书写的基本要求

（1）患者一般情况（姓名、年龄、性别等）应填写清晰、完整，其中年龄应填写实足年龄，新生儿、婴幼儿写日龄或月龄，必要时需注明体重。

（2）每张处方限于一名患者的用药。

（3）处方字迹应清晰，不得涂改；如需修改，应在修改处签名并注明修改日期。

（4）药品名称应使用规范的中文名称或英文名称书写；医疗机构或者医师、药师不得自行编制药品缩写名称或者使用代号；书写药品剂量、规格、用法、用量要准确规范，用法用量应按照药品说明书规定的常规用法用量使用，特殊情况超剂量使用时，应当注明原因并再次签名。不得使用"遵医嘱""自用"等含糊不清的字句。

（5）西药和中成药开具处方时可分开也可开具在一张处方中，中药饮片则应当单独开具处方。西药、中成药处方，每一种药品应当另起一行，每张处方不得超过5种药品。

（6）开具处方后的空白处画一斜线以示处方完毕。

（7）处方医师的签名式样和专用签章应当与院内药学部门留样备查的式样相一致，不得任意改动，否则应当重新登记留样备案。

（8）药品剂量与数量一律用阿拉伯数字书写。剂量应当使用法定剂量单位。质量以克（g）、毫克（mg）、微克（μg）、纳克（ng）为单位；容量以升（L）、毫升（mL）为单位；国际单位（IU）、单位（U）；中药饮片以克（g）为单位；片剂、丸剂、胶囊剂、颗粒剂分别以片、丸、粒、袋为单位；溶液剂以支、瓶为单位；软膏及乳膏剂以支、盒为单位；注射剂以支、瓶为单位，并注明含量。

4. 处方制度

（1）处方权　经注册的执业医师在执业地点才具备相应的处方权。经注册的执业助理医师在医疗机构开具的处方，应经所在执业地点执业医师签名或加盖专用签章后方有效。经注册的执业助理医师在乡、镇、村的医疗机构独立从事一般的执业活动，可在注册的执业地点取得相应的处方权。医师应在注册的医疗机构签名留样或者专用签章备案后，方可开具处方。医师被责令暂停执业、离岗培训期间或被注销（吊销）执业证书后，其处方权同时被取消。

（2）处方期限　处方开具一般当日有效。特殊情况下需延长有效期的，由开具处方的医师注明有效期限，但有效期最长不得超过3天。

（3）处方限量　处方一般不得超过7日用量；急诊处方则一般不得超过3日用量；对于某些慢性病、老年病或有特殊情况的，处方用量可适当延长，但医师须注明理由。特殊管理药品的处方用量必须严格执行国家有关规定。

（4）处方保管　零售药店必须保存处方2年备查。

5. 处方中常见的外文缩写及含义

医师在书写处方时，药物的用法（包括剂量、服用时间及用药次数）和调配方法等内容，常采用拉丁文缩写或英文缩写。药师应掌握处方中常用的外文缩写，并理解其含义（表2-1-1）。

表2-1-1　处方中常见的外文缩写及含义

外文缩写	中文含义	外文缩写	中文含义	外文缩写	中文含义
aa	各、各个	Inj	注射剂	p.m.	下午
a.c.	餐前（服）	i.v.	静注	p.o.	口服
ad.	加到，至	i.v.gtt	静滴	p.r.n.	必要时
a.m.	上午、午前	kg	千克	S.O.S.	需要时
aq	水、水剂	Liq.	液，溶液	q.d	每日
aq.dest.	蒸馏水	mg	毫克	q.h.	每时
b.i.d.	每日2次	μg	微克	q.4h.	每4小时
t.i.d.	每日3次	ung.	软膏剂	q.i.d.	每日4次
Caps	胶囊（剂）	Mist	合剂	q.n.	每晚
Ol.	油剂	mL	毫升	q.o.d	隔日1次
Co.	复方的、复合的	NS	生理盐水	q.s.	适量
Dil.	稀释的，稀释	o.d.	右眼	Sig.	标记（标明用法）
Dos.	剂量	o.l.	左眼	Sol.	溶液
g	克	o.u	双眼	ss	一半
gtt.	滴、量滴、滴剂	OTC	非处方药	St	立即
i.h.	皮下的（尤指皮下注射）	Rx	处方药	Tab	片剂
h.s.	临睡时	p.c.	餐后	U	单位
i.m.	肌内注射	pH	酸碱度	IU	国际单位

6. 处方中易混淆的中文名称

药品的品种很多，名称各不相同。有些药品的名称（通用名或商品名）在中文表述上极为相似，但药理作用却完全不同。这要求医师和药师在处方书写及审核时要注意区别（表2-1-2）。

表2-1-2 处方中易混淆的中文药名对照表

处方药名	相似药名一	相似药名二
邦迪（创可贴）	邦达（他佐巴坦/哌拉西林，抗生素）	帮备（班布特罗，肾上腺素能β_2受体激动剂）
泰诺（泰诺酚麻美敏片，非甾体解热镇痛药）	泰特（还原型谷胱甘肽，肝胆疾病辅助用药）	泰素（紫杉醇，抗肿瘤药）
立复欣（利福霉素，抗结核药）	立复丁（法莫替丁，组胺H_2受体阻滞剂）	立复宁（抗人胸腺细胞球蛋白，免疫抑制剂）
特美肤（氯倍他索，糖皮质激素）	特美力（环丙沙星，喹诺酮类抗菌药）	特美汀（复方替卡西林/克拉维酸钾，青霉素类与β-内酰胺酶抑制剂）
赛福隆（头孢噻肟，头孢菌素类抗生素）	赛福宁（头孢唑林，头孢菌素类抗生素）	赛福定（头孢拉定，头孢菌素类抗生素）
雅施达（培哚普利，血管紧张素转换酶抑制剂）	雅司达（对乙酰氨基酚，非甾体解热镇痛药）	亚思达（阿奇霉素，大环内酯类抗生素）
		压氏达（氨氯地平，钙通道阻滞剂）
阿拉明（间羟胺，抗休克的血管活性药）	可拉明（尼可刹米，中枢神经兴奋药）	
安妥明（氯贝丁酯，调血脂药）	安妥碘（普罗碘胺，眼科用药）	
普鲁卡因（局麻药）	普鲁卡因胺（抗心律失常药）	
他巴唑（甲巯咪唑，抗甲状腺药）	地巴唑（抗高血压药）	
消心痛（异山梨酯，抗心绞痛药）	消炎痛（吲哚美辛，非甾体抗炎药）	
异丙嗪（抗组胺药）	氯丙嗪（抗精神病药）	
潘生丁（双嘧达莫，抗心绞痛药）	潘特生（泛硫乙胺，调血脂药）	
乙酰胺（有机磷中毒解毒药）	乙琥胺（抗癫痫药）	
安定（地西泮，抗焦虑药）	安坦（苯海索，抗帕金森病药）	安宁（甲丙氨酯，催眠药）
氟尿嘧啶（抗肿瘤药）	氟胞嘧啶（抗真菌药）	
阿糖腺苷（抗病毒药）	阿糖胞苷（抗肿瘤药）	
舒必利（抗精神病药）	泰必利（硫必利，抗精神病药）	

续表

处方药名	相似药名一	相似药名二
泰能（亚胺培南/西拉司丁，抗菌药）	息宁（卡比多巴/左旋多巴，抗帕金森病药）	
培洛克（培氟沙星，喹诺酮类抗菌药）	倍他乐克（美托洛尔，肾上腺素能β受体阻滞剂）	
卫非宁（含利福平、异烟肼，抗结核药）	卫非特（含利福平、异烟肼、吡嗪酰胺，抗结核药）	
舒血宁（银杏叶制剂，脑血液循环改善药）	舒脑宁（二氢麦角生物碱复合物，脑功能改善药）	
安可欣（头孢呋辛，头孢菌素类抗生素）	安可来（扎鲁司特，白三烯受体阻滞剂）	
克林霉素（林可霉素类抗菌药）	克拉霉素（大环内酯类抗生素）	

注：本表中为易混淆的药名对照，所以药名有标准名也有商品名。

（四）药品说明书的相关知识

药品说明书是随药品一起装入盒内或箱内的有关该药品的资料，是药品的重要包装内容之一，是向大众宣传介绍药品的特性、指导合理用药和普及医药知识的主要媒介，还是药品生产企业报请审批药品生产的必备资料之一。

① 药品说明书的文字表述要科学、规范、准确、清晰易辨，标识应清楚醒目，不能有印字脱落或粘贴不牢等现象，不得以粘贴、剪切、涂改等方式进行修改或者补充。

② 药品说明书要包含药品安全性、有效性的重要科学数据、结论和信息，用以指导安全、合理用药。药品说明书的具体格式、内容和书写要求按国家食品药品监督管理局令第24号要求执行。

③ 药品说明书应列出全部活性成分或组方中的全部中药药味。注射剂应列出所用的全部辅料名称。药品处方中含可能引起严重不良反应的成分或辅料的，应予以说明。

④ 生产企业要主动跟踪药品上市后的安全性、有效性情况，需对药品说明书进行修改的，应及时提出申请。根据药品不良反应监测、药品再评价结果等信息，国家食品药品监督管理局也可要求药品生产企业修改药品说明书。

⑤ 药品说明书要充分包含药品的副作用信息，详细注明药品的不良反应。生产企业未根据药品上市后的安全性、有效性情况及时修改说明书或未将药品不良反应在说明书中充分说明的，由此引起的不良后果由该生产企业承担。

⑥ 药品说明书核准日期和修改日期应当在说明书中醒目标示。

（五）药品说明书的解读

1. 药品说明书的格式

```
（核准和修改日期）
                                          （特殊药品、外用药品标识位置）
                    （警示语）请仔细阅读说明书并在医师指导下使用
                              ××××说明书
【药品名称】
【成分】
【性状】
【适应证】
【规格】
【用法用量】
【不良反应】
【禁忌】
【注意事项】
【孕妇及哺乳期妇女用药】
【儿童用药】
【老年用药】
【药物相互作用】
【药物过量】
【临床试验】
【药理毒理】
【药代动力学】
【贮藏】
【包装】
【有效期】
【执行标准】
【批准文号】
【生产企业】
```

2. 药品说明书各项内容的书写要求

①"核准和修改日期" 核准日期为国家食品药品监督管理局批准该药品注册的时间。修改日期为此后历次修改的时间。核准和修改日期应印在说明书首页左上角。修改日期位于核准日期的下方，按时间顺序逐行书写。

②"特殊药品、外用药品标识" 麻醉药品、精神药品、医疗用毒性药品、放射性药品和外用药品等专用标识在说明书首页右上方标注。

③"说明书标题" "×××说明书"中的"×××"是指该药品的通用名称。

④"请仔细阅读说明书并在医师指导下使用" 该内容必须标注，并印制在说明书标题下方。

⑤"警示语" 是指对药品严重不良反应及其潜在的安全性问题的警告，还可以包括

药品禁忌、注意事项及剂量过量等需提示用药人群特别注意的事项。

有该方面内容的,应在说明书标题下以醒目的黑体字注明。无该方面内容的,不列该项。

【**药品名称**】按下列顺序列出。

通用名:《中华人民共和国药典》收载的品种,其通用名应与药典一致;药典未收载的品种,其名称应符合药品通用名命名原则。

商品名:未批准使用商品名称的药品不列该项。

英文名:无英文名的药品不列该项。

汉语拼音:

【**成分**】

① 列出活性成分的化学名称、化学结构式、分子式、分子量,并按下列方式书写。

化学名称:

化学结构式:

分子式:

分子量:

② 复方制剂可以不列出以上内容。可表达为"本品为复方制剂,其组分为"。组分按一个制剂单位(如每片、粒、支、瓶等)分别列出所含的全部活性成分及其含量。

③ 多组分或化学结构尚不明确的化学药品或治疗用生物制品,应列出主要成分名称,简述活性成分来源。

④ 处方中含有可能引起严重不良反应的辅料的,该项下应列出该辅料名称。

⑤ 注射剂应列出全部辅料名称。

【**性状**】包括药品的外观、臭、味、溶解度以及物理常数等。

【**适应证**】根据药品的用途,采用准确的表述方式,明确用于预防、治疗、诊断、缓解或辅助治疗某种疾病(状态)或者症状。

【**规格**】指每支、每片或其他每一单位制剂中含主药(或效价)的质量、含量或装量。生物制品应标明每支(瓶)有效成分的效价(或含量及效价)及装量(或冻干制剂的复溶后体积)。

【**用法用量**】详细列出药品的用法、剂量、计量方法、用药次数及疗程。需按疗程用药或规定用药期限的,需注明疗程、期限。用法上有特殊要求的,应按实际情况详细说明。

【**不良反应**】详细列出药品的不良反应,并按不良反应的严重程度、发生的频率或症状的系统性列出。

【**禁忌**】应列出禁止应用该药品的人群或疾病情况。

【**注意事项**】列出使用该药物时必须注意的问题,包括慎用的情况;影响药物疗效的因素(烟、酒、食物、药物等);用药过程中需要观察的情况(过敏反应、定期查肝功能、定期查血象等)及用药后对临床检验结果的影响。滥用或者药物依赖性内容可以在该项目下列出。

【**孕妇及哺乳期妇女用药**】着重说明该药对妊娠、分娩及哺乳期母婴的影响,并写明可否应用本品及用药注意事项。未进行该项实验且无可靠参考文献的,应当在该项下予以说明。

【儿童用药】包括儿童由于生长发育的关系而对该药品在药理、毒理或药代动力学方面与成人的差异，并写明可否应用本品及用药注意事项。未进行该项实验且无可靠参考文献的，应当在该项下予以说明。

【老年用药】包括老年人由于机体功能衰退的关系而对该药品在药理、毒理或药代动力学方面与成人的差异，并写明可否应用本品及用药注意事项。未进行该项实验且无可靠参考文献的，应当在该项下予以说明。

【药物相互作用】列出与该药产生相互作用的药品或药品类别，并说明相互作用的结果及合并用药的注意事项。未进行该项实验且无可靠参考文献的，应当在该项下予以说明。

【药物过量】详细列出过量应用该药可能发生的毒性反应、剂量及处理方法。未进行该项实验且无可靠参考文献的，应当在该项下予以说明。

【临床试验】本品临床试验概述，应准确、客观地进行描述。包括临床试验的给药方法、研究对象、主要观察指标、临床试验的结果包括不良反应等。没有进行临床试验的药品不书写该项内容。

【药理毒理】包括药理作用和毒理研究两部分内容。

药理作用：为临床药理中药物对人体作用的有关信息。也可列出与适应证有关或有助于阐述临床药理作用的体外试验和（或）动物实验的结果。

毒理研究：涉及的内容是指与临床应用相关，有助于判断药物临床安全性的非临床毒理研究结果。应当描述动物种属类型，给药方法（剂量、给药周期、给药途径）和主要毒性表现等重要信息。

未进行该项实验且无可靠参考文献的，应当在该项下予以说明。

【药代动力学】应包括药物在体内吸收、分布、代谢和排泄的全过程及主要的药代动力学参数，以及特殊人群的药代动力学参数或特征。说明药物是否通过乳汁分泌、是否通过胎盘及血脑屏障等。应以人体临床试验结果为主，如缺乏人体临床试验结果，可列出非临床试验的结果，并加以说明。未进行该项实验且无可靠参考文献的，应当在该项下予以说明。

【贮藏】具体条件的表示方法按《中华人民共和国药典》要求书写，并注明具体温度，如阴凉处（不超过20℃）保存。生物制品应同时注明制品保存和运输的环境条件，特别应明确具体温度。

【包装】包括直接接触药品的包装材料和容器及包装规格，并按该顺序表述。

【有效期】以月为单位表述。

【执行标准】列出执行标准的名称、版本，如《中华人民共和国药典》2020年版二部，或药品标准编号。

【批准文号】指该药品的药品批准文号，进口药品注册证号或者医药产品注册证号。麻醉药品、精神药品、蛋白同化制剂和肽类激素还需注明药品准许证号。

【生产企业】国产药品该项内容应与"药品生产许可证"载明的内容一致，进口药品应当与提供的政府证明文件一致。并按下列方式列出。

企业名称：

生产地址：

邮政编码：

电话和传真号码：必须标明区号。

网址：如无网址可不写，此项不保留。

任务实施

（一）实训素材准备

1. 模拟药房（包括药品陈列设备和相关的药品包装盒）。
2. 不同类别处方的样张。

×× 医院处方笺					
定点医疗机构编码			年　月　日	处方编号	
费别	科别/病区		门诊/住院　病历号	床位号	
公/自/医保					
姓名	性别	年龄	工作单位		
临床诊断					

Rp

　　盐酸丙卡特罗片 25μg×1盒（20片）
　　　　　　　　　　Sig. 25μg　p.o.b.i.d.

　　　　　　　　　　　　　　　　　　　　　　　　　　医师签章

金额	审核签章	调配签章	核对签章	发药签章

药师提示：1.请遵医嘱服药；2.请在窗口点清药品；3.处方当日有效；4.发出药品不予退换

××医院处方笺[急诊]						
定点医疗 机构编码			年 月 日		处方编号	
费别	科别/病区		门诊/住院 病历号		床位号	
公/自/医保						
姓名	性别	年龄	工作单位			
临床诊断						

Rp

5% GS　500mL×2瓶
青霉素注射剂400万U×2

　　　　　　　　　　Sig.5% GS　500mL　i.v.gtt
　　　　　　　　　　青霉素注射剂　400万U　b.i.d.

　　　　　　　　　　　　　　　　　　　　　　　　　　医师签章

金额	审核签章	调配签章	核对签章	发药签章

药师提示：1.请遵医嘱服药；2.请在窗口点清药品；3.处方当日有效；4.发出药品不予退换

××医院处方笺[儿科]					
定点医疗机构编码		年 月 日		处方编号	
费别	科别/病区	门诊/住院 病历号		床位号	
公/自/医保					
姓名	性别	年龄	身份证明号	工作单位	
代办人姓名		代办人身份证明号			
病情及诊断		肾结石、急性肾绞痛			

Rp

　5% GS　250mL×1瓶
　青霉素注射剂　400万U×1

医师签章

金额	审核签章	调配签章	核对签章	发药签章

药师提示：1.请遵医嘱服药；2.请在窗口点清药品；3.用剩药品无偿交回

××医院处方笺[麻、精一]					
定点医疗 机构编码		年 月 日	处方编号		
费别	科别/病区	门诊/住院 病历号		床位号	
公/自/医保						
姓名	性别	年龄	身份证明号	工作单位	
代办人姓名		代办人身份证明号			
病情及诊断	肾结石、急性肾绞痛				

Rp
   Inj 哌替啶　500mg×1
                   Sig.25mg　i.m.St

医师签章

金额	审核签章	调配签章	核对签章	发药签章

药师提示：1.请遵医嘱服药；2.请在窗口点清药品；3.用剩药品无偿交回

××医院处方笺[精二]					
定点医疗机构编码			年 月 日	处方编号	
费别		科别/病区	门诊/住院 病历号	床位号	
公/自/医保					
姓名		性别	年龄	工作单位	
病情及诊断					

Rp
　　地西泮片　25mg×1（5片）
　　　　　　　　　　　　　　Sig.25mg　p.o.h.s.

　　　　　　　　　　　　　　　　　　　　　　　　　　　　　医师签章

金额	审核签章	调配签章	核对签章	发药签章

药师提示：1.请遵医嘱服药；2.请在窗口点清药品；3.处方当日有效；4.发出药品不予退换

3. 需要准备的药品包装盒清单和药品价格（表2-1-3）。

表2-1-3　药品价格表

序号	品名	剂型	规格	单位	单价/元
1	盐酸丙卡特罗片	片	25μg	盒	20.50
2	生理盐水	输液	250mL	瓶	5.00
3	生理盐水	输液	500mL	瓶	10.00
4	青霉素	粉针	400万单位	瓶	2.5
5	哌替啶	注射剂	50mg	瓶	15.2
6	地西泮	片	25mg	片	1.50

（二）实训要求

请三位同学分别以药师、药品销售员和顾客（患者）角色，模拟接方、审方、发药等过程。

1. 审查处方和计价

"药师"对以上处方进行审查并计价。

2. 调配西药处方

药品销售员对处方进行模拟调剂，并对模拟患者进行用药指导。

（三）注意事项

1. 分组人数不宜太多。

2. 应重点强调零售过程，特别是处方常用缩写，用药方法指导及核对等环节。学生自行查阅相关资料或自找药品说明书以了解药品性能，组织恰当的语言。教师应在查找资料的途径与方法、技巧等方面予以指导。

任务测评

西药处方药销售实训考核表见表2-1-4。

表2-1-4 西药处方药销售实训考核表

班级：　　　　　　准考证号：　　　　　　日期：　　　　　　总分：

考核项目	考核内容	满分	考核要点	评分标准	得分
接待礼仪	服装仪容仪表	10	（1）仪容整洁。要勤梳头，勤洗手，男员工要及时修面，保持脸部干净，清除体臭	4	
			（2）着装。营业时必须穿戴工作服，穿着整齐，服帖，并佩戴工牌，以利于顾客监督	3	
			（3）化妆清新，女性可适当淡妆（杜绝浓妆）。店主管要注意自己的发型	3	
服务意识	态度语言	10	（1）态度和蔼亲切，给人以信任感	4	
			（2）迎候语： （例）"您好！您想看点什么？" "您好！欢迎您光临！"	2	
			（3）服务用语： （例）"这是您要的东西，请看一下。" "找零××，请您点一下。"	2	
			（4）结束道别语： "（例）请多多关照。" "您慢走，祝您健康！"	2	
零售过程	收方审方收费调配处方包装标示核对检查发药遵守GSP	70	从顾客处接收处方	2	
			处方规范审核	2	
			用药安全审核	2	
			按实际零售价计价收费，开具凭证	5	
			按处方调配，调配时要仔细检查核对药品标签上的名称、规格、用法、用量等，实行"三看三对一取药"，防止出差错	5	
			调配的药品必须完全与处方相符	2	
			严格按照规章制度办事，严禁用手直接取药	2	
			配方人签字	5	
			于分装袋或分装容器上贴上或写上药名、规格、用法、用量、有效期限及注意事项	15	
			仔细核对所取药品的名称、规格、用法、用量、患者姓名、年龄、性别等，保证不出差错	5	
			复核无误后由执业药师签字	5	
			发药时应详细交代用法、用量、间隔时间、不良反应和注意事项，耐心回答顾客的询问	20	
过程质量	流畅性和灵活性	15	过程自然流畅，有一定的应变力	15	
职业道德	关爱患者	10	对待顾客礼貌周到，介绍药品专业	10	

 知识扩展

（一）常见药品的配伍禁忌

两种或两种以上的药物同时或先后使用，可引起药物作用和效应的相应变化。当作用增强或不良反应减轻时，则是合理的联用；当作用减弱或加重不良反应等，则不能联用，即出现配伍禁忌。常见的有以下几种配伍禁忌。

1. 联用药物后作用减弱

（1）影响药物的吸收而降低疗效

① 四环素不宜与含多价金属离子的药物（硫酸亚铁、氢氧化铝、枸橼酸铋钾等）合用，因可形成难溶性的配合物，吸收减少，降低疗效；同时四环素不宜与含钙丰富的食物（牛奶、乳制品）同服。

② 甲氧氯普胺、多潘立酮、西沙必利可增加肠蠕动，缩短药物在肠内的滞留时间，吸收减少，疗效降低。

③ 药用炭有吸附作用，不宜与氯丙嗪、林可霉素、异丙嗪等同服，因可影响这些药物的吸收。

④ 考来烯胺与洋地黄毒苷、华法林、阿司匹林等可形成配合物，妨碍后者的吸收。

⑤ 抗酸药能使弱酸性药物（水杨酸类、呋喃类、磺胺类、华法林等）的解离度增大，吸收减少。

抗酸药还能使胃蛋白酶的作用环境改变，疗效降低；胰酶不宜与胃蛋白酶、酸性药物同服，后者可使其作用环境改变，疗效降低。

（2）作用拮抗而降低疗效

① 甲氧氯普胺等胃动力药与溴丙胺太林等胃肠解痉药合用，作用完全相反，药效降低。

② 沙丁胺醇等平喘药不宜与β受体阻滞药合用，因两类药物的作用完全相反，药效降低。

（3）其他

① 四环素类、氯霉素类、大环内酯类不宜与β-内酰胺类药物合用，前三者为速效抑菌药，能迅速抑制细菌的生长繁殖，影响后者的抗菌作用，使后者的抗菌作用降低。

② 氯霉素、克林霉素、红霉素三者间不宜联用，它们可竞争抑制细菌蛋白质的同一合成部位，联用后作用并不增强。

2. 联用药物后不良反应加重

（1）由于两药的不良反应相似，联用后不良反应加重 如肝素与阿司匹林、非甾体抗炎药、右旋糖酐-70、双嘧达莫合用，有增加出血的危险；甲氧氯普胺与吩噻嗪类抗精神病药合用可加重锥体外系反应；氨基糖苷类抗生素与呋塞米、依他尼酸、万古霉素合用，可增加耳毒性和肾毒性；氨基糖苷类与一代头孢菌素类合用可加重肾脏的毒性等；氨基糖苷类、多黏菌素类同类间及两类间不宜联用，可增加对肾脏的损害。

（2）影响药物排泄而增加毒性 丙磺舒、阿司匹林、吲哚美辛、保泰松、磺胺类药可减少青霉素自肾小管的排泄，使青霉素的血药浓度增高，毒性增加。

3. 药物的体外配伍禁忌

注意静注、静滴及肠外营养液等溶液的配伍，包括药液的浑浊、沉淀、变色和活性降低等。

（1）如青霉素与苯妥英、苯巴比妥、戊巴比妥、异戊巴比妥、硫喷妥钠、阿托品、氨力农、普鲁卡因胺、拉贝洛尔、缩宫素、酚妥拉明、罂粟碱、精氨酸、麦角新碱、鱼精蛋白、促皮质素、苯海拉明、麻黄碱、氨茶碱、维生素B_1、维生素B_6、维生素K_1、维生素C、异丙嗪、阿糖胞苷、辅酶A、博来霉素等配伍可出现浑浊、沉淀、变色和活性降低。

青霉素与碳酸氢钠、氢化可的松合用，透明度不变而效价降低。

氯化钾注射液与氢化可的松合用，可使后者析出沉淀。

维生素C注射液与碱性药物配伍，则氧化失效。

（2）甘露醇与磺苄西林钠、头孢匹林、头孢吡肟、胞磷胆碱、氨力农、硝普钠、维拉帕米、尿激酶、普萘洛尔、氯化钠、复方氯化钠、氯化钾、氯化钙、葡萄糖酸钙、乳酸钠、复方乳酸钠、长春新碱、丝裂霉素、多柔比星等配伍可出现浑浊、沉淀、变色和活性降低。

（二）西药与中成药联合应注意的事项

1. 舒肝丸不宜与甲氧氯普胺合用，因舒肝丸中含有芍药，有解痉、镇痛作用，而甲氧氯普胺则促进胃肠蠕动，两者合用作用相反，药效降低。

2. 止咳定喘膏、麻杏石甘片、防风通圣丸不宜与复方利舍平片、帕吉林同服。因前3种药物均含有麻黄碱，能升高血压，影响后者的降压效果。

3. 蛇胆川贝液不宜与吗啡、哌替啶、可待因同服。因前者含有苦杏仁苷，均可抑制呼吸，同服易致呼吸衰竭。

4. 益心丹、麝香保心丸、六神丸不宜与普罗帕酮、奎尼丁同服，因可导致心脏骤停。

5. 虎骨酒、人参酒、舒筋活络酒不宜与苯巴比妥等镇静药同服，可加强对中枢神经的抑制作用而易致中毒。

6. 丹参片不宜与复方氢氧化铝同服，前者的主要成分是丹参酮、丹参酚，与氢氧化铝形成配合物，不易被吸收，降低疗效。

7. 异烟肼不宜与昆布同服，昆布片中含碘，在胃酸条件下，与异烟肼发生氧化反应，使之失去抗结核作用。

（三）相关法规和制度

1.《中华人民共和国药品管理法》（中华人民共和国主席令第45号）

第十九条规定 药品经营企业调配处方必须经过核对，对处方所列药品不得擅自更改或者代用。对有配伍禁忌或超剂量的处方，应当拒绝调配；必要时经处方医师更正或重新签字，方可调配。

2.《处方管理办法》（卫生部令第53号）

第四条规定 处方药应当凭医师处方销售、调剂和使用。

第六条第七款规定 开具西药、中成药处方，每一种药品应当另起一行，每张处方不得超过5种药品。

第十八条规定 处方当日有效。特殊情况下需延长有效期的，由开具处方的医师注明有效期限，但有效期最长不得超过3天。

第十九条规定 处方一般不得超过7日用量；急诊处方一般不得超过3日用量；对于某些慢性病、老年病或特殊情况，处方用量可适当延长，但医师应当注明理由。

第三十一条规定 具有药师以上专业技术职务任职资格的人员负责处方审核、评估、核对、发药以及安全用药指导；药士从事处方调配工作。

第三十二条规定 药师应当凭医师处方调剂处方药品，非经医师处方不得调剂。

第三十六条规定 药师经处方审核后，认为存在用药不适宜时，应当告知处方医师，请其确认或者重新开具处方。药师发现严重不合理用药或者用药错误，应当拒绝调剂，及时告知处方医师，并应当记录，按照有关规定报告。

第四十条规定 药师对于不规范处方或者不能判定其合法性的处方，不得调剂。

3. 药品说明书和标签管理规定（局令第24号）

第四条规定 药品生产企业生产供上市销售的最小包装必须附有说明书。

第五条规定 药品说明书和标签的文字表述应当科学、规范、准确。

第六条规定 药品说明书和标签中的文字应当清晰易辨，标识应当清楚醒目，不得有印字脱落或者粘贴不牢等现象，不得以粘贴、剪切、涂改等方式进行修改或者补充。

第九条规定 药品说明书应当包含药品安全性、有效性的重要科学数据、结论和信息，用以指导安全、合理使用药品。

思考与练习

（一）填空题

1. 按处方的性质可将处方分为_____、_____和_____。
2. 处方正文以_____开始。
3. 西药、中成药处方，每一种药品应当另起一行，每张处方不得超过_____种药品。
4. 零售药店必须保存处方_____年备查。
5. 处方一般不得超过_____日用量；急诊处方一般不得超过_____日用量。
6. 麻醉药品及一类精神药品处方为_____色；急诊处方为_____色；儿科处方为_____色。
7. 处方中i.v.是指_____；i.v.gtt是指_____；p.o.是指_____；t.i.d.是指_____。
8. 处方的组成主要包括_____、_____和_____三部分。
9. 消炎痛的药品通用名为_____；消心痛的药品通用名为_____。

（二）单项选择题

1. 二类精神药品处方的颜色应为（ ）。
   A. 白色　　　　　　　　　　　　B. 淡红色
   C. 淡绿色　　　　　　　　　　　D. 淡黄色

2. 下列缩写表示肌内注射的是（　　）。
   A. i.v.　　　　　B. i.m.　　　　　C. a.m.　　　　　D. a.c.
3. 发肠溶片时要特别告知患者（　　）。
   A. 不宜饮酒
   B. 要把整片药用水吞服，不可嚼碎
   C. 应先嚼碎后再用开水送服，不宜把整片药吞下
   D. 不宜饮牛奶
4. 发硝酸甘油片时下列告知中正确的是（　　）。
   A. 要把整片药用水吞服，不可嚼碎
   B. 饭前服用
   C. 应先嚼碎后再用开水送服，不宜把整片药吞下
   D. 不可直接吞服，应放在舌下含化
5. 帕吉林（优降宁）属于（　　）。
   A. 抗心律失常药　　　　　B. 抗高血压药
   C. 降血糖药　　　　　　　D. 降血脂药
6. 安他心属于（　　）。
   A. 抗焦虑药　　　　　　　B. 镇痛药
   C. 抗精神病药　　　　　　D. 心血管用药
7. 氟尿嘧啶属于（　　）
   A. 抗肿瘤药　　　　　　　B. 抗真菌药
   C. 抗病毒药　　　　　　　D. 抗寄生虫药
8. 下列属于抗帕金森病的药是（　　）。
   A. 泰能　　　　　B. 泰诺　　　　　C. 泰宁　　　　　D. 泰特
9. 苯巴比妥属于（　　）。
   A. 麻醉药品　　　　　　　B. 一类精神药品
   C. 二类精神药品　　　　　D. 毒性药品
10. 开具吗啡药品时必须使用（　　）颜色的处方纸。
    A. 白色　　　　　B. 淡黄色　　　　C. 淡绿色　　　　D. 淡红色

（三）多项选择题

1. 下列属于处方中法定计量单位的有（　　）。
   A. g　　　　　B. mL　　　　　C. 两　　　　　D. IU
   E. mg
2. 下列属于服用法的缩写有（　　）。
   A. p.o.　　　　B. t.i.d.　　　　C. Caps　　　　D. C.C.
   E. Inj
3. 下列属于药品剂型的缩写有（　　）。
   A. Add.　　　　B. Inj　　　　　C. Tab　　　　　D. Sig.
   E. Caps

4.药品说明书中的药品名称一般需写出（　　）。
  A.通用名　　　　　B.别名　　　　　C.商品名　　　　　D.英文名
  E.汉语拼音
5.下列属于常用配伍禁忌的情况有（　　）。
  A.影响药物的吸收
  B.产生药物作用的拮抗
  C.加重药物的不良反应
  D.体外混合后产生浑浊
  E.影响药物的排泄而增加毒性

（四）判断题
1.抗生素类药物必须要持有医师处方才能购买。（　　）
2.西药处方药零售的处方一般不需保存，由顾客自己带走。（　　）
3.每张处方限于一名患者的用药。（　　）
4.实行电子处方后一般不需要出具纸质处方了。（　　）
5.西药和中药饮片不得开具在同一张处方上。（　　）
6.止血芳酸就是止血环酸。（　　）
7.四环素不宜与硫酸亚铁联合用药。（　　）
8.肝素与阿司匹林联用后不良反应会加重。（　　）
9.药品说明书的核准日期为国家食品药品监督管理局批准该药品注册的时间。（　　）
10.潘生丁的药品通用名为泛硫乙胺。（　　）

（五）问答题
1.什么叫"三看三对一取药"？
2.西药处方零售结束，理货和补货完成后应达到哪些要求？

（六）分析题
试分析为什么处方具有法律上、技术上和经济上三个方面的意义。

任务四

中药处方药零售

学习目标

1. 熟悉处方的含义和意义,并能识别不同中药处方的种类。
2. 掌握中药处方正确的书写要求和相关管理规定。
3. 能解读中药处方的格式及常用术语。
4. 掌握常见中药的配伍禁忌、中药与西药的配伍禁忌,熟悉不合理用药。
5. 能准确、快速、规范地进行中药处方调配。

工作流程

(一)中药处方药零售前的准备

同模块二任务三中工作流程"(一)西药处方药零售前准备工作"。

(二)中药处方药调配过程

1. 收方

从顾客处接收处方。

2. 审方

认真逐项检查处方前记、正文和后记书写是否清晰、完整,确认处方的合法性、日期是否在有效期内、中药名称是否规范;审查处方中有无毒性中药、有无配伍禁忌、有无不合理用药、有无临方制剂加工;审查处方有无急重病患者用药。

3. 计价

计算每味药价格→计算每剂药价格→计算处方总价。

4. 调配处方

按下列程序进行:复审处方→摆包装纸或盛药盘→摆方→校戥→称取中药饮片→分帖。

5. 复核与包装

对调配的药品按处方逐项进行全面细致的核对,核实是否与处方相符,有无错配、漏配或多配现象。包装是将复核好的药物用包装纸或纸袋盛装好、包扎好的操作过程。

6. 发药

是中药调剂工作的最后环节,将包装好的药物准确地发给患者,并指导患者用药的过程。要向患者说明药品的用法、用量、"药引"或饮食禁忌,检查药品包扎是否牢固,药袋是否破损,附带药品是否齐全,同时配发处方中的中成药。

7. 礼貌道别

送别顾客的基本要求是亲切自然,用语简单。比如微笑着说:"祝您早日康复""请慢走""请拿好东西"等。见数字资源2-2中药饮片调配操作流程。

数字资源2-2

(三)中药处方药零售结束工作

1. 柜台和环境整理

中药处方药零售完成后,整理好柜台环境卫生,药斗子要归位,戥秤、冲筒等清洁完毕后放置原处。

2. 处方登记、保存

每次处方必须存档,以便计算使用性消耗药品的总量,并做到及时补货。

(四)中药处方药零售的质量控制点

1. 审方

(1)认真逐项检查处方前记、正文和后记书写是否清晰、完整,并确认处方的合法性。

(2)处方一般以当日有效,特殊情况下需延长有效期的,由开具处方的医师注明有效期,但最多不得超过3天。对持非正式处方的购药者,更要认真询问,慎重对待。

(3)如有临时缺药,应请处方医师改换并重新签字后方可调配。

(4)对处方用药的适宜性进行审核。包括:① 处方用药与临床诊断的相符性;② 用量、用法;③ 给药途径;④ 是否有重复给药的现象;⑤ 是否有潜在临床意义的药物相互作用、配伍禁忌和妊娠禁忌。如存在上述问题,应不予调配。如因病情需要超常规使用的,必须经处方医师重新签字后,方可调配。

(5)调剂人员发现药品滥用或用药失误,应拒绝调剂,并及时告知处方医师,但不得擅自更改或配发代用药品。对于发生严重药品滥用或用药失误的处方,药学人员应当按有关规定报告。

(6)审查处方中有无临方制剂加工。处方若需要临方制剂加工,能否按处方制作以及完成期限等应与患者交代清楚,经同意后再计价。在处方中需自备"药引"的应向患者说明。

(7)审查处方有无急重病患者用药,对急重病患者或小儿患者用药,应予优先调配。

2. 计价

(1)按照物价管理规定的价格计价,不得任意估价和改价,做到计价准确无误。

(2)计价中要注意剂数、新调价、自费药品等项。处方中药味若有不同规格或细料贵重药品，应在药名的顶部注明单价，俗称"顶码"，以免调配时错付规格。

（3）注意处方中的并开药价格，其单味药剂量按总量的平均值计算，再乘以其单价。

（4）原方复配时，因药价或饮片等级可能有变动，应重新核算价格，不得随原价。

（5）计价的款数要书写清楚，使用蓝色或黑色的钢笔、签字笔或圆珠笔，不可使用红色笔或铅笔。

3. 调配处方

（1）按处方药名顺序依次逐味逐行抓配，等量递减，逐剂复戥。不可凭主观臆测以手代戥，随意估量分剂或抓配。为方便核对，倒药时按方序逐味摆放。

① 按处方药名顺序依次抓配　调配时按照处方药名逐味逐行抓配。如两人同抓一方，则一人从前往后，另一人从后往前，依次抓配。一张处方最多可由两人同时进行调配。

② 看一味，抓一味　看处方一定要走到处方前，看清楚药名、剂量、脚注，既不要一下看两三味药然后凭记忆操作，也不要远远地瞟一眼就抓，以免出现差错。

③ 铊绳定位，再抓药　先将铊绳移至需要称量的戥星上，用拇指压住，然后找药斗，右手拉斗，抓药。戥盘靠近药斗，手心向上将药取出，至戥盘上方翻手放药。对于海金沙、蒲黄等细小粉末类药物，调配时可用小勺盛取。只可用手由药斗内向戥盘抓药，不允许直接用戥盘向药斗内撮药。

④ 提戥齐眉，随手推斗　抓药后，右手提毫使戥盘悬空，左手稍离开戥杆，提戥齐眉。戥杆呈水平状态表示称量准确。称完一味药后要顺手将药斗推回，即避免将药味污染，又保持药斗整体美观，也不影响自己和别人操作。

⑤ 等量递减，逐剂复戥　调配一方多剂时，可一次称出多剂单味药的总量（即称取克数＝单味药剂量×剂数）再按剂数分开，称为"分剂量"。分剂量时要每倒一次药，称量一次，即"等量递减，逐剂复戥"。不可凭主观臆测以手代戥，随意估量分剂或抓配。每一剂的重量误差应控制在±5%以内。调剂员应练就"一抓准"的本领，以提高配方速度。

⑥ 倒药时按方序逐味摆放　为便于核对，向包装纸或盛药盘倒药时应按药物在处方上所列的顺序排列。每味药倒的要集中一些，两味药尽量不要相互压盖，更不可混放一堆，要间隔平放。对体积松泡而量大的饮片如灯心草、夏枯草、淫羊藿、竹茹等应先称，以免覆盖前药，对黏度大、带色的饮片如熟地黄、龙眼肉、瓜蒌等应后称，放于其他饮片之上，以免沾染包装用纸或盛药盘。

（2）严格按医师处方要求进行调配，不准生炙不分、以生代炙。

（3）调配时若发现有伪劣药品、不合格药品、发霉变质药品等，应及时更换，再行调配。

（4）脚注药物，及时处理。处方中有需要特殊处理的药品，如先煎、后下、包煎等应单包并注明用法。处方中有质地坚硬的矿物药、动物贝壳类或果实种子类中药，应称取后置专用冲筒内捣碎后分剂量，以利于煎出有效成分。冲筒应洁净，无残留物，捣碎有特殊气味或有毒饮片后，应及时将冲筒洗净，以免串味串性，影响疗效或发生事故。临时捣碎以适度为宜。

（5）调配过程中，不小心洒落地上的药物，不得捡起放回药斗，更不允许捡起放入戥秤。

（6）自查与签名盖章。调配完应自行逐味检查一遍，确认无误后在处方上签名，再交予复核药师进行复核。

4. 复核与包装

（1）复核调配好的药品是否与处方所开药味及剂数相符，有无错配、漏配、多配或掺杂异物。检查饮片有无生虫、发霉等变质现象，有无以生代炙、生炙不分、处方应付错误，有无籽药、整药应捣未捣的情况。

（2）需特殊处理的药物是否按要求单包，贵重药、毒剧药、自费药剂量是否准确，处理是否得当。

（3）核对姓名、日期、贴数、送药时间、代煎单是否齐全或正确。

（4）包药、捆扎以熟练快速、整齐美观、包扎牢固为目的。纸包不散包、不破不漏、不松不歪。需要特殊处理的药物单包成小包应规矩整齐，以不漏药为宜，需注明用法以提示用药者按规定煎煮和服用。

5. 发药

（1）应问清患者姓名，核对药剂剂数以及交款凭证，防止错发、漏发事故。

（2）向患者或其家属详细交代方药的用法、用量、服药禁忌、煎煮方法，尤其是特殊处理药物的用法、毒麻贵细药的用法、自备"药引"的用法等，耐心回答患者提出的有关用药方面的咨询，最后应附带礼貌用语。

（3）发药人在处方上签字或加盖专用签章。处方留存备查。

案例导入

假设你是某中药调剂柜台的调配人员，请在15分钟之内完成以下处方一方三剂的调配任务。调配操作要求规范准确，动作熟练，调配正确，剂量准确。同时注意别名、并开正确给付，脚注饮片正确处理。

```
                    ×××××医院
                      处方笺
                                              普通处方
科别：中医科      门诊号：032        ××年××月××日
姓名：吴×        性别：女           年龄：37岁
临床诊断：        外感风热
Rx.
金银花15g        生地黄12g          荆芥10g        川芎9g
连翘12g          车前子9g           白术9g         牛蒡子9g
当归6g           薄荷6g             甘草6g
                        三剂
                每日一剂，水煎服，早晚各1次

医师：李××
药价：××元       计价人：方×
调配：           核对：              发药：
```

案例分析

（1）收方后应先进行审方。
（2）处方中的别名、并开药名能正确给付。
（3）正确处理先煎、后下、包煎、另煎、冲服、烊化、兑服、捣碎等需特殊处理及需要临时炮制加工的药品。
（4）整个调配过程应注意称量快速准确，捆扎熟练结实，单剂剂量与总剂量误差均在范围之内。

相关知识

（一）中药处方的相关知识

1. 处方的含义

同模块二任务三的相关内容。

2. 处方的种类

处方又称"药方"，根据不同时期或处方正文内容的来源不同，处方分为古方、经方、时方、法定处方、协定处方、单方、验方（偏方）、秘方和医师处方八类。

（1）古方　泛指古医籍中所记载的处方。
（2）经方　是指《伤寒论》《金匮要略》《黄帝内经》《神农本草经》等经典著作中所记载的处方。
（3）时方　泛指从清代至今出现的处方。
（4）法定处方　指《中华人民共和国药典》及局颁、部颁标准中所收载的处方，具有法律约束力。
（5）协定处方　指医院药剂科与临床医师，根据医院日常医疗用药的需要，共同协商制订的处方。协定处方药剂的制备须经上级主管部门批准，并只限于在本单位使用，可大量配制成制剂，既可缩短患者取药等候的时间，还可减少忙乱造成的差错，提高工作效率，保证配方质量。
（6）单方、验方（偏方）　单方是配伍比较单一而有良好药效的处方，往往只有一、二味药。验方是指民间积累的经验处方，简单有效。
（7）秘方　有一定的独特疗效，但秘而不传的处方。
（8）医师处方　系指医师根据辨证论治临时拟定的处方。

3. 处方的意义

同模块二任务三的相关内容。

（二）中药处方的识别与解读

1. 处方的格式

完整的处方一般由三部分组成：处方前记、处方正文和处方后记。
（1）处方前记　主要包括一般项目和临床诊断两方面的内容。

① 一般项目包括医疗、预防、保健机构名称、处方编号、科别、病历号、患者姓名、年龄（或出生日期）、性别、婚否、住址（或单位名称）、开具日期等，并可添加特殊要求的项目。

② 临床诊断应填写清晰、完整，并与病历记载相一致。

（2）处方正文　是处方的主要部分，以Rp或R（拉丁文Recipe"请取"的缩写）标识。汤剂的处方正文包括饮片名称、剂量、剂数、用法用量及脚注。中成药的处方正文包括药品的名称、剂型、规格、数量和用法用量。

（3）处方后记　包括医师签名、调剂人员签名及复核人员签名（包括审核、计价、调配、复核及发药五栏）、药价及现金收讫印戳。

2.处方的书写要求

同模块二任务三的相关内容。

3.中药处方通用名称

中药使用历史悠久，品种繁多，受地区习惯、文化差异以及历史文摘记载的不同，造成中药名称繁杂，有同名异物、异名同物等现象。中药饮片处方中的名称包括中药正名、别名、并开药名等，因此调剂人员必须掌握中药饮片的通用名称，并注意了解药品名称的变化政策，做到准确的处方应付，避免调配时出现差错。

（1）中药饮片的正名　中药正名是中药的规范化名称，以《中华人民共和国药典》现行版一部名称为标准，一药一名。如金银花、大黄、黄连、甘草等。

（2）中药饮片的别名　中药饮片别名是指除正名以外的中药名称。多数中药饮片除正名外，还有一至多个别名。如金银花是正名，忍冬花、双花、二花等都是别名。

（3）中药饮片的处方全名　一般在正名前或后加术语，表明医师对药物的炮制、品种、质量、产地、采收季节、用药部位等方面有要求，如酒黄连、杭麦冬、明天麻、霜桑叶、当归尾等（表2-2-1）。

表2-2-1　常用中药饮片规范名称及别名

正名	别名	正名	别名
防风	口防风、软防风、屏风	荆芥	假苏、荆芥咀
葛根	甘葛根、甘葛、干葛根、干葛	牛膝	怀牛膝
知母	肥知母、毛知母、知母肉	北沙参	辽沙参、莱阳沙参、东沙参
芦根	苇根	南沙参	泡参、空沙参
白茅根	茅根、二茅根	延胡索	元胡、元胡索、玄胡索
黄连	味连、川连、川黄连、雅连、云连	山药	怀山药、淮山药
玄参	元参、黑参	川贝母	川贝、松贝、炉贝
白芷	香白芷、杭白芷、川白芷	浙贝母	大贝、象贝、元宝贝
柴胡	北柴胡、南柴胡、硬柴胡、软柴胡	三棱	荆三棱
天花粉	花粉、瓜蒌根、栝楼根	大黄	将军、川军、生军、锦纹
山豆根	广豆根、南豆根	香附	香附子、莎草根

续表

正名	别名	正名	别名
黄芩	枯芩、条芩、子芩、片芩	麦冬	麦门冬、寸冬、杭麦冬、杭寸冬
丹参	紫丹参、赤参	天冬	天门冬
甘草	粉甘草、国老	罂粟壳	米壳
白芍	杭白芍	紫苏叶	苏叶
续断	川断、川续断、接骨草	紫苏梗	苏梗
防己	粉防己、汉防己	紫苏子	苏子、黑苏子
苍术	茅苍术	桑椹	黑桑椹
细辛	北细辛、辽细辛	桑叶	冬桑叶、霜桑叶
独活	川独活、香独活	桑枝	嫩桑枝
茜草	红茜草、茜草根、活血丹、血见愁、地血	菊花	白菊花、黄菊花、甘菊花、杭菊、滁菊、贡菊、亳菊
大血藤	红藤、血藤、活血藤	野菊花	苦薏
首乌藤	夜交藤	辛夷	辛夷花、木笔花、望春花、毛辛夷
忍冬藤	金银藤、银花藤	金银花	忍冬花、双花、二花、银花
火麻仁	麻子仁、麻仁、大麻仁	西红花	番红花、藏红花
陈皮	橘皮、广橘皮、新会皮、广陈皮	红花	草红花
砂仁	缩砂仁、缩砂、广砂仁、阳春砂、春砂仁、西砂仁	郁金	玉金、川郁金、广郁金、黑郁金、黄郁金
豆蔻	白豆蔻、白蔻仁、蔻仁、紫豆蔻、紫蔻仁、肉果、玉果	鱼腥草	蕺菜
草豆蔻	草蔻	蒲公英	公英、黄花地丁
肉豆蔻	肉蔻、肉果、玉果	广藿香	藿香
川楝子	金铃子	益母草	坤草
吴茱萸	吴萸	淫羊藿	仙灵脾
槟榔	大腹子、海南子	肉苁蓉	大芸
沙苑子	潼蒺藜、沙苑蒺藜	墨旱莲	旱莲草
山茱萸	山萸肉、萸肉、枣皮	黄柏	川黄柏
牵牛子	黑丑、白丑、黑白丑、二丑	牡丹皮	丹皮、粉丹皮
苦杏仁	杏仁	桑白皮	桑皮
牛蒡子	大力子、牛子	土鳖虫	地鳖虫、土元、蛰虫
决明子	草决明	海螵蛸	乌贼骨
酸枣仁	枣仁	全蝎	全虫

续表

正名	别名	正名	别名
薏苡仁	薏仁、苡仁、苡米	蝉蜕	蝉衣
补骨脂	破故纸	芒硝	朴硝、皮硝、赤硝
五味子	辽五味子、北五味子、五梅子	玄明粉	元明粉、风华硝
瓜蒌	全瓜蒌、栝楼	赭石	代赭石
栀子	山栀子、山栀	茯苓	云茯苓、云苓、白茯苓、赤茯苓
莱菔子	萝卜子	天竺黄	竺黄

（4）中药饮片的并开药名　医生开写处方时，为使处方简略或使其配伍产生协同作用，常将2～3种疗效基本相似或有协同作用的药物合并一个药名书写，即所谓的"并开"，这是一种习惯写法。如龙牡即指煅龙骨、煅牡蛎；二乌即指制川乌、制草乌；二术即指苍术、白术等。调剂人员应掌握常用中药饮片并开药名，在审方时注意查看处方中有无并开药名，并根据处方书写准确计价与调配（表2-2-2）。

表2-2-2　处方常用并开药名

并开药名	处方应付	并开药名	处方应付
二冬	天冬、麦冬	知柏	知母、黄柏
二门冬	天冬、麦冬	炒知柏	盐知母、盐黄柏
二术	苍术、白术	盐知柏	盐知母、盐黄柏
苍白术	苍术、白术	酒知柏	酒知母、酒黄柏
二母	知母、贝母	生熟麦芽	生麦芽、炒麦芽
二蒺藜	刺蒺藜、沙苑子	生熟谷芽	生谷芽、炒谷芽
潼白蒺藜	刺蒺藜、沙苑子	生熟稻芽	生稻芽、炒稻芽
二地	生地黄、熟地黄	生熟枣仁	生枣仁、炒枣仁
生熟地	生地黄、熟地黄	青陈皮	青皮、陈皮
二活	羌活、独活	生龙牡	生龙骨、生牡蛎
羌独活	羌活、独活	龙牡	煅龙骨、煅牡蛎
二风藤	青风藤、海风藤	猪茯苓	猪苓、茯苓
二芍	赤芍、白芍	腹皮子	大腹皮、生槟榔
赤白芍	赤芍、白芍	棱术	三棱、莪术
砂蔻仁	砂仁、蔻仁	乳没	制乳香、制没药
砂蔻皮	砂仁壳、紫蔻壳	芦茅根	芦根、茅根
二决明	石决明、决明子	冬瓜皮子	冬瓜皮、冬瓜子
二甲	龟甲、鳖甲	荆防	荆芥、防风

续表

并开药名	处方应付	并开药名	处方应付
二地丁	蒲公英、紫花地丁	全紫苏	紫苏叶、紫苏梗、紫苏子
二花藤	金银花、金银藤	全藿香	广藿香叶、广藿香梗
忍冬花藤	金银花、金银藤	桑枝叶	桑枝、桑叶
二乌	制川乌、制草乌	焦三仙	焦神曲、焦山楂、焦麦芽
川草乌	制川乌、制草乌	焦四仙	焦三仙、焦槟榔
二丑	黑牵牛、白牵牛	桃杏仁	桃仁、苦杏仁
二芽	炒谷芽、炒麦芽	枳壳实	枳壳、枳实
谷麦芽	炒谷芽、炒麦芽	荷叶梗	荷叶、荷梗
二胡	柴胡、前胡	茯苓神	茯苓、茯神

（三）中药处方的应付常规、脚注

1.应付常规

中药处方应付是指调剂人员根据医师处方要求及用药意图调配中药处方。各地区由于历史用药习惯和多年积累的丰富经验，形成了本地区的一套处方给药规律，即处方应付常规，使医师与调剂人员对处方名称和给付的不同炮制品种达成共识，在处方中无需注明炮制规格，调剂人员即可按医师处方用药意图给药。除处方中直接写药名即应付切制饮片的品种外，现提供有关处方调配付药习惯、付药常规方面的资料，以供调配处方时参考。

（1）处方直接写药名（或注明炒）时，即付清炒的品种有麦芽、谷芽、稻芽、莱菔子、王不留行、紫苏子、牛蒡子、苍耳子、白芥子、黑牵牛、白牵牛、决明子、酸枣仁、山楂、槐花、草果等。

（2）处方直接写药名（或注明炒、麸炒）时，即付麸炒的品种有白术、僵蚕、枳壳、半夏曲、六神曲、薏苡仁、三棱、芡实、冬瓜子等。

（3）处方直接写药名（或注明炒、烫）时，即付砂烫、蛤粉烫的品种有龟甲、鳖甲、阿胶、狗脊、骨碎补等。

（4）处方直接写药名（或注明炙、炒）时，即付蜜炙的品种有枇杷叶、款冬花、紫菀、桑白皮、马兜铃等。

（5）处方直接写药名（或注明炙）时，即付酒炙的品种有肉苁蓉、何首乌、山茱萸、女贞子、黄精、蕲蛇、乌梢蛇等。

（6）处方直接写药名（或注明炒、炙）时，即付醋炙的品种有延胡索、五灵脂、乳香、没药、香附、青皮、五味子、莪术、甘遂、大戟、芫花、商陆等。

（7）处方直接写药名（或注明炙、炒）时，即付盐水炒的品种有车前子、益智仁、补骨脂、小茴香、橘核、葫芦巴、巴戟天、杜仲等。

（8）处方直接写药名（或注明炒）时，即付滑石粉炒制的品种有水蛭、象皮、刺猬皮、狗肾、鹿筋等。

（9）处方直接写药名（或注明炙）时，即付炮制的品种有吴茱萸、川乌、草乌、白附子、天南星、远志、厚朴、半夏、淫羊藿、马钱子、巴豆、藤黄等。

（10）处方直接写药名（或注明煅）时，即付煅制的品种有龙骨、龙齿、牡蛎、磁石、赭石、海浮石、炉甘石、瓦楞子、花蕊石、自然铜、寒水石等。

（11）处方直接写药名（或注明炒、煅）时，即付炭的品种有艾叶、地榆、侧柏叶、杜仲、血余、炮姜、干漆等。

（12）处方直接写药名时，即付漂去咸味的品种有肉苁蓉、海藻、昆布、海螵蛸等。

（13）处方直接写药名时，即付姜汁炙的品种有竹茹、厚朴、草果等。

此外，尚有直接写药名或制（炙）时，即煨制、土炒、药汁制及米泔水制等一律按处方要求应付，不一一赘述。

由于中药调剂给付在全国缺乏统一的规定，2009年3月国家中医药管理局下发了《关于中药饮片处方用名和调剂给付有关问题的通知》。通知要求各医疗机构应当执行本省（区、市）的中药饮片处方用名和调剂给付的相关规定；没有统一规定的，各医疗机构应当制定本单位中药饮片处方用名与调剂给付规定；制定中药饮片处方用名与调剂给付规定应符合国家有关标准和中医药理论，所以处方应付的统一，有待于逐步规范化。

2.脚注

根据治疗需要和饮片的性质，医师在开汤剂处方时，会对某味药物的煎煮方法和用法提出简明要求，一般用小字写在药名的右下角，称为脚注，其作用是指示调剂人员对饮片采取不同的处理方法。脚注的内容一般包括炮制法、煎煮法、服法等。常见的脚注术语有先煎、后下、包煎、另煎、冲服、烊化、打碎、煎汤代水等。《中国药典》对需特殊处理的品种都有明确的规定。

调剂人员必须按医师注明的要求进行调配，将有脚注的药按要求处理后单包成小包，在包外面写上药名及脚注要求，并向顾客交待具体的煎服方法，再放入大药包中；有鲜药时，应分剂量单独包成小包并注明药名用法后再另包成大包，不与群药同包，以防干湿相混，发霉变质。处方中若有需特殊处理的，但医生未做脚注注明，调配时仍应按相关规定操作

（1）先煎

① 质地坚硬、不易煎透的矿物类、化石类、贝壳类及动物的角、骨、甲类饮片。如生蛤壳、生龙骨、生紫石英、生寒水石、生磁石、生牡蛎、生赭石、赤石脂、钟乳石、禹余粮、自然铜、生龙骨、石燕、生石决明、生珍珠母、生瓦楞子、水牛角丝、鳖甲、龟甲等。调配时多需要捣碎，煎煮时先煎40～60分钟后再加入群药。

② 某些含有毒成分的中药饮片。如制川乌、制草乌、附子等，要先煎1～2小时，方可达到降低毒性或消除毒性的目的。

（2）后下 在群药第一煎煎好前5～10分钟加入即可，以免有效成分散失或破坏。

① 气味芳香的饮片，如薄荷、砂仁、豆蔻、沉香、降香、鱼腥草等。

② 久煎后有效成分易破坏的饮片，如钩藤、苦杏仁、徐长卿、生大黄（用于泻下）、番泻叶、青蒿等。

（3）包煎 将需包煎的饮片装入白色纱布内，扎紧口袋与群药共煎。

① 含黏液质较多的饮片，包煎以免煎煮中粘糊锅底。如车前子、葶苈子等。

② 表面有绒毛的饮片，包煎以免脱落的绒毛混入煎液中刺激喉咙，引起咳嗽。如旋覆花、辛夷等。

③ 粉末状的饮片，煎煮时宜包煎，避免漂浮分散在汤液中，影响有效成分的煎出及服药不便。如蛤粉、蒲黄、海金沙、六一散、滑石粉等。

（4）烊化（溶化）　一些胶类、蜜膏类中药，可使煎液黏稠而影响有效成分的煎出或结底糊化，不宜与群药同煎，可采用烊化（溶化）的方法。即取其他群药煎液，将需烊化（溶化）的药物放入其中，微火煎煮，同时不断搅拌，待药溶解即可。也可将此类药置于其他容器内，加适量水或黄酒，隔水炖至溶化后，再与其他群药煎液混匀分服。烊化的药物主要指胶类、蜜膏类中药，如阿胶、鳖甲胶、鹿角胶、饴糖、蜂蜜等。溶化的药物主要指芒硝、玄明粉等。

（5）另煎　一些贵重药，为使其有效成分充分煎出，并减少有效成分被其他药渣吸附而引起损失，可在切成薄片后，在另一容器中单独煎煮取汁，兑入煎好的汤剂中服用。另煎的贵重中药，主要有人参、红参、西洋参、羚羊角丝等。

（6）兑服　不需煎煮，将液态药汁兑入群药煎液中同服。兑服主要指液体中药，如黄酒、竹沥液、鲜藕汁、姜汁、梨汁等。

（7）冲服　将药物制成粉末用温开水或其他药液冲服。其目的是保证药效，减少饮片损耗。冲服的药物有：① 某些贵重药物和有效成分易挥发逸散的药物，如沉香、麝香、牛黄、三七、羚羊角、金钱白花蛇等；② 所含有效成分不溶于水的矿物药，如朱砂、琥珀等；③ 煎煮时能降低甚至丧失治疗作用的药物，如雷丸等。

（8）煎汤代水　对于质地松泡、用量较大，或泥土类不易滤净药渣的药物，可先煎20分钟左右，去渣取汁，再与其他药物同煎。如灶心土等。

（9）捣碎　药名下注明"捣""打"或"研粉"的药，应当用冲筒捣碎、用打粉机粉碎或用研钵研粉。调剂时需临时捣碎的中药多为含油脂或挥发油成分较多的果实种子类，药业有"逢子必捣"之说，也有少量坚硬的根及根茎类、矿物类、动物贝壳类中药，即"完物必破"。

根据药物自身的性质，将需要捣碎的中药分为以下两类。

① 需预先加工碾串（碎）备用的有：瓦楞子、石决明、生石膏、石燕、龙骨、鹅管石、海浮石、花蕊石、芦荟、牡蛎、皂矾、青礞石、珍珠母、栀子、钟乳石、香附、海螵蛸、寒水石、硫黄、紫贝齿、紫石英、蛤壳、磁石、赭石等。

② 调配处方需临时捣碎的有：丁香、人参、儿茶、刀豆、大皂角、大枣（劈开或去核）、山慈菇、生川乌、川楝子、木鳖子、五味子、牛蒡子、炒牛蒡子、平贝母、白矾、白果、炒白果仁、白扁豆、炒白扁豆、瓜蒌子、半夏、母丁香、亚麻子、西洋参、麸煨肉豆蔻、肉桂、竹节参、延胡索（或切厚片）、华山参、自然铜、决明子、炒决明子、红豆蔻、红参、芥子、炒芥子、豆蔻、醋龟甲、诃子、青果、苦杏仁、燀苦杏仁、郁李仁、使君子、荜茇、草豆蔻、草果仁、姜草果仁、盐胡芦巴、荔枝核、南五味子、醋南五味子、砂仁、牵牛子、炒牵牛子、珠子参、莱菔子、炒莱菔子、桃仁、燀桃仁、益智仁、盐益智仁、浙贝母（或切厚片）、娑罗子、海马（或研粉）、海龙（或切段）、预知子、黄连、甜瓜子、鹿角霜、黑芝麻、蓖麻子、炒蔓荆子、榧子、酸枣仁、蕤仁、橘核、醋鳖

甲等。

以上药物既不能调配时给整药,也不能提前捣碎放置时间过长,一般均应在调配时用冲筒临时捣碎后使用,这一方面有利于药物有效成分的煎出,另一方面也可防止过早捣碎药物有效成分的散失或出现走油等变质现象。调配这些药物时,即使处方没有要求,按常规也需要捣碎或研细粉。

(四)中药处方的药引

药引又称引药、药引子,是引药归经的俗称,指某些药物能引导其他药物的药力到达病变部位或某一经脉,起"向导"的作用。使用药引可达到引药归经,增强疗效,矫味矫臭和减少毒副作用的效果。可用作药引的不仅是药物,有很多还是生活中寻常的食物。发药人员要向患者交代清楚药引的选取和使用方法。

1.食盐
咸、寒,入肾、胃、大肠经,有清水、解毒之效。治疗肾阴亏虚的六味地黄丸、杞菊地黄丸,宜用淡盐水送服,取其咸能入肾。

2.生姜
辛、微温,入肺、脾经,有发汗解表、温中止咳、温肺止咳之效。治疗风寒感冒、胃寒呕吐时,常用生姜3～5片为引,以增强疗效。

3.葱白
辛、温,入肺、胃经,有散寒通阳、解毒散结之效。治疗感冒风寒、小便寒闭不通时,常用葱白5～7根为引。

4.灯心草
甘、淡、微寒,入心、小肠经,能清心除烦,利尿通淋。治疗心火亢盛、小便短赤时,宜用灯心草一小把为引。

5.粳米
甘、平,入胃经,有益气健胃之效。治疗火热病证需用大剂量苦寒药物时,以防苦寒败胃,常取粳米一小撮为引,以顾护胃气。如清暑解热的白虎汤。

6.大枣
甘、温,归脾、胃经,能益气补中、养血安神,调和药性。使用峻烈药物(如甘遂、芫花、大戟、葶苈)时,常取大枣10～15枚缓和药性,以防止中毒。

7.蜂蜜
甘、平,入肺、脾、大肠经,能滋养、润燥、解毒。治疗肺虚燥热、肠燥便秘病证时,常用蜂蜜1～2汤匙为引。

8.食醋
酸、平,有散瘀止痛、收敛固涩之效。治疗妇女带下、血热崩漏、蛔虫腹痛病证时,常取食醋1汤匙作药引。

9.红糖
甘、温,能补中、祛瘀。治疗产妇恶露不畅、少腹冷痛病证时,常取红糖20～30g

为引。

（五）常见中药的配伍禁忌、中药与西药的配伍禁忌

1. 常见中药的配伍禁忌

配伍禁忌是指有些药物相互配伍后能产生拮抗作用。属于禁止使用的范畴。这就是上述"配伍"中所提到的"相恶"和"相反"。历代医药书籍对配伍禁忌的论述不尽相同，到金元时期概括为"十八反""十九畏"，并编成歌诀，一直沿用至今。

"十八反"和"十九畏"是古代医家用药的经验总结，我们必须对歌诀所记述的药对采取慎重态度，避免盲目配伍应用。

"十八反"歌诀

本草明言十八反，半蒌贝蔹及攻乌。
藻戟遂芫俱战草，诸参辛芍叛藜芦。

十八反其含义为：乌头（川乌、附子、草乌）反半夏、瓜蒌、瓜蒌皮、瓜蒌子、天花粉、川贝母、浙贝母、平贝母、伊贝母、湖北贝母、白蔹、白及；甘草反甘遂、京大戟、海藻、芫花；藜芦反人参、人参叶、西洋参、北沙参、南沙参、丹参、玄参、苦参、细辛、赤芍、白芍。

"十九畏"歌诀

硫黄原是火中精，朴硝一见便相争。
水银莫与砒霜见，狼毒最怕密陀僧。
巴豆性烈最为上，偏与牵牛不顺情。
丁香莫与郁金见，牙硝难合荆三棱。
川乌草乌不顺犀，人参最怕五灵脂。
官桂善能调冷气，若逢石脂便相欺。
大凡修合看顺逆，炮爁炙煿莫相依。

十九畏其含字义为：硫黄畏芒硝、玄明粉；水银畏砒霜；狼毒畏密陀僧；巴豆（包括巴豆霜）畏牵牛子（包括黑丑、白丑）；丁香（包括母丁香）畏郁金；芒硝（包括玄明粉）畏三棱；川乌、草乌畏犀角；人参、人参叶畏五灵脂；官桂畏赤石脂。

《中国药典》（2020年版）规定的药物中，基本上没有突破"十八反"和"十九畏"的范围。对有配伍禁忌的处方应当拒绝调配。必要时，经处方医师重新签字方可调配。调剂后，原处方留存2年。

2. 中药与西药的配伍禁忌

（1）理化性质配伍禁忌

① 形成难溶性物质，降低疗效　如石膏、海螵蛸、龙骨、牡蛎、蛤壳、明矾、自然铜、磁石、赭石、赤石脂等中药同四环素类抗生素形成难溶性配合物，降低西药的疗效。桑叶、侧柏叶、槐花、旋覆花、柴胡、山楂等中药与硫酸亚铁、碳酸铋、碳酸钙、硫酸

镁、氢氧化铝等含金属离子的药物合用，形成螯合物而降低疗效。

② 改变药物成分，降低疗效　如酸性的山茱萸、山楂同碳酸氢钠等碱性药物合用，两者疗效均降低。煅牡蛎、煅龙骨等碱性较强的中药也会与阿司匹林等酸性西药发生反应而降低疗效。

（2）药理性质配伍禁忌

① 生物效应的拮抗　如鹿茸、甘草等中药与甲苯磺丁脲等降糖药合用，降低后者的降糖作用；与阿司匹林合用，可诱发或加重消化性溃疡。

② 因酶促作用增加毒副反应　麻黄与苯乙肼等单胺氧化酶抑制剂合用，严重时可导致高血压危象和脑出血。

（六）其他不合理用药

1. 妊娠用药禁忌

凡能影响胎儿生长发育、有致畸作用甚至造成堕胎的中药为妊娠禁忌用药。《中国药典》2020年版将妊娠禁忌药分为：妊娠禁用药、妊娠忌用药和妊娠慎用药三类。

（1）妊娠禁用药　大多为毒性较强或药性猛烈的药物。这类药物孕妇绝对不能使用。如：丁公藤、三棱、干漆、土鳖虫、千金子、生川乌、生草乌、马钱子、马兜铃、天仙子、天仙藤、巴豆、水蛭、甘遂、朱砂、全蝎、红大戟、红粉、芫花、两头尖、阿魏、京大戟、闹羊花、牵牛子、轻粉、洋金花、莪术、猪牙皂、商陆、斑蝥、雄黄、黑种草子、蜈蚣、罂粟壳、麝香。

（2）妊娠忌用药　大多为毒性较强或毒性猛烈的中药，应避免应用。如：大皂角、天山雪莲。

（3）妊娠慎用药　一般包括行气、活血、通经、祛瘀、通利、重镇、辛热或有毒的中药，如人工牛黄、三七、大黄、川牛膝、制川乌、制草乌、小驳骨、飞扬草、王不留行、天花粉、天南星、天然冰片、木鳖子、牛膝、片姜黄、艾片、白附子、玄明粉、芒硝、西红花、肉桂、华山参、冰片、红花、芦荟、苏木、牡丹皮、皂矾、没药、附子、苦楝皮、郁李仁、虎杖、金铁锁、乳香、卷柏、草乌叶、枳壳、枳实、禹州漏芦、禹余粮、急性子、桂枝、桃仁、凌霄花、益母草、通草、黄蜀葵花、常山、硫黄、番泻叶、蒲黄、漏芦、赭石、薏苡仁、瞿麦、蟾酥。

孕妇禁忌的中药概括起来大多为活血化瘀药、凉血解毒药、行气驱风药、苦寒清热药。中药调剂员在审核处方时，应注意处方前记中的性别、年龄、婚否等内容，若为育龄妇女处方，且方中有3味以上妊娠禁忌药配伍使用，就应询问顾客，患者是否孕妇，如果是孕妇用药可拒绝调配或请原处方医生签字说明后再行调剂，且处方留存2年。

2. 某些疾病需要慎用的药物

尿中红细胞多的肾病患者慎用肉桂、水蛭、桂枝、土鳖虫等；尿中蛋白多的肾病患者慎用木通、泽漆等；热重的急性肝炎转氨酶高的患者慎用五味子等；肝阳虚的肝炎患者慎用垂盆草；慢性肝炎患者慎用黄药子；肺寒咳嗽患者慎用马兜铃、竹沥；肺热痰多患者慎用白芥子、白附子；心脏病患者慎用蟾酥、夹竹桃等。

（七）中药的煎煮方法（中药调剂人员与操作要求）

煎药人员收到待煎药物时，应对"中药房送药记录本""煎药处置单""交接单""煎药袋标签"等与处方进行核对。做到六查五对：

① 六查　查处方前记中的患者姓名、年龄、性别、科别、门诊号或住院号、现金收讫章或住院收讫章。

② 五对　对剂数、每剂煎药袋数、每袋装药量、特殊煎煮药物、取药约定时间。

发现疑问及时与药师联系，确认无误后签名收药，注明收药时间，然后交代给患者取药时间。

1.煎药器具

中药汤剂煎煮器具与药液质量有密切关系，因为砂锅的材质稳定不会与药物成分发生化学反应，导热均匀，热力缓和，锅周保温性强，水分蒸发小，这也是自古沿用至今的原因之一，但砂锅孔隙较多易"串味"，且易破碎。此外，也可选用搪瓷锅、不锈钢锅和玻璃煎器，具有抗酸耐碱的性能，可以避免与中药成分发生反应，大量制备时多选用。铜质、铁质煎器虽传热快但化学性质不稳定，易氧化，在煎煮药时能与中药中多种成分发生化学反应而影响质量，故不能使用铜、铁、铝、锡等器具。

目前医院煎药多数采用自动煎药机，可自动控制煎药温度和时间，使煎药、滤过、煎液包装在一台机器上完成，既方便又卫生，适合医院药店煎药室选用。

2.煎药用水及加水量

（1）煎药用水　应当使用符合国家卫生标准的饮用水，用水必须无异味、洁净澄清，含矿物质及杂质少。

（2）加水量　煎药的加水量是一个很重要的因素，加水量的多少，直接影响到汤剂的质量。药多水少会造成"煮不透煎不尽"，有效成分浸出不完全，并易干糊；药少水多，虽然能增加有效成分的溶出，但汤液的量过大，不宜患者服用。

一般是将药物置煎锅内，加水至超过药物表面 3~5cm 为宜，第二次煎煮超过药渣 1~2cm 即可。另外还要根据煎药时间长短、水分蒸发量的多少、中药吸水性能的大小以及所需药液量等来掌握加水量。

3.煎药前的饮片浸泡

中药饮片煎前浸泡既有利于有效成分的充分溶出，又可缩短煎煮时间，避免因煎煮时间过长，导致部分有效成分耗损、破坏过多。多数药物宜用冷水浸泡，不宜使用热水浸泡。热水浸泡饮片可使药材组织细胞内的蛋白质遇热凝固或使淀粉糊化，不利于有效成分的溶出。

浸泡时间可根据药材的性质、体积大小、厚度适当调整。一般以花、茎、全草类为主的饮片可浸泡 20~30 分钟；以根、根茎、种子、果实等类为主的饮片，可浸泡 60 分钟；凡是矿物、动物、蚧壳类药材，浸泡时间需更长一些，这样可湿润药材，使水分充分浸入药材组织，便于煎出有效成分。但浸泡时间也不宜过久，以免引起药物酶解或霉败。

先煎药、后下药、另煎或另炖药、包煎药、煎汤代水药在煎煮前均应当先行浸泡，浸泡时间一般不少于 30 分钟。

4.煎药的火候与时间

中医习惯将火力大小、火势急慢称为"火候",主要包括"武火"和"文火"。大火、急火称武火,小火、慢火为文火。煎药一般遵循"先武后文"的原则,即在未沸前用武火,沸后用文火保持微沸状态,以免药汁溢出或过快熬干,减慢水分蒸发,有利于有效成分的溶出。

为了充分利用药材,避免浪费,每剂药一般煎煮两次或三次。治疗一般疾病的中药煎煮2次,滋补中药以煎煮3次为宜。除上述因素外,还应考虑药物的质地,花叶、芳香类药物煎煮时间宜短,根茎、果实种子类药物煎煮时间宜长,矿物类、骨甲类、贝壳类等质地坚实的药物煎煮时间更长(表2-2-3)。

煎药过程中要搅拌药料2～3次。药料应当充分煎透,做到无糊状块、无白心、无硬心。煎药时应当防止药液溢出、煎干或煮焦,如将煎液煎干,不得再加水煎煮,应另行配方重煎。煎干或煮焦者禁止药用。

表2-2-3 汤剂煎煮时间

汤剂类型	头煎煎煮时间/分钟	二煎煎煮时间/分钟
解表类、清热类、芳香类药物	15～20	10～15
一般药	20～30	15～20
滋补调理药	40～60	20～30

5.煎液量

煎煮好的中药要趁热及时滤出药液,以免温度降低后有效成分沉淀在药渣上,过滤药液可用中药过滤网或干净的纱布。煎出药液量应当根据儿童和成人分别确定。儿童每剂一般煎至100～300mL,成人每剂一般煎至400～600mL,将两次煎液混匀后按两份等量分装,或遵医嘱。

6.中药汤剂制备的质量要求

(1)制备汤剂的饮片必须符合药品标准规定和要求。

(2)严格按照汤剂制备的操作常规和方法进行。药物应充分煮透,煎煮后的残渣无硬心、白心。

(3)煎液应有原方药物的特征气味,不得有焦糊、霉腐等异味。

(4)煎煮后应充分过滤挤榨,药物残渣挤出的残液量一般不得超过残渣总重的20%。

(5)煎液应有相应色泽,澄明,允许有少量振摇后能均匀分散的沉淀,不得有其他异物。

(6)及时填写煎药记录。

任务实施

中药饮片调剂操作

1.任务实施目的

(1)能按照操作要求规范、快速、准确、熟练地调配中药饮片处方。

（2）能正确处理处方中需要特殊处理的饮片。

2.物品准备

（1）准备以下中药饮片：连翘、金银花、薄荷、牛蒡子、荆芥穗、天花粉、淡竹叶、桔梗、香薷、甘草各2kg。

（2）准备50张中药处方，50杆戥秤，50个冲筒，50个戥绳，50块抹布，10个鸡毛掸子。200张大包装纸，200张小包装纸，饮片斗架，调剂柜台，多媒体。

3.操作过程

（1）将准备好的中药饮片分别装入每组对应的饮片斗架中的药斗中。

（2）对应一个工位一杆戥秤，一个冲筒，一个戥绳，一块抹布，大、小包装纸各若干，一个组一个鸡毛掸子，将上述物品整齐有序摆放在工作台上。

（3）实训开始，在规定时间内，学生将3剂中药调配好并完成包装捆扎交至患者，做到正确发药。

（4）填写实训报告（表2-2-4）。

表2-2-4　任务实施报告

班级：	小组：	时间：
课题：		
目的：		
器材、物品：		
处方： 　　　　　　　　　　　　　××××× 医院 　　　　　　　　　　　　　　处方笺 科别：内科　门诊号：045 姓名：张×　　性别：女　　年龄：47岁　　日期：××年×月×日 临床诊断：温病初起 Rx. 　　　连翘12g　　　金银花12g　　　薄荷（后下）5g　　　牛蒡子10g 　　　荆芥穗9g　　　天花粉12g　　　淡竹叶9g　　　　　桔梗12g 　　　香薷10g　　　甘草9g 　　　　　　　　　　　　　　三剂 　　　　　　　　　　　　每日一剂，水煎服 医师：李××　　　配方人：　　　核对人：　　　药价：××元		
步骤： 1.审方 2.调配 3.复核 4.包装捆扎 5.发药 6.结束并整理复位		
教师评价：		

（5）教师现场考核点评。

任务测评

中药饮片调剂操作活动过程评价表（表2-2-5）

表2-2-5 活动过程评价表

项目	考核要求与评分标准	分值	得分
准备	衣帽洁净，双手洁净不留长指甲。检查戥秤、冲筒等工具是否洁净，清洁调剂台	5	
调配	收方，计时开始（以裁判口令为准） 校对戥秤	5	
	调配审方（审方过程明显）	5	
	持戥姿势正确（2分）。逐剂回戥（3分）	5	
	按序调配、单味分列、无混杂、无散落、无遗漏、无错配	5	
	正确处理"需特殊处理的中药" （特殊处理错误或未单包扣3分；未注明或标注错误扣2分）	10	
	逐味复查：逐味看方对药，认真核对	5	
	捣碎品种正确，动作熟练规范	10	
	处方签名：签名正确	5	
包装捆扎	动作熟练，包装牢固无漏药，包形美观，捆扎结实，患者姓名朝上将处方捆于包上。报告调配完毕，计时结束	10	
清场	清洁戥秤复原（戥砣放戥盘内），清洁冲筒，清洁调剂台，工具摆放整齐	5	
发药介绍	核对患者姓名（4分），双手递药，礼貌服务；交代清楚（重点交代需特殊处理中药的煎煮方法）（6分）	10	
单剂最大误差率	≤±1.0% — 10分 ； ±1.1～3.0% — 6分 ±3.1～5.0% — 4分 ； >±5.0% — 0分	10	
调配时间	≤15分钟 — 10分 ； 15.1～17分钟 — 6分 17.1～20分钟 — 4分 ； >20分钟 — 0分	10	
注：否决项	配错药、缺味或多配药，整个"中药处方调剂"操作0分		

知识扩展

（一）毒、麻中药的使用

1. 毒性中药的使用

《医疗用毒性药品管理办法》（1988年12月）中规定毒性药品系指毒性剧烈，治疗量与中毒量相近，使用不当可致人中毒或死亡的药品。经营和使用毒性中药应注意以下几点。

（1）毒性中药的收购、经营由各级医药管理部门指定的药品经营单位负责；配方用药由国营药店、医疗单位负责。其他任何单位或者个人均不得从事毒性中药的收购、经营和配方业务。

（2）收购、经营、加工、使用毒性中药的单位必须建立健全保管、验收、领发、核对等制度，严防收假、发错，严禁与其他药品混杂，做到入库有验收有复核、出库有发药有复核，划定仓间或仓位，专柜加锁保管，有专人专账管理。毒性中药的包装容器上必须印有毒药标志。在运输毒性中药的过程中应当采取有效措施，防止发生事故。

（3）凡加工炮制毒性中药，必须按照药典或者炮制规范的规定进行。符合药用要求方可供应、配方。

（4）医疗单位供应和调配毒性中药，需凭医师签名的正式处方。每次处方剂量不得超过2日极量。调配处方时必须认真负责，使用与剂量等级相适应的戥称或天平称量，保证计量准确，按医嘱注明要求调配，并由配方人员和具备资格的药学技术人员复核签名（盖章），经原处方医师审定后再行调配。处方一次有效，取药后处方保存2年。

（5）科研和教学单位所需的毒性中药，必须持有本单位的介绍信，经单位所在县级以上卫生行政部门批准后，供应部门方能发售。群众自配民间单方、秘方、验方需用毒性中药，购买时持有本单位或街道办事处、乡（镇）人民政府的证明信，供应部门方能发售。每次购用量不可超过2日极量。

（6）毒性中药的品种《中国药典》（2020年版）一部收载下列27种中药为毒性中药：砒石（红砒、白砒）、砒霜、水银、雄黄、轻粉、红粉、白降丹、生川乌、生草乌、生白附子、生附子、生半夏、生南星、生狼毒、生甘遂、生藤黄、生马钱子、生巴豆、生千金子、生天仙子、洋金花、闹羊花、雪上一枝蒿、青娘虫、红娘虫、斑蝥、蟾酥。

2.麻醉中药的使用

麻醉中药是指对中枢神经有麻醉作用，连续使用易产生生理依赖性，能成瘾癖的药物。它与具有麻醉作用的乙醚、普鲁卡因、利多卡因等麻醉剂是不同的。

1987年11月28日国务院颁布的《麻醉药品管理办法》是从事麻醉药品研制、生产、经营和使用的法定依据。1996年1月国务院颁布了《麻醉药品品种目录》，中药罂粟壳作为麻醉品被列入其中。

管理和使用中药罂粟壳应做到以下几点：

（1）罂粟壳的供应业务由各药品监督管理部门指定的中药经营企业承担，其他单位一律不准经营。

（2）罂粟壳的供应必须根据医疗、教学和科研的需要，有计划地进行。罂粟壳供乡镇卫生院以上医疗单位配方使用，县以上药品监督管理部门指定的经营单位必须凭盖有乡镇卫生院以上医疗单位公章的医师配方使用，不得单位零售。严禁在中药材市场上销售。

（3）每张处方罂粟壳不超过3日常用量（3～6g），即总共18g，且不得单包，必须混入群药，防止变相套购。连续使用不得超过7天。

(4) 要有专人负责、专柜加锁、专用账册、专用处方、专册登记。做到账物相符，处方保留3年备查。

(5) 对执有《麻醉药品专用卡》的患者，可到指定的医疗机构开方配药。对于癌症晚期患者止痛所需，可酌情增加用量。

（二）临方炮制

中药饮片的临方炮制，指医师开具处方时，根据药物性能和治疗需要，要求调剂人员按医嘱要求，临时将生品中药饮片进行炮制操作的过程，简称"临方炮制"。

配方使用的中药饮片，大都由中药饮片厂供应，但有的炮制品种无法供应，这类因治疗需要要求临时加工的炮制品，调剂人员应严格按照医嘱进行炮制，绝不能该炮的不炮，该制的不制，以生品代熟品，造成"病准、方对、药不灵"的后果。中药饮片临方炮制的范围比常规炮制小，炮制方法比常规炮制少，一般以炒法、炙法、拌法为主，可分为清炒、麸炒、米炒、土炒、酒炙、盐炙、醋炙、蜜炙、姜汁炙、朱砂伴远志、青黛伴灯心草等。

（三）中药汤剂的服用方法

在服用中药汤剂时，应指导患者正确掌握服药的温度、服药的方法、服药的剂量、服药的时间、服药的次数和注意事项，从而安全有效、经济合理地用药。

1.服药温度

根据病情需要，中药汤剂可分为温服、冷服和热服。

(1) 温服　一般汤剂需要温服。特别是一些对胃肠道有刺激作用的药物，如瓜蒌仁、乳香等，温服能和胃益脾，减轻刺激，以达到治疗的目的。

(2) 冷服　将煎好的中药汤剂放凉后服用。一般来说，寒剂宜冷服，适用于热症。凡是解毒药、止吐药、清热药均应该冷服。凡服解毒剂，俱宜冷服，可使毒物之淤滞易于排出，热服则增毒物之宜散。对于呕吐者，可在药液中加入少量姜汁，或用鲜生姜擦舌，或嚼少许陈皮，然后再服汤药。

(3) 热服　将煎好的中药汤剂趁热服下。一般而言，热剂宜热服，发散攻下，以助药力，适用于寒证。凡是解表药多属辛散之品，功能疏散肌表，宜热服；凡属理气类药，热则易舒，凉则增滞；活血、补血、凉血、止血类药，寒则瘀淤，热则沸溢，皆宜热服。

2.服药次数

中药饮片汤剂一般是每日1剂，将两次或三次煎煮的药液合并，分2～3次温服。但对急症重症，可一次性服用（顿服）以使药力集中，也可一天数次服用或煎汤代茶多次服用，以使药力持续，甚至一天可连服两剂以加强疗效；对于慢性病、病情轻的，可分服（分次服用），一剂汤药可分2～3次口服，每次100～200mL。也可隔天服1剂，或1剂服两天。此外，还有一些特殊情况的服法，如呕吐患者可以浓煎药汁，先少后多，少量频服；服发汗、泻下药时，需适可而止，不必拘泥于定时服药。

3.服药时间

应根据病情来决定。主要有饭前服、饭后服、空腹服和睡前服。无论饭前或饭后服药，均应略有间隔，以免影响疗效。所谓空腹服即指早饭前1小时或晚饭后1小时服药。

特殊方剂应遵医嘱服用。

（1）病在上焦的（心、肺部），欲使药力停留较久，宜饭后服。

（2）病在下焦的（膀胱、肠），欲使药力迅速下达，宜饭前服。

（3）清热解毒药、润肠泻下药、滋补药宜空腹服，此时胃中空虚容易吸收。

（4）助消化药、健胃药、对胃肠有刺激的药应在饭后服，以助药效或减轻对胃肠刺激。

（5）驱虫药应在早晨空腹服，服药前应喝点儿糖水，这样可以提高杀虫的效果。

（6）攻下药宜空腹服，在得大便后应立即停服。

（7）安神药、滋补药、延缓衰老的药物都宜睡前服用；安眠药应在睡前2小时服用。

（8）治疟药应在发作前2小时服用。

（9）解表药应趁热服，如遇汗难出者，可缩短服药时间，以利发汗，表解即可停药。

（10）急诊用药则不拘时间，慢性病多服丸、散、膏、酒者，应定时服用。

4.服药时的饮食禁忌

服药饮食禁忌，简称服食禁忌。是指服药期间对某些食物的禁忌，也就是通常所说的"忌口"。一般而言，在患者服药期间，均应忌食生冷、辛辣、油腻、腥膻、有刺激性的食物，少食豆类、肉类、生冷和其他不宜消化的食物。再者，根据患者病情的不同，饮食禁忌也有区别。如热性病应忌食辛辣、油腻、煎炸类食物；寒性病应忌食肥肉、脂肪、动物内脏及烟、酒；肝阳上亢，头晕目眩、烦躁易怒等应忌食胡椒、辣椒、大蒜、白酒等辛热助阳之品；脾胃虚弱者应忌食油炸黏腻、不易消化的食物；疮疡、皮肤病患者，应忌食鱼、虾、蟹等腥膻及辛辣刺激性食品；服温补药时，应忌饮茶，少食萝卜，因茶叶、萝卜的凉性及下气作用能降低药物的温补功效。

5.服药剂量

应当根据儿童和成人分别确定。

（1）成人服用量一般每次200～300mL，每日2次。

（2）儿童服用量一般每次50～150mL，每日2次。婴儿酌减。小儿口服汤剂时，应将汤液浓缩，从而减少服用量。以少量多次为好，不要急速灌服，以免咳呛。特殊情况应遵医嘱。

（四）相关法规和制度

《处方管理办法》有关中药饮片处方调剂与管理的内容主要如下。

1.处方权　执业医师和执业助理医师的处方权由各科主任提出，经医院批准后登记备案，并将医师的本人签字或印模留于中药房。

2.处方一律用钢笔或毛笔书写，不得有涂改，必要时，医生应在涂改处签字或盖章以明确职责。

3.药品名称以《中国药典》收载或《中国药品通用名称》或经国家批准的专利药品为准。如无收载，可采用通用名或商品名，药品简写或缩写必须为国内通用写法。中成药和医院制剂品名的书写必须与正式批准的名称一致。

4.药品剂量和数量一般用阿拉伯数字书写。用药必须超过剂量时，医师应在剂量旁重新签字以示负责。

5.除处方医师外,其他人员不得擅自修改处方,如遇缺药或特殊情况需要修改处方时,要交处方医师修改,并在修改处盖章后方可调配。

6.处方开具当日有效,特殊情况需要延长有效期的,由开方医师注明有效期限,但最长不得超过3天,过期须经医师更改日期,重新签字后方可调配。

7.处方一般不得超过7日用量;急诊处方一般不得超过3日用量;对某些慢性病或特殊情况,处方用量可酌情延长,但医师应当注明理由。

8.含毒、麻中药处方,除写清一般处方内容外,必须注明病历及简要病情。麻醉中药处方的有关内容应登记造册。应遵照国家有关规定办理,防止差错事故发生。

9.处方由调剂、出售处方药品的医疗、预防、保健机构或药品零售企业妥善保存。普通处方、急诊处方、儿科处方保存1年,医疗用毒性药品、精神药品及戒毒药品处方保留2年,麻醉药品处方保留3年。处方保留期满后,经医疗、预防、保健机构或药品零售企业主管领导批准、登记备案,方可销毁。

10.贵重中药处方应每天按不同品种分类登记统计销量,以便掌握库存。

11.医师利用计算机开具、传递普通处方时,应当同时打印出纸质处方,其格式与手写处方一致;打印的纸质处方经签名或盖章后有效。药师核发药品时,应当核对打印的纸质处方,无误后发给药品,并将纸质处方与计算机传递的处方同时收存备查。

12.处方由各医疗机构按规定格式统一印制。麻醉药品处方、急诊处方、儿科处方、普通处方的印刷用纸应分别为淡红色、淡黄色、淡绿色、白色,并在处方右上角以文字注明。

思考与练习

(一)填空题

1.中药饮片处方正文包括饮片名称、_____、_____、用法用量及_____。

2.黄花地丁的正名是_____;焦三仙是_____、_____和_____的并开药名。

3."十八反"中,甘草不宜与_____、京大戟、_____和_____同用。

4.含黏液质较多,需要包煎以免煎煮中黏糊锅底的中药饮片有_____和_____。

5.一般药宜用_____浸泡,第一煎煎煮时间为_____分钟,第二煎煎煮时间为_____分钟。

6.中药处方的调配程序为_____、_____、_____、_____、_____。

7.使用药引可达到_____,_____,_____,_____的效果。

8.妊娠禁忌药分为_____、_____、_____三类。

(二)单项选择题

1.处方中临床诊断属于( )。
　　A.处方前记　　　B.处方正文　　　C.处方后记　　　D.脉案

2.下列中药饮片需要后下的是( )。
　　A.当归　　　　　B.生龙骨　　　　C.人参　　　　　D.钩藤

3. 中药饮片补货时，把新到的中药饮片核对无误后加入药斗（　　）。
   A. 下层　　　　　B. 一端　　　　　C. 中间　　　　　D. 上层
4. 以下哪一种是直接写药名应付清炒品的中药（　　）。
   A. 莱菔子　　　　B. 远志　　　　　C. 天南星　　　　D. 川乌
5. 下列不属于"十八反"配伍禁忌的是（　　）。
   A. 藜芦与西洋参　　　　　　　　　B. 甘遂与甘草
   C. 白附子与瓜蒌　　　　　　　　　D. 制川乌与川贝
6. 处方写二母20g应付（　　）。
   A. 知母20g　　　　　　　　　　　B. 贝母20g
   C. 知母20g、川贝母20g　　　　　　D. 知母10g、川贝母10g
7. 在中药饮片调配过程中下列说法不正确的是（　　）。
   A. 调剂人员收方后应先审方　　　　B. 左手持戥杆，右手取药
   C. 特殊处理药品须单包并注明用法　　D. 调配中如遇瓜蒌应先称
8. 以下不适宜空腹服用的是（　　）。
   A. 泻下药　　　　B. 健胃药　　　　C. 驱虫药　　　　D. 补益药
9. 中药饮片煎煮前必须用（　　）浸泡，不得使用60℃以上的热水。
   A. 热水　　　　　B. 沸水　　　　　C. 冷水　　　　　D. 冰水
10. 下列属于麻醉中药的是（　　）。
    A. 洋金花　　　　B. 水蛭　　　　　C. 朱砂　　　　　D. 罂粟壳

（三）多项选择题

1. 中药处方调配的步骤包括（　　）。
   A. 审方　　　　　B. 计价　　　　　C. 调配　　　　　D. 复核
   E. 发药
2. 下列属于28种毒性中药目录品种的是（　　）。
   A. 细辛　　　　　B. 生半夏　　　　C. 洋金花　　　　D. 朱砂
   E. 白附子
3. 下列药物需要包煎的有（　　）。
   A. 车前子　　　　B. 葶苈子　　　　C. 菟丝子　　　　D. 辛夷
   E. 五灵脂
4. 金银花的别名有（　　）。
   A. 双花　　　　　B. 二花　　　　　C. 忍冬花　　　　D. 冬花
   E. 银花
5. 下列可用作煎药器具的是（　　）。
   A. 铝锅　　　　　B. 砂锅　　　　　C. 搪瓷器具　　　D. 不锈钢器皿
   E. 铁锅

（四）判断题

1. 附子、石膏、石决明、制川乌、鳖甲入汤剂时应先煎。（　　）
2. 腹皮子是大腹皮和槟榔的并开药名。（　　）

3.谷芽、麦芽、稻芽为处方药名即付麸炒的品种。（　）
4.西洋参与藜芦不宜同用。（　）
5.毒性中药处方取药后处方保存3年。（　）
6.服温补药时，应忌饮茶、少食萝卜。（　）
7.霜桑叶是中药饮片的别名。（　）
8.将处方中每味药的价格计算出来注明在药名的顶部，俗称"顶码"。（　）
9.为降低或消除毒性，天南星、半夏需要先煎1～2小时。（　）
10.一般汤剂需要温服。（　）

（五）问答题
1.试述配伍禁忌"十八反"与"十九畏"的具体内容？
2.什么是脚注？常见的脚注有哪些？请各自举例说明。

（六）分析题
根据调剂审方要求，找出下面处方的不规范或错误之处。

```
                    ××××医院
                     处方笺

科别：内科       门诊号：078
姓名：严×      性别：男    年龄：34岁        日期：
临床诊断：支气管炎，痰热壅肺
Rp.
    炙麻黄3g      制川乌6g     甘草6g      黄芩12g     金银花15g
    桑白皮15g     百部12g      桔梗6g      双花15g     二地丁30g
    瓜蒌根12g     鱼腥草15g    莱菔子12g

                                         配二剂
                                       一日一剂，水煎服
医师：张×    配方人：      核对人：     药价：￥
```

模块三
非处方药零售

任务五
非处方药零售

学习目标

1. 能掌握非处方药销售的工作流程和注意事项。
2. 能掌握零售药店常见疾病的问病方法和技巧。
3. 能根据患者主诉症状推荐相应的非处方药。
4. 能就所推荐非处方药,为患者提供合理的用药服务。

工作流程

(一)销售前准备

(1)人员的准备　零售药店人员上岗前必须整理好仪容仪表,穿工作服,佩戴胸卡。女性医药商品购销员可以适度化淡妆,发型宜简洁,可佩戴简单首饰,如一条项链、一枚戒指,不留长指甲,不染色彩艳丽的指甲油,头发不染奇异颜色;男性医药商品购销员不宜留长发、长胡须。销售甲类非处方药执业药师或药师应在职在岗。

(2)药品和设施的准备　零售药店人员每天早晨应首先检查货架药品,发现空缺及时补货上架。检查货架、柜台、桌椅、灯具、阴凉柜、冷藏柜、空调、收银机、各种刷卡设备、网络等是否安全且可正常运行使用。

(3)环境的准备　零售药店应保持店外招牌牢固醒目,通道宽阔通畅,店内物品整齐卫生,光线明亮,空气流通清新,无噪声,可以放一些轻松舒缓的音乐营造轻松的气氛。

(二)接待顾客

1. 接待过程

(1)迎接顾客　顾客进店来访,药店门口的营业员应面带微笑第一时间向顾客打招呼,说出合适的问候语如"您好""您早""早上好""下午好""晚上好"等,其他工作人员也应在看到顾客的第一时间向顾客点头示意并礼貌问候。

(2)引导顾客　引导顾客时,营业员应注意自己的位置与步伐,要考虑多数顾客的行走习惯是靠右走，营业员应走在顾客左前方的0.5～1m处，并且步伐要与顾客保持一致。遇到过道、走廊等狭窄处营业员靠通道左侧行走，让顾客走在路中央，在通道拐弯处或有楼梯台阶时，营业员应使用手势示意或辅以语言提醒"这边请""注意楼梯"等。引导顾客的过程中营业员应主动地提出一些适当的话题与顾客交流沟通，可以舒缓气氛，便于了解顾客真正的需求。

引导顾客来到所需药品位置，可根据顾客意愿，先让顾客自己观察了解或者针对顾客的提问进行药品推荐介绍，顾客提出购买要求，应迅速准确地进行报价、取货、收银、包装等操作。

（3）送别顾客　无论顾客是否购买店内药品，或是进店反映的问题是否得到满意处理，顾客离开药店时营业员都应热情周到、礼貌送客。规范合理使用送别顾客的手势和药店常用送别语"您慢走""祝您早日康复""祝您健康"等。

2. 接待方法

零售药店经营过程中会遇见不同性格脾气的顾客，营业员要针对不同类型的顾客灵活地采取不同的接待方法，才能达到较好的接待效果，顺利完成销售活动，进而赢得顾客的信任，树立良好的企业形象。

（1）接待不同进店意图的顾客　根据顾客进店意图的不同，一般可以将顾客分为四类。

① 确定型顾客　这类顾客有明确的购买目标，对所需药品的名称、规格、用途、价格或者品牌等信息都比较熟悉。顾客进店后步伐轻快，迅速靠近货架或柜台，目光四处搜索药品分类标识牌，或是找寻营业员直截了当地询问是否有想购买的药品、药品规格及价格情况。这类顾客的心理是想迅速获得营业员的答复，尽快发现目标药品，完成自己所需药品的交易流程。接待确定型顾客，营业员应马上接近，简化接待流程，迅速回答顾客提问，并快速拿递药品，如顾客对药品及价格没有异议，应立即引导顾客交费，完成交易。接待这类顾客要求营业员业务熟练，熟知店内药品的陈列位置、价格、库存等情况，并能迅速准确进行各项交易操作。

② 半确定型顾客　这类顾客有购买目标，但对所需药品的具体剂型、功效、价格等信息不是很清楚。顾客进店后一般会认真巡视药品，主动向营业员询问药品的功效、用法和不良反应、注意事项等相关信息，围绕自己的目标筛选药品。接待半确定型顾客，营业员应热情耐心地向顾客推荐介绍药品，详细解答顾客提出的问题，并适时向顾客询问购买要求，帮助顾客确定具体目标，如顾客有疑虑，一时不能确定，可以转给驻店药师进行处理。

③ 难为情型顾客　这类顾客购买目的明确，但通常购买目的比较特殊，对应该购买的药品情况并不十分了解，又不好意思主动向营业员询问。这类顾客进店后常常四周巡视，营业员主动询问其需求也不正面回答，一般只表达自己想随便看看，在店内停留很久，但只是观察药品并不进行任何咨询或表达购买要求。接待这类顾客，营业员应该细心观察顾客留意的药品类别，不要害怕气氛尴尬，主动大方地向顾客发出询问或直接进行药品推介，但要注意音量控制，以免引起顾客尴尬与不适。如果顾客对营业员的主动接近表达出不适，可以选择与顾客性别相同或年龄稍大些、经验丰富的营业员进行接待。

④ 随意型顾客　这类顾客也称为"闲逛"型顾客，这类顾客进入药店没有固定目标，甚至没有任何购买药品的打算，就是进店参观、浏览，闲逛为主。这类顾客可能是附近居民，也可能是游客，闲暇时间进店逛一逛，一旦发现感兴趣的药品也可能会产生购买意图，或发现药店价格优惠、品种齐全，也会将药店定为自己的目标药店。接待这类顾客，营业员应在远处留意顾客的观察路线，不要主动向顾客发出询问或推介药品，让顾客自由、舒适地在店内浏览，如果顾客发现感兴趣的药品，停下脚步对营业员示意，这时营业员应立即上前，提供服务。

（2）接待不同身份、不同爱好的顾客

① 老年顾客　接待老年顾客要考虑老年人的心理特点和身体条件，营业员要尊重、关心老年顾客，笑脸相迎，耐心、细致地推介药品，详细介绍用法用量、不良反应、注意事项等信息，为老年顾客提供座椅、饮水、优先结算等周到、便捷服务。

老年人大多记忆力不好，动作慢，喜欢精挑细选，这时营业员应安排老年顾客坐在店内稍安静的休息区或搬把椅子请老人做下，将药品拿到老人面前耐心细致地进行介绍，注意营业员态度要谦恭，语气要温和，放慢语速，适当提高语调。

老年人经历过艰苦生活，一般都存在节俭心理，对价格比较敏感，营业员在推荐药品时要尊重老年人的知情权，向老年人介绍同类药品价格差异的原因与不同价位药品的优缺点，帮助老人选择性价比高的药品，但最终还是让老人自主选择。

老年人还多具有怀旧心理，对一些老字号、老品牌充满感情和信任。营业员在推介药品时可以推荐一些老字号的药品，如同仁堂、片仔癀、胡庆余堂等。

② 孕期、哺乳期女性顾客　孕期、哺乳期女性顾客处于身体的特殊时期，药物会通过胎盘屏障和乳汁进入胎儿和婴儿体内，用药需特别谨慎。药店营业员在接待孕期、哺乳期女性顾客时，首先要问清楚所购药品是否顾客自己使用，如果是顾客自己使用，一定要突出介绍药品对孕妇、哺乳期妇女的影响，明确告知孕妇、哺乳期妇女禁用或慎用的情况。

③ 未成年人顾客　未成年人进店购买药品，如果没有成年人陪伴，不能向其销售未成年人不宜使用的药品。营业员接待时要对未成年人的需求进行详细询问，一定要问清楚所购药品的使用者，主动帮助、关照未成年人选择适合的药品，并详细介绍药品的用法用量，也可以将用法用量写下来并特别交代未成年人要在成人监护下使用药品。结算时要特别注意，清单、药品、找零一定要交代未成年人看清楚，包装时也要与未成年顾客当面一一核对，并把清单和药品一起装入包装袋中。

④ 残疾人顾客　营业员在接待聋、哑、盲等身体残疾的顾客时要充分照顾到残疾人顾客的特殊情况，更要关怀备至，为残疾人提供绿色通道，让残疾人顾客感受到尊重和温暖。接待时要仔细询问，认真负责地向他们推荐药品，要有耐心，多出示些药品让他们挑选。优先结算，并且要做到"三唱一复"（唱价、唱收、唱付及复核），药品、找零要逐一放入他们手中，并一一交代清楚。

接待聋哑人顾客时，如果手语交流存在困难，可以提供纸笔，通过书写交流，一定弄清楚聋哑人顾客的需求，帮助其选择合适的药品，药品的用法用量等重点交代的信息可以写下来，让聋哑人顾客留存。

接待盲人顾客时，让盲人顾客先坐下来，出示药品时可以让顾客摸一下药品包装，帮助顾客尽快确定药品。迎接、送别顾客时如有台阶或湿滑处，注意语言提示或搀扶。

接待身体残疾顾客时，营业员应考虑到顾客存在行动不便，优先向身体残疾顾客提供座椅，将药品拿到顾客面前供其挑选，优先结算，迎接、送别时注意提示走残疾人安全通道。

⑤ 老顾客　接待老顾客，营业员要主动热情地打招呼，让老顾客感受到药店员工如同朋友或亲人。由于彼此比较熟悉，营业员可以直接询问顾客需要什么药品，也可以主动向老顾客推荐介绍新的药品或产品。

⑥ 新顾客　接待新顾客，营业员态度要热情、诚恳，言行上要礼貌、周到。即使顾客没有购买药品，也要有礼貌地送别顾客，给顾客留下好印象，为药店树立好的形象。

⑦ 急顾客　急顾客分两种情况。一种是急需购买某种药品的顾客，可能是患者急用，也可能是要赶车、船、飞机或接送人等，时间都很紧迫。另一种是顾客性情急躁，往往进店就高声疾呼，直接表达自己的购买目标，要求店员迅速满足要求。接待这两种类型的顾客，营业员应该优先接待，按照顾客要求快速出示药品，迅速结账交货，但是营业员始终要保持冷静，动作迅速但不慌张，结算、交付药品时按流程规范操作，注意提醒顾客确认药品，防止出错。

⑧ 需要参谋的顾客　有些顾客缺乏医药方面的知识，看到药店众多功效相似的药品不知该如何选择，就主动向营业员询问，希望能通过营业员的介绍选择适合的药品。接待这类顾客，营业员要根据自己的专业知识，结合顾客表述的病症，真诚热情地说出自己的意见，并使用通俗的语言说明推荐的理由，这样做即便顾客没有采纳营业员的建议，也会留下好的印象。

⑨ 结伴而来的顾客　结伴而来的顾客可能是夫妻、同事、朋友等，在选购药品时如果出现意见不一致，有时会发生小的争论，有时需求者会因同伴提出不同的意见而犹豫不定，这时营业员应主动帮助协调，营业员要注意观察，先确定不同的意见，注意要特别尊重决策者的意见，运用专业的药学知识分析产生异议的原因，为统一意见当好参谋。

⑩ 说外语、方言的顾客　有些药店会遇到外籍顾客和外地顾客。外籍顾客如果不能用汉语表达，就需要药店里会说外语的营业员来接待，如果营业员没有外语基础，可以向顾客用简单的英语示意顾客通过手机搜索药品图片，或通过使用翻译软件与顾客交流。一定要确定清楚顾客的需求后，才能向顾客推荐药品。

接待说方言的外地顾客时，如果营业员听不懂顾客表达的意思，可以用书写的方式交流；如果顾客能听懂普通话，也可以用普通话向顾客介绍，根据顾客点头或手势进行交流，确定顾客用意后为顾客提供合适的药品。

（三）问病售药

零售药店营业员在零售非处方药时，遇到较多的情况是顾客表述某种疾病的症状，咨询营业员应该购买什么药品。这就要求营业员需具备一定的医学和药学知识，熟悉常见疾病对应的症状表现，能够根据常见症状判断相应的疾病，并且能够通过向患者询问和了解病症，排除其他疾病，推荐销售适当的非处方药，并针对患者的情况进行用药介绍和健康生活指导。见数字资源3-1非处方药零售。

数字资源3-1

1.呼吸系统疾病患者的接待与药品销售

（1）感冒的症状鉴别诊断与推荐用药 顾客（患者）主诉的症状有：鼻塞、流涕、打喷嚏、头痛、发热、咽痛、咳嗽等。

① 询问症状，排除警告信号 营业员询问患者疾病症状，然后对照警告信号，排除其他疾病后，才能判断疾病，推荐治疗药物。感冒症状常见询问内容与警告信号详见表3-1-1。

表3-1-1 感冒症状常见询问内容与警告信号

营业员询问内容	警告信号
患者年龄？	12岁以下儿童感冒应去医院就诊，由医生开具处方后用药
是否发热？体温多少？伴有哪些部位疼痛？	患者高热伴浓涕、颌面部胀痛、头痛或极度衰弱，可能是鼻窦炎应去医院就医
鼻腔分泌物是否有异常？	患者鼻腔分泌物黏稠呈黄绿色或有异味，或只从一侧鼻孔流出，可能为鼻腔其他病变，应去医院就医
感冒严重症状持续多久了？	患者感冒严重症状持续一周以上，应去医院就医，检查是否并发其他感染
患者有无其他慢性病？是否正在服用其他什么药物？	患者有其他慢性病或正在服用其他药物，感冒应去医院就医，在医生指导下用药，避免药物之间不利的相互作用

② 判断疾病，推荐药品 零售药店感冒用药主要有复方化学药物和中成药，营业员在推荐感冒用药前一定要清楚患者的症状表现，合理推荐药物。详见表3-1-2。

表3-1-2 常用感冒类药物推荐

疾病	症状判断	OTC中西药推荐	推荐理由
普通感冒	仅有鼻塞、流涕、打喷嚏症状，无发热症状	复方盐酸伪麻黄碱胶囊	不含解热镇痛成分，避免无症状用药
	有鼻塞、流涕、打喷嚏、头痛、发热、咽痛症状，无咳嗽症状	氨咖黄敏胶囊、复方氨酚葡锌片、双扑伪麻片	不含镇咳成分，避免无症状用药
	以上呼吸道症状为主，主要表现为鼻塞、流涕、打喷嚏、头痛、发热、咽痛、咳嗽等	氨酚伪麻美芬片（日片）/氨麻美敏片（夜片）、美息伪麻片等	全面对症治疗；白天驾驶员、登高作业者服日片，无嗜睡等不良反应，夜间服夜片有效对抗感冒症状
流行性感冒	全身症状表现严重，表现为全身肌肉关节酸痛、鼻塞、流涕、打喷嚏、头痛、发热、咽痛等	复方氨酚烷胺胶囊	标本兼治，含抗流感病毒成分金刚烷胺，缩短病程
风寒感冒	恶寒重、发热轻、无汗、头痛身痛、鼻塞流清涕、咳嗽吐白稀痰、口不渴或渴喜热饮、苔薄白等	感冒清热颗粒、荆防颗粒；咳嗽重者选用通宣理肺丸；兼有食滞消化不良者选用午时茶颗粒	辛温解表、解表散寒

续表

疾病	症状判断	OTC中西药推荐	推荐理由
风热感冒	发热重、微恶风、头胀痛、有汗、咽喉红肿疼痛、咳嗽、痰黏或黄、鼻塞黄涕、口渴喜饮、舌尖边红、苔薄白微黄等	双黄连口服液、板蓝根颗粒、银翘解毒丸;高热不退者选用羚翘解毒丸;鼻塞咳嗽为主选用桑菊感冒片	辛凉解表、清热解毒
暑湿感冒	身热、微恶风、汗少,肢体酸重或疼痛,头昏重胀痛,鼻流浊涕,心烦口渴,渴不多饮,胸闷恶心,小便短黄,舌苔薄黄而腻	藿香正气口服液(软胶囊)、四正丸、保济丸	解表化湿、理气和中

③ 药品介绍 营业员向顾客介绍药品时,主要介绍常用感冒类药品的适应证/功能主治、使用方法、不良反应、注意事项、药物间相互作用。详见表3-1-3。如顾客年纪较大或视力不佳,可以将用法用量写在便利贴上,再粘到相应药盒上,一定要重点嘱咐关照,保障患者正确用药。

表3-1-3 常用感冒类药品介绍

药品名称	适应证/功能主治	用法用量	不良反应	注意事项	相互作用
氨酚伪麻美芬片（日片）	缓解感冒引起的发热、头痛、四肢酸痛、流鼻涕、鼻塞、咳嗽、咽痛等症状	口服。一次1片,白天每6小时服1次	有时有轻度头晕、乏力、上腹不适、口干、食欲缺乏和皮疹等,可自行恢复	▲用药3～7天症状未缓解应咨询医师或药师 ▲服用本品期间不得饮酒或含有酒精的饮料 ▲不能同时服用与本品成分相似的其他药物 ▲心脏病、高血压、甲状腺疾病、糖尿病、前列腺增生症、青光眼、抑郁症、哮喘患者及老年人、12岁以下儿童应在医师指导下使用	●与其他解热镇痛药同用,可增加肾毒性的危险 ●不宜与氯霉素、巴比妥类、解痉药、酚妥拉明、洋地黄苷类同用
氨麻美敏片Ⅱ（夜片）	缓解感冒引起的发热、头痛、四肢酸痛、打喷嚏、流鼻涕、鼻塞、咳嗽、咽痛等症状	口服。夜晚或睡前服1片	有时有轻度头晕、乏力、上腹不适、口干、食欲缺乏和皮疹等,可自行恢复	▲服药后,不得驾驶机、车、船,不得从事高空、机械作业及操作精密仪器 ▲用药3～7天症状未缓解,应咨询医师或药师 ▲服用本品期间不得饮酒或含有酒精的饮料 ▲不能同时服用与本品成分相似的其他药物 ▲心脏病、高血压、甲状腺疾病、糖尿病、前列腺增生症、青光眼、抑郁症、哮喘患者及老年人、12岁以下儿童应在医师指导下使用	●与其他解热镇痛药同用,可增加肾毒性的危险 ●不宜与氯霉素、巴比妥类、解痉药、酚妥拉明、洋地黄苷类同用

续表

药品名称	适应证/功能主治	用法用量	不良反应	注意事项	相互作用
复方氨酚烷胺胶囊	缓解感冒引起的发热、头痛、四肢酸痛、流鼻涕、鼻塞、咽痛等症状	口服。一次1片,一日2次	有时有轻度头晕、乏力、上腹不适、口干、食欲缺乏和皮疹等,可自行恢复	▲服药后,不得驾驶机、车、船,不得从事高空、机械作业及操作精密仪器 ▲用药3~7天症状未缓解应咨询医师或药师 ▲服用本品期间不得饮酒或含有酒精的饮料 ▲不能同时服用与本品成分相似的其他药物 ▲心脏病、高血压、甲状腺疾病、糖尿病、前列腺增生症、青光眼、抑郁症、哮喘患者及老年人、12岁以下儿童应在医师指导下使用	●与其他解热镇痛药同用,可增加肾毒性的危险 ●不宜与氯霉素、巴比妥类(如苯巴比妥)等并用
感冒清热颗粒	疏风散寒,解表清热。用于风寒感冒,头痛发热,恶寒身痛,鼻流清涕,咳嗽咽干	开水冲服。一次1袋,一日2次	尚不明确	▲忌烟、酒及辛辣、生冷、油腻食物 ▲不宜在服药期间同时服用滋补性中药 ▲孕妇、哺乳期妇女、年老体弱者、糖尿病患者及有高血压、心脏病、肝病、肾病等慢性病严重者应在医师指导下服用 ▲发热体温超过38.5℃的患者,应去医院就诊 ▲服药3天症状无缓解应去医院就诊	与其他药物同时使用可能会发生药物相互作用,详情咨询医师或药师
双黄连口服液	疏风解表,清热解毒。用于外感风热所致的感冒,症见发热、咳嗽、咽痛	口服。一次20毫升,一日3次	有皮疹、瘙痒、恶心、呕吐、腹痛、腹泻、胸闷、潮红、过敏或过敏样反应头晕、心悸、呼吸困难等不良反应报告,有肝功指标异常、过敏性休克个例报告	▲忌烟、酒及辛辣、生冷、油腻食物 ▲不宜在服药期间同时服用滋补性中药 ▲风寒感冒者不适用 ▲孕妇、哺乳期妇女、年老体弱及脾虚便溏者、糖尿病患者及有高血压、心脏病、肝病、肾病等患者应在医师指导下服用 ▲发热体温超过38.5℃的患者,应去医院就诊 ▲服药3天症状无缓解应去医院就诊	与其他药物同时使用可能会发生药物相互作用,详情咨询医师或药师

续表

药品名称	适应证/功能主治	用法用量	不良反应	注意事项	相互作用
藿香正气口服液	解表化湿，理气和中。用于外感风寒、内伤湿滞或夏伤暑湿所致的感冒，症见头痛昏重、胸膈痞闷、脘腹胀痛、呕吐泄泻；胃肠型感冒见上述症候者	口服。一次5~10mL，一日2次，用时摇匀	可能引起恶心、呕吐、皮疹、瘙痒、头晕等	▲本品含生半夏，应严格按用法用量服用，不宜过量或长期服用。用药后如出现说明书描述的不良反应或其他不适时应停药，症状严重者应及时去医院就诊 ▲哺乳期妇女慎用，且应有医师指导。 ▲服药3天症状无缓解应去医院就诊 ▲忌烟、酒及辛辣、生冷、油腻食物 ▲不宜在服药期间同时服用滋补性中药 ▲有高血压、心脏病、肝病、糖尿病、肾病等慢性病严重者应在医师指导下服用	与其他药物同时使用可能会发生药物相互作用，详情咨询医师或药师

④ 感冒患者的健康生活指导　营业员在包装发药的过程中，应该对患者进行利于疾病康复的健康生活方面的建议和指导。

a.饮食方面　多喝热水，吃些清淡、易消化的食物，避免饮酒和食用生、冷、辛辣刺激的食物。

b.起居方面　室内经常通风，保持室内空气温暖、湿润、清新。少去公共场所，外出戴口罩，做好防护，病情严重时应卧床休息。

c.运动习惯　平时注意锻炼身体，增强抵抗力。保持乐观积极的心态，戒除烟、酒，不熬夜，合理、规律饮食，规律作息。

（2）急性气管-支气管炎的症状鉴别诊断与推荐用药　顾客（患者）主诉的症状有：咳嗽、多痰。

① 询问症状，排除警告信号　营业员对急性气管-支气管炎症状常见询问内容与警告信号对照详见表3-1-4。

表3-1-4　急性气管-支气管炎症状常见询问内容与警告信号

营业员询问内容	警告信号
患者年龄？	老人及5岁以下儿童对药物比较敏感，代谢能力低，应去医院就诊，由医生开具处方后用药
咳嗽多久了？	严重阵发性咳嗽或咳痰已持续5天以上，或一般咳嗽持续1个月以上，应去医院检查
痰液的性状？（咳什么样的痰？）	痰中带血或咳出大量黄绿色或铁锈色痰，通常为下呼吸道细菌感染，或其他严重疾病的征象如肺结核、肺癌，应立即就医

续表

营业员询问内容	警告信号
是否有吸烟史？	吸烟者如果出现慢性咳嗽，应到医院做肺部检查
咳痰时是否伴有其他严重症状？	如咳痰时伴有发热、喘息、呼吸困难、咯血，或咳嗽时伴有胸痛、头痛、耳朵痛、皮疹等，应去医院就医，检查是否并发其他感染
患者近期体重是否有明显减轻？	咳痰伴体重明显减轻者，应到医院做检查，排查肺炎、肺结核或肺部肿瘤
患者有无其他慢性病？是否正在服用其他什么药物？	患者患有其他慢性病，或正在服用其他药物，应去医院就医，在医生指导下用药，避免药物之间不利的相互作用

② 判断疾病，推荐药品　零售药店治疗急性气管-支气管炎非处方药主要有止咳、化痰类化学药物和中成药。急性气管-支气管炎多伴有细菌或病毒感染，营业员在推荐急性气管-支气管炎用药前一定要询问患者是否就医，是否正在使用医生开具的抗感染类处方药，然后再根据咳嗽症状表现，按照有痰咳嗽先化痰后止咳的原则，合理推荐化痰、镇咳类药物。详见表3-1-5。

表3-1-5　常用急性气管-支气管炎类药物推荐

疾病	症状判断	OTC中西药推荐	推荐理由
细菌性急性支气管炎	咳嗽、多痰、痰液多呈白色、质清稀	盐酸溴己新、盐酸氨溴索	裂解痰液中的黏多糖，使痰液黏性下降，易于咳出，适用于白色黏性痰；还可增加阿莫西林在肺部的分布浓度，增加阿莫西林疗效
病毒性急性支气管炎	咳嗽、咯痰多呈黄色、质浓稠	羧甲司坦、乙酰半胱氨酸	裂解痰液中的黏蛋白，使痰液黏性下降，易于咳出，适用于黄色脓性痰；还可增加阿莫西林在肺部的分布浓度，增加疗效
咳嗽	干咳无痰	枸橼酸喷托维林、磷酸苯丙哌林、氢溴酸右美沙芬	中枢或中枢兼外周性镇咳药
	咳嗽多痰	急支糖浆、复方鲜竹沥液	清热化痰、宣肺止咳

③ 药品介绍　急性气管-支气管炎类药品的适应证/功能主治、使用方法、不良反应、注意事项、药物间相互作用。详见表3-1-6。

表3-1-6 常用急性气管-支气管炎类药品介绍

药品名称	适应证/功能主治	用法用量	不良反应	注意事项	相互作用
盐酸氨溴索口服液	适用于急、慢性支气管炎引起的痰液黏稠、咳痰困难	口服，治疗初2～3天，一次10mL，一日3次，然后减为一次10mL，一日2次	轻度的胃肠不适及过敏反应，罕见头痛及眩晕等	▲孕妇及哺乳期妇女慎用，2岁以下儿童、肝肾功能不全者应在医师指导下使用 ▲应避免与中枢性镇咳药（如右美沙芬等）同时使用，以免稀化的痰液堵塞气道 ▲本品仅对咳痰症状有作用，在使用时应注意咳嗽、咳痰的原因，如使用7日后未见好转，应及时就医	●本品与抗生素（阿莫西林、头孢呋辛、红霉素、多西环素）同时服用，可导致抗生素在肺组织浓度升高
乙酰半胱氨酸颗粒	适用于慢性支气管炎等咳嗽有黏痰而不易咳出的患者	口服。临用前加少量温水溶解，混匀服用，或直接口服。成人：一次2包，一日3次。儿童：一次1包，一日2～4次	口服偶有过敏反应，如荨麻疹和罕见的支气管痉挛。口服给药期间可能出现胃肠道刺激，如恶心和呕吐	▲老年患者伴有严重呼吸功能不全者慎用 ▲消化道溃疡患者应在医师指导下使用	●本品能增加金制剂的排泄 ●应避免本品与抗生素在同一溶液内混合服用 ●本品不得与糜蛋白酶配伍用药 ●本品不可与酸性药物同用，否则可降低本品作用
氢溴酸右美沙芬口服液	用于干咳，包括上呼吸道感染（如感冒和咽炎）、支气管炎等引起的咳嗽	口服。12岁以上儿童及成人：一次10～15mL，一日3～4次	可见头晕、头痛、嗜睡、易激动、嗳气、食欲缺乏、便秘、恶心、皮肤过敏等，但不影响疗效。停药后上述反应可自行消失。过量可引起神志不清，支气管痉挛，呼吸抑制	▲妊娠3个月内妇女、有精神病史者及哺乳期妇女禁用 ▲服用单胺氧化酶抑制剂停药不满2周的患者禁用 ▲1岁以下儿童使用本品时请咨询医师 ▲用药7天症状未缓解应咨询医师或药师 ▲孕妇、哮喘患者、痰多的患者、肝肾功能不全患者慎用 ▲服药期间不得驾驶机、车、船，不得从事高空作业、机械作业及操作精密仪器	●不得与单胺氧化酶抑制剂及抗抑郁药并用 ●本品不宜与乙醇及其他中枢神经系统抑制药物并用，因可增强对中枢的抑制作用

续表

药品名称	适应证/功能主治	用法用量	不良反应	注意事项	相互作用
急支糖浆	清热化痰，宣肺止咳。用于外感风热所致的咳嗽，症见发热、恶寒、胸膈满闷、咳嗽咽痛；急性支气管炎、慢性支气管炎急性发作见上述症候者	口服。一次20～30mL，一日3～4次。儿童：1岁以内一次5mL，1～3岁一次7mL，3～7岁一次10mL，7岁以上一次15mL，一日3～4次	尚不明确	▲忌烟、酒及辛辣、生冷、油腻食物 ▲不宜在服药期间同时服用滋补性中药 ▲支气管扩张、肺脓疡、肺心病、肺结核患者出现咳嗽时应去医院就诊 ▲高血压、心脏病患者慎用。糖尿病患者及有肝病、肾病等慢性病严重者应在医师指导下服用 ▲儿童、孕妇、哺乳期妇女、年老体弱者应在医师指导下服用 ▲服药期间，若患者发热体温超过38.5℃，或出现喘促气急者，或咳嗽加重、痰量明显增多者应去医院就诊 ▲服药3天症状无缓解应去医院就诊	如与其他药物同时使用可能会发生药物相互作用，详情请咨询医师或药师

④ 急性气管-支气管炎患者的健康生活指导

a.饮食方面　多喝温开水或新鲜果汁，保持咽喉湿润，利于稀释痰液，增强局部免疫能力。吃些清淡、易消化的食物，避免吸烟、饮酒和大量饮用咖啡，不要食用辛辣、刺激、太甜、太咸的食物。

b.起居方面　少去公共场所，外出戴口罩，注意增添衣物，避免受凉，做好防护，预防感冒，避免冷空气、粉尘、有害气体侵入呼吸道。应减少外出，多休息，保持室内空气温暖、湿润、清新。可洗热水澡。

c.运动习惯　平时可多做扩胸运动等增加肺功能的体育锻炼，增强身体抵抗力。保持乐观情绪，不吸烟、不喝酒、不熬夜，养成良好的生活习惯。

2.消化系统疾病患者的接待售药

零售药店消化系统非处方药种类较多，销售占比较大，是主要的销售支撑。人体消化系统对环境和饮食的影响很敏感，消化系统患病风险很高。对症状较轻和常见的消化系统疾病，多数患者具有自我药疗意识，愿意去药店选择非处方药进行治疗。消化系统疾病症状表现多为：恶心、呕吐、返酸、腹痛、腹泻、便秘、食欲缺乏、消化不良、腹胀等。

（1）急性胃肠炎症状鉴别诊断与推荐用药　顾客（患者）主诉的症状有：腹痛、腹泻伴恶心、呕吐。

① 询问症状，排除警告信号　营业员对急性胃肠炎症状常见询问内容与警告信号对照详见表3-1-7。

表3-1-7 急性胃肠炎症状常见询问内容与警告信号

营业员询问和观察内容	警告信号
患者年龄？	5岁以下儿童及老人出现严重腹泻，应去医院就诊
腹泻多久了？	成人连续腹泻48小时以上，可能有脱水的危险，并且预示可能是严重的细菌感染引起，应尽快去医院就医
大便的性状？（大便的形状、颜色是什么样的，是否带血？）	大便带脓血或黏液便是菌痢的信号；米泔水样便是霍乱和副霍乱的信号；白陶土样便是肠道阻塞的信号；柏油样便是消化道出血的信号；出现以上信号应立即就医
患者是否出现口唇干裂、口渴、皮肤弹性差、少尿或无尿、心跳加快、意识模糊等脱水症状？	如果出现，应到医院补液并处理
是否伴有其他症状？	如伴有发热、腹痛、虚弱、持续呕吐、头晕等，应去医院就医，检查是否有其他复杂感染
患者是否是外地游客，目前症状是否在旅途中出现？	外地人来本地出现上吐下泻，可能是胃肠道过敏（水土不服）并非胃肠炎
患者最近是否使用广谱抗生素？	患者如果近期使用广谱抗生素，可能是广谱抗生素引起的肠道菌群失调（二重感染），应去医院就医，做进一步检查
患者是否腹泻与便秘交替出现？	腹泻与便秘交替出现是肠道菌群失调或胃肠道功能紊乱的信号，应去医院做进一步检查

② 判断疾病，推荐药品　营业员诊断急性胃肠炎，首先要了解患者病史，询问患者有无不洁饮食对判断疾病十分重要。急性胃肠炎疾病判断和常用药物推荐详见表3-1-8。

表3-1-8 急性胃肠炎疾病判断和常用药物推荐

疾病	症状判断	OTC中西药推荐	推荐理由
急性胃肠炎	腹痛、腹泻伴恶心、呕吐；发病前进食过污染食物、生冷或有毒食物，或暴饮暴食、酗酒	非药物治疗	轻症可短期禁食，不需治疗，一般1～2天内可自愈
		盐酸小檗碱	具有比抗生素弱的抑菌作用，对痢疾杆菌和大肠埃希菌引起的肠道感染有效，还对胃肠道有收敛和抑制蠕动作用
		蒙脱石散、药用炭	吸附肠道内细菌及毒素，减少肠壁刺激和肠蠕动，还对消化道黏膜有覆盖保护能力
		多潘立酮	增加胃肠动力，抑制恶心、呕吐
		口服补液盐散（Ⅰ）、口服补液盐散（Ⅱ）	纠正脱水，补充呕吐、腹泻丢失的体液
		肠炎宁片	清热利湿，行气

③ 药品介绍　急性胃肠炎常用药品的适应证/功能主治、使用方法、不良反应、注意事项、药物间相互作用。详见表3-1-9。

表3-1-9　急性胃肠炎常用药品介绍

药品名称	适应证/功能主治	用法用量	不良反应	注意事项	相互作用
盐酸小檗碱片	用于肠道感染，如胃肠炎	口服，成人一次1～3片，一日3次	口服不良反应较少，偶有恶心、呕吐、皮疹和药物热，停药后消失	▲溶血性贫血患者及葡萄糖-6-磷酸脱氢酶缺乏者禁用 ▲妊娠期头3个月慎用	● 含鞣性的中药与黄色素用后，由于鞣质是生物碱沉淀剂，二者结合，生成难溶性鞣酸盐沉淀，降低疗效
蒙脱石散	用于成人及儿童急慢性腹泻	口服，成人每次1袋，一日3次；将本品倒入约50mL温开水中混匀快速服完。治疗急性腹泻时首次剂量加倍	少数人可能产生轻度便秘	▲治疗急性腹泻，应注意纠正脱水 ▲如需服用其他药物，建议与本品间隔一段时间	● 同时服用其他药物，应与本品间隔一段时间
多潘立酮	用于消化不良、腹胀、嗳气、恶心、呕吐、腹部胀痛	口服。成人一次1片，一日3次，饭前15～30分钟服用	偶见口干、头痛、失眠、神经过敏、头晕、嗜睡、倦怠、腹部痉挛、腹泻、反流、恶心、胃灼热感、皮疹、瘙痒、荨麻疹、口腔炎、结膜炎等。有时导致血清泌乳素水平升高、溢乳、男子乳房女性化、女性月经不调等，但停药后即可恢复正常	▲本品用药3天，如症状未缓解，请咨询医师或药师。药物使用时间一般不得超过1周。 ▲如果患者服用多潘立酮期间出现心律失常的症状或体征，建议患者停药，立即就医	● 多潘立酮具有促进胃动力作用，因此理论上会影响合并使用的口服药品的吸收，尤其是缓释或肠衣制剂
口服补液盐散Ⅱ	治疗和预防急慢性腹泻造成的轻度脱水	临用时将本品1袋溶于500mL温开水中，一般每日服用3000mL，直至腹泻停止	多因未按规定溶解本品，由于浓度过高而引起胃肠道不良反应，如恶心、刺激感	▲少尿或无尿、严重腹泻或呕吐、葡萄糖吸收障碍、肠梗阻、肠麻痹及肠穿孔禁用 ▲腹泻停止后立即停用 ▲脑、肾、心功能不全及高钾血症患者慎用	● 如与其他药物同时使用可能会发生药物相互作用，详情请咨询医师或药师

续表

药品名称	适应证/功能主治	用法用量	不良反应	注意事项	相互作用
肠炎宁片	用于湿热蕴结胃肠所致的腹泻，症见大便泄泻、腹痛腹胀；急慢性胃肠炎、腹泻、小儿消化不良见上述证候者	口服。一次3～4片，一日3～4次	尚不明确	▲饮食宜清淡，忌烟、酒及辛辣、生冷、油腻食物 ▲不宜在服药期间同时服用滋补性中药 ▲有慢性结肠炎、溃疡性结肠炎便脓血等慢性病史者，患泄泻时应去医院就诊 ▲儿童、年老体弱者、有高血压、心脏病、肝病、糖尿病、肾病等慢性病严重者应在医师指导下服用 ▲服药3天症状未缓解，应去医院就诊	如与其他药物同时使用可能会发生药物相互作用，详情请咨询医师或药师

④ 急性胃肠炎患者的健康生活指导

a.饮食方面　腹泻期间要进食少量清淡、易消化的流食或半流食，少量多次饮用含盐液体，以防脱水。不要饮用汽水或浓度较高的高渗饮料，以免体液从身体其他器官进入肠道，加重脱水。不要食用油腻、生冷食物，婴幼儿可以暂时禁食1～2餐。平时饮食要规律，喝开水、吃熟食，不暴食暴饮。做饭掌握好量，尽量不吃剩菜剩饭。

b.起居方面　搞好家庭卫生，消灭蚊、蝇、蟑螂、老鼠等害虫。

c.运动习惯　适当锻炼身体，增强体质，养成勤洗手、讲卫生的好习惯。

（2）消化性溃疡症状鉴别诊断与推荐用药　顾客（患者）主诉的症状有：上腹部反复发作规律性和烧灼样疼痛、腹胀并伴有反酸、嗳气、呃逆、恶心、呕吐。

① 询问症状，排除警告信号　营业员对消化性溃疡常见询问内容与警告信号对照详见表3-1-10。

表3-1-10　消化性溃疡常见询问内容与警告信号

营业员询问内容	警告信号
疼痛出现多长时间了，间隔多长时间发作一次？	如患者经常出现规律性的上腹部疼痛，或烧灼样疼痛，可能是慢性溃疡，需对疾病做进一步检查
腹痛的部位和情况？	急性、重症腹痛，可能是胆囊、胰腺或肠道其他病变，需要去医院做检查处理
呕吐物的是什么颜色，是否带血？大便的性状、颜色是什么样的？	呕吐物呈咖啡色或带血，或者大便呈黑色或柏油状是溃疡部位出血的信号，需立即去医院做止血处理
观察或询问患者面色是否苍白？是否有头晕、疲倦、乏力症状？	患者如果出现面色苍白、头晕、乏力等贫血症状，应立即联系医院，以免患者因失血过多产生严重后果

② 判断疾病，推荐药品　营业员排除警告信号后，才能判断为消化性溃疡，然后为患者推荐药物。消化性溃疡疾病判断和常用药物推荐详见表3-1-11。

表3-1-11　消化性溃疡判断和常用药物推荐

疾病	症状判断	OTC推荐	推荐理由
消化性溃疡	与吃饭周期相符合，典型的周期性、节律性上腹部疼痛 胃溃疡：（饱腹痛）多在饭后30分钟至2小时出现腹痛，至下一餐前消失，极少出现午夜痛 十二指肠溃疡：（饥饿痛）多在晨起或早饭后2～3小时开始，午饭后缓解，下午2时至4时又痛，晚饭后缓解。也可发生在睡前或午夜	铝碳酸镁	抗酸药，中和胃酸，减少胃酸对消化道黏膜的侵蚀，铝在内还可以形成胶体，兼有胃黏膜保护作用，镁致轻泻可以缓解铝引起的便秘
		雷尼替丁、法莫替丁	抑酸药，抑制胃酸分泌，加速溃疡愈合
		奥美拉唑	抑酸药，抑制胃酸作用强大，不良反应少
		硫糖铝	胃黏膜保护剂，隔离胃酸对溃疡处的不良刺激，促进溃疡面的自我修复
		枸橼酸铋钾、胶体果胶铋	胃黏膜保护剂，在胃内形成黏性胶体溶液，在溃疡面形成保护膜层

③ 药品介绍　消化性溃疡常用药品的适应证/功能主治、使用方法、不良反应、注意事项、药物间相互作用。详见表3-1-12。

表3-1-12　消化性溃疡常用药品介绍

药品名称	适应证/功能主治	用法用量	不良反应	注意事项	相互作用
铝碳酸镁片	用于慢性胃炎，与胃酸有关的胃部不适症状，如胃痛、胃灼热感（烧心）、酸性嗳气、饱胀等	嚼服。一次1～2片，一日3次；餐后1～2小时，睡前或胃部不适时服用	偶见便秘、稀便、口干和食欲缺乏	▲妊娠期头3个月，严重心、肾功能不全者，高镁血症、高钙血症者慎用 ▲本品连续使用不得超过7天，症状未缓解，应咨询医师或药师	●服药后1～2小时内应避免服用其他药物，因氢氧化铝可与其他药物结合而降低吸收，影响疗效
法莫替丁片	用于缓解胃酸过多所致的胃痛、胃灼热（烧心）、反酸	口服。成人一次1片，一日2次。24小时内不超过2片	少数患者可有口干、头晕、失眠、便秘、腹泻、皮疹、面部潮红、白细胞减少。偶有轻度一过性转氨酶增高等	▲连续使用不得超过7天，症状未缓解或消失，请咨询医师或药师 ▲对本品有过敏史者、严重肾功能不全者、孕妇及哺乳期妇女禁用 ▲儿童使用本品应在医师指导下进行，肝肾功能不全者、婴幼儿慎用	●丙磺舒会抑制法莫替丁从肾小管的排泄 ●不宜与其他抗酸药合用

续表

药品名称	适应证/功能主治	用法用量	不良反应	注意事项	相互作用
奥美拉唑肠溶胶囊	用于胃溃疡、十二指肠溃疡、应激性溃疡、反流性食管炎和卓-艾综合征；幽门螺杆菌	口服，不可咀嚼。消化性溃疡一次20mg，一日1～2次。每日晨起吞服或早、晚各一次，胃溃疡疗程通常为4～8周，十二指肠溃疡疗程通常2～4周	不良反应较少，常为头痛、腹泻、恶心、呕吐、便秘、腹痛及腹胀	▲长期使用可致维生素B_{12}缺乏 ▲严重肝功能不全者慎用，必要时剂量减半 ▲婴幼儿禁用，妊娠期、哺乳期慎用	●奥美拉唑会使酮康唑和伊曲康唑的吸收下降 ●奥美拉唑会延长其他酶解物如地西泮、华法林和苯妥英的清除 ●奥美拉唑与克拉霉素、甲硝唑、阿莫西林合用根除幽门螺杆菌
硫糖铝片	用于治疗胃、十二指肠溃疡及胃炎	口服。成人一次1g，一日4次，三餐前1小时及睡前空腹嚼碎服用	便秘较常见；个别患者可出现口干、恶心、皮疹、胃痉挛等，发生胃痉挛时可与适当的抗胆碱能药物合用	▲长期大剂量服用，可能会造成体液中磷的缺乏，甲状腺功能亢进、佝偻病等低磷血症患者不宜长期服用 ▲本品连续应用不宜超过8周	●如与制酸药合用，制酸药应在硫糖铝服后1小时给予
胶体果胶铋胶囊	治疗胃及十二指肠溃疡，幽门螺旋杆菌相关性慢性浅表性胃炎和慢性萎缩性胃炎	口服.成人一次3粒，一日4次，三餐前半小时及睡前服用	粪便可呈无光泽的黑褐色，属正常反应，停药后1～2天内粪便色泽转为正常	▲严重肾功能不全者及孕妇禁用 ▲不可与牛奶同服 ▲大剂量长期服用，会出现铋中毒现象，表现为皮肤变为黑褐色，应立即停药处理	●与强力抗酸药、抑酸药同服会降低疗效

④ 消化性溃疡患者的健康生活指导

a.饮食方面 患者应食用营养丰富、易消化、低糖、低脂的食物。避免浓茶、咖啡、肉汤、油炸食品。不吃零食，也不要食用生冷、辛辣刺激的食物。按时规律进餐，定时定量，少食多餐。进餐时注意采用分餐制且细嚼慢咽。

b.情绪方面 避免长期精神紧张，压力过大。保持乐观积极的心态，学会自我情绪调节，释放压力，放松心情。

c.运动习惯 适当锻炼身体，增强体质，按时作息，规律饮食，劳逸结合，忌烟忌酒，忌暴饮暴食。

3.常见皮肤病患者的接待售药

零售药店常见的皮肤疾病为皮癣、皮疹和皮炎，皮肤病非处方药以外用药为主。皮肤病的常见症状多为：皮肤瘙痒、脱屑、干裂、水疱、糜烂、红斑、丘疹等。营业员可以通过询问和观察了解患者的情况，判断疾病和推荐用药。

（1）皮肤癣症状鉴别诊断与推荐用药 顾客（患者）主诉的症状有：皮肤肥厚、瘙痒、脱屑、红斑。

① 询问或观察症状，排除警告信号 营业员对皮肤癣症状常见询问内容与警告信号对照详见表3-1-13。

表3-1-13 皮肤癣症状常见询问内容与警告信号

营业员询问或观察内容	警告信号
皮肤患处的颜色如何，位置是否固定？	若皮肤出现白色或红色的疹块，发作突然，无固定位置，可能是荨麻疹
皮损位置是否对称？是否有颜色变化？是否瘙痒，抓搔是否有渗出？	若皮损位置呈对称发作，位置在四肢、股部、脸部等，皮损见于疱疹、粗糙浸润、肥厚、鳞屑，皮损处颜色变化，常因瘙痒搔抓而有液体渗出，可能导致感染、糜烂，则是湿疹的特点
有无水疱？	若皮损患处在皮肤和黏膜交界处，表现为局限性簇集性的小疱，可能为病毒性疱疹
是否伴有乏力、发热、关节和肌肉疼痛？	若伴有乏力、发热、关节和肌肉疼痛，可能是红斑狼疮
皮损位置是否有多层银白色鳞屑？	若皮损部位覆盖有多层银白色鳞屑，周围有红晕，对称发于四肢伸侧，尤其是肘、膝部位，是银屑病的症状，应到医院就诊
皮损或黏膜损害面积大小如何？	若皮损或黏膜损害面积较大，连接成片，应立即到医院处理

② 判断疾病，推荐药品 营业员诊断皮肤癣症，首先要仔细聆听患者对皮损症状的陈述，方便的话应查看皮肤患处的具体表现。皮癣是由皮肤浅部真菌感染所致，具有传染性。皮炎是由于饮食、服用药物或接触过敏原而产生，不具传染性。皮癣和皮炎的症状相似，但也不尽相同，两种皮肤疾病的病因不同，治疗方法也不同，因此营业员一定要充分了解患者的症状和病因，正确判断疾病才能合理推荐药物。皮肤癣症的判断和常用药物推荐详见表3-1-14。

表3-1-14 皮肤癣症的疾病判断和常用药物推荐

疾病	症状判断	OTC中西药推荐	推荐理由
皮肤癣	皮肤癣症多表现为患处出现瘙痒不适，伴有局部潮红、脱屑或湿疹样改变，如早期不治疗可逐渐向四周扩散并反复发作，长期不愈可以出现皮肤色素沉着等。可检查患处有无"薄膜现象"和"露滴现象"，如皮损为红斑上覆盖多层银白色干燥鳞屑，鳞屑易被刮除，下面露出淡红色半透明薄膜，轻刮，可见筛状如露水珠样的出血，即为皮肤癣的临床症状	克霉唑乳膏	对浅部和深部多种真菌有效；单方制剂，不含激素，妊娠期妇女可用；价格便宜
		硝酸咪康唑乳膏	对皮肤癣菌、念珠菌等有抗菌作用，对某些革兰氏阳性球菌也有一定疗效，不含激素
		盐酸特比萘芬乳膏	用于皮肤浅表真菌病，比如手足癣、体癣、股癣等
		水杨酸软膏	角质软化剂，局部应用具有溶解角质作用，也有抗真菌的作用
		复方水杨酸苯甲酸搽剂	含有苯甲酸与水杨酸，苯甲酸抑制真菌，水杨酸可抑制真菌、细菌，溶解角质，使表皮变松和脱落，并有止痒作用，角化型足癣尤其适用
		曲安奈德益康唑乳膏	硝酸益康唑对皮肤癣菌、霉菌和酵母菌（如念珠菌）等有抗菌活性，对某些革兰氏阳性菌也有效；曲安奈德为糖皮质激素，具有抗炎、止痒及抗过敏作用，可快速改善症状
		曲咪新乳膏	含有曲安奈德、硝酸咪康唑、硫酸新霉素，对真菌、细菌都有效，还有止痒及抗过敏的作用
		足光散	含有苦参、水杨酸、苯甲酸、硼酸，可杀虫、止痒、敛汗、抑制霉菌生长

③ 药品介绍 皮肤癣症为真菌感染所致，病症比较顽固，易反复发作，治疗应按照"正确选药，坚持用药"的原则。营业员应告知患者，含有糖皮质激素的药物不能长期使用，否则会引起皮质功能亢进症，表现为毛囊炎、皮肤萎缩变薄、毛细血管扩张（红血丝）、多毛等。治疗癣症按疗程用药才能收到较好效果。常用药品的适应证/功能主治、使用方法、不良反应、注意事项、药物间相互作用详见表3-1-15。

表3-1-15 皮肤癣常用药品介绍

药品名称	适应证/功能主治	用法用量	不良反应	注意事项	相互作用
克霉唑乳膏	适用于体癣、股癣、手癣、足癣、花斑癣、头癣	涂于洗净患处，一日2～3次	偶见局部刺激，如烧灼或红斑	▲避免接触眼睛和其他黏膜，如口、鼻等 ▲孕妇及哺乳期妇女应在医师指导下使用 ▲用药部位如有烧灼感、红肿等情况应停药，并将局部药物洗净，必要时向医师咨询	●如与其他药物同时使用可能会发生药物相互作用，详情请咨询医师或药师
硝酸咪康唑乳膏	适用于由真菌、酵母菌及其他真菌引起的皮肤、指（趾）甲感染，如：体股癣、手足癣、花斑癣、头癣、须癣、甲癣；皮肤、指（趾）甲念珠菌病；口角炎、外耳炎。由酵母菌（如念珠菌等）和革兰氏阳性细菌引起的阴道感染和继发感染	外用，涂搽于洗净的患处，一日早、晚各1次；花斑癣，一日1次，症状消失后应继续用药7天，以防复发	偶见过敏、水疱、烧灼感、充血、瘙痒或其他皮肤刺激	▲避免接触眼睛和其他黏膜，如口、鼻等 ▲治疗念珠菌病，需避免密封包扎，否则可促使致病菌生长 ▲本品为局部用药，不得口服。如被意外大量口服，如需要可采用适当的胃排空措施 ▲用药部位如有烧灼感、红肿等情况应停药，并将局部药物洗净，必要时向医师咨询 ▲孕妇及哺乳期妇女慎用	●如与其他药物同时使用可能会发生药物相互作用，详情请咨询医师或药师
盐酸特比萘芬乳膏	用于治疗手癣、足癣、体癣、股癣、花斑癣及皮肤念珠菌病	外用，一日2次，涂抹在洁净干燥的患处及其周围皮肤，并轻揉片刻，疗程1～2周	偶见皮肤刺激如烧灼感，或过敏反应如皮疹、瘙痒	▲涂敷后不必包扎，不得用于皮肤破溃处 ▲避免接触眼睛和其他黏膜，如口、鼻等 ▲用药部位如有烧灼感、红肿等应停药并将用药部位清洗干净	●如与其他药物同时使用可能会发生药物相互作用，详情请咨询医师或药师
复方水杨酸苯甲酸搽剂	适用于真菌感染引起的头癣、手足癣等	外用。一日2～3次；对角化型足癣宜在40～45℃温水中浸泡15～20分钟后，再用药涂搽	偶见皮肤刺激如烧灼感，或过敏反应如皮疹、瘙痒等	▲避免接触眼睛和其他黏膜，如口、鼻等 ▲用药部位如有烧灼感、红肿等情况应停药，冲洗局部药物 ▲不得用于皮肤破溃处 ▲使用本品后应立即洗手 ▲腋下、腹股沟、外阴等皮肤细薄处慎用 ▲不宜长期、大面积使用	●不得与含铁等金属药物并用 ●如与其他药物同时使用可能会发生药物相互作用，详情请咨询医师或药师

续表

药品名称	适应证/功能主治	用法用量	不良反应	注意事项	相互作用
曲咪新乳膏	用于湿疹、接触性皮炎、脂溢性皮炎、神经性皮炎、体癣、股癣以及手足癣等	外用，直接涂搽于洗净的患处，一日2～3次	偶见过敏反应：皮肤烧灼感、瘙痒、针刺感；含糖皮质激素，长期使用可使局部皮肤萎缩、色素沉着、多毛等	▲避免接触眼睛和其他黏膜，如口、鼻等 ▲用药部位如有烧灼感、红肿等应停药，洗净局部药物 ▲高血压、心脏病、骨质疏松症、肝功能不全患者慎用 ▲孕妇及哺乳期妇女应在医师指导下使用 ▲不得长期大面积使用；连续使用不能超过4周，面部、腋下、腹股沟及外阴等皮肤细薄处连续使用不能超过2周，症状不缓解应咨询医师	●如与其他药物同时使用可能会发生药物相互作用，详情请咨询医师或药师
足光散	清热燥湿，杀虫敛汗。适用于湿热下注所致的角化型手足癣及臭汗症	外用，取药粉40g加沸水1000～1500mL或取药粉20g加沸水500～750mL，搅拌，溶解，放温，趁热浸泡患处20～30分钟，一日1次，连续3日为一疗程	偶见皮肤刺激如烧灼感，或过敏反应如皮疹、瘙痒等	▲用药一次，观察3日，无不良反应，可连续使用3次；如症状无缓解，应去医院就诊 ▲忌食辛辣、刺激性食物 ▲切勿接触眼睛、口腔等黏膜处，禁止内服 ▲禁用于皮肤破溃处 ▲用药后有较多脱屑，属正常现象，数日后逐渐消失	●如与其他药物同时使用可能会发生药物相互作用，详情请咨询医师或药师

④ 皮肤癣症患者的健康生活指导

a.饮食方面　平时饮食宜清淡，多吃富含维生素的新鲜水果和蔬菜，不要食用辛辣刺激的食物和各种发物，戒除烟酒。

b.生活方面　日常居家环境保持通风、清洁、干燥，平时注意个人卫生，不要过多接触猫、狗等宠物。不用他人拖鞋、毛巾、鞋袜等衣物，不与他人共用洗脸盆、洗脚盆。鞋袜、衣服宜选择吸汗透气的纯棉质地，不要太厚、太紧绷，勤换洗，保持皮肤干爽。鞋袜、床单等衣物定期清洗、消毒并在阳光下暴晒。

c.日常护理　真菌在温暖潮湿的环境容易滋生，患处皮肤应保持干燥，可以涂爽身粉或止汗剂。脚癣患者宜穿透气鞋子，袜子可以选择纯棉五指袜，避免脚底和脚趾汗液积存。股癣患者宜穿宽松透气的棉质内衣和裤子。患者单独使用一套洗涤物品，不与家人混用。坚持按时、按疗程用药，注意不要用手挠抓患处，避免加重和传染。

（2）皮炎症状鉴别诊断与推荐用药　顾客（患者）主诉的症状有：红斑，感觉瘙痒，反复发作。

① 询问症状，排除警告信号　患者主诉为皮炎的基本症状，皮炎根据不同的病理原因分为很多类型，各类型皮炎的表现症状各不相同，营业员对皮炎症状应仔细询问并观察，以便正确区分。皮炎常见询问内容与警告信号对照详见表3-1-16。

表3-1-16　皮炎常见询问内容与警告信号

营业员询问观察内容	警告信号
观察有无"薄膜现象""露滴现象"	如存在"薄膜现象""露滴现象"可判断为真菌引起的皮肤癣症
是否在使用某种化妆品后出现这种情况？	如是因使用化妆品引起，需要去医院皮肤科诊疗处理
是否在使用某种药物后出现这种情况？	如是在使用药物后引起，应建议患者咨询医师，根据所用药物情况判断处理
皮损部位是否出现大面积破损、溃烂、出血？	如皮损部位出现较大面积破损或溃烂或出血，须立即去医院处理
是否伴随其他症状？	患者如果同时出现其他严重症状，如肠道症状，应去医院就医

② 判断疾病，推荐药品　营业员排除警告信号后，才能判断具体的皮炎类型，进而为患者推荐药物。皮炎类型判断和常用外用药推荐详见表3-1-17。

表3-1-17　皮炎类型判断和常用外用药推荐

疾病	症状判断	外用OTC推荐	推荐理由
过敏性皮炎	经常在皮肤干燥、遇冷遇热及接触动植物、化纤、金属或其他化学刺激时，开始出现以下症状：多发于四肢屈侧，具体表现为扁平丘疹伴瘙痒，后融成斑块，表面干燥，上有鳞屑，常有皮肤剥脱和色素沉着	盐酸赛庚啶乳膏	抗组胺药，外用缓解组胺所致的过敏反应
荨麻疹	多发作突然，无固定位置，一般在1~5分钟内出现症状，先有瘙痒或灼热感，迅速出现红斑，进而形成红色风团，略高于皮肤表面，大小、形态不一，有时可融合成大片，成批反复出现	复方倍氯米松樟脑乳膏	复方制剂，缓解多种症状，可用于消炎、止痒、止痛、减轻水肿
		盐酸赛庚啶乳膏	缓解荨麻疹症状

续表

疾病	症状判断	外用OTC推荐	推荐理由
神经性皮炎	如搔抓患处出现圆形或不定形的密集扁平丘疹，中心部位互相融合呈苔藓样改变，皮色正常或淡褐色，表面光滑或有小鳞屑，皮肤增厚，边界清晰，无渗出倾向	糠酸莫米松乳膏	糖皮质激素，有抗炎、抗过敏、止痒、减少渗出的作用，局部用药不良反应少见
		复方醋酸地塞米松乳膏	地塞米松有抗炎、抗过敏、止痒作用，薄荷脑、樟脑具有促进局部循环和轻度消炎作用
		复方倍氯米松樟脑乳膏	缓解多种症状
脂溢性皮炎	多发于头部、胸前、背部中央、腋窝等皮脂分泌较多的部位，皮损表现主要为黄红色或鲜红色斑，斑上覆盖有油腻性鳞屑或痂皮	二硫化硒洗剂	抗皮脂溢出，还有一定抗真菌作用
		曲咪新乳膏	含有曲安奈德、硝酸咪康唑、硫酸新霉素，有止痒及抗过敏的作用，对真菌、细菌都有效
		复方醋酸地塞米松乳膏	缓解症状
急性湿疹	患处皮肤表现为红斑、丘疹、水疱等多形性皮疹，且有弥漫性潮红，有渗出倾向，皮损呈对称分布，常因搔抓而导致糜烂、渗出	糠酸莫米松乳膏	缓解症状
		氧化锌软膏	具有收敛、滋润、保护作用，还有吸着干燥功能，快速缓解湿疹症状
		炉甘石洗剂	具有收敛、止痒、保护和防腐的作用，快速缓解急性湿疹症状
		除湿止痒软膏	中成药制剂，清热除湿、祛风止痒，用于湿疹辅助治疗
慢性湿疹	患处皮肤肥厚粗糙，有明显的嵴沟，呈苔藓样变化，呈褐色或褐红色，表面附有糠皮样鳞屑	复方醋酸地塞米松乳膏	缓解症状
		丹皮酚软膏	中成药制剂，抗过敏、消炎、止痒，不良反应轻
		氧化锌软膏	缓解湿疹症状
		除湿止痒软膏	用于湿疹辅助治疗

皮炎常用口服药物推荐详见表3-1-18。

表3-1-18 皮炎常用口服药物推荐

分类	口服OTC推荐	推荐理由	适用疾病
抗组胺药	马来酸氯苯那敏	第一代抗组胺药，价格便宜。有效缓解组胺所致的过敏反应	用于各种过敏性皮肤病、荨麻疹
	盐酸西替利嗪	第二代长效抗组胺药，价格适中，不良反应比第一代轻且短暂。一天1次，使用方便	
	氯雷他定	第二代长效抗组胺药，不良反应轻，剂型多样，一天1次，使用方便	

分类	口服OTC推荐	推荐理由	适用疾病
过敏介质阻滞剂	富马酸酮替芬	能稳定致敏细胞膜，阻止组胺等多种过敏反应介质（如5-羟色胺、缓激肽等）的释放，兼有抗组胺和抑制过敏介质释放的作用	过敏性皮炎
维生素	维生素C	保持血管的完整性，利于皮损部位愈合	用于各种过敏性皮肤病、荨麻疹辅助治疗
钙剂	葡萄糖酸钙、乳酸钙	钙剂可降低毛细血管的通透性，可抑制皮炎的症状	用于各种过敏性皮肤病、荨麻疹辅助治疗

③ 药品介绍　皮炎常用药品的适应证/功能主治、使用方法、不良反应、注意事项、药物间相互作用。详见表3-1-19。

表3-1-19　皮炎常用药品介绍

药品名称	适应证/功能主治	用法用量	不良反应	注意事项	相互作用
盐酸赛庚啶乳膏	用于过敏性皮炎、接触性皮炎、荨麻疹、皮肤瘙痒症以及湿疹等	外用。一日2～3次，涂搽于患处	偶见皮肤刺激如烧灼感，或过敏反应如皮疹、瘙痒等	▲避免接触眼睛和其他黏膜（如口、鼻等） ▲不得用于急性炎症、糜烂或有渗出的皮肤损害处，不宜长期、大面积使用 ▲青光眼、机动车驾驶员及高空作业者慎用，孕妇、哺乳期妇女禁用 ▲用药部位如有烧灼感、红肿等情况应停药，并将局部药物洗净，必要时向医师咨询	● 如与其他药物同时使用可能会发生药物相互作用，详询医师或药师
复方倍氯米松樟脑乳膏	用于虫咬皮炎、丘疹性荨麻疹、湿疹、接触性皮炎、神经性皮炎、皮肤瘙痒	外用，涂于患处及周围，一日2～3次	偶见轻度红斑、丘疹和皮肤瘙痒等刺激症状，若出现这些情况，应即停用，必要时请教医师	▲病毒感染者（如有疱疹、水痘）禁用 ▲皮肤损伤、糜烂或开放性伤口处禁用 ▲只限外用，避免接触眼睛及其他黏膜部位，严禁口服 ▲孕妇、哺乳期妇女慎用，15岁以下儿童请咨询医师使用 ▲不宜大面积、长期使用，用药1周后症状未缓解，请咨询医师 ▲连续使用不能超过4周，面部、腋下、腹股沟及外阴等皮肤细薄处连续使用不能超过2周 ▲使用过程中，若出现红斑或皮肤过敏，应立即停用 ▲如并发细菌或真菌感染，需咨询医师处理	● 忌与其他外用药物同时使用 ● 如与其他药物同时使用可能会发生药物相互作用，详情请咨询医师或药师

续表

药品名称	适应证/功能主治	用法用量	不良反应	注意事项	相互作用
糠酸莫米松乳膏	适用于湿疹、神经性皮炎、异位性皮炎及皮肤瘙痒症	局部外用，取本品适量涂于患处，每日1次	局部不良反应极少见，如烧灼感、瘙痒刺痛和皮肤萎缩等。长期大量使用可引起刺激反应、皮肤萎缩、多毛症、口周围皮炎、皮肤浸润、继发感染、皮肤条纹状色素沉着等	▲不得用于皮肤破溃处 ▲孕妇及哺乳期妇女慎用；婴幼儿、儿童和皮肤萎缩的老年人，对本品更敏感，应慎用 ▲用药7日后症状未缓解，应咨询医师或药师 ▲避免接触眼睛和其他黏膜（如口、鼻等） ▲用药部位如有烧灼感、红肿等情况应停药，并将局部药物洗净，必要时向医师咨询 ▲已知的在全身应用糖皮质激素时可能发生的包括肾上腺抑制在内的任何不良反应，在局部应用糖皮质激素时也可能发生，尤其在应用于婴幼儿和儿童时 ▲如并发细菌或真菌感染，请咨询医师处理	●如与其他药物同时使用可能会发生药物相互作用，详情请咨询医师或药师
二硫化硒洗剂	适用于去头屑、头皮脂溢性皮炎、花斑癣（汗斑）	治疗头皮屑和头皮脂溢性皮炎：先用肥皂清洗头发和头皮。取5～10g药液于湿发及头皮上，轻揉至出泡沫。待3～5分钟后，用温水洗净，必要时可重复一次。每周2次，一个疗程2～4周，必要时可重复1个或2个疗程	偶可引起接触性皮炎，头发或头皮干燥，头发脱色	▲皮肤有炎症、糜烂、渗出部位禁用，外生殖器部位禁用 ▲染发、烫发后2天内不得使用本品。头皮用药后应完全冲洗干净，以免头发脱色 ▲避免接触眼睛和其他黏膜（如口、鼻等） ▲用前应充分摇匀，如天冷药液变稠可温热后使用 ▲不要用金属器件接触药液，以免影响药效，用后塞紧瓶盖 ▲如经2个或3个疗程病症仍未见好转，请向医师咨询 ▲外用部位如有灼烧感、红肿等情况应停止用药，并将局部药物洗净，必要时向医师咨询	●如与其他药物同时使用可能会发生药物相互作用，详情请咨询医师或药师

续表

药品名称	适应证/功能主治	用法用量	不良反应	注意事项	相互作用
氧化锌软膏	用于急性或亚急性皮炎、湿疹、痱子及轻度、小面积的皮肤溃疡	外用，一日2次，擦涂患处	偶见过敏反应	▲避免接触眼睛和其他黏膜（如口、鼻等） ▲用药部位如有烧灼感、红肿等情况应停药，并将局部药物洗净，必要时向医师咨询	●与其他药物同用可能会发生药物相互作用，详询医师或药师
炉甘石洗剂	用于急性瘙痒皮肤病，如荨麻疹和痱子	局部外用，用时摇匀，用棉签蘸取适量涂于患处，一日2～3次	尚不明确	▲用时摇匀 ▲本品不宜用于有渗出液的皮肤 ▲避免接触眼睛和其他黏膜（如口、鼻等） ▲用药部位如有烧灼感、红肿等情况应停药，洗净局部药物，必要时向药师咨询	●如与其他药物同时使用可能会发生药物相互作用，详情咨询医师或药师
盐酸西替利嗪片	季节性过敏性鼻炎、常年性过敏性鼻炎、过敏性结膜炎及过敏引起的瘙痒和荨麻疹的对症治疗	口服。成人和6岁以上儿童一次1片，可于晚餐时用少量液体送服	偶有头痛、头晕、嗜睡、激动不安、口干、腹部不适	▲肾功能不全患者应在医生指导下使用 ▲妊娠头3个月及哺乳期妇女不推荐使用 ▲服用本品时应谨慎饮酒 ▲服药期间不得驾驶机车、船、从事高空作业、机械作业及操作精密仪器	●本品应谨慎与镇静药（安眠药）或茶碱同服
氯雷他定片	用于缓解慢性荨麻疹、瘙痒性皮肤病及其他过敏性皮肤病的症状及体征	成人及12岁以上儿童：一日1次，一次1片	常见不良反应有乏力、头痛、嗜睡、口干、胃肠道不适包括恶心、胃炎以及皮疹等	▲严重肝功能不全的患者请在医生指导下使用 ▲妊娠期及哺乳期妇女慎用 ▲抗组胺药能阻止或降低皮试的阳性反应发生，在做皮试前约48小时应中止使用本品	●同服酮康唑、大环内酯类抗生素、西咪替丁、茶碱等肝药酶抑制剂，会提高氯雷他定在血浆中的浓度，应慎用

④ 皮炎患者的健康生活指导

a. 饮食方面　患者用药期间应食用易消化、清淡的食物，禁忌辛辣、刺激、腥膻的食物，不能饮酒。

b. 情绪方面　保持积极乐观的情绪，放松心情。

c. 日常护理　避免接触过敏原，皮肤瘙痒时不能过度搔抓。洗澡水温不宜太热，避免热水洗烫皮肤，暂停使用肥皂。穿宽松、棉质、清洁的衣服。彻底清除过敏原，保持室内清洁和空气清新流通。

4.五官科病症患者的接待售药

零售药店常见的五官科疾病为眼科炎症、耳科炎症、口腔科炎症，鼻科炎症，五官科非处方药治疗炎症以外用药为主，缓解症状以内服药为主。五官科的常见症状多为眼、耳、口、鼻的各种不适。营业员可以通过询问和观察了解患者的情况判断疾病和推荐用药。

（1）眼科炎症鉴别诊断与推荐用药　顾客（患者）主诉的症状有：眼部红、痛、怕光、流泪、视力障碍、分泌物增多。营业员接待步骤如下。

① 询问或观察症状，排除警告信号　营业员对眼科疾病常见询问内容与警告信号对照详见表3-1-20。

表3-1-20　眼科疾病常见询问内容与警告信号

营业员询问或观察内容	警告信号
患者是否有眼眶凹陷、眼球突出、眼睛胀痛的症状？	若存在，可能是甲状腺相关疾病，应去医院就诊
患者视力是否有明显下降？眼前是否有固定不动的黑点？	若存在，可能是白内障，应去医院眼科检查确诊
患者视力减退，视物变形、视线中心有暗点？	出现此症状，大多50岁以下的患者怀疑是患视网膜炎，应去医院就诊
是否患有其他慢性疾病？是否正在服用其他药物？	若患者同时患有高血压、糖尿病、冠心病、哮喘等慢性病，就会服用一些药物，为避免不利的药物相互作用，应去医院在医师指导下选择适合的药物进行治疗

② 判断疾病，推荐药品　零售药店营业员诊断眼科疾病，首先仔细询问和观察患者眼部症状，然后排除警告信号，判断疾病并合理推荐药物。眼科疾病的判断和常用药物推荐详见表3-1-21。

表3-1-21　眼科疾病的判断和常用药物推荐

疾病	症状判断	OTC中西药推荐	推荐理由
细菌性结膜炎	结膜充血水肿，眼部有刺激感，晨起眼内有黏性分泌物	红霉素眼膏	抑制细菌蛋白质合成，对革兰氏阳性细菌和沙眼衣原体有抗菌作用，眼膏剂睡前使用，药物在患处发挥作用时间长
过敏性结膜炎	一般较轻，结膜或有充血和水肿，瘙痒伴流泪，一般无分泌物或有黏性分泌物	色甘酸钠滴眼液	阻止过敏介质的释放，抑制炎症过程的早期表现，减少炎症渗出
细菌性睑缘炎	俗称"烂眼边"，表现为睑缘皮肤瘙痒、肥厚、睫毛脱落、皮肤粗糙脱屑	红霉素眼膏	红霉素对革兰氏阳性细菌、革兰氏阴性细菌、支原体、沙眼衣原体、军团菌都有强大抗菌作用

续表

疾病	症状判断	OTC中西药推荐	推荐理由
沙眼	有发痒、迎风流泪、畏光、眼角处不时积存分泌物，较重者眼内有摩擦和异物感，起病慢，病程长，严重时双眼结膜布满沙粒状突出或滤泡	肽丁胺滴眼液	对沙眼衣原体有强大的抑制作用，在沙眼包涵体尚未形成时，能阻止沙眼衣原体的繁殖和包涵体的形成，对轻度沙眼疗效最好
细菌性眼睑炎	表现为眼睑皮肤或睑结膜的红、肿、热、痛，局部突起（麦粒肿）	盐酸金霉素眼膏	四环素类广谱抗生素，对眼部常见革兰氏阳性细菌及沙眼衣原体有抗菌作用，眼膏剂睡前使用，药物发挥作用时间长

③ 药品介绍　眼科炎症多为细菌、病毒感染所致，在同一时期治疗时，用药种类宜少，药物以一种为主。另外需特别注意眼用制剂的使用方法和注意事项。

如果两只眼睛都需要用药，应先滴/涂症状较轻的眼睛。滴/涂眼时先清洁双手，然后轻轻拉开下眼睑，将药物滴/涂入眼睑，闭眼休息1～2分钟。可在闭眼时用手压住内眼角，以减少药物的全身吸收。操作时避免容器开口处接触到眼睛、眼睑或其他皮肤，以免损伤和污染，用药后立即拧紧瓶盖，按说明书贮藏要求放置药品，注意"眼用制剂在启用后最多可使用4周"（《中国药典》2020年版第四部通则0105眼用制剂），逾期未用完也应丢弃。

眼科炎症常用药品的适应证/功能主治、使用方法、不良反应、注意事项、药物间相互作用。详见表3-1-22。

表3-1-22　眼科炎症常用药品介绍

药品名称	适应证/功能主治	用法用量	不良反应	注意事项	相互作用
红霉素眼膏	用于沙眼、结膜炎、睑缘炎及眼外部感染	涂于眼睑内，一日2～3次，最后一次宜在睡前使用	偶见眼睛疼痛，视力改变，持续性发红或刺激感等过敏反应	▲用前应洗净双手 ▲避免接触其他黏膜（如口、鼻等） ▲使用后应拧紧瓶盖，以免污染药品 ▲用药部位如有烧灼感、瘙痒、红肿等情况应停药，并将局部药物洗净 ▲孕妇及哺乳期妇女应在医师指导下使用	● 与氯霉素、林可霉素有拮抗作用，不推荐同时使用
色甘酸钠滴眼液	用于预防春季过敏性结膜炎	外用滴眼，一次1～2滴，一日4次，重症可适当增加到一日6次。在好发季节提前2～3周使用	偶有刺痛感和过敏反应	▲用前应洗净双手 ▲使用后应将药瓶盖拧紧，以免瓶口污染 ▲不宜长期使用，避免产生耐药性	● 如与其他药物同时使用可能会发生药物相互作用，详情咨询医师或药师

续表

药品名称	适应证/功能主治	用法用量	不良反应	注意事项	相互作用
肽丁胺滴眼液	适用于各型沙眼	外用,滴眼前先振摇药瓶,使药液混匀后滴入眼内,每次1～2滴,一日3～4次	偶见过敏反应	▲本品不得口服 ▲用药部位如有烧灼感、瘙痒、红肿等情况应停药,并将局部药物洗净,必要时向医师咨询 ▲育龄妇女慎用	●如与其他药物同时使用可能会发生药物相互作用,详情咨询医师或药师
盐酸金霉素眼膏	用于细菌性结膜炎、睑腺炎及细菌性眼睑炎,也用于治疗沙眼	涂于眼睑内,一日1～2次,最后一次宜在睡前使用	轻微刺激感;偶见过敏反应,出现充血、眼痒、水肿等症状	▲仅限眼用,涂眼前,注意清洁双手,管口勿接触手和眼睛,防止损伤和污染 ▲不宜长期连续使用,使用5日症状未缓解时应停药就医 ▲若出现充血、眼痒、水肿等症状,应停药就医	●如与其他药物同时使用可能会发生药物相互作用,详情咨询医师或药师

④ 眼科炎症患者的健康生活指导

a.饮食方面　患病期间饮食宜清淡,多吃新鲜水果、蔬菜,忌食辛辣刺激的食物,勿饮酒。

b.生活方面　平时注意用眼卫生,不要用手揉眼睛;爱护眼睛,坚持做眼保健操,保证睡眠。患病期间尽量居家休息,患者个人用品如毛巾、浴巾、手帕、脸盆要与他人分开。出入公共场所可戴眼镜,与他人接触注意间隔,不要握手或共用物品,防止传染。外出接触公共物品后,一定要洗净双手。

(2) 耳科炎症鉴别诊断与推荐用药　顾客(患者)主诉的症状有:听力下降、耳鸣、耳痛、耳阻塞感。

① 询问或观察症状,排除警告信号　营业员对耳科炎症常见询问内容与警告信号对照详见表3-1-23。

表3-1-23　耳科炎症常见询问内容与警告信号

营业员询问或观察内容	警告信号
患者是否长期耳内溢脓?	若长期耳内溢脓,可能是严重的耳道炎症,应去医院就诊,在医师指导下使用抗感染类处方药
患者是否长期耳内溢脓,近日溢脓减少或停止,出现畏寒、发热、头痛、呕吐症状?	若存在,怀疑是耳源性脑膜炎,应尽快去医院就诊
患者是否用硬物深戳耳道后出现听力下降	出现此症状,应去医院就诊

续表

营业员询问或观察内容	警告信号
是否正在服用其他药物，出现头痛、头晕、耳鸣症状？	若服药期间出现前述症状，怀疑是药物性耳聋，应尽快去医院就诊
是否听力减退，吞咽有回声，低音耳鸣，轻微耳痛，伴耳阻塞、闷胀感，有无鼻炎史？	若存在，考虑是由鼻炎引起的耳鸣；若有鼻炎史，建议先对鼻炎进行治疗
是否患有其他慢性疾病？是否正在服用其他药物？	若患者患有慢性病，可能正在用药，为避免不利的药物相互作用，建议在医师指导下选择适合的药物

② 判断疾病，推荐药品　零售药店营业员诊断耳科疾病，首先询问和观察患者耳部症状，然后排除警告信号，判断疾病并合理推荐药物。耳科疾病的判断和常用药物推荐详见表3-1-24。

表3-1-24　耳科疾病的判断和常用药物推荐

疾病	症状判断	OTC中西药推荐	推荐理由
耳科炎症	耳鸣耳聋，耳内生疮，肿痛刺痒，破流脓水，久不收敛	滴耳油	清热解毒，消肿止痛

③ 药品介绍　耳科炎症多为细菌、真菌感染所致，用药多以抗感染类处方药为主。目前可推荐外用非处方药仅中成药滴耳油。营业员在接待耳科疾病患者时，应注意掌握耳科用抗感染类处方药（如氧氟沙星滴耳液）的用法用量和注意事项，对患者进行处方药的用药指导。

使用抗菌类滴耳液对患耳进行耳浴，操作步骤如下：洗净双手，擦拭干净。若耳道分泌物多，先选用3%过氧化氢溶液或生理盐水清洗耳道，再使用滴耳液。使用前将滴耳液放在手掌中前后滚动片刻，使药液接近体温，以防滴耳液温度过低，刺激前庭神经，产生眩晕。滴耳时牵引耳郭，将弯曲的耳道拉直，注意不要让滴耳液瓶口接触耳朵，以免污染药液。成人一般一次滴入6~10滴，保持滴耳姿势10~15分钟，然后患耳向下将药液倒出，最后患者保持原位，确认无晕眩等现象，再尝试走动。如需滴另一侧患耳，重复上述操作。

耳科常用非处方药品的适应证/功能主治、使用方法、不良反应、注意事项、药物间相互作用。详见表3-1-25。

表3-1-25　耳科常用药品介绍

药品名称	适应证/功能主治	用法用量	不良反应	注意事项	相互作用
滴耳油	用于肝经湿热上攻，耳鸣耳聋，耳内生疮，肿痛刺痒，破流脓水，久不收敛	滴耳用，先搌净脓水，每次2~3滴，一日3~5次	尚不明确	▲凡耳病如化脓性中耳炎出现头痛重者忌用 ▲忌辛辣、鱼腥食物 ▲不宜在用药期间同时服用温补性中成药 ▲用药3天后症状无改善，或出现其他症状，应去医院就诊	●如正在使用其他药品，使用本品前请咨询医师或药师

④ 耳科疾病患者的健康生活指导

a.饮食方面　饮食宜清淡,忌食辛辣、鱼腥等,戒烟戒酒。

b.生活方面　保持住所干净卫生,勤开窗通风保持空气清新。积极治疗感冒,避免引起中耳病变。不要熬夜,让耳朵清静、健康。

c.运动习惯　注意锻炼身体,增强身体素质。游泳或洗浴时耳朵进水,可用吹风机吹干或侧跳使水流出,再用棉签拭干。平时不要使用不洁物品或硬物掏耳朵,避免耳道受污染或伤害。不要长时间配戴耳机,耳机音量不要过高。

d.情绪方面　平时保持乐观、开朗的情绪,避免工作紧张、压力过大。

(3) 咽炎鉴别诊断与推荐用药　顾客(患者)主诉的症状有:咽部不适、发干、异物感或轻度疼痛,干咳,咽部充血呈暗红色。

① 询问或观察症状,排除警告信号　营业员对咽炎常见询问内容与警告信号对照详见表3-1-26。

表3-1-26　咽炎常见询问内容与警告信号

营业员询问或观察内容	警告信号
患者是否突然声音嘶哑并连续出现2～3周,用药后不减轻?	若存在,初步考虑是喉癌,应劝患者尽快去医院就诊
患者是否有咳嗽、痰中带血、吞咽困难、呼吸不畅伴疼痛,用药后症状不减轻?	若存在,怀疑是喉癌,应尽快去医院就诊
患者说话有阻力、吞咽困难,口咽部可见瘢痕,咽弓、软腭拉紧?患者是否做过扁桃体手术?	扁桃体术后,易出现口咽粘连,应去医院就诊
是否患有其他慢性疾病?是否正在服用其他药物?	若患者患有慢性病,可能正在用药,为避免不利的药物相互作用,应由医师指导用药

② 判断疾病,推荐药品　咽炎是咽喉黏膜、黏膜下及淋巴组织受到细菌、病毒等病原微生物的侵入,引起弥漫性炎症,常分为急性、慢性两种。营业员诊断咽炎,首先询问和观察患者症状,然后排除警告信号,判断疾病并合理推荐药物。咽炎的判断和常用药物推荐详见表3-1-27。

表3-1-27　咽炎的判断和常用药物推荐

疾病	症状判断	OTC中西药推荐	推荐理由
急性咽炎	喉咙干痒、有灼热感或轻度咽痛,迅速出现声音粗糙或嘶哑,常伴发热、干咳,或咳出少量黏液,有吸气困难,夜间明显,咽部有红肿充血,颈部淋巴结肿大	清咽滴丸	疏风清热,解毒利咽,有效缓解急性咽炎症状
		地喹氯铵含片	阳离子表面活性剂,具有广谱抗菌作用,对口腔和咽喉部的常见致病细菌和真菌感染有效
		咽立爽口含滴丸	疏风散热,消肿止痛,清利咽喉

续表

疾病	症状判断	OTC中西药推荐	推荐理由
慢性咽炎	咽喉部不适、干燥、发痒、疼痛或有异物感，时不时就清理嗓子，可有刺激性咳嗽、声音嘶哑，多在疲劳和用声过多后加重，但不发热，病程长，易反复	西地碘含片	在唾液作用下迅速释放活性成分分子碘，直接卤化菌体蛋白质，杀灭各种微生物
		度米芬含片	阳离子表面活性剂，具有广谱杀菌作用
		咽炎片	养阴润肺，清热解毒，清利咽喉，镇咳止痒。有效缓解慢性咽炎症状

③ 药品介绍 咽炎的治疗首先是抗炎，全身用药可口服使用对咽部有消炎作用的中成药，也可以局部给予具有抗炎、消毒防腐作用口含片。口含片含服时应把药片置于舌根部，尽量贴近咽喉，每隔2小时1次或一日4～6次；含服时间越长，局部药物浓度保持时间越长，治疗效果越好；含服时尽量保持安静，不能嚼碎或吞咽药物，含药后30分钟内不要进食或饮水。

急慢性咽炎常用非处方药品的适应证/功能主治、使用方法、不良反应、注意事项、药物间相互作用。详见表3-1-28。

表3-1-28 咽炎常用药品介绍

药品名称	适应证/功能主治	用法用量	不良反应	注意事项	相互作用
地喹氯铵含片	用于急、慢性咽喉炎，口腔黏膜溃疡、齿龈炎	口含，一次1～2片，每2～3小时1次，必要时可重复用药	罕见皮疹等过敏反应；偶见恶心、胃部不适	▲本品应逐渐含化，勿嚼碎口服 ▲如服用过量或出现严重不良反应，应立即就医	● 如与其他药物同时使用可能会发生药物相互作用，详情请咨询医师或药师
清咽滴丸	疏风清热，解毒利咽。用于风热喉痹，咽痛，咽干，口渴。或微恶风，发热，咽部红肿，急性咽炎见上述证候者	含服，一次4～6粒，一日3次	尚不明确	▲忌辛辣、鱼腥食物 ▲孕妇慎用 ▲不宜在服药期间同时服用温补性中成药 ▲服药3天后症状无改善或出现其他症状，应去医院就诊	● 如与其他药物同时使用可能会发生药物相互作用，详情请咨询医师或药师

续表

药品名称	适应证/功能主治	用法用量	不良反应	注意事项	相互作用
西地碘含片	用于慢性咽喉炎、口腔溃疡、慢性牙龈炎、牙周炎	口含，成人，一次1片，一日3～5次	偶见皮疹、皮肤瘙痒等过敏反应。长期含服可导致舌苔染色，停药后可消退	▲孕妇及哺乳期妇女慎用 ▲连续使用5日症状未见缓解应停药就医 ▲甲状腺疾病患者慎用 ▲如服用过量或出现严重不良反应，应立即就医	●如与其他药物同时使用可能会发生药物相互作用，详情请咨询医师或药师
咽炎片	用于慢性咽炎引起的咽干，咽痒，刺激性咳嗽	口服。一次5片，一日3次	尚不明确	▲忌辛辣、鱼腥食物 ▲孕妇慎用 ▲服药7天后症状无改善或出现其他症状，应去医院就诊	●如与其他药物同时使用可能会发生药物相互作用，详情请咨询医师或药师

④ 咽炎患者的健康生活指导

a.饮食方面　戒除烟酒和忌食辛辣、鱼腥食物，多饮温开水，食用清淡新鲜的食物。

b.生活方面　保持口腔健康清洁，早、晚用淡盐水漱口。居住环境要卫生整洁，勤开窗通风。不要过度疲劳，要保证充足的睡眠。外出严格戴口罩，及时增减衣物，避免感冒。

（4）口腔溃疡鉴别诊断与推荐用药　顾客（患者）主诉的症状有：口腔内有多处圆形或椭圆形溃疡，局部疼痛，说话、进餐时加重。

① 询问或观察症状，排除警告信号　口腔溃疡又称复发性口疮，一般7～10天可自愈，但大多会反复发作或周期性发作。一般溃疡直径为0.2～0.5cm，发于黏膜浅表，严重的溃疡直径可达1～3cm，深及黏膜下层甚至肌肉。营业员对口腔溃疡常见询问内容与警告信号对照详见表3-1-29。

表3-1-29　口腔溃疡常见询问内容与警告信号

营业员询问或观察内容	警告信号
患者口腔黏膜上是否出现白色斑块？	若存在，可能是口腔白斑，应去医院就诊
询问或观察患者口腔黏膜上是否出现珠光白色条纹，有粗糙感，有轻度刺激痛？	若存在，考虑可能是口腔黏膜损害或扁平苔藓，应去医院就诊
询问患者是否同时存在全身溃疡？	若存在，可能存在其他疾病，应尽快去医院就诊
是否患有其他慢性疾病？是否正在服用其他药物？	若患者患有慢性病，可能正在用药，为避免不利的药物相互作用，应由医师指导用药

② 判断疾病，推荐药品　营业员诊断口腔溃疡，首先询问和观察患者症状，然后排除警告信号，判断疾病并合理推荐药物。口腔溃疡的判断和常用药物推荐详见表3-1-30。

表3-1-30　口腔溃疡的判断和常用药物推荐

疾病	症状判断	OTC中西药推荐	推荐理由
口腔溃疡	多发生在口腔黏膜处，如唇内侧、颊黏膜、舌边缘、牙龈。一般为圆形或椭圆形，直径为0.2～0.5cm，可单个或数个同时出现，溃疡较浅，边缘整齐，呈灰黄色或灰白色，上面覆盖黄白色渗出膜，周围黏膜充血、水肿有红晕，局部有烧灼样疼痛，往往口腔肌肉运动如进食和说话时疼痛加重	甲硝唑口腔粘贴片	抗厌氧菌，阻碍细菌代谢，对专性厌氧菌有杀灭作用
		口腔溃疡散	青黛清热解毒，凉血疗疮，为主药；辅以冰片凉散清热，消肿止痛；白矾外用解毒杀虫，燥湿止痒，内服止血止泻，祛风除痰。诸药相合，共奏清火敛疮之功效
		西地碘含片	在唾液作用下迅速释放活性成分分子碘，直接卤化菌体蛋白质，杀灭各种微生物
		醋酸地塞米松口腔贴片	适用于因情绪、压力、刺激、内火、外伤等因素引起非感染性口腔黏膜溃疡
		复方氯己定含漱液	葡萄糖酸氯己定对革兰氏阳性菌和革兰氏阴性菌抗菌作用强，甲硝唑对大多数厌氧菌抗菌作用强大
		维生素C片	辅助治疗，促进溃疡愈合
		维生素B_2片	辅助治疗，促进溃疡愈合，减少复发

③ 药品介绍　口腔溃疡治疗以外用药为主，常用非处方药品的适应证/功能主治、使用方法、不良反应、注意事项、药物间相互作用。详见表3-1-31。

表3-1-31　口腔溃疡常用药品介绍

药品名称	适应证/功能主治	用法用量	不良反应	注意事项	相互作用
口腔溃疡散	清热敛疮，用于口腔溃疡	用消毒棉球蘸药擦患处，一日2～3次	尚不明确	▲本品不可内服 ▲一般症状在1周内未改善，或加重者，应去医院就诊	● 与其他药物同用可能会发生相互作用，详询医师或药师
甲硝唑口腔粘贴片	用于牙龈炎、牙周炎、冠周炎及口腔溃疡	用棉签擦干黏膜后，黏附于口腔患处，一次1片，一日3次，饭后使用，溶化后可咽下	偶见过敏反应，长期使用可引起味觉改变	▲孕妇及哺乳期妇女禁用；有活动性中枢神经疾患者禁用 ▲使用5日后，症状未见缓解，应咨询医师。 ▲用药期间不得饮酒或含酒精的饮料	● 用药期间，不能同时使用其他口腔用药

续表

药品名称	适应证/功能主治	用法用量	不良反应	注意事项	相互作用
复方氯己定含漱液	用于牙龈炎、冠周炎、口腔黏膜炎等所致的牙龈出血、牙周肿痛及溢脓性口臭、口腔溃疡等症的辅助治疗	早、晚刷牙后口腔内含漱。一次10～20mL，5～10日为一个疗程	偶见过敏反应或口腔黏膜浅表脱屑。长期使用能使口腔黏膜表面与牙齿着色，舌苔发黄，味觉改变	▲仅供含漱用，含漱时至少在口腔内停留2～5分钟，然后吐出，不得咽下 ▲用时应避免接触眼睛 ▲连续使用不宜超过3个疗程	●用药期间，如使用其他口腔含漱液，应至少间隔2小时

④ 口腔溃疡患者的健康生活指导

a.饮食方面　饮食宜清淡，不挑食，注意锌、维生素C和B族维生素的补充，少食过硬、过烫的食物，避免损伤口腔黏膜，忌食辛辣、鱼腥食物，戒除烟酒。

b.生活方面　保持口腔清洁卫生，规律饮食，保持营养全面、胃肠功能正常。放松心情，不要过度疲劳，保证充足的睡眠。平时坚持体育锻炼，增强抵抗力。

（5）鼻炎鉴别诊断与推荐用药　顾客（患者）主诉的症状有：长期鼻塞流涕，天气变化时打喷嚏、鼻腔干燥、发痒、疼痛。

① 询问或观察症状，排除警告信号　营业员对鼻炎常见询问内容与警告信号对照详见表3-1-32。

表3-1-32　鼻炎常见询问内容与警告信号

营业员询问或观察内容	警告信号
患者是否出现鼻腔黏膜、鼻甲骨的萎缩，呼气时散发出难闻的气味？	若存在，可能是萎缩性鼻炎，应去医院就诊
询问或观察患者是否鼻子不断流血，鼻腔完全堵塞、头痛？	若存在，考虑可能是鼻腔肿瘤，应去医院就诊
询问患者鼻前孔附近是否有皮肤红肿、糜烂、结痂、灼痒，且经久不愈，反复发作？	若存在，可能是鼻前庭炎，应去医院就诊
观察患者鼻窦体表是否隆起、肿胀，皮下光滑，乒乓球样，伴眼痛、流泪	若存在，可能是鼻窦囊肿，应去医院就诊
询问患者鼻腔分泌物是否正常？若分泌物黏稠，呈黄绿色或有异味，或只从单侧鼻孔流出	若存在，不是普通鼻炎，可能存在其他鼻腔病变，应去医院就诊
是否患有其他慢性疾病？是否正在服用其他药物？	若患者患有慢性病，可能正在用药，为避免不利的药物相互作用，应由医师指导用药

② 判断疾病，推荐药品　营业员诊断鼻炎，首先询问和观察患者症状，然后排除警告信号，判断疾病并合理推荐药物。鼻炎的判断和常用药物推荐详见表3-1-33。

表3-1-33 鼻炎的判断和常用药物推荐

疾病	症状判断	OTC中西药推荐	推荐理由
过敏性鼻炎	阵发性打喷嚏、鼻流清涕、鼻塞、鼻痒	富马酸酮替芬滴鼻液	即有组胺H_1受体拮抗作用，又有强大的抑制过敏反应介质释放的作用，抗过敏作用强，药效持续时间也长
慢性鼻炎	常有鼻塞、大量流浓涕、嗅觉减退、头晕头痛、记忆力下降、	千柏鼻炎片	清热解毒，活血祛风，宣肺通窍；价格便宜，片剂宜保存，口服方便
鼻窦炎	患侧持续性鼻塞，流黏液或脓性鼻涕，有擤不尽感，嗅觉减退或缺失，局部疼痛和头痛	藿胆滴丸	清热化浊，宣通鼻窍。滴丸剂易吸收，单次口服数量少，患者用药方便
鼻塞	鼻黏膜充血和水肿，鼻腔不能正常通气	盐酸萘甲唑啉滴鼻液	收缩鼻黏膜血管，缓解鼻塞，辅助治疗各种鼻炎
鼻塞	鼻黏膜充血和水肿，鼻腔不能正常通气	滴通鼻炎水	祛风清热，宣肺通窍，辅助治疗各种鼻炎

③ 药品介绍 鼻炎治疗以外用药为主，常用非处方药品的适应证/功能主治、使用方法、不良反应、注意事项、药物间相互作用详见表3-1-34。

表3-1-34 鼻炎常用药品介绍

药品名称	适应证/功能主治	用法用量	不良反应	注意事项	相互作用
富马酸酮替芬滴鼻液	用于过敏性鼻炎	滴鼻，一次1~2滴，一日1~3次	常见有嗜睡、倦怠、口干、恶心等胃肠道反应；偶见头痛、头晕、迟钝以及体重增加	▲服药期间不得驾驶机、车、船，不得从事高空作业、机械作业及操作精密仪器 ▲孕妇及哺乳期妇女应在医师指导下使用	● 避免与中枢神经抑制剂和酒精同用 ● 不可与口服降糖药同用
盐酸萘甲唑啉滴鼻液	用于过敏性及炎症性鼻充血、急慢性鼻炎	滴鼻，专用于成人，一次每鼻孔2~3滴；用药间隔不少于4~6小时，连续使用不得超过7天	偶见过敏反应，长期使用可引起味觉改变	▲滴药过频易致反跳性鼻充血，久用可致药物性鼻炎 ▲少数人有轻微烧灼感、针刺感、鼻黏膜干燥以及头痛、头晕、心率加快等反应	● 仅供滴鼻，切忌口服，滴用后拧紧瓶盖，防止污染 ● 孕妇、高血压、冠心病及甲状腺功能亢进患者慎用

续表

药品名称	适应证/功能主治	用法用量	不良反应	注意事项	相互作用
千柏鼻炎片	清热解毒，活血祛风，宣肺通窍之功效。主治风热犯肺，内郁化火，凝滞气血所致的鼻塞，时轻时重，鼻痒气热，流涕黄稠，或持续鼻塞、嗅觉迟钝；急慢性鼻炎，急慢性鼻窦炎见上述症候者	口服，一次3～4片，一日3次	尚不明确	▲忌生辣、鱼腥食物，不宜在服药期间同时服用温补性中成药 ▲急性鼻炎服药3天后症状并无改善或出现其他症状，应去医院就诊 ▲有高血压、心脏病等慢性疾病，应在医师指导下服用，孕妇、运动员慎用	●与其他药物同用可能会发生相互作用，详情咨询医师或药师
藿胆滴丸	清热化浊，宣通鼻窍。用于风寒化热，胆火上攻所致的鼻塞欠通，鼻渊头痛	口服。一次4～6粒，一日2次	尚不明确	▲忌烟酒、辛辣、鱼腥食物，不宜在服药期间同时服用温补性中药 ▲不适用于慢性鼻炎属虚寒证者，脾虚大便溏者慎用，孕妇慎用，儿童应在医师指导下服用 ▲服药3天症状无缓解应去医院就诊	●与其他药物同用可能会发生相互作用，详情咨询医师或药师

④ 鼻炎患者的健康生活指导

a.饮食方面　饮食宜清淡，多食富含维生素的新鲜食物，避免辛辣刺激、鱼腥食物，戒除烟酒。

b.生活方面　平时加强体质锻炼，增强抵抗力。日常坚持用凉水洗脸、洗鼻，用淡盐水漱口，提高上呼吸道免疫力。坚持鼻部按摩，每天用示指和拇指按揉迎香穴20～30次，然后用摩擦发热的手掌轻按鼻尖和鼻翼，正、反方向各10次，以疏通鼻窍。

5.发热疼痛症状患者的接待售药

发热是指人体体温超过正常范围。当人体腋下温度超过37.0℃，口腔温度超过37.3℃，直肠温度超过37.6℃，昼夜体温波动超过1℃时即为发热。发热是人体对致病因子的一种全身性防御反应，是患病时出现的一种症状。发热的原因可能是细菌、病毒、寄生虫感染，也可能是过敏、血液病、肿瘤、器官移植排斥反应等引起的非感染性发热，另外女性在生理期和排卵期也会发热，使用某些药物也可能引起药物热。营业员可以通过询问和观察了解患者的情况，判断疾病和推荐用药。

顾客（患者）主诉的症状有：全身疼痛、发热。营业员接待步骤如下。

① 询问或观察症状，排除警告信号　营业员首先仔细询问患者体温和症状，告知患者发热疼痛症状多为细菌、病毒感染所致，有必要经医生检查诊断是否需要同时服用抗感染药，不能单独使用解热镇痛类药物，以免掩盖症状，贻误病情。对发热疼痛症状常见询问内容与警告信号对照详见表3-1-35。

表3-1-35　发热疼痛症状常见询问内容与警告信号

营业员询问或观察内容	警告信号
患者是否已经服用解热药物3天，仍然还有发热症状？	使用解热药3天症状未减轻，应去医院就诊
是否正在服用其他药物，如复方感冒药？	不能同时服用两种解热镇痛类药物或含有解热镇痛成分的药物，否则加重不良反应
是否患有其他疾病，如血友病、血小板减少症、溃疡病？	血友病、血小板减少症等血液凝固障碍患者，及溃疡活动期患者禁用非甾体抗炎药物
是否持续高热，伴寒战、胸痛、咳嗽？	若持续高热，伴寒战、胸痛、咳嗽，可能是肺炎，应尽快去医院就诊

② 判断疾病，推荐药品　零售药店营业员诊断发热疼痛症状，然后排除警告信号，判断疾病并合理推荐药物。发热疼痛症状的判断和常用药物推荐详见表3-1-36。

表3-1-36　发热疼痛症状的判断和常用药物推荐

疾病	症状判断	OTC中西药推荐	推荐理由
发热疼痛	体温超过正常范围，脉搏加快，发热突然，头痛、咽痛或肌肉痛，常伴鼻塞、咳嗽等症状	非药物治疗	体温在38.5℃以下的发热，不推荐使用解热药，可采用物理降温方法如冰袋或凉毛巾冷敷；50%酒精或温水擦身；温水洗澡；多饮温水，促进排尿排汗
		对乙酰氨基酚	解热作用强，镇痛作用弱，作用缓和持久，胃肠刺激小，正常剂量下对肝、肾无损害，适用于老人和1岁以上儿童
		布洛芬	具有解热镇痛抗炎作用，对胃肠刺激在此类药物中最低，市场销售剂型多样，可满足不同用药途径

③ 药品介绍　发热疼痛症状常用药品的适应证/功能主治、使用方法、不良反应、注意事项、药物间相互作用详见表3-1-37。

表 3-1-37　发热疼痛症状常用药品介绍

药品名称	适应证/功能主治	用法用量	不良反应	注意事项	相互作用
布洛芬片	用于缓解轻至中度疼痛如头痛、关节痛、偏头痛、牙痛、肌肉痛、神经痛、痛经。也用于普通感冒或流行性感冒引起的发热	成人一次0.2g，每4~6小时一次。24小时不超过4次	少数患者可出现恶心、呕吐、胃烧灼感或轻度消化不良、胃肠道溃疡及出血、转氨酶升高、头痛、头晕、耳鸣、视力模糊、精神紧张、嗜睡、下肢水肿或体重骤增	▲对阿司匹林过敏的哮喘患者、孕妇及哺乳期女禁用 ▲用于止痛不得超过5天，用于解热不得超过3天 ▲不能同时服用其他含有解热镇痛药的药品（如某些复方抗感冒药），否则增加胃肠道不良反应，并可能导致溃疡 ▲服药期间不得饮酒或含有酒精的饮料 ▲60岁以上、支气管哮喘、肝肾功能不全、凝血机制或血小板功能障碍（如血友病）患者慎用 ▲有消化性溃疡史、胃肠道出血、心功能不全、高血压患者在医师指导下使用	●与肝素、双香豆素等抗凝药同用，可导致凝血酶原时间延长，增加出血倾向 ●不宜与地高辛、甲氨蝶呤、口服降血糖药物同用，会使这些药物的血药浓度增高 ●不宜与呋塞米、抗高血压药同用，会使这些药效减弱
对乙酰氨基酚栓	用于普通感冒或流行性感冒引起的发热，也用于缓解轻至中度疼痛如头痛、关节痛、偏头痛、牙痛、肌肉痛、神经痛、痛经	直肠给药。1~6岁儿童一次1粒，塞入肛门内，若持续发热或疼痛，可间隔4~6小时重复用药一次，24小时内不超过4粒	偶见皮疹、荨麻疹、药物热及粒细胞减少；长期大量用药会导致肝肾功能异常	▲用于解热连续使用不超过3天，用于止痛不超过5天 ▲1岁以下儿童应在医师指导下使用 ▲对阿司匹林过敏者、肝肾功能不全者、孕妇及哺乳期妇女慎用 ▲不能同时服用其他含有解热镇痛药的药品 ▲使用本品期间不得饮酒或含有酒精的饮料	●用巴比妥类（如苯巴比妥）或解痉药（如颠茄）的患者，长期应用本品可致肝损害 ●与氯霉素同用，可增强氯霉素的毒性

④ 发热疼痛症状患者的健康生活指导

a.饮食方面　发热时饮食要清淡，不要进食过饱，多饮水或淡果汁，补充蛋白质和电解质，戒除烟酒。

b.生活方面　保持积极乐观情绪，注意休息，保证睡眠充足，夏季注意室温不可过高。积极采用一些物理方法辅助降温。

6. 虚证患者的接待售药

中医虚证是指正气虚弱，抵抗力不足，受外邪侵袭而致病。虚证的特点为：一是久病多虚，不易速愈，易于反复；二是由于正气不足，机体对疾病的反应不明显或反应不出来，故症状表现不剧烈。虚证其实是身体内部的营养、气血、津液这些物质不足，不能完成人体代谢。常见虚证表现有低热持久不退，消瘦，出虚汗，精神不振，双目无神，语言低怯，长期食欲缺乏，腹痛隐隐不休，舌淡苔少，脉细无力等。虚证分为气虚、血虚、阴虚、阳虚。治疗虚证的药物主要是补益类中成药，品种众多。营业员可以通过询问和观察患者的情况，判断患者体虚的类型并推荐合适的补益类药物。

营业员接待虚证患者步骤如下。

① 询问或观察症状，排除警告信号　营业员首先仔细询问患者症状，对虚证患者症状常见询问内容与警告信号对照详见表3-1-38。

表3-1-38　虚证患者症状常见询问内容与警告信号

营业员询问或观察内容	警告信号
患者是否有痰，体内是否有淤血？	如有，可能是其他疾病，应去医院就诊
是否有出血症状，如吐血、出鼻血？	如有且出血情况较严重，应劝其去医院就诊
患者是否有手足心发热，心头烦热，盗汗，低热？	如果有，是假虚证，应咨询医师后用药
患者是否心情烦躁、睡眠不足、多梦、出大汗、口干咽燥？	如果有，是实证，应咨询医师用药
患者是否为儿童、孕妇、哺乳期妇女，或有高血压、心脏病、肝病、糖尿病、肾病等慢性病严重者？	如果是，均需在医师指导下用药

② 判断疾病，推荐药品　零售药店营业员诊断虚证症状，然后排除警告信号，判断疾病并合理推荐药物。虚证症状的判断和常用补益类药物推荐详见表3-1-39。

表3-1-39　虚证症状的判断和常用补益类药物推荐

疾病	症状判断	OTC中西药推荐	推荐理由
气虚	全身乏力，少气懒言，声音低沉，容易出汗，动则气短，易出汗，头晕心悸，面色萎黄，食欲缺乏，虚热，自汗，脱肛，子宫下垂，胃肠功能减退，舌边有齿痕，脉象虚弱等	补中益气丸	健脾益胃，补气养血
		四君子丸	益气补中，健脾养胃
		生脉饮	益气复脉，养阴生津
血虚	面色苍白，失眠多梦，乏力，困倦，记忆力减退，头目昏花，面色少华或无华，肌肤萎黄，毛发干枯，肢体和肢端的麻木；气血相互依存，往往气虚、血虚同时存在	人参归脾丸	益气健脾，养血安神
		人参养荣丸	补气补血，宁心安神
		乌鸡白凤丸	补气养血，调经止带
		十全大补丸	益气养血，温中补阳，通利血脉，健脾补肾

续表

疾病	症状判断	OTC中西药推荐	推荐理由
阴虚	午后潮热，舌红绛无苔，舌面有很多裂纹（地图舌），夜间盗汗、两颧红赤、骨蒸、口咽干燥、五心烦热、小便短赤、大便干结等	六味地黄丸	滋阴补肾，兼益肝脾
阳虚	四肢怕冷，腰腿酸软，体温偏低，小便不利、容易便秘或者腹泻，男性阳痿早泄，女性白带清稀、月经不调	龟鹿补肾丸	温肾益精，补气养血，固涩止遗

③ **药品介绍** 补益类常用药品的功能主治、使用方法、不良反应、注意事项、药物间相互作用详见表3-1-40。

表3-1-40 补益类常用药品介绍

药品名称	功能主治	用法用量	不良反应	注意事项	相互作用
补中益气丸	补中益气，用于体倦乏力，内脏下垂	口服，空腹或饭前服为佳，亦可在进食同时服。浓缩丸一次8～10丸，一日3次	尚不明确	▲不适用于恶寒发热表证者，暴饮暴食脘腹胀满实证者 ▲不宜和感冒类药同时服用 ▲高血压患者慎服 ▲服本药时不宜同时服用藜芦或其制剂 ▲空腹或饭前服为佳，亦可在进食同时服 ▲服药期间出现头痛、头晕、复视等，或皮疹、面红者，以及血压有上升趋势，应立即停药	●如与其他药物同服，可能发生相互作用，详询医师或药师
四君子丸	益气健脾。用于脾胃气虚，胃纳不佳，食少便溏	口服。水蜜丸一次3～6g，一日3次	尚不明确	▲忌不易消化食物 ▲感冒发热患者不宜服用 ▲儿童、孕妇、哺乳期妇女，有高血压、心脏病、肝病、糖尿病、肾病等慢性病严重者在医师指导下服用 ▲服药4周症状无缓解，应去医院就诊	●如与其他药物同服，可能发生相互作用，详询医师或药师
生脉饮	益气，养阴生津。用于气阴两亏，心悸气短，自汗	口服，一次10mL，一日3次	尚不明确	▲忌不易消化食物 ▲感冒发热患者不宜服用 ▲儿童、孕妇、哺乳期妇女，有慢性病严重者在医师指导下服用 ▲心悸气短严重者或服药4周症状无缓解，应去医院就诊	●如与其他药物同服，可能发生相互作用，详询医师或药师

续表

药品名称	功能主治	用法用量	不良反应	注意事项	相互作用
人参归脾丸	益气补血，健脾养心。用于心脾两虚、气血不足所致的心悸，失眠健忘，食少体倦，面色萎黄，月经量少，色淡	宜饭前服用或进食同服，大蜜丸用前除去蜡皮、塑料球壳；可嚼服，也可分份吞服，一次1丸，一日2次	尚不明确	▲身体壮实不虚者忌服 ▲热邪内伏、阴虚脉数及痰湿雍盛者禁用 ▲不宜喝茶和吃萝卜，以免影响药效 ▲高血压患者应在医师指导下服用 ▲服药2周后症状未改善，或服期间出现食欲缺乏、胃脘不适等应去医院	●服本药时不宜同时服用藜芦、五灵脂、皂荚或其制剂 ●不宜和感冒类药同时服用
人参养荣丸	温补气血。用于心脾不足，气血两亏，形瘦神疲，食少便溏，病后虚弱	大蜜丸服用前除去蜡皮、塑料球壳；可嚼服，也可分份吞服，一次1丸，一日1～2次	尚不明确	▲忌不易消化食物 ▲感冒发热患者不宜服用 ▲儿童、孕妇、哺乳期妇女、高血压患者应在医师指导下服用 ▲服药4周症状无缓解，应去医院就诊	●如与其他药物同服，可能发生相互作用，详询医师或药师
乌鸡白凤丸	补气养血，调经止带。用于气血两虚，身体瘦弱，腰膝酸软，月经量少、后错，带下	口服。水蜜丸一次6g，一日2次	尚不明确	▲忌辛辣、生冷食物 ▲感冒发热患者不宜服用 ▲青春期少女、及更年期妇女、慢性病严重者应在医师指导下服用 ▲伴有赤带者或平素月经正常突然出现月经过少或经期错后或阴道不规则出血者应去医院就诊 ▲服药1个月症状无缓解，应去医院就诊	●如与其他药物同服，可能发生相互作用，详询医师或药师
十全大补丸	温补气血。用于气血两虚，面色苍白，气短心悸，头晕自汗，体倦乏力，四肢不温，月经量多	口服，宜饭前或进食时同服。浓缩丸一次8～10丸，一日3次	尚不明确	▲孕妇、有实热者、身体壮实不虚者忌服 ▲忌食生冷、油腻食物 ▲外感风寒、风热，实热内盛者不宜服用 ▲服药期间出现口干、便干、舌红、苔黄等应去医院就诊	●不宜和感冒类药同时服用 ●不宜同时服用藜芦、赤石脂或其制剂
六味地黄丸	滋阴补肾。用于肾阴亏损，头晕耳鸣，腰膝酸软，骨蒸潮热，遗精盗汗	口服。浓缩丸一次8丸，一日3次	尚不明确	▲忌辛辣食物 ▲服药期间出现食欲缺乏、胃脘不适、大便稀、腹痛等症状时，应去医院就诊 ▲服药2周后症状未改善，应去医院就诊 ▲孕妇、小儿慎用	●不宜和感冒类药同时服用

续表

药品名称	功能主治	用法用量	不良反应	注意事项	相互作用
龟鹿补肾丸	补肾壮阳，益气血，壮筋骨。用于肾阳虚所致的身体虚弱、精神疲乏、腰腿酸软、头晕目眩、精冷、性欲减退、小便夜多、健忘失眠	口服。水蜜丸一次4.5～9g，大蜜丸一次6～12g，一日2次	尚不明确	▲忌不易消化食物 ▲感冒发热患者不宜服用 ▲儿童、孕妇、哺乳期妇女、高血压患者应在医师指导下服用 ▲服药4周症状无缓解，应去医院就诊	●如与其他药物同服，可能发生相互作用，详询医师或药师

④ 健康生活指导

a.饮食方面 日常饮食注意营养全面，积极学习营养知识，科学规划自己的饮食行为。合理安排膳食结构和进食用量，保证优质蛋白的摄入量，做到"荤素搭配，精细搭配，营养均衡"。

b.生活方面 平时注意做好自我营养监测，发现营养不良或营养素缺乏症状，积极采取防治措施。积极治疗导致营养不良的疾病，如胃肠道疾病、结核病、肝胆疾病、寄生虫病等。

7.维生素和矿物质类缺乏患者的接待售药

维生素和矿物质类缺乏症应采用短期药物补充，日常合理膳食，多摄入维生素和矿物质含量丰富的食物，才能保证身体营养全面。

营业员可以通过询问和观察了解患者的情况判断疾病和推荐用药。

a.顾客（患者）1主诉的症状：眼角膜干燥，皮肤干燥，经常感冒。

b.顾客（患者）2主诉的症状：牙龈发肿、出血，牙齿松动。

c.顾客（患者）3主诉的症状：经常感到疲乏，精力不好。

营业员接待步骤如下。

① 询问或观察症状，排除警告信号 营业员对维生素和矿物质类缺常见询问内容与警告信号对照详见表3-1-41。

表3-1-41 维生素和矿物质类缺乏患者常见询问内容与警告信号

营业员询问或观察内容	警告信号
患者1是否眼睛干涩酸痛，视力下降比较严重？	如是，可判断为干眼症，应去医院就诊
患者1是否四肢伸侧或躯干部粗糙有瘙痒症状，严重时有皮肤裂口和出血现象？	如有，可判断为鱼鳞病，应去医院就诊
患者2是否牙龈肿痛伴高热？	如是，可能是长智齿，引发感染，应去医院就诊
患者2是否牙龈经常肿痛？	如是，可能是牙周炎、牙根炎，应去医院就诊

续表

营业员询问或观察内容	警告信号
患者2牙龈是否经常出血,其他部位是否也经常出血,且不易止住?	如是,可能为凝血机制障碍等血液系统疾病
患者3是否睡眠正常也经常性瞌睡,依然感觉很疲惫,精神低沉?	如是,可能为抑郁症的表现,应去医院就诊
患者3是否正在服用利尿抗高血压药?	如是,疲倦为利尿药的不良反应,应请医师调整用药
患者3甲状腺功能是否正常?	甲状腺功能减退,也会疲乏、精力不好,应去内分泌科就诊

② 判断疾病,推荐药品　营业员诊断维生素和矿物质类缺乏症状,然后排除警告信号,判断病并合理推荐药物。维生素和矿物质类缺乏症状的判断和常用药物推荐详见表3-1-42。

表3-1-42　维生素和矿物质类缺乏患者症状的判断和常用药物推荐

疾病	症状判断	OTC中西药推荐	推荐理由
维生素A缺乏	皮肤干燥、毛囊角化、呼吸道感染、眼睛畏光、多泪、视物模糊,以及生长停滞、夜盲症、眼干等	维生素A软胶囊	维持上皮组织如皮肤、结膜、角膜等正常功能作用,预防及治疗夜盲症、干眼症、皮肤角化
维生素C缺乏	牙龈松动、口腔溃疡、皮肤干燥、伤口愈合缓慢、关节疼痛、免疫功能降低	维生素C片	参与机体内抗体及胶原形成,组织修补(包括某些氧化还原作用),苯丙氨酸、酪氨酸、叶酸的代谢,铁、碳水化合物的利用,脂肪、蛋白质的合成,以及维持免疫功能,羟化5-羟色胺,保持血管的完整,并促进非血红素铁的吸收
多维元素缺乏	睡眠不足、精神状态不好、食欲缺乏、人消瘦、无力	多维元素片	维生素和矿物质均为维持机体正常代谢和身体健康必不可少的重要物质。二者是构成多种辅酶和激素的重要成分,缺乏时可导致代谢障碍而引发多种疾病

③ 药品介绍　维生素和矿物质类缺乏常用药品的适应证、使用方法、不良反应、注意事项、药物间相互作用详见表3-1-43。

表3-1-43　维生素和矿物质类缺乏患者症状常用药品介绍

药品名称	适应证/功能主治	用法用量	不良反应	注意事项	相互作用
维生素A软胶囊	用于预防维生素A缺乏症，如夜盲症、干眼症、角膜软化、皮肤粗糙角化	严重维生素A缺乏症：口服，成人每日10万单位，3日后改为每日5万单位，给药2周，然后每日1万～2万单位，再用药2个月 轻度维生素A缺乏症：每日3万～5万单位，分2～3次口服，症状改善后减量	推荐剂量未见不良反应。但摄入过量维生素A可致严重中毒，甚至死亡	▲长期大剂量应用可引起维生素A过多症，甚至发生急性或慢性中毒，以6个月至3岁的婴儿发生率最高 ▲婴幼儿对维生素A敏感，应谨慎使用 ▲老年人长期服用维生素A可能因视黄基醛清除延迟而致维生素A过量 ▲长期大剂量应用可引起齿龈出血、唇干裂	●氢氧化铝可使小肠上段胆酸减少，影响维生素A吸收 ●口服避孕药可提高血浆维生素A的浓度 ●硫糖铝能干扰维生素A的吸收 ●与维生素E合用时，可促进维生素A吸收，增加肝内贮存量，加速利用和降低毒性，但大量维生素E可耗尽维生素A在体内的贮存
维生素C片	用于预防坏血病，也可用于各种急慢性传染疾病及紫癜等的辅助治疗	口服。用于补充维生素C：成人一日1片。用于治疗维生素C缺乏：成人一次1～2片，一日3次；儿童一日1～3片。至少服2周	长期服用每日2～3g可引起停药后坏血病，故宜逐渐减量停药 长期应用大量维生素C可引起尿酸盐、半胱氨酸盐或草酸盐结石 过量服用（每日用量1g以上）可引起腹泻、皮肤红而亮、头痛、尿频（每日用量600mg以上）、恶心呕吐、胃痉挛	▲不宜长期过量服用本品，否则，突然停药有可能出现坏血病症状 ▲本品可通过胎盘并分泌入乳汁。孕妇服用过量时，可诱发新生儿产生坏血病 ▲下列情况应慎用：①半胱氨酸尿症；②痛风；③高草酸盐尿症；④草酸盐沉积症；⑤尿酸盐性肾结石；⑥葡萄糖-6-磷酸脱氢酶缺乏症；⑦血色病；⑧铁粒幼细胞性贫血或地中海贫血；⑨镰形红细胞贫血；⑩糖尿病（因维生素C干扰血糖定量）	●口服大剂量维生素C可干扰抗凝药的抗凝效果 ●与巴比妥或扑米酮等合用，可促使维生素C的排泄增加 ●纤维素磷酸钠可促使维生素C代谢为草酸盐 ●长期或大量应用维生素C时，能干扰双硫仑对乙醇的作用 ●水杨酸类能增加维生素C的排泄

续表

药品名称	适应证/功能主治	用法用量	不良反应	注意事项	相互作用
多维元素片（21）	用于预防和治疗因维生素与矿物质缺乏所引起的各种疾病	12岁以上儿童一日2片，12岁以下儿童一日1片，饭后服用	尚不明确	▲应按推荐剂量服用 ▲服用本品后尿液色变黄，但不影响使用	●抗酸剂可能影响本品中维生素A的吸收，故不宜同服

④ 健康生活指导

a.饮食方面 不挑食，不偏食，不滥吃零食。主动调整膳食结构，荤素搭配，粗细搭配，平时多吃新鲜水果、蔬菜及高蛋白食物，做到食物多样性，保证营养全面均衡。

b.生活方面 多去户外活动，适度晒太阳，适量运动，作息规律，保持心情愉快。

（四）结束过程

（1）计价收费 顾客确定购买后，营业员要引导顾客交费结算，收银员要进行计价收费，收款过程中必须要做到三唱一复（唱价、唱收、唱付），药品价格、收款金额、找零金额都要向顾客复述一遍。如果顾客是刷卡或手机支付，收银员一定要将应付金额明确告知顾客，注意声音要洪亮，发音要清楚准确，小票或清单要交到顾客手中，以免双方出现不愉快。

收取现金时注意做到以下几点。

① 唱价，目的是让顾客清楚药品的价格。

② 唱收，收到现金后，把顾客交款金额大声说出来，目的是与顾客确认一遍。

③ 将收到的现金先清点一遍，确认无误后放进收款箱。

④ 唱付，找付顾客零钱时，要先把找零金额告知顾客。

⑤ 再重复清点确认一遍找零，然后将找零与销货清单一并交到顾客手中。

销货清单打印内容应包括药品名称、规格装量、批号、数量、单位、单价、金额、合计金额、支付方式、支付金额等。有条件的药店可以在打印清单时直接打印开具电子发票的二维码，方便顾客自行扫描开具电子发票。

（2）包装发药 包装药品时要注意做到以下几点。

① 包装之前先检查药品外观质量，重点检查药品是否存在破损或污染现象，如存在，不得发出，应更换合格药品后再包装发货。

② 包装时要与顾客当面逐一核对药品实物与销货清单明细，发药时要亲手提交到顾客手中。

③ 包装时外用药和内服药应分开包装，分别放进袋子里。液体制剂注意正立放置，防止渗漏。重的药品放下层，轻的药品放上层。

④ 包装时动作应稳妥迅速，不拖沓。

⑤ 包装材料要牢固、安全，包装效果力求整齐、美观。

（3）送别顾客 营业员或收银员双手将包装完毕的药品递交给顾客，向顾客微笑表达谢意，并留意顾客物品是否遗漏，如有遗漏应及时提醒，如顾客行动不便或是老年人，应主动热情地为其开门或搀扶帮助,确认顾客带好物品后送别顾客离开药店,告别语可使用"您慢走""祝您早日康复"等。

(4)药品和环境整理　营业员送别顾客离开药店后,应及时将接待顾客时位置移动的药品放回原处,如有药品空缺,要立即补货上架,保持药品排列整齐、美观,顺便打扫整理一下货架、柜台及地面,保持干净整齐的环境,为下次接待顾客做好准备。

案例导入

问病售药

案例:某超市店长,26岁,女,发热1天,腋窝温度38.7℃,伴有嗓子痛、头痛、鼻塞、流涕、关节痛等症状。

请询问这位患者的症状及相关情况,根据患者的表述,分析判断这位患者患了什么疾病,可以推荐使用哪种非处方药进行治疗,根据药物成分说明推荐该药物的原因,向患者详细介绍药品的不良反应、用法用量、注意事项,并对患者进行健康生活指导。

案例分析

导致感冒的原因有很多,如着凉、受风、传染等。经询问,患者前天加班出汗很多,比较劳累,开车回家时开车窗吹风,导致感冒。患者冷热交替受风,导致发热,浑身关节肌肉痛,属于流行性感冒症状。体温超过38.5℃,应使用解热药。推荐使用复方感冒药复方氨酚烷胺片,复方氨酚烷胺片所含成分及作用见表3-1-44。

表3-1-44　复方氨酚烷胺片所含成分及作用

成分	作用
对乙酰氨基酚	解热镇痛,缓解发热、头痛、关节痛的症状
金刚烷胺	抗流感病毒,抑制病毒繁殖
马来酸氯苯那敏	抗过敏药,能减轻流涕、鼻塞、打喷嚏等症状
咖啡因	中枢兴奋药,能增强对乙酰氨基酚的解热镇痛效果,并能减轻马来酸氯苯那敏所致的嗜睡、头晕等中枢抑制作用
人工牛黄	解热、镇惊

以上药物配伍使用,可解除或改善流行性感冒所引起的各种症状。药品所含对乙酰氨基酚会引起胃肠道反应,所含马来酸氯苯那敏会引起口干、嗜睡等不良反应。本品口服,一次1片,一天2次。患者用药期间不要驾驶机、车、船及从事高空作业。不能饮酒或饮用含酒精的饮料。不能同时服用与本品成分相似的其他抗感冒药。用药3～7天,症状未缓解,请咨询医师。患者平时多饮温开水,饮食宜清淡,放松心情,保持室内空气清新,注意休息,少去人员密集的场所,外出戴口罩,注意保暖,可适量运动但时间不宜过长,不宜剧烈运动。

相关知识

（一）问病的方法和内容

1.问病内容

（1）询问现有症状特点　询问患者目前感到不适的部位，症状发生的时间与持续时间，最明显、最严重的症状表现，有无其他伴随症状。

（2）询问起病情况和患病时间　询问患者病症的发生时间，发病的急缓程度，起初的症状表现。发病前患者的工作生活状态如何，有无明显的诱因（劳累、气温变化、饮食、情绪等）和病因（外伤、传染、感染等）。

（3）询问病情的发展演变与伴随情况　询问患者在病情发展过程中，主要症状是逐渐加重还是减轻，病情持续还是无明显变化；出现哪些新症状，或有哪些症状减轻或消失。

（4）询问诊治经过　询问患者到药店之前是否接受过检查和治疗，用过什么药物。如果已经接受过检查治疗，就详细询问患者的检查结果和诊断结论，及使用药物的名称、给药途径、用量、用药疗程、疗效及现状。

（5）询问病程中的一般情况　询问患者病后的精神状态、体力、饮食、睡眠、大小便情况，与以往情况有无大的不同。

（6）询问患者的相关情况　询问患者过去的健康状况，以往病史、过敏史、家族遗传病史，有无慢性病是否正在服用其他药物。了解患者的职业、年龄、体重、性格、工作条件、饮食、作息习惯、烟酒嗜好等情况。女性患者还应询问月经是否正常，是否经期、妊娠期、哺乳期、更年期等情况。

通过问病，初步判断患者的所患疾病的类型，发病的诱因和原因，根据患者的问病结论，结合患者的过敏史、其他用药情况推荐适合的非处方药物。如果是代人购药或者无法清楚叙述病情和患者的情况，营业员应该根据具体情况推荐顾客选购安全性高的药品。

2.问病要点

（1）态度　问病时营业员要热情耐心、态度诚恳、和善，让顾客感到亲切、值得信赖。

（2）用语技巧　问病时尽量使用通俗易懂的语言，先向患者询问病症，采用开放式提问，如"您感到哪里不舒服？""您有什么症状？"这样患者比较容易回答，也能提供给营业员较多的信息。然后围绕患者的回答逐渐拓展提问。一定避免采用套问和暗示性诱导，如"您是胃痛吗？""您真没有头痛的感觉，再想想？"这样患者只能回答肯定或否定，反馈的信息很少，也很难给出准确回答。

（3）边问边听边思考　营业员在问病的过程中，要一边认真听取患者对病症的叙述，一边观察患者状态，一边分析患者叙述的各种症状之间的内在联系，抓住重点，分清主次，辨明因果，可以根据患者的陈述，针对联想到可能存在的疾病做出深入详细询问，并逐一排除，对鉴别和诊断有价值的内容要询问清楚，确定无误后做出合理的判断。

（二）推荐药品的步骤

1. 等待时机

在顾客还没有进店之前，营业员在这段时间里应该将自己负责区域的药品补充齐全、陈列就绪，物品整理好，卫生打扫干净，随时做好迎接顾客的准备，应该保持良好的精神面貌，不能松懈、无精打采。为了让顾客在进入药店看到营业员第一印象就感到满意，店员应该注意做到以下几点要求。

（1）位置合适准确　当顾客还未进入药店时，营业员做好整理、打扫工作后，应该站在自己负责的区域内，耐心等待顾客到来。如是负责柜台区域，营业员站在离柜台10cm远处比较合适，位置最好是靠近药店入口、容易第一时间与顾客接触的地方。如是负责货架区域，最好站在货架靠近药店入口一侧的端架处，这样便于引导顾客在店内行走。

店长或负责入口附近区域的营业员也可以站在药店入口处迎接顾客，方便帮助顾客开门、掀帘或者协助行动不便的顾客进入店内。

执业药师或药师应站在或坐在自己的位置上，并放置好"执业药师或药师在职在岗"的标志牌，方便顾客有需要咨询时能及时找到执业药师或药师。如执业药师或药师外出，应放置"执业药师或药师暂时不在岗，暂停销售处方药和甲类非处方药"的标志牌，明确告知顾客。

（2）精神面貌良好　营业员在等待顾客的时间里，应保持精神饱满、心情平静轻松、注意力集中。如果是天气不佳或店内顾客稀少，也不能感觉无所事事或情绪低落，可以检查记录一下药品情况或整理打扫一下环境，还可以看一看店内报表或书籍，增加些专业知识。杜绝离岗闲逛、干私活（如织毛衣、十字绣等）、看手机、打游戏、聊天、吃零食等行为，以免给进店顾客带来不愉快或厌恶情绪。

（3）顾客第一原则　营业员应始终树立顾客第一的原则，把顾客放在第一位，当顾客进门时，无论正在做什么都应该先放下手头的工作，注意观察顾客的一举一动，第一时间为顾客提供服务。

2. 观察与接近

顾客进店后，营业员可以先向顾客礼貌地打招呼，然后选择时机初步接近顾客。初步接触获得顾客好感是销售工作成功的一半，因此营业员应该观察顾客的言行，选择合适的时机与顾客初步接触，轻松自然地与顾客交流，这样顾客不会感觉营业员太唐突，会放下戒备心理，把自己真实的需求告诉营业员。

从顾客购买心理来看，当顾客处于兴趣阶段和联想阶段之间时，最容易接受营业员的初步接触行为。

（1）初步接触顾客的最佳时机

① 当顾客凝视某一药品时间稍长，若有所思时。

② 当顾客抬起头来时。

③ 当顾客突然停下脚步时。

④ 当顾客用眼睛搜寻目标时。

⑤ 当顾客与营业员眼神对视时。

（2）初步接触顾客的方式
① 与顾客打个招呼。
② 直接介绍顾客看中的药品。
③ 直接询问顾客的购买意愿。

3. 药品推介

（1）药品推介的基本原则

① 需求第一原则　营业员在向顾客推荐介绍药品时，首先要明确顾客的真实需求，遵循需求第一的原则，不能只顾经济利益盲目推荐顾客不需要或与疾病康复关系不大甚至无关的药品。尤其是接待一些老年顾客时，更要按照顾客需求，尽量简化用药方案，减少老年患者因漏服、错服等不当用药引发用药事故或贻误病情。

② 药品使用价值原则　药品的使用价值即药品治疗疾病的有效性，是药品满足顾客消除病症的能力。营业员向顾客推荐药品，实际上是推荐药品的治疗效用。顾客在选购药品时也并不过多关心药品的包装、形态、生产企业、品牌甚至价格等因素，最关注的还是药品的治疗效用。营业员应使用通俗易懂的语言向顾客客观真实地介绍药品的效用，帮助顾客认识药品的真正疗效，引导顾客合理选购药品，进而产生满意的购药评价。患者使用药品后，病症有所缓解或解除，患者才能感受到药品疗效，才真正体现药品使用价值。患者获得满意的购药体验，才能成为药店忠实的顾客。

③ 诚信为本的原则　诚信经营是医药行业人员应遵守的基本职业道德，在推介药品时表现为营业员实事求是地向顾客介绍药品的功效作用、适应证、用法用量、不良反应、注意事项和禁忌情况。不夸大药品疗效，不隐瞒药品不良反应，不提供假劣药品，不传播虚假信息。营业员向顾客推介药品时要诚实守信、言行一致、表里如一。

④ 尊重顾客的原则　营业员在推介药品过程中，要坚持以顾客为中心，对顾客一视同仁，不论顾客的职业、地位、年龄、衣着、谈吐等情况如何，都应充分尊重顾客的意愿，用自己丰富的专业知识和娴熟的业务技能为顾客介绍药品，帮顾客做出选择。切记不能完全代替顾客作判断，更不能把药品强推给顾客。

（2）药品推介的内容

① 详细介绍药品特征　推介药品时，营业员应向顾客展示药品并详细介绍药品名称、功效或适应证、价格、用法用量、不良反应、注意事项等信息。

② 分析药品的优点　充分分析所推荐药品在成分、剂型、剂量、包装、价格、品牌、厂家实力等方面在同类药品中的优势。注意领会顾客的关注点，迎合顾客关注的方面，对药品优势进行分析，促使顾客做出决定。

③ 尽数药品优势　营业员在了解顾客的需求后，要把选购该药品对顾客产生的有利益一一列举出来，使药品推介更有说服力。如小剂量独立包装的药品，使用剂量准确，便于携带；缓（控）释剂型药品释放速度均匀，体内药物浓度平稳，利于缓解病情，且用药次数少，不易漏服。

4. 引导劝说

顾客在听了营业员对药品的相关介绍后，就开始做出决策了。有的顾客比较果断，很快就做出决定；有的顾客比较犹豫，很难做出选择。这时营业员应把握机会，适时进行引导劝说，及时引导顾客做出判断，达成交易。

引导劝说的措施一般有以下几点。

（1）对顾客不满意的方面进行分析，权衡利弊，实事求是、委婉地说服。

（2）投其所好，以顾客的立场分析药品产生的效用、对疾病症状的改善情况，增强顾客的购买信心。

（3）顾客对推荐的药品实在不满意，不要勉强，否则顾客会产生拒买心理。应适时推荐其他替代药品，介绍替代药品的优势。如察觉到顾客对营业员的介绍表示抵触，可以委婉向顾客表示请药师或店长继续为顾客服务，缓解顾客的抵触情绪。

顾客挑选到比较满意的药品时，一般视线会集中在喜欢的药品上，多次触摸，并将其放在左边的位置，便于随手拿起与其他商品做比较；准备购买时，通常出现一些行为表现，这些行为代表顾客即将购买的信号，营业员要善于捕捉这些信号，抓住促进成交的机会，采取适当措施，缩小顾客选择范围，坚定顾客购买信心，及时促成交易。值得注意的是，营业员在这一过程中，不能过于着急，不能使用生硬、粗暴的语言催促顾客。以防顾客感觉被催促产生反感，放弃购买。

（1）顾客决定购买前通常发出的信号

① 营业员与顾客交流中，顾客突然不再发问，若有所思。

② 顾客的话题集中到具体某个药品上。

③ 顾客不断地点头。

④ 顾客开始关注药品的价格。

⑤ 顾客开始询问药品所需购买的数量。

⑥ 顾客开始关心售后服务问题。

⑦ 顾客开始征求同伴的意见。

⑧ 顾客反复询问同一个问题。

（2）营业员在促成交易时通常采取的措施

① 不再给顾客看新的药品了。

② 把介绍的药品集中到两三个品种上，把其他药品都收回去。

③ 直接询问顾客要这个还是要那个，帮助顾客确定所要的药品。

④ 站在顾客立场上，以真诚、恳切的态度对顾客想买的药品特点作简要的说明，促使顾客下决心。

（三）非处方药常识

1.概念

非处方药简称OTC（over the counter）药品，是指不需要凭执业医师或执业助理医师处方消费者即可自行判断、购买和使用的药品。

2.非处方药类别

国家实施处方药与非处方药分类管理，使群众通过简单的标识就能分辨药品的安全性。也方便群众自我药疗，一些小伤小病就近去药店自行选购或在药师推荐指导下就能获得及时治疗，省去了到医院就诊的程序，节省了时间和费用，同时也缓解医疗机构的就诊压力。根据药品的安全性，非处方药分为甲类和乙类两类。

乙类非处方药相对安全性更高，国家规定经省级药品监督管理部门或其授权的药品监督管理部门批准的其他商业企业可以零售乙类非处方药。目前已有许多超市、宾馆、便利店和自动无人售药机都已申请获准经营乙类非处方药，群众用药在时间上和区域上更加便捷。

3.非处方药专有标识和警告语

非处方药专有标识是用于已列入《国家非处方药目录》，并通过药品监督管理部门审核登记的非处方药药品标签、使用说明书、内包装、外包装的专有标识，也可用作经营非处方药药品的企业指南性标志。

非处方药专有标识图案（图3-1-1）为"OTC"3个英文字母和椭圆形背景。其中彩色印刷时"红底白字"的为甲类非处方药专有标识，"绿底白字"的为乙类非处方药专有标识。药品的使用说明书和大包装可以使用单色印刷，单色印刷时非处方药专有标识下方必须标示"甲类"或"乙类"字样。

图3-1-1 非处方药专有标识图案

非处方药专有标识应与药品标签、使用说明书、内包装、外包装一体化印刷，其大小可根据实际需要设定，但必须醒目、清晰，并按照国家药品监督管理局公布的坐标比例使用。非处方药药品标签、使用说明书和每个销售基本单元包装印有中文药品通用名称（商品名称）的一面（侧），其右上角是非处方药专有标识的固定位置。

非处方使用说明书上均要注示"请仔细阅读使用说明书并按说明使用或在药师指导下购买和使用"警告语，并标注在使用说明书最上方，并以加重字体表示。

药品销售基本单元包装的标签上必须印有警告语，使用说明书上警告语字体不能小于正文字体尺寸。

4.正确使用非处方药

非处方药虽然经国家药品监督管理局批准，由医学、药学专家严格遴选，认定为应用安全、疗效确切、质量稳定、使用方便的药品，但是非处方药仍是药品，存在不良反应，使用时仍需十分谨慎。

经营处方药和甲类非处方药的药品零售企业，执业药师或者其他依法经资格认定的药学技术人员不在岗时，应当挂牌告知，并停止销售处方药和甲类非处方药。因此，在使用非处方药时要注意以下几点。

（1）患者和药师都要通过多渠道学习，充实、提高自身医学药学方面的知识，为开展自我药疗打好基础，药师要担当公众用药的帮手。

（2）选购非处方药时，要仔细查看，确认所选药品有无批准文号，有无国家规定的非处方药专有标识，药品的有效期是否到期，包装是否有破损、污染。

（3）使用前仔细阅读药品说明书，了解药品的适应证、用法用量、不良反应、注意事项、药物的相互作用等信息，应严格按照说明书要求或在药师指导下正确使用药物，不能擅自改变用药的剂量和疗程，有疑问及时向医师药师咨询。儿童必须在成人监护下使用。

（4）按药品说明书贮藏项下的要求将药品存放在相应的温度和环境中，注意放置在儿童不能接触的地方。药品性状发生改变时禁止使用。注意一些特殊剂型开启后的使用期限，如眼用制剂在启用后最多可使用4周。

任务实施

零售药店问病荐药情景模拟

1.任务实施目的
（1）培养学生掌握零售药店常见症状的问病方法和技巧。
（2）使学生掌握零售药店销售非处方药的基本程序和注意事项。

2.情景、物品、人员准备
（1）教师提前准备好10种病例情景，打印好。

情景1：患者为司机，40岁，最近工作紧张，过度疲劳，昨天又淋雨，现在感觉头痛、嗓子干、全身不舒服，前来咨询买药。

情景2：患者为学生，13岁，前几天患感冒，现感冒已基本好转，但出现频繁咳嗽，有痰，前来咨询买药。

情景3：患者为男性，45岁，经常出现胃部不舒服，上腹疼痛，还有些恶心、吐酸水、没有胃口，想买些胃药。

情景4：患者为女性，16岁，自觉双眼奇痒、畏光、流泪、有异物感，想买对症眼药水。

情景5：患者为男性，24岁，全身风疹块，瘙痒难耐，自觉过敏，要求买一种抗过敏药。

情景6：患者为司机，40岁，2天前发现脚部出现散在的小疱，针尖样大小，瘙痒，小疱抓破后有液体渗出，局部无新糜烂，咨询用什么药物治疗。

情景7：患者为学生，18岁，昨天打球出了很多汗，回家后冲了温水澡，未及时吹干头发，今天出现频繁咳嗽，无痰，前来咨询买些止咳药。

情景8：患者为女性，60岁，4天没有排便，自感腹部不适，想买通便的药。

情景9：患者为女性，40岁，最近反复出现打喷嚏、流清鼻涕、严重鼻痒伴眼睛发痒，请问是患了什么病，用什么药治疗比较好。

情景10：患者为男性，28岁，1天前曾吃过夜剩饭，约4小时后发生上腹隐痛不适，恶心、呕吐、排水样便，目前腹泻一天3～4次，无发热症状。想买治疗腹泻的药。

（2）模拟药房的场地、柜台、货架等。
（3）药品或空药盒多种。
（4）学生做好分别扮演药店导购员、销售员、顾客3个角色的准备，酝酿好各个角色的台词。

3.操作过程
（1）学生3人分为一组，轮流扮演药店导购员、销售人员、顾客。导购员负责迎接引导顾客，销售员负责询问病症和推介药品，顾客负责叙述疾病症状。

（2）每组派1名学生抽签选择病例情景，小组成员根据自己的角色分工，准备3分钟后进行零售药店模拟问病售药表演。

（3）各小组按顺序表演，当前小组学生表演时，其余组学生注意观察，表演结束，各小组学生对照考核表讨论指出优点与不足，并给出小组意见和分数。最后教师点评打分，表演小组自评打分，然后进行下一组表演。

（4）统计各组及教师评分明细表，计算总分。

任务测评

（1）接待礼仪　迎接顾客时仪表端庄，仪度大方。10分。

（2）服务意识　问病时态度和蔼，语气亲切，语言通俗，气氛融洽。10分。

（3）问病能力　问病内容恰当，要点清晰。20分。

（4）疾病知识　疾病判断准确。10分。

（5）推介药品　准确介绍非处方药的适应证、用法用量、不良反应、注意事项等。30分。

（6）售后提示　售后提示需就医情况，给予患者健康生活指导。10分。

（7）过程质量　过程流畅，有应变能力。10分。

注：凡疾病判断错误、推荐药品错误、推荐药物之间有配伍禁忌等情况，均不得分，可以重新准备，最后表演。非处方药销售实训考核表见表3-1-45。

表3-1-45　非处方药销售实训考核表

班级：　　　　　姓名：　　　　　　　　　　总分：

评价项目	评价内容	满分	评价标准	得分		
				个人评价20%	小组互评30%	教师评价50%
接待礼仪	仪容仪表仪态	10	仪容整洁。头发梳理整洁、发型自然大方（避免奇异发型、发色），洗净双手，不留长指甲，清除口臭和体味，女员工可适度淡妆（杜绝浓妆），不涂彩色指甲油，香水不可过浓；男员工保持脸部干净，不留长胡须、长发（4分）			
			站姿端正，走姿稳健，动作协调，举止大方（3分）			
			着装。营业时穿工作服，戴工作帽，佩戴胸牌，衣着整齐、服帖，不穿拖鞋（3分）			

续表

评价项目	评价内容	满分	评价标准	得分		
				个人评价20%	小组互评30%	教师评价50%
服务意识	态度语言	10	态度和蔼，语言亲切，语气诚恳，给人以信任感（4分）			
			迎候语： （例）"您好！您想看点什么？" "您好！您需要什么？"（2分）			
			服务用语： （例）"这边是您想看的××类药品，请看一下。" "一共××，收您××，找零××，请您点一下。"（2分）			
			结束道别语： （例）"请走好，祝您早日康复。" "您慢走，祝您健康！"（2分）			
问病能力	根据症状，询问顾客，排除警告信号	20	问病内容恰当，没有多余的话（10分）			
			警告信号了解全面，提示正确（10分）			
疾病知识	疾病判断	10	疾病判断正确（10分）			
推荐药品	药品介绍	30	熟悉药品类别（5分）			
			推荐药品正确，理由充分（10分）			
			正确介绍药品的用法用量（5分）			
			正确提示推荐药品的不良反应（5分）			
			正确提示用药注意事项（5分）			
售后	售后提示	10	给予适合的健康生活建议（5分）			
			正确提示需就医情况（5分）			
过程质量	流畅性和灵活性	10	接待过程步骤完整流畅，有一定的应变能力（10分）			

知识扩展

（一）急性上呼吸道感染相关知识

急性上呼吸道感染是鼻腔、咽或喉部急性炎症的概称，是呼吸道最常见的一种传染性疾病。本病全年皆可发病，冬、春季节多发，多为散发，但常在气候突变时流行。急性上呼吸道感染的种类主要有普通感冒、流行性感冒、病毒性咽炎、喉炎、疱疹性咽峡炎等。

1. 普通感冒

普通感冒多源于受凉，又称"伤风"，以鼻咽部卡他症状为主要表现。好发于冬、春季节。当有受凉、淋雨、过度劳累等诱发因素，使全身或呼吸道局部防御功能降低时，原已存在于上呼吸道或从外界侵入的病毒或细菌可迅速繁殖，引起本病，尤其是老幼体弱或有慢性呼吸道疾病如鼻旁窦炎、扁桃体炎者，更易罹患。

（1）病因　成人多由鼻病毒引起，其次为副流感病毒、呼吸道合胞病毒、冠状病毒、埃可病毒、柯萨奇病毒等。主要经过空气飞沫传播，细菌感染可直接或继病毒感染后发生，以溶血性链球菌为多见，其次为流感嗜血杆菌、肺炎球菌和葡萄球菌等。偶见革兰氏阴性菌。其感染主要表现为鼻炎、咽喉炎或扁桃体炎。当有受凉、淋雨、过度劳累等诱发因素，使全身或呼吸道局部防御功能降低时，原已存在于上呼吸道或从外界侵入的病毒或细菌可迅速繁殖，引起本病，尤其是老幼体弱或有慢性呼吸道疾病如鼻旁窦炎、扁桃体炎者，更易罹患。

（2）临床表现　常见急性起病，初期有咽干、咽痒或烧灼感，发病同时可伴有喷嚏、鼻塞、流清水样鼻涕，2～3天后变稠。可伴咽痛，有时由于耳咽管炎使听力减退，也可出现流泪、味觉迟钝、呼吸不畅、声嘶、少量咳嗽等。一般无明显畏寒、高热等全身症状，或仅有低热和轻微头痛。

（3）体格检查与实验室检查

① 鼻腔黏膜及咽部充血。

② 可有扁桃体肿大、充血甚至化脓。

③ 病毒感染，实验室检查白细胞正常或偏低；细菌感染，则白细胞升高。

（4）诊断与鉴别诊断

① 诊断　根据发病症状、体格检查及辅助检查可明确诊断。

② 鉴别诊断

a. 过敏性鼻炎　多由过敏因素，如螨虫、灰尘、动物毛皮、低温等刺激引起。如脱离过敏原，数分钟或1～2h可痊愈，鼻分泌物涂片可见嗜酸性粒细胞增多。

b. 流行性感冒　有明显的流行病史，全身症状重，高热、肌肉酸痛、眼结膜炎症状明显，而鼻咽部症状轻。

c. 病毒性咽喉炎　临床特征为咽炎时出现咽部发痒和灼热感，疼痛不持久，也不突出。当有吞咽疼痛时，常提示有链球菌感染。喉炎为声嘶、讲话困难、咳嗽时疼痛，常有发热、咽炎或咳嗽，无卡他症状。

d. 细菌性扁桃体炎　多由溶血性链球菌引起，起病急，有明显咽痛、畏寒、发热，体温可达39℃以上。

（5）治疗原则与用药　目前无特效抗病毒药，以对症治疗为主，注意休息，多饮水，保持室内空气流通。

治疗原则为"急则治其标"，用感冒药解除发热、头痛、头晕、流清涕等症状；合并细菌感染时，服用抗生素消炎杀菌，标本兼治，疗效更好。普通感冒的药物治疗见表3-1-46。

表3-1-46　普通感冒的药物治疗

临床症状	具体用药
流鼻涕，打喷嚏	氯雷他定、马来酸氯苯那敏等
鼻塞	盐酸伪麻黄碱等
发热，头痛	对乙酰氨基酚、布洛芬、复方氨酚烷胺片、氨加黄敏胶囊、美息伪麻片、氨酚伪麻那敏片、氨酚氯雷伪麻缓释片等
咳嗽	右美沙芬、盐酸氨溴索、盐酸溴己新、枸橼酸喷托维林、甘草片等
咽喉或扁桃体红肿、疼痛（细菌感染）	阿莫西林、头孢拉定、头孢克肟、罗红霉素、阿奇霉素等
病毒感染	利巴韦林、阿昔洛韦、更昔洛韦、奥司他韦、四季抗病毒口服液等
抵抗力低下	维生素C泡腾片、蜂胶等

其他可用于缓解感冒症状的中成药包括：感冒清热颗粒、感冒灵颗粒、小柴胡颗粒、维C银翘片、板蓝根颗粒等。

2. 流行性感冒

流行性感冒（简称流感）是流感病毒引起的急性呼吸道感染，也是一种传染性强、传播速度快的疾病。

（1）病因　流行性感冒主要是由流感病毒引起。流感病毒分为甲、乙、丙三种。甲型最常见，经常发生抗原变异，传染性大、传播迅速，极易发生大范围流行，且人畜共患。乙型也会流行，症状较甲型轻。丙型主要以散发病例出现，病情也相对较轻。

（2）临床表现

① 典型流感　起病急，发热时体温可达39～40℃，伴畏寒、乏力、头痛、肌肉关节酸痛等全身症状明显，呼吸道卡他症状轻微，可有流涕、鼻塞、干咳等。

② 肺炎型流感　较少见，多发生于老人、小孩、原有心肺疾病的人群。表现为高热持续不退、剧烈咳嗽、咳血痰、呼吸急促、发绀，肺部可闻及湿啰音。

③ 中毒性流感　以中枢神经系统及心血管系统损害为特征。表现为高热不退、血压下降、惊厥、脑膜刺激征等脑炎脑膜炎症状。

④ 胃肠炎型流感　少见，除典型流感症状外，以腹泻、腹痛、呕吐为主要临床表现。

（3）体格检查与实验室检查

① 发热，测量体温可达39～40℃。

② 急性病容，可有咽部充血红肿，无分泌物，肺部可闻及干性啰音。

③ 肺炎型流感肺部可闻及湿啰音，胸部X线片提示双肺有散在的絮状阴影。

④ 实验室检查白细胞正常或偏低；继发细菌感染后，则可能白细胞升高。

（4）诊断与鉴别诊断

① 诊断　根据发病症状、体格检查及辅助检查可明确诊断。

② 鉴别诊断

a.普通感冒　全身症状较轻，上呼吸道症状明显。

b.流行性脑脊髓膜炎　简称流脑，临床表现为发热、头痛、呕吐、皮肤黏膜瘀点瘀斑及颈项强直等脑膜刺激征。早期症状与流感极为相似，但流脑有明显的季节性且儿童多见，早期剧烈的头痛、脑膜刺激征、瘀斑等可与流感鉴别。必要时需进行检验区别。

（5）治疗原则与用药　一般对症治疗。发热、头痛、全身酸痛者给予抗感冒复合剂或中成药，例如复方氨酚烷胺片、氨咖黄敏胶囊、美息伪麻片、氨酚伪麻那敏片、氨酚氯雷伪麻缓释片等抗感冒复合剂与银翘解毒片、板蓝根颗粒、双黄连口服液等中成药；高热时用对乙酰氨基酚栓、布洛芬混悬液等快速退热药；咳嗽严重者给予镇咳药，如右美沙芬、喷托维林（咳必清）等。抗病毒药常用利巴韦林、阿昔洛韦、奥司他韦等。一般不使用抗生素，如果继发细菌感染可适当选用。

（二）支气管炎相关知识

支气管炎是指气管、支气管黏膜及其周围组织的慢性非特异性炎症。临床上以长期咳嗽、咳痰或伴有喘息及反复发作为特征。支气管炎可分为急性气管-支气管炎和慢性支气管炎。

1.急性气管-支气管炎

急性气管-支气管炎是由感染、物理、化学刺激或过敏等因素引起的气管-支气管黏膜的急性炎症。临床主要症状有咳嗽和咳痰，往往在受凉或机体免疫力低下时发病。常见于寒冷季节或气候突变时节，也可由急性上呼吸道感染迁延而来。

（1）病因

① 微生物感染　可以由病毒、细菌直接感染。病毒主要为流感病毒、冠状病毒、单纯疱疹病毒等。常见致病菌为流感嗜血杆菌、肺炎球菌、链球菌、葡萄球菌等。

② 物理、化学因素　过冷空气、粉尘、刺激性气体或烟雾（如二氧化硫、二氧化氮、氨气、氯气等）的吸入。

③ 过敏反应　过敏原包括花粉、有机粉尘、真菌孢子等的吸入；或对细菌、蛋白质、动物皮毛及排泄物过敏，引起气管-支气管的过敏炎症反应。

（2）临床表现　通常起病较急，全身症状较轻，可有发热。发病过程一般先出现干咳或少量黏液性痰，以后转为黏液脓性，痰量增多，咳嗽加剧，偶可痰中带血。咳嗽、咳痰可延续2～3周才消失。可伴有乏力、畏寒和肌肉酸痛等症状。

（3）体格检查与实验室检查

① 胸部体征较少，常见双肺呼吸音粗糙。

② 少数患者可在两肺闻及散在干湿啰音。

③ 血常规检查　病毒感染时，白细胞数不增加；细菌感染则白细胞数升高。

④ X线胸片大多表现正常或仅有肺纹理增粗。

（4）诊断与鉴别诊断

① 诊断　根据病史、咳嗽和咳痰等呼吸道症状，并结合体征、血常规及X线胸片检查，可做出临床诊断。

② 鉴别诊断

a.急性上呼吸道感染　一般鼻咽部症状明显而少咳嗽、咳痰，肺部无异常体征，胸部X线检查无明显异常。

b.流行性感冒　起病急，发热高，有全身酸痛、头痛、乏力等全身中毒症状，有流行病史。

c.肺炎　起病急，高热、寒战、咳嗽、咳痰等毒血症状重，肺部X线可见炎性浸润阴影。抗感染治疗有效，病灶吸收迅速而彻底。

d.肺结核　起病较缓，有低热、手足发热、下午面颊潮红、夜间盗汗、乏力、食欲缺乏、咳嗽，但痰不多，痰中带有血丝（较重时可咳血，胸背疼痛），身体逐渐消瘦等。

（5）治疗原则与用药

① 适当休息，多饮水，防止粉尘及刺激性气体、烟雾、寒冷空气吸入。

② 抗菌消炎，止咳化痰，对症处理。急性气管-支气管炎的药物治疗见表3-1-47。

表3-1-47　急性气管-支气管炎的药物治疗

功能		具体用药
抗病毒		利巴韦林、四季抗病毒口服液等
抗细菌感染		阿莫西林、头孢拉定、头孢克肟、罗红霉素、阿奇霉素等
对症处理	咳嗽无痰	右美沙芬、枸橼酸喷托维林、磷酸可待因等
	咳嗽有痰且不易咳出	盐酸氨溴索、盐酸溴己新、乙酰半胱氨酸等
增强免疫力		维生素C泡腾片、蜂胶等

其他可用于缓解症状的中成药包括：强力枇杷膏、川贝清肺糖浆、宣肺止嗽合剂、虫草川贝液、雪梨膏、秋梨润肺膏、养阴清肺糖浆、橘红梨膏等。

2.慢性支气管炎

慢性支气管炎简称慢支，是指气管、支气管黏膜及其周围组织的慢性非特异性炎症。临床上以咳嗽、咳痰或伴有喘息及反复发作的慢性过程为特征。本病为慢性病变，病程长，影响健康和劳动力。常见的并发症有慢性阻塞性肺气肿、肺动脉高压和慢性肺源性心脏病，老年人患病比较多见。

（1）病因

① 大气污染　大气中的刺激性烟雾、有害气体如二氧化硫、二氧化氮、氯气等对支气管黏膜上皮均有刺激和细胞毒性作用，造成黏膜损伤，纤毛清除功能下降，分泌增加，为细菌入侵创造条件。

② 吸烟　为本病最重要的环境发病因素。吸烟能使支气管上皮纤毛变短、不规则，使纤毛运动受抑制；支气管杯状细胞增生，黏膜分泌增多，使气管净化功能减弱；支气管黏膜充血、水肿、黏液积聚。吸烟者患病率较不吸烟者高2～8倍，烟龄越长，吸烟量越大，患病率亦越高。

③ 感染因素　主要病因多为病毒和细菌以及支原体感染。

④ 过敏因素　过敏反应可使支气管收缩或痉挛、组织损害和炎症反应，继而发生慢性支气管炎。

（2）临床表现　起病缓慢、病程长，反复急性发作而加重。起初症状较轻微，如吸烟、接触有害气体、过度劳累、气候变化或受凉感冒后，则引起急性发作或加重。主要症状为咳嗽、咳痰，或伴有喘息。咳嗽，一般晨间咳嗽较重，白天较轻，晚间睡前有阵咳或排痰。咳痰，一般为白色黏液和浆液泡沫性，偶可带血。清晨排痰较多，起床后或体位变动可刺激排痰。部分患者有支气管痉挛而出现喘息，常伴有哮鸣音。早期无气促现象，反复发作数年，并发阻塞性肺气肿时，可伴有轻重程度不等的气促，劳动或活动后加重。

（3）体格检查与实验室检查

① 早期无明显体征。

② 肺部听诊可闻及散在干湿啰音，喘息患者可闻及哮鸣音。

③ 并发肺气肿时可见桶状胸。

④ 有杵状指。

⑤ 胸部X线检查、血常规检查支持诊断。

（4）诊断与鉴别诊断

① 诊断　咳嗽、咳痰，或伴有喘息，每年发病持续3个月，连续2年或2年以上。

② 鉴别诊断

a.支气管哮喘　多于幼年或青年时突然起病，一般无慢性咳嗽、咳痰病史，以发作性哮喘为特征。缓解后可毫无症状，常有个人和家庭过敏史。

b.支气管扩张　多发于儿童或青年期，具有咳嗽、咳痰反复发作的特点，合并感染时有大量脓痰，或有反复或多少不等的咳血史。支气管造影或CT可以鉴别。

c.肺结核　大多有结核的毒性症状，如发热、乏力、盗汗、消瘦和咯血，胸部线检查对诊断有重大意义，有时痰中可找到结核杆菌。

d.肺癌　患者年龄常在40岁以上，特别是有多年吸烟史者，发生刺激性咳嗽，常有反复发生或持续的痰血。

（5）治疗原则与用药　适当休息、戒烟、避免冷空气、粉尘及有害气体的刺激。抗菌消炎，止咳化痰平喘，对症处理。慢性支气管炎的药物治疗见表3-1-48。

表3-1-48　慢性支气管炎的药物治疗

功能	具体用药
抗菌消炎	β-内酰胺类：阿莫西林、氨苄西林 头孢菌素类：头孢拉定、头孢克肟、头孢克洛 大环内酯类：红霉素、罗红霉素、阿奇霉素
止咳化痰、平喘	右美沙芬、盐酸氨溴索、盐酸溴己新、鲜竹沥、甘草合剂、咳喘顺丸等
解痉、平喘	硫酸沙丁胺醇、盐酸克伦特罗等
增强免疫力	维生素C泡腾片、蜂胶、百令胶囊、清肺胶囊

(三)支气管哮喘相关知识

支气管哮喘(简称哮喘)是由多种细胞(如嗜酸性粒细胞、T淋巴细胞、肥大细胞、气道上皮细胞、中性粒细胞等)和细胞组分参与的气道慢性炎症性疾病。临床表现为反复发作性的喘息、呼气性呼吸困难、胸闷或咳嗽等。

(1)病因 哮喘的病因目前还不十分明确,与遗传因素和外界环境因素的影响有关。

① 遗传因素 哮喘与多基因遗传有关。哮喘患者亲属的患病率高于群体患病率,过敏体质是导致发病的危险因素之一。

② 环境因素

a.激发因素 常见如花粉、尘螨、动物毛屑、真菌、二氧化硫、氨气等各种特异性和非特异性吸入物;吸烟;呼吸道感染如细菌、病毒、寄生虫等;多种非特异性刺激,如吸入冷空气、蒸馏水雾滴等都可诱发哮喘发作。此外,精神因素亦可诱发哮喘。

b.药物及食物 如普萘洛尔、阿司匹林以及一些非皮质激素类抗炎药,海鲜、蛋类、牛奶等食物亦可诱发哮喘。

(2)临床表现 支气管哮喘典型的症状是发作性伴有哮鸣音的呼气性呼吸困难,症状可在数分钟内发生,并持续数小时至数日。夜间和凌晨发作或加重是哮喘的重要临床特征。

(3)体格检查与实验室检查

① 患者呼吸频率加快,以呼气性呼吸困难为主。

② 严重者只能呈端坐位,张口呼吸,发绀,心率高于120次/分。

③ 听诊双肺有明显哮鸣音。

④ 血常规、X线胸片检查均可支持诊断。

(4)诊断与鉴别诊断

① 诊断 反复发作喘息、气急、胸闷或咳嗽,常与接触变应原、物理或化学刺激、冷空气、病毒性上呼吸道感染及运动等有关。

② 鉴别诊断

a.慢性阻塞性肺病 多见于中老年人,多有长期吸烟或接触有害气体的病史和慢性咳嗽史。

b.上气道阻塞 中央性支气管肺癌、气管支气管结核等气管疾病或异物进入气管,导致支气管狭窄或伴发感染时,可出现喘鸣或类似哮喘样呼吸困难,肺部可闻及哮鸣音。

(5)治疗原则与用药 避免过敏原和其他非特异性刺激,去除病因;控制急性发作,对症处理;提高免疫力。支气管哮喘的药物治疗见表3-1-49。

表3-1-49 支气管哮喘的药物治疗

临床症状	具体用药
喘息、气急、呼吸困难、胸闷	β_2受体激动药:沙丁胺醇气雾剂、特布他林片、盐酸丙卡特罗口服溶液等 肾上腺皮质激素类:二丙酸倍氯米松气雾剂、布地奈德等
合并感染	青霉素类、头孢菌素类、大环内酯类
免疫力低下	蜂胶、百令胶囊、虫草清肺胶囊等

（四）肺炎球菌性肺炎相关知识

肺炎球菌性肺炎是由肺炎球菌（或称肺炎链球菌）所引起的肺炎，约占院外感染肺炎的一半。

（1）病因　肺炎球菌性肺炎的致病菌是肺炎球菌。肺炎球菌是寄居在口腔及鼻咽部的一种正常菌群，其在干燥的痰中能存活数月。

本病发病以冬季和初春为多，常与呼吸道病毒感染相平行。患者常为原先健康的青壮年或老年与婴幼儿，男性较多见，多数患者先有上呼吸道免疫防御功能受损，细菌进入下呼吸道，在肺泡内繁殖。吸烟者、慢支、支气管扩张患者均易受肺炎球菌侵袭。

（2）临床表现　病前常有受凉淋雨、疲劳、醉酒、病毒感染史，大多有数日上呼吸道感染的前驱症状。起病多急骤，高热、寒战、体温通常在数小时内升至39～40℃，高峰在下午或傍晚。患者呈急性热病面容，面颊绯红，鼻翼扇动，皮肤灼热、干燥，口角及鼻周有单纯疱疹，病变广泛时可出现发绀。患者感到全身肌肉酸痛，患侧胸部疼痛，可放射到肩部或腹部，咳嗽或深呼吸时加剧。痰少，可带血或呈铁锈色，胃纳锐减。本病不及时治疗，可引起败血症，出现皮肤黏膜出血点、肺脓肿、胸膜炎、脑膜炎等。

（3）体格检查与实验室检查

① 血常规检查通常出现白细胞升高，提示存在感染。

② 胸部X线检查早期表现为肺部纹理增粗，随疾病发展，表现为大量炎性浸润影或实变影。

③ 对痰液、胸腔积液、血液等标本进行涂片染色观察，同时进行细菌培养，可发现肺炎球菌。

（4）诊断与鉴别诊断

① 诊断　通过临床表现、血常规、胸部X线检查、细菌培养等来综合分析，可诊断该疾病。

② 鉴别诊断

a.急性气管-支气管炎　胸部体征较少，常见双肺呼吸音粗糙。X线胸片大多表现正常或仅有肺纹理增粗。

b.肺癌　患者年龄常在40岁以上，特别是有多年吸烟史者，发生刺激性咳嗽，常有反复发生或持续的痰血。

（5）治疗原则与用药　患者应卧床休息，注意补充足够蛋白质、热量及维生素。检测病情，包括神智、呼吸、脉搏、血压及尿量等。鼓励饮水，并注意电解质平衡。

① 抗感染治疗　一经诊断应立即给予抗生素治疗。首选青霉素滴注，也可选用第一、第二代头孢菌素。过敏者可选择红霉素、林可霉素或喹诺酮类抗生素如左氧氟沙星、环丙沙星等。抗生素疗程通常为5～7天，退热后改为口服，维持数日。

② 对症处理　高热时可物理降温，必要时可给予解热镇痛药如布洛芬；剧咳时可给予镇咳药如枸橼酸喷托维林、复方甘草口服溶液等；烦躁不安、失眠者可酌情给予地西泮；呼吸困难者可给氧吸入。

（五）功能性消化不良相关知识

功能性消化不良是指具有由胃和十二指肠功能紊乱引起的症状，如腹痛、腹胀、早饱、嗳气、食欲差、恶心、呕吐等上腹不适，症状可持续或反复发作，病程一般超过1个月。经检查排除引起这些症状的器质性疾病。

（1）病因　功能性消化不良的病因目前尚不明确。可能与以下三个方面有关：一，刺激性食物（咖啡、浓茶、甜食、油腻、生冷等）的摄入和不良饮食习惯（包括空腹、频繁食用刺激性食物，以及不规律进食或暴饮暴食等）；二，心理和精神的不良应激；三，周围环境温度的影响。此外，幽门螺杆菌感染可能是部分功能性消化不良患者产生消化不良症状的主要病因之一。

（2）临床表现　主要有无规律性上腹痛、上腹胀、早饱、嗳气、食欲缺乏、恶心、呕吐等上腹不适症状，至少持续4周。可伴有失眠、焦虑、抑郁、头痛、注意力不集中等精神症状。起病多缓慢，病程常经年累月，呈持续性或反复发作，不少患者有饮食、情绪、心理等方面的诱发因素。

（3）体格检查与实验室检查　各种检查排除其他器质性病变，常无阳性体征或仅有上腹部轻压痛。胃镜、X线钡餐均无异常发现。

（4）诊断要点　患者具有上腹痛、腹胀、早饱、食欲差、恶心、呕吐等症状，至少持续4周。胃镜检查、X线钡餐检查及实验室检查、B超检查均无异常发现，也无食管、胃、十二指肠、肝胆胰等消化系统器质性疾病病史。无糖尿病、肾病、精神病等疾病，无腹部手术史。

（5）治疗原则与用药　养成良好的生活习惯，避免烟、酒及服用非甾体抗炎药。注意根据患者不同特点进行心理治疗，失眠、焦虑者可适当予镇静药。用药方面，一般对症治疗，没有特效药。功能性消化不良的药物治疗见表3-1-50。

表3-1-50　功能性消化不良的药物治疗

临床症状	具体用药
上腹痛	抑制胃酸分泌药：西咪替丁片、雷尼替丁胶囊、奥美拉唑肠溶胶囊等
上腹胀、早饱、嗳气	促胃肠动力药：多潘立酮、西沙必利、伊托必利等
幽门螺杆菌阳性	胃三联[抗幽门螺杆菌]：胶体果胶铋+甲硝唑或替硝唑+克拉霉素；胶体果胶铋+阿莫西林+克拉霉素；胶体果胶铋+甲硝唑或替硝唑+阿莫西林

其他可用于健胃消食、健脾和胃的中成药包括：保和丸、健胃消食片、大山楂丸、香砂养胃丸、木香顺气丸、胃康灵胶囊、胃苏颗粒等。

（六）急性胃炎相关知识

急性胃炎是由多种病因引起的急性胃黏膜炎症，发病急，常表现为上腹部症状。内镜检查可见胃黏膜充血、水肿、糜烂、出血等改变，甚至出现一过性浅表溃疡。

（1）病因

① 急性感染及病原体病毒　某些细菌、病毒甚至寄生虫或它们的毒素都可造成胃黏膜的急性炎症。

② 药物因素　药物造成胃黏膜炎症比较常见，如铁剂、氯化钾、乙醇等对胃黏膜刺激性强；非甾体抗炎药，如阿司匹林、吲哚美辛等，可造成胃黏膜损伤。

③ 急性应激反应　如大面积烧伤、手术、休克、车祸甚至精神身心因素引起。

④ 急性食物中毒　包括细菌性和化学性中毒。

（2）临床表现　发病多急骤，轻者多无明显症状，少数患者有上腹痛、胀满不适、恶心、食欲缺乏等消化不良的表现。重症可导致暗红色呕血，含胃内容物，并可出现黑粪，伴有头晕、心慌、出汗等症状。

（3）体格检查与实验室检查

① 上腹部轻压痛。

② 有呕血者和（或）便血者，可有不同程度的血红蛋白下降。如有感染，则可有中性粒细胞增高。

③ 如出血，大便常规肉眼可见黑粪，或大便隐血试验阳性；如为感染，大便中可见脓细胞和红细胞。

（4）诊断与鉴别诊断

① 诊断　根据病史和临床表现，很容易做出诊断。

② 鉴别诊断　与急性胃肠炎鉴别：对于夏秋季节发病，有明显的饮食不洁史。发病快，恢复也快，主要表现为上消化道的症状及程度不等的腹泻。

（5）治疗原则与用药　去除诱因，多休息，酌情禁食，对症处理。急性胃炎的药物治疗见表3-1-51。

表3-1-51　急性胃炎的药物治疗

功能	具体用药
缓解上腹痛、反酸	抑制胃酸分泌药：西咪替丁片、雷尼替丁胶囊、奥美拉唑肠溶胶囊等
缓解腹胀、呕吐	止吐、促胃动力药：多潘立酮等
保护胃黏膜	硫糖铝、氢氧化铝凝胶等
抗菌消炎	小檗碱片、诺氟沙星胶囊等

其他用于缓解症状的中成药有胃康灵胶囊、和胃整肠丸等。

（七）慢性胃炎相关知识

慢性胃炎是指各种病因引起的胃黏膜慢性炎症或萎缩性病变。本病十分常见，其发病率在各种胃病中居首位，可占接受胃镜检查患者的80%～90%。男性多于女性，随年龄增长发病率逐渐增高。根据病理组织学改变和病变在胃的分布部位，结合可能病因，将慢性胃炎分成非萎缩性胃炎（慢性浅表性胃炎）、萎缩性胃炎（又可分为多灶萎缩性胃炎、自身免疫性胃炎）、特殊类型胃炎。

（1）病因　慢性胃炎的发生与幽门螺杆菌长期感染有关。其他病因包括急性胃炎迁延不愈、长期大量饮酒吸烟，饮食无规律，长期进食过冷、过热、过于粗糙的食物，以及浓茶、咖啡和辛辣刺激性食物等。此外，服用非甾体抗炎药等刺激胃黏膜的药物亦会导致发病或加重。

（2）临床表现　大多数患者无明显症状，可表现为中上腹不适、餐后饱胀感、隐痛、嗳气、反酸、恶心、食欲缺乏等消化不良症状。病程缓慢，可长期反复发作，在发作时疼痛能持续数日至数周之久，多在饭后发生，尤以午饭后明显，受凉和气温下降时加重。

（3）体格检查与实验室检查　常无阳性体征或仅有上腹部轻压疼痛。胃镜及上消化道X线钡餐检查可辅助诊断。

（4）诊断与鉴别诊断

① 诊断　慢性胃炎症状无特异性，确诊必须依靠胃镜检查及胃黏膜活组织病理检查。幽门螺杆菌检查可辅助诊断病因。

② 鉴别诊断

a.消化性溃疡　溃疡患者常出现反酸和上腹痛，疼痛有规律性，通常在饭后出现节律性疼痛。

b.胃癌　患者年龄较大，有进行性消瘦、乏力和贫血等症状。

（5）治疗原则与用药　幽门螺杆菌感染的患者考虑根除幽门螺杆菌，对消化不良症状伴有慢性胃炎的患者可以对症治疗，以缓解症状和减轻胃黏膜炎症。慢性胃炎的药物治疗见表3-1-52。

表3-1-52　慢性胃炎的药物治疗

功能	具体用药
缓解反酸、上腹隐痛	抗酸药：铝碳酸镁、氢氧化铝等 H_2受体拮抗药：西咪替丁、雷尼替丁、法莫替丁等 质子泵抑制药：奥美拉唑、兰索拉唑等
缓解腹胀、恶心、呕吐	促进胃排空药：多潘立酮、西沙必利等
保护胃黏膜	铋制剂、硫糖铝、麦滋林-S颗粒等
根治幽门螺杆菌	胃三联[抗幽门螺杆菌]：胶体果胶铋+甲硝唑或替硝唑+克拉霉素；胶体果胶铋+阿莫西林+克拉霉素；胶体果胶铋+甲硝唑或替硝唑+阿莫西林

其他可缓解症状的中成药包括保济丸、胃苏颗粒、胃康灵胶囊等。

（八）消化性溃疡相关知识

消化性溃疡简称溃疡病，是指发生在胃与十二指肠的慢性溃疡。因溃疡的形成和胃酸、胃蛋白酶的消化作用有关，故称为消化性溃疡。

消化性溃疡发生在与胃酸接触的部位，如胃和十二指肠，也可发生于食管下段，胃空肠吻合口附近。95%～99%的消化性溃疡发生在胃或十二指肠，故又分别称为胃溃疡或十二指肠溃疡。

目前认为消化性溃疡是一种多病因疾病，是对胃、肠黏膜有损害作用的侵袭因素与黏膜自身防御修复因素之间失去平衡的结果。不同患者之间的病因、发病机制可能并不相同，只是临床表现相似而已。

（1）病因

① 幽门螺杆菌感染　是引起消化性溃疡的主要原因。幽门螺杆菌感染改变了黏膜侵袭因素与防御因素之间的平衡，幽门螺杆菌凭借毒力因子的作用在胃黏膜定植，诱发局部炎症和免疫反应，损害黏膜的防御和修复机制；同时幽门螺杆菌的感染可增加促胃液素和胃酸的分泌，增强了侵袭因素。这两方面的协同作用造成了胃、十二指肠黏膜损害

和溃疡形成。

② 胃酸和胃蛋白酶　消化性溃疡的最终形成是由于胃酸及胃蛋白酶自身消化所致。主细胞分泌的胃蛋白酶原经盐酸激活转化而成胃蛋白酶，胃蛋白酶可降解蛋白质分子，对黏膜有侵袭作用。但由于胃蛋白酶原激活需要盐酸，而且胃蛋白酶活性是pH依赖性的，因此消化性溃疡的发病机制主要是胃酸的作用。

③ 药物因素　非甾体抗炎药、糖皮质激素等，能刺激胃肠道产生盐酸，增加侵害。

④ 应激和心理因素　可通过迷走神经机制影响胃及十二指肠分泌、运动和黏膜血流的调控。

⑤ 其他　遗传因素、吸烟、酒、浓茶、咖啡、高盐饮食、病毒感染等。

（2）临床表现

① 长期的周期性、节律性中上腹疼痛，多呈钝痛、灼痛或饥饿样痛，是本病的特点。胃溃疡的疼痛特点为：多在餐后0.5～1小时发作，持续1～2小时后逐渐消失。十二指肠溃疡的疼痛特点为：多在餐后2～4小时发作，疼痛有节律性，持续至下次进餐才消失，或夜晚睡前发作，进食或服用碱性药物可使疼痛缓解。

② 其他症状有胃灼热、上腹部饱胀、嗳气、反酸、恶心、呕吐等胃肠道症状和失眠、多汗、消瘦、贫血等表现。

③ 并发症　出血、穿孔、幽门梗阻和癌变。

（3）体格检查与实验室检查

① 胃镜检查及活检为确诊本病的主要方法。X线钡餐检查见有龛影则可确诊本病。

② 其他检查　血红蛋白下降，粪常规异常可辅助诊断。

（4）诊断与鉴别诊断

① 诊断　主要依据患者的病史、症状与体征，有赖于胃镜检查确诊。

② 鉴别诊断

a. 慢性胃炎　慢性胃炎亦有慢性上腹部不适或疼痛，其症状可类似消化性溃疡。但发作的周期性与节律性一般不典型。胃镜检查是主要的鉴别方法。

b. 胃神经官能症　胃神经官能症可有上腹部不适，恶心呕吐，或者酷似消化性溃疡。但常伴有明显的全身神经官能症状，情绪波动与发病有密切关系，内镜检查与X线检查未发现明显异常。

c. 胆囊炎胆石病　胆囊炎胆石病多见于中年女性，常呈间隙性、发作性右上腹痛。常放射到右肩胛区，可有胆绞痛、发热、黄疸。进食油腻食物常可诱发。B超检查可以做出诊断。

d. 胃泌素瘤　胃泌素瘤有顽固性多发性溃疡，或有异位性溃疡。胃全切除术后容易复发，多伴有腹泻和明显消瘦，患者胰腺有非B细胞瘤或胃窦G细胞增生。血清胃泌素水平增高，胃液和胃酸分泌显著增多。

（5）治疗原则与用药

① 生活要有规律，工作宜劳逸结合，避免过度劳累和精神紧张。原则上需要强调进餐定时，避免辛辣、过咸食物及浓茶、咖啡等饮料。牛乳和豆浆虽能一时稀释胃酸，但其所含钙和蛋白质能刺激胃酸分泌，故不宜多饮。

② 根治幽门螺杆菌，去除病因；抑制胃酸，保护胃黏膜；对症治疗。消化性溃疡的

药物治疗见表3-1-53。

表3-1-53 消化性溃疡的药物治疗

功能	具体用药
缓解反酸、上腹隐痛	抗酸药：铝碳酸镁、氢氧化铝、三硅酸镁等 H_2受体拮抗药：西咪替丁、雷尼替丁、法莫替丁等 质子泵抑制药：奥美拉唑、兰索拉唑、雷贝拉唑等 止血修复胃黏膜药：卡巴克洛片
缓解腹胀、恶心、呕吐	促进胃排空药：多潘立酮、西沙必利等
保护胃黏膜	胃黏膜保护药：铋制剂、硫糖铝、米索前列醇、麦滋林-S颗粒等
根治幽门螺杆菌	胃三联[抗幽门螺杆菌]：胶体果胶铋+甲硝唑或替硝唑+克拉霉素；胶体果胶铋+阿莫西林+克拉霉素；胶体果胶铋+甲硝唑或替硝唑+阿莫西林

（九）皮肤科疾病相关知识

1. 手足癣

手足癣是指由皮肤癣菌引起的手足部浅表皮肤的真菌感染。足癣是最常见的浅表真菌感染，一般夏季重、冬季轻，常反复发作。

（1）病因　手足癣主要通过接触传染，如接触患者使用的鞋袜、手套等，以及不良的卫生习惯，长期处于潮湿环境等，都有可能加重症状。

（2）临床表现

① 鳞屑水疱型　以小水疱为主，成群或散在分布，疱壁厚，内容物澄清，干燥吸收后出现脱屑，常伴瘙痒。

② 浸渍糜烂型　第四、第五趾间最为常见，多见于足部多汗、经常浸水或长期穿不透气鞋的人，夏季多发。皮损表现为趾间糜烂、浸渍发白，除去浸渍发白的上皮可见其下红色糜烂面，可有少许渗液。患者瘙痒明显，局部容易继发细菌感染，可导致下肢丹毒或蜂窝织炎。

③ 鳞屑角化型　以角化干裂为主，常见于足跟、足跖及其侧缘。角质层增厚、粗糙、干燥脱屑。冬季易发生皲裂。

（3）诊断与鉴别诊断

① 诊断　结合典型的手足癣病例，根据主要症状和真菌学检查，可明确诊断。

② 鉴别诊断　与湿疹鉴别：湿疹是一种常见的由多种内外因素引起的表皮及真皮浅层的炎症性皮肤病。特点为自觉剧烈瘙痒，皮损多形性，对称分布，有渗出倾向，慢性病程，容易反复发作。

（4）诊疗原则与用药　应保持患处皮肤干爽通气，及时彻底治疗，预防复发。手癣和足癣的治疗药物选择、用药原则和方法基本相同，外用药、口服药或二者联合，均可用于手足癣的治疗。手足癣的药物治疗见表3-1-54。

表3-1-54 手足癣的药物治疗

功能	具体用药
抗真菌（缓解水疱、皮屑、糜烂、渗出、瘙痒）	内服药：克霉唑、益康唑、酮康唑、咪康唑等 外用药：盐酸特比萘芬乳膏、盐酸特比萘芬喷雾剂、曲安奈德益康唑乳膏、曲咪新乳膏、消炎癣湿软膏等
改善皮肤增厚、干燥和皲裂	复方苯甲酸软膏、尿素软膏、咪唑类霜或软膏等
缓解症状，辅助治疗	复方水杨酸溶液、足光粉等
提高免疫力	大蒜素、B族维生素等

其他具有清热除湿作用的中成药有湿毒清片、清热利湿颗粒等。

2. 荨麻疹

荨麻疹俗称风团、风疹团、风疙瘩、风疹块（与风疹名称相似，但却非同一疾病），是一种常见的皮肤病。由各种因素致使皮肤黏膜血管发生暂时性炎性充血与大量液体渗出，造成局部水肿性损害。迅速发生与消退，有剧痒。可有发热、腹痛、腹泻或其他全身症状。可分为急性荨麻疹、慢性荨麻疹。

（1）病因　荨麻疹是一种过敏性疾病，常见病因有食物，如鱼、虾、蛋类、奶类最常见，其次是肉类和某些植物性食品如草莓、番茄及可可；药物如青霉素、血清、疫苗、磺胺、呋喃唑酮、阿司匹林、吗啡等；物理因素如冷、热、日光、摩擦及压力等物理和机械性刺激；感染（各种感染因素均可引起本病）；吸入物如花粉、灰尘、动物皮屑、真菌孢子、挥发性化学品（如甲醛、丙烯醛、除虫菊酯、化妆品等）和其他经空气传播的过敏原等；遗传因素（某些类型荨麻疹与遗传有关）。

（2）临床表现

① 急性荨麻疹　在所有荨麻疹中约占1/3。起病较急，皮损常突然发生，为局限性红色大小不等的风团，境界清楚，形态不一，可为圆形、类圆形或不规则形。开始孤立散在，逐渐可随搔抓而增多增大，互相融合成不规则形、地图形或环状。自觉剧烈瘙痒、灼热感。部位不定，可泛发全身或局限于某部。有时黏膜亦可受累，如累及胃肠，引起黏膜水肿，出现恶心、呕吐、腹痛、腹泻等症状。

② 慢性荨麻疹　发病约占荨麻疹的2/3。风团反复发生，时多时少，常经年累月不愈，可达2个月以上。症状时轻时重，如晨起或临睡前加重，有的无一定规律，全身症状一般较轻，大多数患者找不到病因。

（3）体格检查与实验室检查

① 皮肤划痕症可呈阳性。

② 血常规检查有嗜酸性粒细胞增高，若有严重金黄色葡萄球菌感染时，白细胞总数增高或白细胞计数正常而中性粒细胞百分比增多。

（4）诊断标准　根据发生及消退迅速的风团、消退后不留痕迹等临床特点，本病不难诊断，但是确定病因较为困难，应详细询问病史、生活史及生活环境的变化等。

（5）治疗原则与用药

① 一般治疗　首先找到过敏原。密切观察病情变化，随时准备送往医院抢救。患者

应卧床休息，多饮水，注意保暖，饮食宜清淡，避免刺激及易致敏食物，保持大便通畅，必要时应用缓泻药物及肥皂水灌肠。室内禁止放花卉及喷洒杀虫剂，防止花粉及化学物质再次致敏。患者应尽量避免搔抓，以免引起皮损增加，瘙痒加剧。不要热敷，避免使血管紧张，释放出更多的过敏原。

② 药物治疗　根据症状和轻重程度选择相应药物治疗。荨麻疹的药物治疗见表3-1-55。

表3-1-55　荨麻疹的药物治疗

症状	具体用药
急性症状（或伴有喉头水肿）	抗组胺药：氯苯那敏、非那根、酮替芬、氯雷他定等 糖皮质激素：泼尼松龙、地塞米松等
慢性症状	抗组胺药：氯苯那敏、非那根、酮替芬、氯雷他定等 其他：组胺球蛋白注射剂、氟桂利嗪-谷维素等
局部症状	外用药：氢化可的松软膏、复方氟轻松软膏、复方地塞米松软膏、曲安奈德软膏、炉甘石洗剂、氧化锌洗剂等

3.湿疹

湿疹是由多种内外因素引起的一种具有明显渗出倾向的炎症性皮肤病，伴有明显瘙痒，易复发，严重影响患者的生活质量。

（1）病因　外在因素如环境、气候、动物皮毛、维生素、植物、理化因素等引起的刺激或变态反应。内在因素如食物过敏、皮肤干燥、肠道寄生虫、胃肠功能紊乱、精神情绪变化等都可以诱发或加重症状。婴儿湿疹常常和牛奶过敏或过敏性体质有关。

（2）临床表现　急性期表现为红斑、水肿基础上粟粒大小的丘疹、丘疱疹、水疱、糜烂及渗出，病变中心往往较重，并逐渐向周围蔓延。外围有散在丘疹、丘疱疹，故境界不清。亚急性期表现为红肿和渗出减轻，糜烂面结痂、脱屑。慢性期主要表现为粗糙肥厚、苔藓样变，可伴有色素改变，手足部湿疹可伴发指（趾）甲改变。皮疹一般对称分布，常反复发作，自觉症状为瘙痒，甚至剧痒。

（3）诊断与鉴别诊断

① 诊断　根据皮损多样性、对称性、有渗出倾向、瘙痒等特征可明确诊断。真菌检查阳性时可以确诊。实验室检查无特异性。

② 鉴别诊断

a.接触性皮炎　病变多局限于接触部位，皮疹单一，边界清楚，易起大疱，病程短，不易复发。

b.神经性皮炎　多发于颈、肘、尾骶部，呈苔藓样变，无渗出。

c.手足癣　夏季重，并发趾间糜烂。

d.治疗原则与用药

湿疹的药物治疗见表3-1-56。

表3-1-56 湿疹的药物治疗

症状	具体用药
红斑、丘疹、瘙痒	炉甘石洗剂、葡萄糖酸氯已定软膏、糖皮质激素乳膏或凝胶、宝宝湿疹膏等
渗出、糜烂、水疱	氧化锌软膏、七参连软膏、消炎癣湿软膏等
头面部及间擦部位湿疹	他克莫司软膏、吡美莫司乳膏等

其他可用于健脾化湿、营养支持的药有健脾颗粒、牛初乳、婴儿健脾散等。

4. 痱子

痱子是夏天最多见的皮肤急性炎症。痱子是由汗孔阻塞引起的，多发生在颈、胸背、肘窝、腘窝等部位，小孩可发生在头部、前额等处。

（1）病因　痱子的形成是由于夏季气温高、湿度大，身体出汗过多，不易蒸发，汗液浸渍表皮角质层，致汗腺导管口闭塞，汗腺导管内汗液潴留后，因内压增高而发生破裂，汗液渗入周围组织引起刺激，于汗孔处发生疱疹和丘疹，形成痱子。也有专家认为汗孔的闭塞是一种汗孔的原发性葡萄球菌感染，此种感染与热和湿的环境有关。

（2）临床表现

① 红痱　针尖大小的丘疹或丘疱疹，周围绕以红晕，密集排列，但不融合。多发于额、颈、胸、背、肘窝、腘窝等部位。自觉有痒和灼热感。

② 白痱　皮损为非炎症性针尖大小、半透明水疱，疱壁薄，轻擦易破。好发于躯干部，尤其是胸部。无自觉症状。

③ 脓痱　常发生于皮肤皱褶处如乳房下、颈、阴部等处，表现为密集分布的浅表小脓疱，与毛囊无关。疱液内常无菌，或为致病球菌。

（3）诊断　发病季节在夏季，处于高温湿热或通风不良的环境中，头面部、躯干出现小丘疹或小丘疱疹，急性发作，无明显自觉症状，诊断较容易，无需检查。

（4）治疗原则与用药

① 预防　保持室内通风凉爽，勤洗澡；保持皮肤清洁、干燥；小儿要勤洗澡，及时擦干汗及更换衣服；发热、卧床患者要勤翻身，经常擦洗皮肤。可进食如绿豆糖水、绿豆粥、清凉糖水等。

② 药物疗法　生了痱子不要用手抓，不要用强碱性肥皂洗。不要用热水烫，可用温水冲洗擦干，扑撒痱子粉。抓破后有感染的患者，应涂用抗生素药膏。痱子的药物治疗见表3-1-57。

表3-1-57 痱子的药物治疗

症状	具体用药
丘疹、瘙痒	炉甘石洗剂、金银花热痱水、痱子粉、草本金露水等
湿热、汗出不畅	清热利湿颗粒、藿香正气水、十滴水等
继发毛囊炎、疖疮、脓肿	莫匹罗星软膏、红霉素软膏、洛美沙星软膏、氧氟沙星软膏等

（十）五官科疾病相关知识

1. 鼻窦炎

鼻窦炎是鼻窦黏膜的化脓性炎症，可分为急性和慢性两类。急性鼻窦炎多继发于急性鼻炎或感冒后，以鼻塞、脓性鼻涕多、头痛为主要特征，可伴发热及全身不适症状。慢性鼻窦炎常继发于急性鼻窦炎，因急性鼻窦炎反复发作而形成，以脓性鼻涕多为主要表现，可伴有轻重不一的鼻塞、头痛及嗅觉障碍。

（1）病因　在健康状态下，鼻腔中可检测出几种致病菌，如表皮葡萄球菌、金黄色葡萄球菌、伪白喉杆菌等。正常情况下，鼻腔排毒功能保证上述细菌不超过人体可承受的数量。若遇诱发因素如受凉、淋雨、过度疲劳等，鼻腔排毒功能降低，上述细菌得以长时间停留于鼻腔内并大量繁殖，进而引发感冒。感冒炎症长期存在则易恶化为鼻窦炎。

（2）临床表现

① 急性鼻窦炎　鼻塞、流脓涕、暂时性嗅觉障碍、畏寒、发热、食欲缺乏、便秘、周身不适等。较小儿童幼儿可发生呕吐、腹泻、咳嗽等症状。脓鼻涕刺激咽喉还可以引起咽喉不适、咽喉炎等。

② 慢性鼻窦炎

a.脓涕多　鼻涕多为脓性或黏脓性，黄色或黄绿色，量多少不定，多流向咽喉部，单侧有臭味者，多见于牙源性上颌窦炎。

b.鼻塞　轻重不等，多因鼻黏膜充血肿胀和分泌物增多所致，鼻塞常可致暂时性嗅觉障碍。

c.头痛　慢性化脓性鼻窦炎一般有明显局部疼痛或头痛。如有头痛，常表现为钝痛或头部沉重感，白天重，夜间轻。

d.其他　由于脓涕流入咽部和长期用口呼吸，常伴有慢性咽炎症状，如痰多、异物感或咽喉疼痛等。若影响咽鼓管，也可有耳鸣、耳聋等症状。

（3）体格检查与实验室检查

① 鼻窦部位单侧或双侧有压痛感。

② 鼻镜或鼻内镜检查可见鼻黏膜充血肿胀，中鼻道有脓性分泌物，各相应鼻窦区有压痛。

③ 鼻窦X线摄片或CT检查有助于诊断。

（4）治疗原则与用药　注意擤涕方法。鼻塞多涕者，宜按塞一侧鼻孔，稍稍用力外擤。之后交替而擤。鼻涕过浓时以盐水洗鼻，避免伤及鼻黏膜。游泳时姿势要正确，尽量做到头部露出水面。有牙病者，要彻底治疗。急性发作时，多加休息。卧室应明亮，保持室内空气流通。但要避免直接吹风及阳光直射。在秋冬季或感冒流行期间，外出戴口罩，避免公众集会，尽量少去公共场所。鼻窦炎的药物治疗见表3-1-58。

表3-1-58　鼻窦炎的药物治疗

功能	具体用药
通鼻窍	通窍鼻炎片、藿胆丸、鼻渊口服液、鼻炎康片、千柏鼻炎片等
改善症状	丙酸倍氯米松鼻喷雾剂、布地奈德鼻喷雾剂、丙酸氟替卡松鼻喷雾剂、滴通鼻炎水等
控制急性期感染	抗生素或磺胺类药物

2. 红眼病

红眼病即急性结膜炎，是一种急性传染性眼炎。根据不同的致病原因，可分为细菌性结膜炎和病毒性结膜炎两类，其临床症状相似，但流行程度和危害性以病毒性结膜炎为重。该病全年均可发生，以春夏季节多见。红眼病是通过接触传染的眼病，如接触患者用过的毛巾、洗脸用具、水龙头、门把、游泳池的水、公用的玩具等。因此，该病常在幼儿园、学校、医院、工厂等集体单位广泛传播，造成暴发流行。

（1）病因　该病主要是通过接触传播，最常见为眼—手—眼的传播。另外接触患者用过的毛巾、手帕、洗脸用具、电子游戏机、电脑的键盘等，或到患者接触过的泳池、浴池等地方游泳、洗浴，都有可能感染此病。常见的致病菌有肺炎球菌、金黄色葡萄球菌、流血嗜血杆菌。此外，还可由病毒感染引起。

（2）临床表现　红眼病多是双眼先后发病，患病早期，患者感到双眼发烫、烧灼、畏光、眼红，自觉眼睛磨痛，像进入沙子般地刺痛难忍，紧接着眼皮红肿、眼眵多、怕光、流泪，晨起时，眼皮常被分泌物粘住，不易睁开。有的患者结膜上出现小出血点或出血斑，分泌物呈黏液脓性，有时在睑结膜表面形成一层灰白色假膜，角膜边缘可有灰白色浸润点，严重的可伴有头痛、发热、疲劳、耳前淋巴结肿大等全身症状。红眼病一般不影响视力，如果细菌或病毒感染影响到角膜时，则畏光、流泪、疼痛加重，视力也会有一定程度下降。

（3）体格检查与实验室检查

① 眼睑红肿，结膜严重充血、水肿，球结膜下点状、片状或广泛出血。

② 角膜弥漫点状上皮脱落，荧光素着色。

③ 耳前淋巴结或颌下淋巴结肿大及压痛。

（4）诊断与鉴别诊断　根据临床症状、体格检查（明显的结膜充血和黏液脓性分泌物）及分泌物涂片（可见多形核白细胞和细菌）即可诊断。

（5）治疗原则与用药　一经发现，立即治疗，要坚持彻底治疗。有条件时可进行细菌培养，并做药敏试验，以选用适当的抗生素。每次点药前需将分泌物擦洗干净，按时点药，以提高疗效。症状完全消失后仍要继续治疗1周，以防复发。红眼病的药物治疗见表3-1-59。

表3-1-59　红眼病的药物治疗

症状	具体用药
患眼分泌物多	生理盐水、2%硼酸水溶液等
细菌性感染	磺胺醋酰钠眼药水、氯霉素滴眼液、氧氟沙星滴眼液、环丙沙星滴眼液、红霉素眼膏、金霉素或四环素眼膏等
病毒性感染	阿昔洛韦滴眼液、更昔洛韦滴眼液、利福平滴眼液、利巴韦林

其他可对症处理的中成药有银翘解毒丸、清开灵口服液、复方熊胆胶囊等。

3. 慢性咽炎

慢性咽炎是咽部黏膜、黏膜下组织的炎症，常为上呼吸道感染的一部分。

（1）病因　常因受凉、过度疲劳、烟酒过度等致全身及局部抵抗力下降，病原微生物乘虚而入而引发本病。营养不良，患慢性心、肾、关节疾病，生活及工作环境不佳，经常接触高温、粉尘、有害刺激气体等皆易患本病。病原微生物主要为溶血性链球菌、肺炎球菌及病毒。

（2）临床表现　患者自觉咽部不适，干、痒、胀，分泌物多而灼痛，易恶心，有异物感，咯之不出，吞之不下，以上症状在说话稍多、过食刺激性食物后、疲劳或天气变化时加重。呼吸及吞咽均畅通无阻。

（3）治疗原则　慢性咽炎的药物治疗见表3-1-60。

表3-1-60　慢性咽炎的药物治疗

症状	具体用药
咽部痒感、灼热感	复方硼砂溶液、复方氯己定含漱液、碘甘油等
咽部发炎	西地碘含片、草珊瑚含片、乙酰吉他霉素含片等
发炎伴疼痛	布洛芬、对乙酰氨基酚
细菌感染	头孢拉定、阿莫西林

（十一）维生素及矿物质缺乏症相关知识

维生素与矿物质是人类维持生命与健康、促进生长发育所必需的微量元素，它们是组成人体的重要物质，如缺乏或不足，则可产生一系列疾病。

（1）临床表现

维生素A、维生素D、维生素E、维生素K、维生素B_1、维生素B_2、维生素B_6、维生素B_{12}、烟酸、烟酰胺、叶酸等缺乏可引发疾病如夜盲、舌炎、口腔炎、阴囊炎、周围神经炎、脚气病、食欲缺乏、消化不良、坏血病、佝偻病，甚至影响生长发育。

矿物质是维持人体正常生命活动所必需的物质，包括常量元素和微量元素。常量元素是构成人体骨骼和牙齿的重要成分，可维持体液平衡、细胞正常活动和神经肌肉兴奋性，如缺乏钙则易引起老年人和妇女骨质疏松，腰、腿、膝酸痛；微量元素对激素、细胞膜起激活和稳定作用，如锌缺乏可引起味觉、嗅觉失常，食欲缺乏和儿童生长发育不良等，碘缺乏可引起甲状腺肿大，铁缺乏可引起缺铁性贫血。缺乏维生素的临床表现见表3-1-61。

表3-1-61　缺乏维生素的临床表现

缺乏维生素种类	临床表现
维生素A	皮肤干燥、毛囊角化、呼吸道感染，眼睛畏光、多泪、视物模糊，以及生长停滞、夜盲症、眼干等
维生素D	多汗，儿童可患佝偻病，成人易发生骨质软化或骨质疏松症
维生素E	可出现四肢乏力、易出汗、皮肤干燥、头发分叉、妇女痛经等症状；可能导致红细胞破坏的溶血现象和贫血
维生素B_1	脚气病

续表

缺乏维生素种类	临床表现
维生素B_2	口腔溃疡、脂溢性皮炎和眼睛不适；可引起贫血，并影响生长发育
维生素B_6	可出现皮炎、口炎、舌炎、易激惹、意识模糊和抑郁等
维生素C	坏血病、骨质脆弱、抵抗力下降
叶酸	贫血、舌炎、胃肠功能紊乱、生长发育不良等
钙	婴幼儿缺钙导致佝偻病；青年人以及中老年人缺钙易患骨质疏松
铁	导致贫血，特别是婴幼儿、孕妇及乳母，容易出现疲劳、烦躁、抵抗力下降
锌	食欲缺乏、生长停滞、味觉减退、性发育受阻、创伤愈合不良及皮炎
硒	免疫功能退化、衰老

（2）常用补充剂　维生素及矿物质缺乏症常用的补充剂有：维生素C咀嚼片、维生素D滴剂、维生素A、维生素AD、鱼肝油、维生素B_2、葡萄糖酸钙锌口服溶液、钙铁锌口服液、多维元素片、鱼油叶酸钙等。

思考与练习

（一）填空题

1.药店营业员在为顾客引路时，注意走在顾客左前方_____至_____m处，并与顾客的步伐_____。

2.抗感冒药"复方氨酚烷胺"中能引起嗜睡的成分是_____，能抗流感病毒的成分是_____。

3.急性胃肠炎的典型症状表现为_____、_____、_____、_____。

4.典型的_____性、_____性上腹疼痛是判断消化性溃疡的主要线索。

5.治疗过敏性结膜炎的眼科药物有_____、_____。

（二）单项选择题

1.能中和胃酸又兼有胃黏膜保护作用的药是（　　）。
　A.奥美拉唑　　　　　　　　　　　B.雷尼替丁
　C.硫糖铝　　　　　　　　　　　　D.铝碳酸镁

2.荨麻疹的特点是（　　）。
　A.皮损呈对称分布，常因搔抓而糜烂、渗出
　B.多发生在皮肤黏膜交界处，有局限性簇集性小疱
　C.疹块发作突然，并无一定位置
　D.皮损部位被覆多层银白色鳞屑，周围有轻度红晕

3.脂溢性皮炎的特征是（　　）。
　A.好发于四肢屈侧，扁平丘疹有瘙痒，表面干燥有鳞屑
　B.圆形或不定形的密集扁平丘疹，皮肤增厚边界清晰，无渗出倾向

C.发生于头部、胸前、腋窝等部位，主要表现为黄红色或鲜红色斑

D.有红斑、丘疹、水疱等，弥漫性潮红，渗出倾向，对称分布

4.（　　）长期含服致舌苔染色，停药后可消退。

　　A.度米芬含片　　　　　　　　　　B.西地碘含片

　　C.甲硝唑口腔粘贴片　　　　　　　D.地喹氯铵含片

5.六味地黄丸的功效是（　　）。

　　A.益气养血，温中补阳　　　　　　B.滋阴补肾，兼益肝脾

　　C.补气养血，调经止带　　　　　　D.温肾补阳，补气养血

（三）多项选择题

1.属于吸附性的止泻药的有（　　）。

　　A.盐酸小檗碱　　B.诺氟沙星　　C.蒙脱石散　　D.肠炎宁

　　E.药用炭片

2.皮炎的全身用药包括（　　）。

　　A.抗组胺药　　B.维生素C　　C.钙剂　　D.皮质激素

　　E.抗真菌药

3.人体所需的常量元素包括（　　）。

　　A.镁　　B.钙　　C.锌　　D.磷

　　E.硫

4.维生素C的生理作用有（　　）。

　　A.预防坏血病　　　　　　　　　　B.形成胶原蛋白的重要成分

　　C.利于形成强壮的骨骼和牙齿　　　D.有助于皮肤美白

　　E.参与抗体的形成

5.产生维生素和矿物质缺乏的原因包括（　　）。

　　A.摄入不足　　B.吸收不好　　C.利用不充分　　D.消耗过大

　　E.病理性因素

（四）判断题

1.解热镇痛药物都会引起胃肠道反应，有消化性溃疡病史的患者使用时要特别注意。（　　）

2.地喹氯铵为阳离子表面活性剂，可以杀灭口腔细菌。（　　）

3.维生素B_2可以预防脚气病。（　　）

4.为了增加治疗效果，发热时可同时选用两种解热镇痛药。（　　）

5.脚癣患者宜穿棉纱袜和透气性好的鞋子。（　　）

（五）问答题

1.请分析一下急性胃肠炎发生的原因。常用的药物有哪些？

2.请为中耳炎患者介绍一下如何使用滴耳液进行耳浴。

模块四

顾客服务

任务六

顾客投诉处理

学习目标

1. 掌握顾客投诉的类型及与投诉顾客交谈时的注意事项。
2. 熟悉处理顾客投诉相关法律规定。
3. 熟悉处理顾客投诉的流程及方法。
4. 能够分析顾客投诉原因。
5. 能够妥善处理常见顾客投诉事件。

工作流程

（一）第一时间填写客户投诉登记表

作为药店，要第一时间填写顾客投诉登记表，不管是什么原因，不要随口承诺或敷衍了事，要给客户一种规范化的感觉。另外，投诉登记后有利于公司进行统计汇总，制定有针对性的整改措施，以免以后出现类似情况。

（二）立刻安排人员电话沟通了解信息

药品的功效解释权一般在厂家，要安排人员与厂家的专业人员进行沟通，以获得准确的产品质量信息。

（三）针对信息确定投诉原因及责任归属

根据以上两点，基本可以确定产品的投诉原因和责任归属，可以判断是厂家还是药店，是药店存贮原因还是运输物流原因，便于有针对性地解决。

（四）及时向上级汇报并提出处理意见

确定好原因和责任归属后，立即向上级领导汇报，同时提出处理意见，并从上级领导处获得更好的处理建议。

（五）安排专业人员按规范进行处理

一般对于非质量投诉，有经验的店员或店长就可以进行处理。如果涉及质量问题，一定要安排专业人员进行处理，避免出现更严重的后果。

（六）客户签订同意书

处理完毕后，一定要与顾客签订投诉处理同意书，避免后期产生重复或不必要的纠纷。

（七）将同意书交公司存档并总结

同意书与登记表可以同时交由公司进行存档，利于公司进行大数据分析，防患于未然。

（八）跟进客户反馈，避免其他问题出现

处理完后不能感觉万事大吉而放松要求，要与客户及时进行反馈，并进行沟通，彻底打消顾客疑虑，挽留住顾客的信任。

案例导入

顾客投诉

药品零售连锁企业实习生小张要到门店实习，有一位大爷来到药店，投诉说店员推荐的药没有效果。

讨论：
1. 药店顾客投诉的类型有哪些？
2. 作为门店一名新的实习生，她要掌握哪些处理顾客投诉的原则、流程和技巧？
3. 针对大爷的投诉情况，小张应如何处理？

案例分析

（1）顾客投诉主要三大类型有商品投诉、服务投诉、安全投诉。本次投诉属于商品投诉兼有服务投诉。

（2）要礼貌、热情接待投诉顾客，安抚投诉者的愤怒。要表示相信顾客所说的话，不推诿责任。不与顾客发生争执，不在立场上争执不休。耐心倾听投诉者申诉，不要话还没有听完就指责顾客或为自己作辩解。不让事件扩大，以免影响公司的声誉。受理顾客投诉后马上调查事件原因，检查问题出现的环节。不轻率承担责任，不盲目认错，当事人无法作出决定时应请示上级来解决。根据顾客要求或在与顾客约定的反馈时间内给予答复。确实执行改善对策，避免同类事件再次发生。

（3）填写客户投诉登记表，给客户一种规范化的感觉；立刻安排人员与厂家的专业人员进行沟通，以获得准确的产品质量信息；针对信息确定产品的投诉原因和责任归属，可以判断是厂家还是药店原因，或是运输物流原因，便于有针对性地解决；及时向上级汇报并提出处理意见，并从上级领导处获得更好的处理建议；安排专业人员按规范进行处理，对于非质量投诉，有经验的店员或店长就可以进行处理。如涉及质量问题，一

定要安排专业人员进行处理，避免出现更严重的后果；处理完毕后，一定要与顾客签订投诉处理同意书，避免后期产生重复或不必要的纠纷；同意书与登记表同时交由公司进行存档；跟进客户反馈，避免其他问题出现，彻底打消顾客疑虑，挽留住顾客信任。

相关知识

（一）顾客投诉类型

顾客投诉主要有三大类型：商品投诉、服务投诉、安全投诉。

1.商品投诉

① 价格　定价高或与宣传单价格不符等。
② 缺货　特价品、畅销品、顾客欲购商品等。
③ 品质　变质坏货、过期坏货、配送不齐、瑕疵等。
④ 标识　无中文标签，无进口标签，价格标签、生产日期、有效日期模糊或无标识等。

2.服务投诉

① 员工态度不好　语气不好、语言不妥、不理会顾客等。
② 收银作业不当　多收款、少找钱、包装不当、遗漏、结账排队时间过长等。
③ 服务项目不足　未提供送货上门、换钱、提货、取消原有服务项目等。
④ 服务作业不当　服务台寄存丢失或者调换、赠品、促销作业不公平、投诉未答复等。

3.安全投诉

① 环境影响　垃圾物、卸货或上货影响通道、扩音器音量过大等。
② 意外事件发生　安全管理不当造成顾客意外伤害等。

（二）与投诉顾客交谈时的注意事项

顾客投诉是任何一个药店都不想遇到的事情，但这却也是销售过程中不可避免的一环，如果处理不好就会引起很大的麻烦，所以针对顾客投诉的处理技巧，就变得尤为重要。见数字资源4-1顾客投诉处理。

数字资源4-1

1.选择合适的地点接待顾客投诉

接待顾客投诉时，首先应考虑在何处接待。一般原则是如果投诉即时发生（即刚刚接受了服务便发生投诉），则要尽快将顾客带离现场，以减缓、转移顾客的情绪和注意力，不使事件造成对其他服务对象的影响。接待顾客投诉地点宜在不受打扰的办公室、会议室等场所，有利于谈话和沟通。

2.由合适的人接待顾客投诉

无论是即时或事后对顾客的投诉，都不宜由当事人来接待顾客。一般情况，服务中心应依据投诉的内容，根据分类找相关人员进行接待处理。必要时应及时向上级进行汇报或请求协助处理。

3.用适当的语言和方式使顾客移情即换位思考

很多情况下的顾客投诉是顾客对服务方的产品、制度、程序或其他制约条件不够了解，以致对方不满意，处理这类投诉时，要通过适当的语言或方式使顾客尝试着站在门店的立场上，理解、体谅门店的服务工作，使双方在一个共同的基础上达成谅解。情与理交替运用，可以适当减缓顾客的期望值。

4.强调有形证据

对于顾客投诉的处理，没有确凿的证据（尤其是有形的证据，如处方、销售小票、病历或电脑存储的相关信息）排除自己的责任时，应尽量满足顾客的合理要求。

5.投诉后的赔偿原则

顾客上门投诉，总有一定的道理，门店应尽最大的努力为顾客解决问题。当不能通过其他措施解决问题时，赔偿不失为一种必要的手段。顾客提出的损失一般包括3部分：直接损失，如药品；间接损失，如投诉过程发生的交通费、扣发的工资或奖金；隐形损失，有些顾客提出的精神损失费、误工期间所能创造的价值等。在可接受的范围内，原则上赔偿顾客的直接和间接损失，隐形损失缺乏明确的度量标准，一般不予赔偿。

6.合适的态度可以解决投诉的一半问题

尊重投诉者，接待者的行为、举止、语言要从一切细节上使投诉者感到自己是受到尊重的。微笑可以迅速拉近人与人之间的距离，消除隔阂，化解投诉者的怨气。接待时，应该向投诉者让座，先请投诉者坐下，自己后坐下，并注意坐姿要端正。必要时可以为投诉者倒上一杯水或沏上一杯茶，以缓解投诉者的情绪，拉近双方的距离。此外还要注意耐心倾听、真诚关切，理直气不粗，有理也要让三分。

药品作为一种特殊商品，关系生命安全，安全质量无小事，要求我们店员一定要提高思想意识，提高专业水平，认真准确地为顾客解释和服务，遇到问题及时向上一级质量部门汇报，将伤害和损失降到最小。

（三）药品经营质量管理规范相关规定

除药品质量原因外，药品一经售出，不得退换。

企业应当在营业场所公布食品药品监督管理部门的监督电话，设置顾客意见簿，及时处理顾客对药品质量的投诉。

企业应当按照国家有关药品不良反应报告制度的规定，收集、报告药品不良反应信息。

企业发现已售出药品有严重质量问题，应当及时采取措施追回药品并做好记录，同时向食品药品监督管理部门报告。

企业应当协助药品生产企业履行召回义务，控制和收回存在安全隐患的药品，并建立药品召回记录。

（四）顾客投诉原因

1.产品的质量原因

可分为质量标准不达标和质量缺陷，如投诉胶囊漏粉、漏液、外包装破损、污染、药物过敏或职业打假者通过批文、说明书、防伪电话来投诉包装质量问题等。相对来说，质量缺陷比较好解释。这一点对于药品来说非常重要，不要轻易下结论，需要由公司派专业人员进行鉴定，根据鉴定结果再来确定处理方式。

2. 药店的服务原因

可以分为药学知识传达不准确和服务的态度不恰当两个方面，如收银时排队过久、处方药解释不当、中药饮片调剂错误、中药饮片发药错误等。作为零售服务部门，这两点无论是哪个方面都是不应该出现的。如果是药学知识传达不准确，需要联合厂家和公司培训部门对药店营业人员进行专业化的培训，提高门店店员的药学专业素质。如果是服务态度不恰当，同样需要对员工进行培训并提出批评改进意见。

3. 功效夸大的原因

这一点在药品销售中是绝不允许的，有的门店店员为了完成销售指标，会夸大治疗效果和范围，如门店店员存在乱推荐现象、药师指导不当等。如果出现这种情况，要对员工进行严厉处罚，严重的要进行辞退。

4. 顾客心理原因

顾客在购买产品后没有按照要求服用或者未出现预期的效果，或者出现自己无法理解的症状现象时，就对产品或药店产生了怀疑。这个时候店员应该耐心细致的进行解释和化解，打消顾客顾虑，遇到这种情况，店员一定不能紧张，也不能激动，毕竟顾客不是专业人员，要用通俗的语言把专业的知识传达给顾客。

（五）顾客投诉处理原则

1. 礼貌、热情接待投诉顾客，安抚投诉者的愤怒。
2. 要表示相信顾客所说的话，不推诿责任。
3. 不与顾客发生争执，不在立场上争执不休。
4. 耐心倾听投诉者申诉，不要话还没有听完就指责顾客或为自己辩解。
5. 不让事件扩大，以免影响公司的声誉。
6. 受理顾客投诉后马上调查事件原因，检查问题出现的环节。
7. 不轻率承担责任，不盲目认错，当事人无法作出决定时应请示上级来解决。
8. 根据顾客要求或与顾客约定的反馈时间内给予答复。
9. 切实执行改善对策，避免同类事件再次发生。

（六）顾客异议及处理

在药店销售时还有一种常见的情况，就是顾客异议。顾客提出异议虽然与投诉有一定区别，但两者均会对门店的销售和形象产生不利影响，均需要店员及时发现并妥善处理，因此将顾客异议内容在此一并赘述。

1. 顾客异议的含义及分类

顾客异议又称为推销障碍，是指推销过程中顾客异议与看法对推销工作产生的各种阻力和障碍。主要分为以下几类。

（1）需求异议 需求异议是指顾客认为不需要产品而形成的一种反对意见。它往往是在营销人员向顾客介绍产品之后，顾客当面拒绝的反应。例如，一位女顾客提出："我的面部皮肤很好，就像小孩一样，不需要用护肤品""我们根本不需要它""这种产品我们用不上""我们已经有了"等。这类异议有真有假。真实的需求异议是成交的直接障碍。营销人员如果发现顾客真的不需要产品，那就应该立即停止营销。虚假的需求异议既可表现为顾客拒绝的一种借口，也可表现为顾客没有认识或不能认识自己的需求。营销人员应认真判断顾客需求异议的真伪性，对虚假需求异议的顾客，设法让他觉得推销产品提供的利益和服务，符合顾客的需求，使之动心，再进行营销。

（2）价格异议　价格异议是指顾客以推销产品价格过高而拒绝购买的异议。无论产品的价格怎样，总有些人会说价格太高、不合理或者比竞争者的价格高。如："太贵了，买不起""不合算""别人比您卖得便宜"等诸如此类的话。

（3）产品异议　产品异议是指顾客认为产品本身不能满足自己的需要而形成的一种反对意见。例如"我不喜欢这种颜色""这个产品造型太古板""新产品质量都不太稳定"还有对产品的设计、功能、结构、样式、型号等等提出异议。产品异议表明顾客对产品有一定的认识，但了解还不够，担心这种产品能否真正满足自己的需要。因此，虽然有比较充分的购买条件，就是不愿意购买。为此，营销人员一定要充分掌握产品知识，能够准确、详细地向顾客介绍产品的使用价值及其利益，从而消除顾客的异议。

（4）服务异议　服务异议是指顾客对购买推销品能否获得应有的、良好的售货服务表示不信任或担心而提出的异议。这种异议是顾客对推销品交易附带承诺的售前、售中、售后服务的异议，如对服务方式、方法、服务延续时间、服务延伸程度、服务实现的保证措施等多方面的意见。

（5）竞争异议　竞争异议指顾客对某一品牌（产品）的偏好而导致对另一品牌的不接受而提出的异议，如顾客一贯使用某个品牌的产品，从而对销售人员推荐的另一品牌产品表示怀疑或否定。

对销售而言，可怕的不是异议而是没有异议，不提任何意见的顾客通常是最令人头疼的顾客。因为顾客的异议具有两面性，既是成交障碍，也是成交信号。我国一句经商格言"褒贬是买主、无声是闲人"说的就是这个道理。有异议表明顾客对产品感兴趣，有异议意味着有成交的希望。推销员通过对顾客异议的分析可以了解对方的心理，知道他为何不买，从而按病施方，对症下药，而对顾客异议的满意答复，则有助于交易的成功。

2.顾客异议的成因

（1）顾客对促销员的不信任　顾客与导购初次交往，难以完全信任导购，有时会故意为难导购，以防受骗。举例：顾客不相信导购介绍的信息一定是最好的或者最合适的。

（2）顾客对自己的不自信　顾客担心自己的产品知识太少，或一时无法完全接受促销员的介绍。因此需要进一步询问来证实。举例：顾客挑选款式时，在功能款式和设计款式之间不知道该选哪一种。

（3）顾客的期望没有得到满足　若期望得不到满足，顾客就会产生不满，希望通过提出疑问和异议来达到目的。举例：顾客希望购买新款服饰，但感到太贵，故意提出各种问题，以得到更加优惠的价格。

（4）顾客不够满意导购　在主动了解需求或介绍信息的过程中使顾客感到不满，或顾客在以前就带有不满。举例：导购边介绍信息边与同事开玩笑，等介绍完毕，顾客会说："谁知道您说的是不是真的"当顾客问到某一产品的某一功能时，促销员甲说可以，但导购乙说无法使用。顾客会说："你们自己都讲不清楚，我怎么相信你们的话！"

（5）导购没有提供足够信息　对于顾客所关心的问题，导购没有提供满意的答案或足够的信息,故顾客会产生进一步的问题或异议。举例:"您说细柔莫代尔的产品肯定是最好的,为什么?"

(6)顾客有诚意购买　调查显示,提出疑问和异议的人往往是有诚意的购买者。举例:当顾客打算购买产品时,大多会对售后服务的内容提出疑问或异议。当我们了解了顾客为何会产生异议,我们就能更好地完善自己在工作中所缺乏的知识点或者情商缺少的部分。

3.顾客异议的处理

(1)事前做好准备　推销员在对顾客的异议进行处理时要坚持"不打无准备之仗"的基本原则。在走出公司大门之前推销员必须事先把顾客可能会提出的各种各样的异议列出来,然后考虑怎样对异议作出一个完善的答复。推销员还可以编制标准的应答用语,具体的程序包括以下内容。① 将大家每天遇到的顾客的异议写下来。② 分类进行统计,按照出现的频率对异议进行排序,排在最前面的是出现频率最高的。③ 采用集体讨论的方式来编制适当的应答用语,并将其编写、整理成文。④ 请大家熟记于心。⑤ 经验丰富的推销员扮演顾客,大家轮流对标准的应答用语进行练习。⑥ 对于修改过的应答用语,要进行再练习,并在最后定稿备用。为了方便随时翻阅,达到运用自如、脱口而出的程度,最好把应答用语印成小册子发放给大家。

(2)选择适当时机

① 在顾客异议尚未提出时解答　有时候顾客并没有直接把异议提出来,但是他们的表情、动作及措辞和声调却可能显示出他们的异议,推销员在对这种变化有所觉察后可以抢先进行解答。消除顾客的异议最好的方法是防患于未然。

② 在异议提出后立即回答　异议基本上都需要马上回答,这样的话不仅能够促使顾客购买产品,还能对顾客表示尊重。

③ 过一段时间再回答　在异议显得模棱两可或以推销员的能力水平难以解答时,推销员以暂时保持沉默为最好,而对顾客的此类异议进行立即的回复显然是不明智的。

④ 不回答　对于那些无法回答的奇谈怪论、容易造成争论的话题等,可以不回答。

(3)永远不要与顾客争辩　无论顾客进行怎样的批评,都不要与其争辩,同顾客争辩的推销员永远不会在争辩中取胜,诚如"占争论的便宜越多,吃销售的亏越大"。

(4)站在顾客角度换位思考　在对顾客的异议进行处理时,推销员要始终站在顾客的立场进行换位思考,对其考虑问题的立场和方法表示理解。但是,这并不代表着推销员必须对顾客的观点表示完全的认可,然而,却必须首先得到顾客情感上的支持,以此减少冲突。

任务实施

顾客投诉处理演练

1.任务实施目的

提高学生面对突发情况的心理素质,在实践中强化顾客投诉的类型、投诉顾客交谈注意事项、顾客投诉相关法律规定等知识，学生掌握处理顾客投诉的流程及方法，能够分析顾客投诉原因并妥善处理常见顾客投诉。

2.物品准备
（1）顾客投诉模拟演练场地8组。
（2）顾客投诉场景卡片8组。

3.操作过程
（1）实训教师课前设计好顾客投诉不同类型不同原因的卡片，方案中的考核点可包括：① 顾客投诉原因分析；② 顾客投诉处理原则；③ 顾客投诉处理流程；④ 顾客投诉交谈注意事项；⑤ 顾客投诉相关法律法规五项。

（2）按照小组完成顾客投诉模拟演练任务，抽签决定演练情境。

（3）实训开始，每小组学生仔细研讨本组顾客投诉情境，细化演练脚本，小组成员演示练习。

（4）小组成员完成流畅的顾客投诉演练并拍摄视频提交教学平台。

（5）填写实训报告（表4-1-1）。

表4-1-1 任务实施报告

班级：	小组：	时间：
课题：		
目的：		
器材、物品：		
步骤： 1.仔细研读卡片中的顾客投诉场景 2.针对顾客投诉场景展开讨论确定处理流程和方法 3.确定顾客投诉处理演练脚本 4.拍摄结束并整理		
教师评价：		

（6）教师现场考核点评。

📝 任务测评

（1）每个考核点记16分，五项共80分；实训报告20分。

（2）演练中每发现一项不合理问题扣除3分。

（3）规定时间90分钟。

知识扩展

（一）处理顾客投诉时的禁忌

1. 忌被动等待

工作人员大多数时间应在营业区接待客人，随机回答客人的问题，不放过任何与客人交流的机会，了解客人对药店的看法和不满意的地方，同时努力发现服务与管理中存在的问题与不足，及时发现隐患，抢在客人投诉之前进行事前控制。

2. 忌处理投诉时不注意时间地点

有的工作人员在处理顾客投诉时往往只注重坚持原则，忽略处理问题的灵活性和艺术性。在不恰当的时间与场合处理投诉，例如顾客正在发怒时，或是在公共场所与业务客户谈话时，这样不仅效果不好还有可能引起顾客更大的反感。

3. 忌在客人面前表现得过分谦卑

工作人员代表药店处理顾客投诉时，一言一行都代表着药店形象，因此应表现出充分的自信，彬彬有礼，不卑不亢。要明白谦恭不是卑微。过分的谦卑是缺乏自信的表现，往往会被客人看不起，对药店失去信心。

4. 忌与顾客争输赢

药店遭遇顾客投诉，说明药店的服务和管理有问题。因此即使某些顾客的投诉与事实有些出入，药店在不违背原则的前提下，也应把"正确"让给顾客。如果药店表面上"赢"了顾客，但顾客同时也就失去了对药店的好感，受损失的最终还是药店。

（二）处理客户异议的经典话术

1. 感同身受

（1）我非常理解您的心情。

（2）我理解您为什么会生气，换成是我也会跟您一样的感受。

（3）请您不要着急，我非常理解您的心情，我们一定会竭尽全力为您解决的。

（4）如果我碰到您的这么多麻烦，也会是您现在这样的心情。

（5）发生这样的事，给您带来不便了，不过我们应该积极面对才是。

（6）没错，如果我碰到您这么多的麻烦，我也会感到很委屈的。

（7）我非常理解您的心情，请放心，我们一定会查证清楚，给您一个满意的答复。

（8）我能感受得到，××情况、业务给您带来了不必要的麻烦。

（9）如果是我，我也会很着急的；我与您有同感；是挺让人生气的。

（10）您好，给您带来这么多的麻烦实在是非常抱歉，如果我是您的话，我也会很生气的，请您先消消气给我几分钟时间给您说一下这个原因可以吗？

2. 被重视

（1）您对我们业务这么熟，肯定是我们的老客户了，不好意思，我们出现这样的失误，太抱歉了。

（2）先生/小姐，很抱歉之前的服务让您有不好的感受，我们店铺对于客户的意见是非常重视的，我们会将您说的情况尽快反映给相关部门去做改进。

3.用"我"代替"您"

（1）您把我搞糊涂了（换成）我不太明白，能否再重复下您的问题。

（2）您搞错了（换成）我觉得可能是我们的沟通存在误会。

（3）我已经说的很清楚了（换成）可能是我未解释清楚，令您误解了。

（4）您听明白了吗？（换成）请问我的解释您清楚吗？

（5）啊，您说什么？（换成）对不起，我没有听明白，请您再说一遍好吗？

4.站在客户角度说话

（1）这样做主要是为了保护您的利益。

（2）如果谁都可以帮您办理这么重要的业务，那对您的利益是很没有保障的。

（3）我知道您一定会谅解的，这样做就是为了确保向您一样对我们店铺有着重要意义的忠诚顾客的权益。

思考与练习

（一）多项选择题

1.顾客投诉的主要三大类型为（　　）。

　　A.商品投诉　　　　　　　　　　B.服务投诉
　　C.安全投诉　　　　　　　　　　D.无理投诉
　　E.特殊投诉

2.与投诉顾客交谈时应注意（　　）。

　　A.选择合适的地点接待顾客投诉
　　B.由合适的人接待顾客投诉
　　C.用适当的语言和方式使顾客移情即是指换位思考
　　D.强调有形证据
　　E.合适的态度可以解决投诉的一半问题

3.以下关于药品经营质量管理规范中对售后服务的说法正确的是（　　）。

　　A.除药品质量原因外，药品一经售出，不得退换。
　　B.企业应当在营业场所公布食品药品监督管理部门的监督电话，设置顾客意见簿，及时处理顾客对药品质量的投诉。
　　C.企业应当按照国家有关药品不良反应报告制度的规定，收集、报告药品不良反应信息。
　　D.企业发现已售出药品有严重质量问题，应当及时采取措施追回药品并做好记录，同时向食品药品监督管理部门报告。
　　E.企业应当协助药品生产企业履行召回义务，控制和收回存在安全隐患的药品，并建立药品召回记录。

4.常见顾客投诉的原因包括（　　）。

　　A.产品的质量原因　　　　　　　B.药店的服务原因

C. 功效夸大的原因　　　　　　　　D. 顾客心理原因
E. 药监部门原因

5. 顾客投诉处理原则包括（　　）。
   A. 礼貌、热情接待投诉顾客，安抚投诉者的愤怒。受理顾客投诉后马上调查事件原因，检查问题出现的环节。
   B. 要表示相信顾客所说的话，不推诿责任。根据顾客要求或与顾客约定的反馈时间内给予答复。
   C. 不与顾客发生争执，不在立场上争执不休。不轻率承担责任，不盲目认错，当事人无法作出决定时应请示上级来解决。
   D. 耐心倾听投诉者申诉，不要话还没有听完就指责顾客或为自己作辩解。
   E. 不让事件扩大，以免影响公司的声誉。确实执行改善对策，避免同类事件再次发生。

（二）判断题

为使顾客满意，处理顾客投诉时应首先承认错误，承担责任。（　　）

（三）问答题

1. 处理顾客投诉的一般流程是什么？
2. 处理顾客投诉时有哪些禁忌？

任务七

退换货处理

学习目标

1. 掌握零售药店药品退货的工作流程、基本技巧。
2. 掌握零售药店药品退货的原则。
3. 熟悉销后退回药品收货、验收流程及处置措施。
4. 能妥善处理顾客退货要求。
5. 能正确实施退货操作手续。
6. 能制作规范的销后退回商品台账和售后服务记录表。

工作流程

（一）工作前准备

1. 职业形象的准备

基本要求如下。

（1）个人卫生　上岗前应做好个人清洁卫生，包括头发、面部、颈部、手部、指甲的清洁。同时清除口腔及身体异味，禁止留长指甲。男士应不留胡须，勤剪鼻毛，保持面容洁净。

（2）发型要求　头发要清洁，发型应自然大方，长度要适宜。男士要求不留大鬓角及胡须。女士避免怪异的发型和发色，为客人服务时，应将头发整齐束起。

（3）化妆要求　女性医药商品购销员为了表示对顾客的尊重可适度淡妆，但不应留长指甲和涂彩色指甲油，不佩戴形状特异和有色的眼镜。

（4）仪表要求　上岗前应着企业统一的制服，保持制服整洁，在左胸前戴好胸卡。对可能影响药品质量的中药调剂、代客煎药等岗位不宜佩戴饰物，营业员岗位可以佩戴简单饰物，式样不应过于夸张，数量以一至两件为宜，以体现文雅端庄。

2. 环境准备

药店的营业环境必须整洁、明亮、舒适，让顾客一来就有一种温馨、清爽、健康的感受。为此应做好以下工作：① 清洁空气，调节营业场所温度到适宜温度。② 清洁场地，整理好台面。③ 播放适宜的轻音乐，调整灯光，使营业场所亮度适宜。④ 在营业场所适当位置摆放好座椅，整理好书刊，备好饮水机。

3.工具和药品准备

（1）药品准备的要求　① 整理货架，及时补货。② 查验标签，对各种原因引起的商品变价要及时调整标价。

（2）需要检查准备的工具　计价收银用具、计量用具、包扎用具、宣传材料、零钱等。

工作前准备的具体内容和要求详见模块二任务三。

（二）药店退换货操作过程

处理药品退换货一般可按照以下程序进行。

1.倾听致歉

在遇到顾客的药品退换货要求时，无论什么情况，接待人员应该首先向顾客致歉，可以多用一些工作中的用语，比如可以说"你好，我是这里的负责人，不好意思让您多跑一趟，请问您有什么问题吗？"退换货处理应该在安静、方便的地点，尽量避开卖场或者客流量比较多的地方，以诚恳和蔼的态度，认真听取顾客要求退换货的原因。

2.核实退换药品来源

在认真倾听完顾客的要求之后，就要检查记录。确认该药品是否为本店所销售出去的。需要查看顾客持有的购物小票，检查下购物时间是否超过3天；仔细检查要求退换的药品的品名、药品包装、批号、规格、外观质量、生产厂家、厂址以及批准文号等，核对以上内容是否与本店存货或者电脑记录一致；或核实其他证明是本店售出药品的途径。

3.记录

在仔细检查要求退换的药品包装、批号，外观质量、购货小票后，把退货的情况登记在《销后退回商品台账》（表4-2-1）和《售后服务记录》（表4-2-2）上。

表4-2-1　销后退回商品台账

日期	退货单位	品名规格	单位	数量	批号	生产企业	退货原因	质量验收	验收员	处理结果	经办人	备注

表4-2-2　售后服务记录

日期	服务内容	服务原因	顾客姓名	联系电话及住址	处理结果	经办人	备注

4.向顾客道歉

就因为购买本店药品所带来的烦恼向顾客表示诚恳的道歉。要使用真诚的语言,比如"非常抱歉,购买我们的产品给您带来了麻烦,您有什么建议或问题可以随时跟我们提,我们一定会妥善处理,尽量让您满意。"

5.征询顾客意见

与顾客协商,征求顾客的意见,问顾客是否同意换货或者退货。

6.退换货处理

与顾客协商妥当,双方意见达成一致以后,办理退货手续,开出票据,请顾客在票据上签名。

7.退回药品的后处理

由门店药师对退回药品进行质量验收,仔细检查药品的包装、标签、说明书、最小包装的质量状况以及药品的外观状态。如确认药品无质量问题,可以继续销售的,做必要账务处理后入库或陈列柜台。如经验收,发现退回药品存在质量问题或包装损坏无法再销售,应放入不合格区,登记不合格药品记录,待不合格药品的进一步处理。

8.通报

将药品退换的原因以及处理的结果向相关的部门和员工通报,引起重视,在日后的工作中,要加以改进,避免类似事件再次发生。

(三)退换货的操作要点

(1)首先是在不损害药店利益的前提下,尽可能满足顾客的需求。

(2)在处理退换货要求的时候,店员态度必须是温和有礼的、细心周到的、耐心认真的,不得顶撞顾客。

(3)确认好退换药品的来源,是否是本店售出药品,按照药品退换原则正确判断药品能否给予退换,然后做出相应处理。假如因顾客自身原因导致退货,不符合退换货要求的情况,不应给予退换货处理。

(4)如果遇到恶意捣乱的顾客,不必过分无原则退让,可以要求或请他离开,否则,可以选择立即报警处理。

案例导入

早上8点,一位30岁左右的男性顾客拿着1瓶维生素D软胶囊来到药店。他气冲冲地走进来大声说:"你们这是卖的什么药啊?我孩子吃了1瓶了,怎么一点效果都没有,你们给我退货,不然我见人就说你们卖假药!"

案例分析

(1)根据以上工作场景内容,可以知道,这是一个售出药品要求退货的案例。根据相关法规制度的规定,为保证患者用药安全,药品一经发出,除质量问题外,一般不予退换。因此，遇到以上案例场景，需首先分析是否符合退换货的原则。一般药店可退换药品的情况包括以下几种：① 确认为本店售出药品，包装没有拆封并且经检查没有污染、超过有效期等情况。② 购买后未离店之前拆封发现存在质量问题。③ 购买药品离店后才发现质量问题，但能证明是本店售出的药品，比如持有本店的购物小票，且购物时间不超过3天；或者药品的品名、规格、生产厂家、厂址以及外包装、批号、批准文号等，与本店存货或者电脑记录一致；或有其他途径证明是本店售出的药品存在质量问题。

（2）通过分析案例，我们知道，该顾客购买维生素D软胶囊已经有一段时间了，不仅包装已经拆封，甚至已经服用完了一瓶，临近服用完发现效果不佳，前来退货，这种情况不符合药店退换货的原则，不应给予退货处理。

（3）面对该工作场景，药店人员应该按照正确的退换药品处理程序进行操作。首先不可"以硬碰硬"，态度要温和，认真倾听顾客的要求，了解原委。然后核实事情，按"理"处理。核查好确认是本店售出的药品后，由于药品已经拆封服用，不符合退换货原则，因此要耐心向顾客解释不能退货的原因，双方心平气和达成协议。在处理类似场景时，药店人员的态度和处理方式尤为重要，一旦处理不当，顾客对药店的抱怨异议在得不到应有的重视和解决的情况下，就可能升级，导致顾客的投诉行为。

相关知识

（一）销后退回药品收货、验收

1. 销后退回药品的概念

销后退回药品是指已经销售出去并且在进入市场流通或使用环节后，因某种原因（如采购失误、滞销、产品召回、质量问题等）被退货至供货单位的药品。

2. 销后退回药品的收货流程

对销后退回的药品，在退回过程中，应严格按照销后退回程序进行申请和审批，并在退回收货环节严格按照收货流程操作。一般收货流程见图4-2-1。

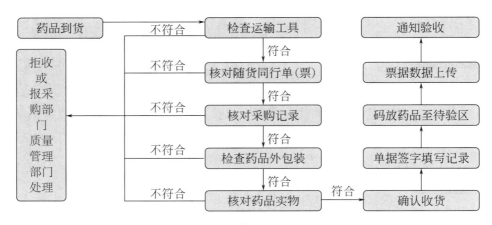

图4-2-1　药品收货流程

（1）检查运输工具和运输状况

① 检查运输工具　药品到货时，收货员应检查运输工具是否密闭，运输工具内是否有雨淋、腐蚀、污染等可能影响药品质量的现象。如有异常，应及时通知采购部门并报质量管理部门处理。

冷藏、冷冻药品到货时，企业应当按照GSP要求检查是否使用了符合规定的冷藏车或冷藏箱、保温箱运输药品，对未按规定使用冷藏设施设备运输的药品不得收货。企业应当按照GSP要求查看冷藏车或冷藏箱、保温箱到货时温度数据并记录，查看冷藏箱或保温箱温度记录仪，导出在途温度记录，并打印保存，确认运输全过程温度状况是否符合规定。不符合规定要求的应当拒收。

② 检查运输时限　收货员提取订单后，应仔细核对运输单据上载明的启运时间，检查是否符合采购订单约定的在途时限，如有不符，应及时报质量管理部门进行处理。

如果供货方委托运输药品的，企业采购部门应逐一核对供货单位提供的承运方式、承运单位、启运时间等信息，并告知收货人员，收货人员在药品到货后要逐一核对上述内容，如果有不一致的内容，应当通知采购部门并报质量管理部门处理。

（2）核查随货资料

① 核对随货同行单　检查到货票据是否加盖供货单位药品出库专用章原印章，与备案的票据、印章（系统中的扫描件或纸制留存）进行对比是否一致。

收货时核对的随货同行单并不是发票，而是各供货单位的发货单据即出库单。随货同行单样式可不一致，但必须在购货单位处对其样式进行备案，且单据上必须有"随货同行"字样。随货同行单应当包括供货单位、生产厂商、药品的通用名称、剂型、规格、批号、数量、收货单位、收货地址、发货日期等内容，并加盖供货单位药品出库专用章原印章（表4-2-3）。随货同行单上盖有的供货单位出库红章必须在本公司备案。

表4-2-3　随货同行单（票）

收货单位：
收货地址：　　　　　　　　　　　　　　　　　　　　　发货日期：

商品编码	商品名称	剂型	规格	生产厂商	单位	数量	含税批价	扣率	销售价	金额	零售价	提货仓库		
												每件内装		批号
														有效期至
												件数		批准文号
												每件内装		批号
														有效期至
												件数		批准文号

续表

商品编码	商品名称	剂型	规格	生产厂商	单位	数量	含税批价	扣率	销售价	金额	零售价	提货仓库		
												每件内装		批号	
														有效期至	
												件数		批准文号	
		合计人民币（大写）：							￥：	收款方式		备注		

开票员：　　　收款员：　　　业务员：　　　发货员：　　　复核员：

对冷藏、冷冻药品进行收货检查时，除随货同行单（票）外，还应索要《冷链药品运输交接单》（表4-2-4）。检查《冷链药品运输交接单》上记载的启运时间、启运温度。查验冷藏车、车载冷藏箱或保温箱到货时的温度数据，导出、保存并核查运输过程和到货时的温度记录，完成冷链运输交接单的填写。符合规定的，将药品放置在符合温度要求的收货待验区域待收货；不符合规定的应当拒收，将药品隔离存放于符合温度要求的环境中，并报质量管理部门处理。

表4-2-4　冷链药品运输交接单

供货单位（接收单位）						
购货单位（接收单位）						
药品简要信息（应与随货同行联相对应）	药品名称	规格	生产企业		批号	数量
温度控制要求			温度控制设备			
运输方式			运输工具			
启运时间			启运温度			
保温期限			随货同行联编号			
发货人签字			运货员签字			
备注			送货人			
以上信息发运时填写 以下信息收货时填写						
到达时间			在途温度			
到达时温度			接收人签字			
备注						

② 核对采购记录　药品到货时，系统应当支持收货人员查询采购记录，收货人员应

当按采购记录,对照供货单位的随货同行单(票),确认药品发送正确。单据无误后再将随货同行联与实物对照,确认相关信息,做到票、账、货相符后方可收货。采购记录应当包括供货单位、生产厂商、药品的通用名称、剂型、规格、批准文号、数量、收货单位、购货日期等内容。采购中药材、中药饮片的还应当标明产地(或来源)及重量,并加盖供货单位合同专用章或公章原印章。

③ 核对其他随货资料　对实施批签发管理的生物制品进行收货时,需检查是否有加盖供货单位药品检验专用章或质量管理专用章原印章的《生物制品批签发合格证》复印件。

对进口药品进行收货时,需检查是否有加盖供货单位质量管理专用章原印章的相关证明文件。

a.《进口药品注册证》或《医药产品注册证》。

b.进口麻醉药品、精神药品以及蛋白同化制剂、肽类激素需有《进口准许证》。

c.进口中药材需有《进口药材批件》。

d.《进口药品检验报告书》或注明"已抽样"字样的《进口药品通关单》。

e.进口国家规定的实行批签发管理的生物制品,有批签发证明文件和《进口药品检验报告书》。

(3) 检查药品外包装与核对实物

① 检查药品外包装　对运输方式无误且出库单与采购记录吻合的药品,药品有运输防护包装的,装卸员将药品运输防护包装拆除。收货员检查药品外包装是否完好,检查运输储存包装封条是否有损坏。外包装出现破损、污染、标识不清、挤压、受潮等情况,应拒收,并通知采购部门进行处理。

② 核对药品实物　依据随货同行单(票)逐批核对药品实物,核对内容包括药品的通用名称、剂型、规格、批号、数量、生产厂商等。

(4) 单据签字　确认收货后,在随货同行单(票)上或客户确认单上签字,并盖"收货专用章",交给供货单位或委托运输单位送货人员。

(5) 填写退货药品收货记录　收货员根据收货检查情况,在计算机系统中填写《销后退回药品收货记录》(表4-2-5)。

表4-2-5　销后退回药品收货记录

序号	到货日期	通用名称	商品名称	生产厂商	退货单位	批准文号	生产批号	剂型	规格	到货数量	单位	生产日期	有效期至	退货原因	收货数量	拒收数量	收货员

备注	退货凭证:　□有　　□无	售出期间温度控制数据:　□有　　□无
	是否冷链:　□是　　□否	在途温度记录:　□有　　□无
	启运温度:	到达温度:
	启运时间:	到达时间:

当到货退回药品出现信息与实物不符、包装异常、监管码信息不符合规定等情况时，应第一时间上报领导并联系采购部门，等待处理。如果处理结果为拒收，应及时填写药品拒收记录（表4-2-6）。

表4-2-6　药品拒收记录

单据编号：　　　　　　　　　　　　　　退货单位：
记录编号：　　　　　　　　　　　　　　打印时间：

序号	拒收日期	通用名称	生产厂家	供货单位	批准文号	生产批号	剂型	规格	拒收数量	单位	生产日期	有效期至	拒收原因	收货员	验收员

质管审批意见：　　　　　　审批人：　　　　　　审批日期：

（6）码放药品　收货员应将核对无误、符合收货要求的药品按品种、批号进行托盘堆码，需将标签全部朝外，便于验收、入库上架、出库下架时对药品信息的识别。堆码完成后，将托盘转移至符合药品储存条件的待验区内或设置状态标志。

（7）交接单据　将随货同行单（票）、检验报告单等相关证明性文件转交给验收人员。

销后退回的药品，由于经过流通环节的周转，其质量已经脱离企业质量体系的监控，在外部运输储存环节面临巨大的质量风险，因此在退回过程中，应该严格按照销后退回程序进行申请和审批。在退回收货环节除严格按照收货流程操作外，还应做到如下要求。

① 核实退回药品来源　收货人员应依据销售部门确认的"销后退回药品通知单"对销后退回药品进行核对，确认为本企业销售的药品。

② 销后退回药品为冷链药品时，收货人员应先检查运输方式和到货温度，核实退货方提供的温度控制说明文件和售出期间温度控制的相关数据，确认是否符合规定的条件，然后再按销后退回药品和冷链药品收货的相关规定进行收货。

3.销后退回药品的验收流程

对销后退回的药品，验收人员应按进货验收的规定验收，对于包装破损、标识不清等无法判定其质量时需抽样送检验部门检验。药品验收流程见图4-2-2。

（1）核对药品　验收人员检查退回药品随货同行单是否符合要求，按照随货同行单再次核对药品实物，核对内容包括品名、规格、批号、有效期、数量、生产企业等，并检查随货同行单是否加盖供货单位"出库专用章"原印章。

（2）查验药品检验报告书　按照批号逐批查验退回药品检验报告书是否符合规定的要求。供货单位为生产企业的，药品检验报告书上应加盖供货单位检验专用章或质量管理专用章原印章；供货单位为批发企业的，药品检验报告书上应加盖供货单位质量管理专用章原印章或提供复印件。若退回药品为生物制品和进口药品，验收员应按照相关药品检验报告书的规定操作。

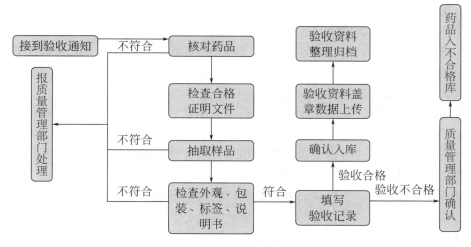

图 4-2-2　药品验收流程

（3）抽取样品　验收员对退回药品进行逐批抽样检查，抽取的样品应该具有代表性，能准确地反映被验收药品的总体质量情况。具体抽样要求如下。

① 对于同一批号的整件退回药品，按照堆码情况随机抽取样品。整件数量在2件及以下的应当全部抽样检查；整件数量在2件以上至50件以下的至少抽样检查6件；整件数量在50件以上的每增加50件，至少增加抽样检查2件，不足50件的按50件计。

② 对抽取的整件药品应当进行开箱抽样检查，从每整件的上、中、下不同位置随机抽取6个最小包装进行检查，对发现被抽取样品存在封口不牢、标签污损、有明显重量差异或外观异常等情况的，至少再加一倍抽样数量进行检查。

③ 对无完好外包装的销后退回药品，每件应抽样检查至最小包装。

④ 零货药品应逐个包装检查，必要时应抽样送检验部门检验。

⑤ 特殊管理药品在特殊管理药品专库内实行双人验收。对麻醉药品、精神药品、医疗用毒性药品，两位验收员需当场按批号逐件逐盒逐支检查，查验到最小包装；对蛋白同化制剂、肽类激素，抽样要求与普通药品一致。

（4）检查抽样药品

① 验收员应检查抽取整件药品运输储存包装的封条有无损坏，包装上是否清晰注明药品通用名称、规格、生产厂商、生产批号、生产日期、有效期、批准文号、贮藏、包装规格及储运图示标志，以及外用药品、非处方药的标识等标记。

② 检查抽取的整件药品包装中是否有产品合格证。合格证的内容一般包括药品的通用名称、规格、生产企业、生产批号、检验单号、出厂日期、包装人、检验部门和检验人员签章。

③ 对于抽取的最小包装，应检查最小包装的封口是否严密、牢固，有无破损、污染或渗液，包装及标签印字是否清晰，标签粘贴是否牢固。

④ 检查每一最小包装的标签、说明书是否符合以下规定。

a.药品标签内容齐全，对注射剂瓶、滴眼剂瓶等因标签尺寸限制无法全部注明上述内容的，至少标明药品通用名称、规格、产品批号、有效期等内容。中药蜜丸蜡壳至少注明药品通用名称。

b. 化学药品、生物制品以及中药说明书内容齐全。

c. 处方药和非处方药的标签和说明书上有相应的警示语，非处方药、外用药、特殊管理药品的包装、标签及说明书上均有国家规定的标识和警示说明；蛋白同化制剂和肽类激素及含兴奋剂成分的药品应标明警示标识。

d. 进口药品的包装、标签以中文注明药品通用名称、主要成分以及注册证号，并有中文说明书。

e. 中药饮片的包装或容器与药品性质相适应及符合药品质量要求，中药饮片的标签内容齐全，实施批准文号管理的中药饮片，还需注明批准文号。

f. 中药材要有包装，并注明品名、规格、产地、供货单位、收购日期、发货日期等内容；实施批准文号管理的中药材，还需注明批准文号。

⑤ 对抽取药品进行外观、性状的检查。通过检查药品外观有无变色、沉淀、分层、吸潮、结块、熔化、挥发、风化、生霉、虫蛀、异臭、污染等情况，判断药品质量是否符合规定。

⑥ 抽样检查结束后，应当将检查后的完好样品放回原包装内，并且在抽样的整件包装上标明"已抽样"标志。

（5）填写销后退回药品验收记录　药品验收人员应按规定建立专门的销后退回药品验收记录（表4-2-7），记录包括退货单位、退货日期、通用名称、剂型、规格、批准文号、批号、生产厂家（或产地）、生产日期、有效期、数量、单位、验收日期、退货原因、验收结果和验收人员等内容。

表4-2-7　销后退回药品验收记录

序号	验收日期	退货日期	通用名称	生产厂家	退货单位	剂型	规格	批准文号	批号	生产日期	有效期	数量	单位	退货原因	验收结果	验收人员
备注																

（6）验收药品入库　对已经验收完毕的药品，应当及时调整药品质量状态标识。仓库保管员及时将验收合格药品入库至指定货位。

销后退回药品的验收除按一般流程进行外，还应注意以下几方面。

① 核实退货原因　药品验收人员应根据销售部门确认的销后退回药品通知单进行验收，对于质量原因的退货，应查看药品实货是否与审批的退货原因相符。

② 冷链药品销后退回的验收　药品验收人员应按销后退回药品和冷链药品验收的相关规定进行药品验收。冷链药品验收应快速及时，一般随到随验，在60分钟内完成验

收。在规定时间内，因各种原因不能进行验收的，冷链药品必须放置在冷库待验区待验。

③ 特殊管理药品销后退回验收　除应符合销后退回药品验收操作要求外，还应遵守特殊管理药品的验收规定。

（二）销后退回药品的处置

1. 销后退回药品验收异常情况及验收结论

销后退回药品入库验收的异常情况主要有以下三种。

（1）验收员按规定验收合格的药品直接判定合格结论。

（2）验收员发现以下情况，药品可以直接判定不合格结论。

① 药品包装、标签、说明书等的内容不符合药品监督管理部门批准范围、不符合规定、没有规定标志。

② 药品内外包装明显破损或包装封条损坏、最小包装封口不严、有破损、污染或渗液。

③ 药品无标签、包装、说明书。

④ 药品未经药品监督管理部门批准生产，无批准文号（国家另行规定的除外）。

⑤ 整件药品包装中无出厂检验合格证。

（3）验收员不确定不合格或有疑问的情况。

① 药品合格证明文件上未加盖供货单位药品检验专用章或质量管理专用章原印章或印章与备案不符；检验报告书内容模糊；注册证、准许证不在有效期内；批号与检验报告书不符；药品检验报告没有合格结论等。

② 合格证明文件上的信息如药品名称、规格、批号、生产企业名称、注册证号等与药品实物不符。

③ 药品的外观性状不符合规定，或存在其他质量可疑情况，或对药品内在质量存在怀疑。

2. 销后退回药品的处置措施

（1）对于验收合格的销后退回药品，应及时调整药品的质量状态标志，按照分配的货位将药品入合格品库，并填写《销后退回药品验收记录》。

（2）对于验收不合格的销后退回药品，应及时移入不合格药品库，并填写销后退回药品的拒收记录。

（3）对于不能确定合格与否的药品，按照不同情形分别做以下处理。

① 合格证明文件不全或不符合要求的不得确认入库，需报告质量管理部门。由质量管理部门通知退货企业，补全补对相关资料后方可验收入库。如确认无法提供正确、完整资料的，按拒收处理，由验收人员填写销后退回药品拒收通知单，经质量管理部门审核确认后，通知退货单位，将拒收药品退给退货单位。未退货前，拒收药品可暂存于待处理区。

② 合格证明文件上的信息与药品实物不符的，报告质量管理部门处理。由质量管理部门通知退货企业，更换正确的合格证明文件后方可验收。

③ 对于药品外观性状不符合规定或存在其他质量疑问的，需报告质量管理部门处理。对药品内在质量存在疑问的，可送县级以上药品检验机构检验确定，经质量管理部

门复检确认为不合格药品的，按拒收或入不合格品库处理。

（三）零售药店药品退换货程序

1.零售药店药品退换货的原则

因为药品是特殊的商品，一旦拆封后药品就有可能被污染，不能再出售，因此药品退换时要求遵循一定的原则，见数字资源4-2零售药店药品退换货程序。

数字资源4-2

（1）药店可退换药品的情况

① 包装没有拆封时，只要确认是本店售出的，经检查没有污染，没有超过有效期，不影响其他顾客的利益和再次出售，都应该主动给予退换。

② 质量问题退换

a.购买以后当场拆封，发现有质量问题的，比如散剂结块、片剂裂片、溶液渗漏或者是变色、中药发霉等，这些情况下必须无条件退换药品。

b.顾客离店以后才发现质量问题的，符合以下几个条件，可以确认为本店售出药品的，应给予退换：顾客持有本店的购物小票，且购物时间不超过3天；或者药品的品名、规格、生产厂家、厂址以及外包装、批号、批准文号等与本店存货或者电脑记录一致；或有其他途径证明是本店售出的药品存在质量问题。

c.对本店出售的过期失效、残损变质、称量不足的药品，不但应退换，还要主动道歉，如果顾客因此而受损失、酿成事故，还应给予赔偿或按国家有关规定处理。

③ 非质量问题退换　非质量问题药品一般情况下是不给予退换的，但是为了维护顾客的忠诚度，在不损害公司利益的前提下，在一定程度上是可以给予退换的。

（2）不可退换药品的情况　下列情况之一原则上是不予办理退货的。

① 无法证实为本店销售的药品。

② 药品无质量问题，而且存在包装已拆封或者包装已经损坏等不完整的情况。

③ 药品临近服用完发现效果不佳的情况。

④ 因顾客使用不当、保管不善而造成的残损变质或买后超过有效期的。

2.处理退换货的注意事项

退换药品无疑会给营业员的正常工作增添麻烦，但营业员应该认识到，药品的退换工作是售后服务的一个重要方面，对这类顾客接待的好坏，处理问题是否恰当，直接关系到药店的信誉。因此，营业员必须认真对待，妥善处理。

① 端正认识，深刻体会处理好顾客商品退换业务是体现药店诚意的最好的途径。要意识到，顾客的信赖是千金不换的财富。

② 态度诚恳、热情接待。接待退换药品的顾客时，营业员的态度必须比接待购买药品的顾客还要热情诚恳，倾听顾客退货的原因，要以爱心去对待顾客，面对顾客的退换，不能怕麻烦，不能推诿，要急顾客之所急，迅速帮助顾客处理好医药商品退换。只有这样，才能使顾客感到营业员的亲切和对自己的尊重，从而增强对营业员处理退换货的信任感。

③ 在退换过程中，要向顾客诚心道歉，并保证再不发生类似事件。

④ 要对其他顾客负责。如果在一段时间内，同一药品有数起退换事件发生，那就证

明药品质量明显有问题，营业员必须停止销售，并通知顾客退换。

3.零售药店药品退换货操作程序

（1）核查退换货药品来源　药店人员接到顾客提出的药品退换货时，首先核对药品品名、规格、厂家、批号等是否与本店验收记录或销售记录一致，经确认为本店所售，方可收货，确实不是本店所卖出的不能给予退换货。

（2）确认是否符合退换货要求

① 检查退回的药品的包装，如果没有拆封或使用则可以退换。由于营业人员介绍不准确而导致顾客要求退货的，经药店经理确认后予以退货，并向顾客表示歉意。

② 药品包装及自身品质受损，影响再次销售的；经使用或包装已经拆缺的；或由于顾客自身选购错误的，不予退货。

（3）退货药品验收处理　将退回的药品置于待验药品操作台，经验收人员验收：合格的放入相应柜组；若存在药品内在质量问题，如药品装量不足、碎片等，按不合格药品确认和处理程序进行处理。

（4）及时与顾客办理相应的退款或重购事宜　根据应退药品的品名、数量、金额，如数退还顾客货款，或商量重购事宜。

（5）做好登记记录　退回药品不论验收合格与否，均应如实填好相关记录，填写《销后退回商品台账》及《售后服务记录》，记录保存5年备查。

任务实施

（一）销后退回药品的入库验收

1.任务实施目的

培养学生掌握销后退回药品入库验收的方法，熟悉销后退货药品入库验收的注意事项；让学生掌握销后退回药品验收抽样的原则以及详细的执行操作流程。

2.物品准备

待验区放置药品的托盘，开箱刀，封箱器（含胶带），采购单位质量检验章，相关的药品，药品随货同行单，药品检验报告书，药品出厂检验合格证（在整件箱体内），"抽样验收"合格签，销后退回药品验收记录表，药品拒收记录表。

3.操作过程

（1）实训教师课前设计好实训方案，按照方案，提前布置好实训区域，设置好待验区、合格区、不合格区等标志，放置好托盘和相应的药品以及单据。

（2）实训学生分成小组，每组三人为宜，其中一人扮演药品退货方代表，其余两人扮演验收员。

（3）实训开始，每小组学生按照自己的角色实施操作，扮演验收员的两名学生互相合作，共同完成销后退回药品的验收操作。

（4）完成操作后，小组成员填写相应记录，并整理现场。

（5）填写实训报告（表4-2-8）。

表4-2-8　任务实施报告

班级：	小组：	时间：
课题：		
目的：		
器材、物品：		
步骤： 1.核对退回药品 2.查验合格证明文件 3.抽取样品 4.检查抽取的样品 5.封箱还原 6.填写销后退回药品验收记录 7.处置验收药品		
教师评价：		

（6）教师现场考核点评　考核评价标准见表4-2-9。

表4-2-9　评价标准

序号	评价内容	评价标准
1	核对药品	对照收货单核对药品
2	查验合格证明文件	1.检查药品合格证明文件的齐全性 2.检查药品合格证明文件的合法性 3.核查药品实物与药品合格证明文件之间的关联性
3	抽取样品	1.检查运输包装 2.开箱抽取整件样品 3.检查整件药品出厂检验合格证
4	查验药品	1.检查药品最小包装 2.检查药品最小包装标签 3.检查药品说明书 4.检查药品外观质量
5	封箱还原	1.还原抽样最小包装药品，封闭整件箱 2.粘贴验收标签
6	填写验收记录	1.填写验收记录 2.填写拒收记录
7	处置验收药品	1.调整已验收药品质量状态标识或移入相应区域 2.将随货同行单（票）和检验报告书等合格证明文件分别进行整理

📝 任务测评

（1）每个考核点记10分，七项共70分；实训报告30分。
（2）每项全部符合评价标准得10分，修正正确得8分。
（3）规定时间30分钟。

（二）零售药店退货处理

1.任务实施目的
（1）树立售后服务是营销之本的经营理念。
（2）妥善处理顾客退货。

2.实训内容
某某药店新近销售了一种美容口服液，销路很好。张女士买了该口服液后，没有立即服用，过了3个月后准备服用时，发现内有沉淀物，立即来到药店要求退货。作为这个药店的接待人员，请做出以下处理。
（1）请你就此案例判断能否退换药品，从哪些方面判断。
（2）如若能退换，应履行什么手续？
（3）制作销后退回商品台账和售后服务记录表。

3.实训要求
（1）在教师指导下，学生自由组合为5～8人的实训小组，并确定负责人。从原则方面判断能否退货。
（2）实训中应详细说明处理退货的方法和步骤，具有可操作性。
（3）每一小组均在规定的时间内完成实训项目，写出任务实施报告（表4-2-10），教师统一点评。

表4-2-10　任务实施报告

班级：	小组：	时间：
课题：		
目的：		
器材、物品：		
步骤： 1.核查退货药品来源 2.判断能否退货 3.办理退货手续 4.验收并处置退货药品 5.制作记录表格		
教师评价：		

任务测评

考核标准与方法如下。
（1）能根据退货原则做出正确的判断（20分）。
（2）退货原则阐述详细、准确（20分）。
（3）退货手续实施步骤详尽、条理清晰，具有较强的可操作性（20分）。
（4）能制作较为规范的销后退回商品台账和售后服务记录表（20分）。
（5）能在规定的时间内完成实训项目，实训报告规范（20分）。

知识扩展

（一）顾客未服完的近效期药品要求退货的处理

一般情况下，把距离药品有效期不足6个月的药品称作近效期药品。客观地讲，药店无法回避近效期药品，每个药店都存在近效期药品的处理问题。正因为近效期药品的特殊性，GSP认证标准中特别要求药店重视近效期药品的销售和管理。妥善处理近效期药品，不仅可以降低药品损耗，还可以减少药品资源的浪费。在实际工作中，一般对近效期药品处理采取以下两种方式。

一是退回生产厂家。针对近效期药品，药店可以提前与生产厂家联系协商，争取将近效期药品退回并更换同类同种药品，由于药品系同一厂家的产品，生产厂家一般都给予退换支持。

二是催销近效期药品。药店对近效期药品安排专门的药师做好跟进工作，并在催销、促销的同时，向顾客解释有效期内药品的药理作用，在尊重顾客知情权和选择权的前提下，由顾客自主决定是否购买。但必须明确的是，在销售近效期药品时，必须及时履行告知义务，说明催销或促销的原因，并在药师指导下确保顾客安全用药，坚决杜绝伤害顾客健康的情况发生。否则，通过隐瞒事实真相诱导顾客购买近效期药品，转移经济损失，致使顾客服用过期药品，就违背了诚信经营原则，不但极易造成顾客反感，损害药店形象和声誉，而且可能因此带来相应的赔偿和补偿，可谓得不偿失。

（二）药品经营企业处理退货药品的具体要求

按照GSP要求，企业应当加强对退货的管理，保证退货环节药品的质量和安全，防止混入假冒药品。

（1）药品经营企业要有药品退货管理制度或规程。

（2）对退回药品，应严格核对原发货记录，与原发货记录相符并与销售联系审核后方可办理退货手续；不符的应及时报质量管理部处理。所有退回的药品，应由收货员凭销售部的退货凭证收货，并将退货药品存放于退货药品库（区）。确认是本企业销售的药品，方可收货并放置于符合药品储存条件的专用待验场所，挂黄牌标示准备验收。

（3）所有退回药品，均应按购进药品的验收规程重新进行验收，并做出明确的质量结论，合格后方可入合格品库。

① 判定为不合格药品，应报质量管理部进行确认后，将药品移入不合格药品库（区）存放，给予明显标志，并按不合格药品规程处理。

② 确认无质量问题，且内外包装完好、无污染的药品，可办理入库手续。

③ 质量无问题，因滞销等原因需将购进药品退回给供货方的，应通知采购部门及时处理。

（4）不能提供冷藏、冷冻药品售出期间储运温湿度数据或温湿度数据不符合要求的，应按不合格品处理。

（5）应建立药品退回记录。退货药品处理记录见表4-2-11。

表4-2-11　退货药品处理记录

日期	退货单位	药品名称、剂型	规格	单位	生产厂家	数量	产品批号	有效期至	退货原因	处理结果	经办人	备注

（三）相关法规和制度

《药品经营质量管理规范》附录1 冷藏、冷冻药品储存与管理（2016年国家食品药品监督管理总局令第197号，节选）

第四条　企业应当按照《规范》的要求，对冷藏、冷冻药品进行收货检查。

（一）检查运输药品的冷藏车或冷藏箱、保温箱是否符合规定，对未按规定运输的，应当拒收。

（二）查看冷藏车或冷藏箱、保温箱到货时温度数据，导出、保存并查验运输过程的温度记录，确认运输全过程温度状况是否符合规定。

（三）符合规定的，将药品放置在符合温度要求的待验区域待验；不符合规定的应当拒收，将药品隔离存放于符合温度要求的环境中，并报质量管理部门处理。

（四）收货须做好记录，内容包括：药品名称、数量、生产企业、发货单位、运输单位、发运地点、启运时间、运输工具、到货时间、到货温度、收货人员等。

（五）对销后退回的药品，同时检查退货方提供的温度控制说明文件和售出期间温度控制的相关数据。对于不能提供文件、数据，或温度控制不符合规定的，应当拒收，做好记录并报质量管理部门处理。

《药品经营质量管理规范》附录4 药品收货与验收（2016年国家食品药品监督管理总局令第197号，节选）

第七条　药品待验区域及验收药品的设施设备，应当符合以下要求：

（一）待验区域有明显标识，并与其他区域有效隔离；

（二）待验区域符合待验药品的储存温度要求；

（三）设置特殊管理的药品专用待验区域，并符合安全控制要求；

（四）保持验收设施设备清洁，不得污染药品。

第十四条 企业应当加强对退货药品的收货、验收管理，保证退货环节药品的质量和安全，防止混入假冒药品。

（一）收货人员要依据销售部门确认的退货凭证或通知对销后退回药品进行核对，确认为本企业销售的药品后，方可收货并放置于符合药品储存条件的专用待验场所。

（二）对销后退回的冷藏、冷冻药品，根据退货方提供的温度控制说明文件和售出期间温度控制的相关数据，确认符合规定条件的，方可收货；对于不能提供文件、数据，或温度控制不符合规定的，给予拒收，做好记录并报质量管理部门处理。

（三）验收人员对销后退回的药品进行逐批检查验收，并开箱抽样检查。整件包装完好的，按照本附录第十条规定的抽样原则加倍抽样检查；无完好外包装的，每件须抽样检查至最小包装，必要时送药品检验机构检验。

（四）销后退回药品经验收合格后，方可入库销售，不合格药品按规范有关规定处理。

第十七条 验收药品应当做好验收记录。

（一）验收记录包括药品的通用名称、剂型、规格、批准文号、批号、生产日期、有效期、生产厂商、供货单位、到货数量、到货日期、验收合格数量、验收结果、验收人员姓名和验收日期等内容。

（二）中药材验收记录包括品名、产地、供货单位、到货数量、验收合格数量等内容，实施批准文号管理的中药材，还要记录批准文号。中药饮片验收记录包括品名、规格、批号、产地、生产日期、生产厂商、供货单位、到货数量、验收合格数量等内容，实施批准文号管理的中药饮片还要记录批准文号。

（三）建立专门的销后退回药品验收记录，记录包括退货单位、退货日期、通用名称、规格、批准文号、批号、生产厂商（或产地）、有效期、数量、验收日期、退货原因、验收结果和验收人员等内容。

思考与练习

（一）单项选择题

1. 下列情况的药品，（　　）不可退换。
   A. 称量不足　　　　　　　　　B. 没有污染
   C. 没过有效期　　　　　　　　D. 顾客保管不善变质的
2. 以下不属于退换货处理步骤的是（　　）。
   A. 记录　　　B. 赔偿　　　C. 道歉　　　D. 通报
3. 下面在顾客要求退换药品时不正确的反应是（　　）。
   A. 热情　　　B. 认真　　　C. 道歉　　　D. 拒绝
4. 距离药品有效期不足（　　）的药品称作近效期药品。
   A. 6 个月　　B. 3 个月　　C. 1 年　　　D. 1 个月
5. 催销近效期药品时，不可（　　）。
   A. 履行告知义务

B.隐瞒再次销售真相，以免顾客介意

C.说明催销或促销的原因

D.在药师指导下确保顾客安全用药

6.体现药店诚意的最好途径是（　　）。

　　A.促销　　　　　　B.让利　　　　　　C.退换业务　　　　D.导购

7.（　　）是药店千金不换的财富。

　　A.品牌　　　　　　B.口碑　　　　　　C.地理优势　　　　D.顾客的信赖

8.如果发生同一药品有数起退换事件，药店应该做到（　　）。

　　A.隐瞒事实，防止发生恐慌　　　　　B.低调处理，尽量降低损失

　　C.尽量通知所有顾客退换　　　　　　D.上报部门，等候处理

9.验收员检查外观、包装、说明书时对中药蜜丸蜡壳因标签尺寸限制，至少应注明（　　）。

　　A.通用名称　　　　B.批号　　　　　　C.规格　　　　　　D.有效期

10.药品到货时对检查运输工具和状况，以下说法不正确的是（　　）。

　　A.需检查车厢状况　　　　　　　　　B.需检查运输时限

　　C.委托运输的需要检查委托运输信息　D.冷链药品主要需检查到货温度

11.销后退回的冷链药品，应尽快完成验收，一般要求在（　　）分钟内完成，如果因客观原因无法按时完成，需放置冷库。

　　A.15　　　　　　　B.30　　　　　　　C.45　　　　　　　D.60

12.验收员可以直接判定不合格的情形不包括（　　）。

　　A.零货包装中无出厂检验合格证的药品

　　B.在"药品验收单"中出现标记为"无"的药品

　　C.无批准文号的药品

　　D.内外包装有明显破损，封口不严的药品

13.验收人员发现药品检验报告书内容模糊或与实物不符时（　　）。

　　A.验收结论为待处理，将药品转存至待处理区

　　B.验收结论为待处理，向质量管理部门报告

　　C.验收结论为不合格，将药品转存至不合格品区

　　D.验收结论为不合格，向质量管理部门报告

（二）多项选择题

1.退回的药品，可做（　　）处理

　　A.直接扔掉　　　　　　　　　　　　B.进行质量验收

　　C.质量合格可以继续销售　　　　　　D.直接上架销售

2.退换货过程中，营业员正确的反应是（　　）

　　A.态度诚恳、热情接待　　　　　　　B.区别情况，妥善处理

　　C.冷静对待，寻找原因　　　　　　　D.避免损失，推脱责任

3.接待退换药品的顾客，营业员的态度必须比接待购买药品的顾客还要热情诚恳，是因为（　　）

A.使顾客感到亲切 B.增强顾客对营业员的信任
C.是对自己的尊重 D.因为责任在药店

4.如果隐瞒事实真相诱导顾客购买近效期药品，会导致（ ）
A.造成顾客反感 B.转移经济损失
C.损害药店形象和声誉 D.带来赔偿与补偿

5.验收时对于注射剂瓶、滴眼剂瓶等因尺寸限制无法标明全部内容，至少应该标明（ ）
A.通用名称 B.规格 C.生产日期 D.产品批号

6.验收中药材时要有包装，并标明（ ）
A.规格 B.供货单位 C.收购日期 D.产地

7.抽样检查过程正确的是（ ）
A.抽样药品存在封口不严、标签污损情况时，加倍抽样再检查
B.整件药品存在破损、污染、渗液等情况的，开箱检查至最小包装
C.整件药品抽样结束后，在抽取样品上贴"已抽样"字样后将样品放回原处
D.整件药品抽样时从上、中、下三个不同位置抽取3个最小包装

8.验收人员验收到货药品时需检查特有标识的是（ ）
A.特殊管理药品 B.外用药品 C.非处方药 D.处方药

（三）判断题

1.以诚恳和蔼的态度认真听取顾客要求退换的原因，并完全答应。（ ）
2.只要包装拆封了的药品坚决不予以退换。（ ）
3.退换货会给营业员增添麻烦，但营业员必须认真对待，妥善处理。（ ）
4.非质量因素要求退换药品则一般不予退换。（ ）
5.退换药品的后处理阶段是指双方协商意见一致后，办理退货手续，开出红票，顾客签名。（ ）
6.将商品退换原因、处理结果向有关部门及员工通报，以期引起重视，并在服务工作中加以改善，这是退换药品的最后一道程序。（ ）
7.在退换过程中，要向顾客诚心道歉，并保证再不发生类似事件。（ ）
8.对药店能否退药的规定，国家至今没有统一的硬性规定。（ ）
9.对销后退回的冷藏、冷冻药品，根据退货方提供的温度控制说明文件和售出期间温度控制的相关数据，确认符合规定条件的，方可收货。（ ）
10.所有退回药品，均应按购进药品的验收规程重新进行验收，并做出明确的质量结论，合格后方可入合格品库。（ ）
11.一般情况下，把距离药品有效期不足9个月的药品称作近效期药品。（ ）
12.退回药品不论验收合格与否，均应如实填好相关记录，填写《销后退回商品台账》及《售后服务记录》，记录保存5年备查。（ ）
13.顾客离店以后才发现质量问题的，无论什么情况，一律不给予退货。（ ）
14.销后退回药品抽样检查时，对抽取的整件药品应当进行开箱抽样检查，从每整件的上、中、下不同位置随机抽取6个最小包装进行检查。（ ）

（四）问答题

1. 退换货的操作流程具体分为哪几个步骤？
2. 哪些情况下的药品可退换？
3. 在药品退换过程中，营业员要注意什么问题？
4. 处理药品退换货的原则是什么？
5. 销后退回药品的验收流程如何？
6. 销后退回药品的处理措施有哪些？

（五）分析题

顾客王女士在药店药妆专柜买了几瓶护肤品，没用多久就过敏了，而且很严重。王女士到药店要求退货，但药店营业员说必须要有医院开具的证明才可退货，王女士感觉非常生气和麻烦，你认为药店营业员的做法正确吗？

任务八
药品不良反应报告

学习目标

1. 掌握药品不良反应报告的内容和途径。
2. 熟悉药品不良反应的类型、我国要求报告的药品不良反应的范围。
3. 了解药物警戒、药品不良反应、药品群体不良事件、新的不良反应、严重药品不良反应概念。
4. 能依据相关的法律法规,依法开展药品不良反应报告等药学实践活动。

工作流程

(一)药品不良反应信息的收集

营业人员收集消费者用药时发生的药品不良反应,报门店质管员。

(二)药品不良反应/事件报表的填写与上报

门店质管员询问用药和不良反应情况,填写《药品不良反应/事件报表》上报质量管理部,并保证填写内容真实、完整、准确。如发现药品说明书中未载明的可疑严重不良反应病例,必须立即上报质量管理部。

(三)通过网络上报药品不良反应监测中心并留存记录

质量管理部调查确认后,通过网络上报药品不良反应监测中心。如发现药品说明书中未载明的可疑严重不良反应病例,质量管理部在24小时内通过药品不良反应监测网络上报药品不良反应监测中心。同时需将药品不良反应的各种记录妥善保存5年。

案例导入

反应停事件

20世纪60年代前后,至少15个欧美国家的医生都在使用这种药治疗妇女妊娠反应,很多人吃了药后的确就不吐了,恶心的症状得到了明显的改善,于是它成了"孕妇的理想选择"（当时的广告用语）。于是，"反应停"被大量生产、销售，仅在联邦德国就有近100万人服用过"反应停"，"反应停"每月的销量达到了1t。在联邦德国的某些州，患者甚至不需要医生处方就能购买"反应停"。但随即而来的是，许多出生的婴儿都是短肢畸形，形同海豹，被称为"海豹肢畸形"。1961年，这种症状终于被证实是孕妇服用"反应停"所导致的。于是，该药被禁用，然而，受其影响的婴儿已多达1.2万名。经过媒体的进一步披露，人们才发现，这起丑闻的产生是因为在"反应停"出售之前，有关机构并未仔细检验其可能产生的副作用。记者的发现震惊了世界，引起了公众的极大愤怒，并最终迫使沙立度胺的销售者支付了赔偿。

问题：你认为反应停事件的发生是哪些环节出现了问题？给后人哪些警示？

案例分析

（1）反应停事件的发生主要原因是当时没有健全的药品上市前研究的相关法律法规，在临床试验数据不足的情况下药品即可上市导致了众多孕妇惨痛后果。

（2）药品的上市前研究非常重要，是药品有效性、安全性的依据。此外，对上市后的药品依然要通过药物警戒来检测、评估。

相关知识

（一）药品不良反应相关概念（见数字资源4-3 药品不良反应）

数字资源4-3

1. 药物警戒的定义

根据世界卫生组织的定义，药物警戒指与不良反应或任何其他与药物相关的问题的检测、评估、理解和预防有关的科学和活动。药物警戒涉及药物全生命周期，目的是观察和识别药物全生命周期中可能对公众造成伤害的药品不良反应。为规范和指导药品上市许可持有人和药品注册申请人的药物警戒活动，国家药品监督管理局组织制定了《药物警戒质量管理规范》，自2021年12月1日起正式施行。

2. 药品不良反应

根据《药品不良反应报告和监测管理办法》规定，药品不良反应（adverse drug reaction，ADR）是指合格药品在正常用法用量下出现的与用药目的无关的有害反应。药品不良反应报告和监测，是指药品不良反应的发现、报告、评价和控制的过程。

3. 药品群体不良事件

药品群体不良事件是指同一药品在使用过程中，在相对集中的时间、区域内，对一定数量人群的身体健康或者生命安全造成损害或者威胁，需要予以紧急处置的事件。同一药品指同一生产企业生产的同一药品名称、同一剂型、同一规格的药品。

4. 新的不良反应

新的药品不良反应是指药品说明书中未载明的不良反应。说明书中已有描述，但不良反应发生的性质、程度、后果或者频率与说明书描述不一致或者更严重的，按照新的药品不良反应处理。

5. 严重药品不良反应

严重药品不良反应是指因使用药品引起以下损害情形之一的反应：① 导致死亡；② 危及生命；③ 致癌、致畸、致出生缺陷；④ 导致显著的或者永久的人体伤残或者器官功能的损伤；⑤ 导致住院或者住院时间延长；⑥ 导致其他重要医学事件，如不进行治疗可能出现上述所列情况的。

（二）药品不良反应分类及原因

1. 药品不良反应主要情形

（1）副作用　指在正常剂量情况下出现与用药目的无关的反应。一般说来，副作用比较轻微，多为可逆性功能变化，通常停药后很快消退。如阿托品用于解除胆道痉挛时，出现心悸、口干即为副作用。

（2）毒性反应　指药物引起肌体发生生理生化功能异常或组织结构病理变化的反应。该反应可在各个系统、器官或组织出现。药物引致的毒性反应所造成的持续性的功能障碍或器质性病变，停药后恢复较慢，甚至终身不愈。如氨基糖苷类抗生素链霉素、庆大霉素等具有耳毒性，可引致第Ⅷ对脑神经损害，造成听力减退或永久性耳聋。

（3）后遗效应　指停药后血浓度已降至阈浓度以下时残存的生物效应。后遗效应可能比较短暂，如服用巴比妥类催眠药后次晨的宿醉现象；也可能比较持久，如长期应用肾上腺皮质激素，一旦停药后肾上腺皮质功能低下，数月内难以恢复。少数药物可以导致永久性器质性损害。

（4）过敏反应　是致敏患者对某种药物的特殊反应。药物或药物在体内的代谢产物作为抗原与机体特异抗体或激发致敏淋巴细胞而造成组织损伤或生理功能紊乱。该反应仅发生于少数患者身上，与已知药物作用的性质无关，与剂量无线性关系，反应性质各不相同，不易预知。药物引起的过敏反应临床主要表现为皮疹、血管神经性水肿、过敏性休克、血清病综合征、哮喘等。对易致过敏的药物或过敏体质者，用药前应做过敏试验。

（5）继发反应并不是药物本身的效应，而是药物主要作用的间接结果，如广谱抗生素长期应用可改变正常肠道菌群的关系使肠道菌群失调导致二重感染；噻嗪类利尿药引起的低血钾可以使患者对强心药地高辛不耐受。

（6）特异质反应指个体对有些药物的异常敏感性。该反应和遗传有关，与药理作用无关，大多是由于肌体缺乏某种酶，是药物在体内代谢受阻所致。如葡萄糖-6-磷酸脱氢酶（G-6-PD）缺乏者，服用伯氨喹、磺胺、呋喃妥因等药物可发生正铁血红蛋白血症，引起发绀、溶血性贫血等；乙酰化酶缺乏者，服用异烟肼后易发生多发性神经炎等。

2. 药品不良反应的类型

（1）A型药品不良反应　由于药物的药理作用增强所致，其特点是可以预测，通常与剂量有关，停药或减量后症状很快减轻或消失，发生率高，但死亡率低。通常包括副作用、毒性作用、后遗效应、继发反应等。

（2）B型药品不良反应　与正常的药理作用无关的一种异常反应，一般很难预测，常规毒理学筛选不能发现，发生率低，但死亡率高，如过敏反应。

（3）C型药品不良反应　一般在长期用药后出现，潜伏期较长，没有明确的时间关系，难以预测。其发病机制：有些与癌症、畸胎的发病机制有关，有些机制不清，尚在探讨之中。

3.药品不良反应发生的原因

药物种类繁多，用药途径不同，患者体质因人而异，因此，药物不良反应发生的原因是复杂的。

（1）药物方面的原因　如药理作用、药物剂量、剂型的影响、药物的杂质、药物的污染、药物的质量等。

（2）机体方面的原因　如种族差别、性别、年龄、个体差异、营养状态、病理状态、血型等。

（3）给药方法的影响　如误用或滥用药、用药途径、用药时间、药物相互作用、减药或停药等。

（三）药品不良反应报告制度

我国的药品不良反应报告和监测工作起步于20世纪80年代。1983年卫生部组织专家和有关单位起草了《药品毒副反应报告制度》，属于政府文件，后改名为《药品不良反应监察报告制度》。1985年实施的《中华人民共和国药品管理法》规定，药品管理部门、卫生行政部门、药品生产企业、药品经营企业和医疗单位要经常考察并组织调查药品的质量、疗效和不良反应。将药品不良反应监测工作列为药品生产、经营、使用单位和监督管理部门的法定任务，既为依法进行药品不良反应监测工作提供了有力依据，同时也是第一次以法的形式表现出来。

80年代末90年代初，卫生部药政局先后在北京、上海、广东、湖北、黑龙江等省市及解放军总医院共14个医疗单位进行药品不良反应监测报告工作试点，通过几年的时间，取得了较成功的经验，为建立我国药品不良反应报告制度奠定了基础。

1989年，组建了卫生部药品不良反应监察中心，明确了中心的职能和任务。

1998年，成立了国家药品监督管理局，对不良反应监测工作更加重视。建立了国家药品不良反应监测中心，目前各省均建立了药品不良反应监测中心。这些机构的设置，为广泛收集本辖区内药品不良反应病例报告和开展本地区药品不良反应监测工作和交流发挥了积极作用。

2001年修订的《中华人民共和国药品管理法》规定，国家实行药品不良反应报告制度。

2004年，国家药品监督管理部门发布了《药品不良反应报告和监测管理办法》。进一步明确了药品生产、经营、使用单位的法定报告和监测的责任。

2010年，修订了《药品不良反应报告和监测管理办法》，新办法自2011年7月1日起施行。

2021年全国药品不良反应监测网络收到《药品不良反应/事件报告表》196.2万份。按照报告来源统计，来自医疗机构的报告占86.3%；来自经营企业的报告占9.4%；来自持有人的报告占4.1%；来自个人及其他报告者的报告占0.2%。按照报告人职业统计，医生占55.6%，药师占25.5%，护士占13.0%，其他职业占5.9%。从年龄分布看，14岁以下儿童占8.4%，65岁及以上老年患者占31.2%。按照怀疑药品类别统计，化学药品占82.0%、中药占13.0%、生物制品占2.0%、无法分类者占3.0%。按照给药途径统计，注射给药占55.3%、口服给药占37.9%、其他给药途径占6.8%。累及器官系统排名前3位的依次为胃肠系统疾病、皮肤及皮下组织类疾病、全身性疾病及给药部位各种反应。

（四）药品不良反应报告的范围和途径

1. 报告范围

《药品不良反应报告和监测管理办法》规定，新药监测期内的国产药品应当报告该药品的所有不良反应；其他国产药品，报告新的和严重的不良反应。进口药品自首次获准进口之日起5年内，报告该进口药品的所有不良反应；满5年的，报告新的和严重的不良反应。

2. 药品不良反应实行逐级、定期报告制度，必要时可以越级报告

《药品不良反应报告和监测管理办法》规定，药品生产企业获知药品群体不良事件后应当立即开展调查，在7日内完成调查报告，报所在地省级药品监督管理部门和药品不良反应监测机构，同时迅速开展自查。药品经营企业发现药品群体不良事件应当立即告知药品生产企业，同时迅速开展自查。医疗机构发现药品群体不良事件后应当积极救治患者，迅速开展临床调查，分析事件发生的原因。药品监督管理部门可以采取暂停生产、销售、使用或者召回药品等控制措施。

药品生产、经营企业和医疗机构获知或者发现可能与用药有关的不良反应，应当通过国家药品不良反应监测信息网络报告；不具备在线报告条件的，应当通过纸质报表报所在地药品不良反应监测机构，由所在地药品不良反应监测机构代为在线报告。报告内容应当真实、完整、准确。发现或者获知新的、严重的药品不良反应应当在15日内报告，其中死亡病例必须立即报告；其他药品不良反应应当在30日内报告。药品生产企业应当对获知的死亡病例进行调查，详细了解死亡病例的基本信息、药品使用情况、不良反应发生及诊治情况等，并在15日内完成调查报告，报药品生产企业所在地的省级药品不良反应监测机构。获知或者发现药品群体不良事件后，应当立即报告，必要时可以越级报告。

设区的市级、县级药品不良反应监测机构应当对收到的药品不良反应报告的真实性、完整性和准确性进行审核。严重药品不良反应报告的审核和评价应当自收到报告之日起3个工作日内完成，其他报告的审核和评价应当在15个工作日内完成。同时应当对死亡病例进行调查，15个工作日内完成调查报告，报同级药品监督管理部门和卫生行政部门，以及上一级药品不良反应监测机构。获知药品群体不良事件后，应当立即报告。

省级药品不良反应监测机构应当在收到下一级药品不良反应监测机构提交的严重药品不良反应评价意见之日起7个工作日内完成评价工作。对死亡病例，事件发生地和药品生产企业所在地的省级药品不良反应监测机构均应当及时根据调查报告进行分析、评价，必要时进行现场调查，并将评价结果报省级药品监督管理部门和卫生行政部门，以及国家药品不良反应监测中心。对药品群体不良事件省级药品监督管理部门与同级卫生行政部门联合对设区的市级、县级的调查进行督促、指导，进行分析、评价，对本行政区域内发生的影响较大的药品群体不良事件，还应当组织现场调查，评价和调查结果应当及时报国家药品监督管理部门和卫生部。

国家药品不良反应监测中心应当及时对死亡病例进行分析、评价，并将评价结果报国家药品监督管理局和卫生部。

国家药品监督管理部门根据分析评价结果，可以采取责令修改药品说明书，暂停生产、销售和使用的措施；对不良反应大或者其他原因危害人体健康的药品，应当撤销该药品批准证明文件，并予以公布。已被撤销批准证明文件的药品，不得生产或者进口、销售和使用；已经生产或者进口的，由当地药品监督管理部门监督销毁或者处理。国家药品监督管理部门定期通报国家药品不良反应报告和监测情况。

药品不良反应报告的内容和统计资料是加强药品监督管理、指导合理用药的依据，不作为医疗事故、医疗诉讼和处理药品质量事故的依据。

（五）药品不良反应报告和监测管理办法

《药品不良反应报告和监测管理办法》自2011年7月1日起执行。

第一章　总则

第一条　为加强药品的上市后监管，规范药品不良反应报告和监测，及时、有效控制药品风险，保障公众用药安全，依据《中华人民共和国药品管理法》等有关法律法规，制定本办法。

第二条　在中华人民共和国境内开展药品不良反应报告、监测以及监督管理，适用本办法。

第三条　国家实行药品不良反应报告制度。药品生产企业（包括进口药品的境外制药厂商）、药品经营企业、医疗机构应当按照规定报告所发现的药品不良反应。

第四条　国家食品药品监督管理局主管全国药品不良反应报告和监测工作，地方各级药品监督管理部门主管本行政区域内的药品不良反应报告和监测工作。各级卫生行政部门负责本行政区域内医疗机构与实施药品不良反应报告制度有关的管理工作。地方各级药品监督管理部门应当建立健全药品不良反应监测机构，负责本行政区域内药品不良反应报告和监测的技术工作。

第五条　国家鼓励公民、法人和其他组织报告药品不良反应。

第二章　职责

第六条　国家食品药品监督管理局负责全国药品不良反应报告和监测的管理工作，并履行以下主要职责：与卫生部共同制定药品不良反应报告和监测的管理规定和政策，并监督实施；与卫生部联合组织开展全国范围内影响较大并造成严重后果的药品群体不良事件的调查和处理，并发布相关信息；对已确认发生严重药品不良反应或者药品群体不良事件的药品依法采取紧急控制措施，作出行政处理决定，并向社会公布；通报全国药品不良反应报告和监测情况；组织检查药品生产、经营企业的药品不良反应报告和监测工作的开展情况，并与卫生部联合组织检查医疗机构的药品不良反应报告和监测工作的开展情况。

第七条　省、自治区、直辖市药品监督管理部门负责本行政区域内药品不良反应报告和监测的管理工作,并履行以下主要职责:根据本办法与同级卫生行政部门共同制定本行政区域内药品不良反应报告和监测的管理规定,并监督实施;与同级卫生行政部门联合组织开展本行政区域内发生的影响较大的药品群体不良事件的调查和处理,并发布相关信息;对已确认发生严重药品不良反应或者药品群体不良事件的药品依法采取紧急控制措施,作出行政处理决定,并向社会公布;通报本行政区域内药品不良反应报告和监测情况;组织检查本行政区域内药品生产、经营企业的药品不良反应报告和监测工作的开展情况,并与同级卫生行政部门联合组织检查本行政区域内医疗机构的药品不良反应报告和监测工作的开展情况;组织开展本行政区域内药品不良反应报告和监测的宣传、培训工作。

第八条 设区的市级、县级药品监督管理部门负责本行政区域内药品不良反应报告和监测的管理工作;与同级卫生行政部门联合组织开展本行政区域内发生的药品群体不良事件的调查,并采取必要控制措施;组织开展本行政区域内药品不良反应报告和监测的宣传、培训工作。

第九条 县级以上卫生行政部门应当加强对医疗机构临床用药的监督管理,在职责范围内依法对已确认的严重药品不良反应或者药品群体不良事件采取相关的紧急控制措施。

第十条 国家药品不良反应监测中心负责全国药品不良反应报告和监测的技术工作,并履行以下主要职责:承担国家药品不良反应报告和监测资料的收集、评价、反馈和上报,以及全国药品不良反应监测信息网络的建设和维护;制定药品不良反应报告和监测的技术标准和规范,对地方各级药品不良反应监测机构进行技术指导;组织开展严重药品不良反应的调查和评价,协助有关部门开展药品群体不良事件的调查;发布药品不良反应警示信息;承担药品不良反应报告和监测的宣传、培训、研究和国际交流工作。

第十一条 省级药品不良反应监测机构负责本行政区域内的药品不良反应报告和监测的技术工作,并履行以下主要职责:承担本行政区域内药品不良反应报告和监测资料的收集、评价、反馈和上报,以及药品不良反应监测信息网络的维护和管理;对设区的市级、县级药品不良反应监测机构进行技术指导;组织开展本行政区域内严重药品不良反应的调查和评价,协助有关部门开展药品群体不良事件的调查;组织开展本行政区域内药品不良反应报告和监测的宣传、培训工作。

第十二条 设区的市级、县级药品不良反应监测机构负责本行政区域内药品不良反应报告和监测资料的收集、核实、评价、反馈和上报;开展本行政区域内严重药品不良反应的调查和评价;协助有关部门开展药品群体不良事件的调查;承担药品不良反应报告和监测的宣传、培训等工作。

第十三条 药品生产、经营企业和医疗机构应当建立药品不良反应报告和监测管理制度。药品生产企业应当设立专门机构并配备专职人员,药品经营企业和医疗机构应当设立或者指定机构并配备专(兼)职人员,承担本单位的药品不良反应报告和监测工作。

第十四条 从事药品不良反应报告和监测的工作人员应当具有医学、药学、流行病学或者统计学等相关专业知识,具备科学分析评价药品不良反应的能力。

第三章 报告与处置

第一节 基本要求

第十五条 药品生产、经营企业和医疗机构获知或者发现可能与用药有关的不良反应，应当通过国家药品不良反应监测信息网络报告；不具备在线报告条件的，应当通过纸质报表报所在地药品不良反应监测机构，由所在地药品不良反应监测机构代为在线报告。报告内容应当真实、完整、准确。

第十六条 各级药品不良反应监测机构应当对本行政区域内的药品不良反应报告和监测资料进行评价和管理。

第十七条 药品生产、经营企业和医疗机构应当配合药品监督管理部门、卫生行政部门和药品不良反应监测机构对药品不良反应或者群体不良事件的调查，并提供调查所需的资料。

第十八条 药品生产、经营企业和医疗机构应当建立并保存药品不良反应报告和监测档案。

第二节 个例药品不良反应

第十九条 药品生产、经营企业和医疗机构应当主动收集药品不良反应，获知或者发现药品不良反应后应当详细记录、分析和处理，填写《药品不良反应/事件报告表》（见附表1）并报告。

第二十条 新药监测期内的国产药品应当报告该药品的所有不良反应；其他国产药品，报告新的和严重的不良反应。进口药品自首次获准进口之日起5年内，报告该进口药品的所有不良反应；满5年的，报告新的和严重的不良反应。

第二十一条 药品生产、经营企业和医疗机构发现或者获知新的、严重的药品不良反应应当在15日内报告，其中死亡病例须立即报告；其他药品不良反应应当在30日内报告。有随访信息的，应当及时报告。

第二十二条 药品生产企业应当对获知的死亡病例进行调查，详细了解死亡病例的基本信息、药品使用情况、不良反应发生及诊治情况等，并在15日内完成调查报告，报药品生产企业所在地的省级药品不良反应监测机构。

第二十三条 个人发现新的或者严重的药品不良反应，可以向经治医师报告，也可以向药品生产、经营企业或者当地的药品不良反应监测机构报告，必要时提供相关的病历资料。

第二十四条 设区的市级、县级药品不良反应监测机构应当对收到的药品不良反应报告的真实性、完整性和准确性进行审核。严重药品不良反应报告的审核和评价应当自收到报告之日起3个工作日内完成，其他报告的审核和评价应当在15个工作日内完成。设区的市级、县级药品不良反应监测机构应当对死亡病例进行调查，详细了解死亡病例的基本信息、药品使用情况、不良反应发生及诊治情况等，自收到报告之日起15个工作日内完成调查报告，报同级药品监督管理部门和卫生行政部门，以及上一级药品不良反应监测机构。

第二十五条 省级药品不良反应监测机构应当在收到下一级药品不良反应监测机构提交的严重药品不良反应评价意见之日起7个工作日内完成评价工作。对死亡病例，事件发生地和药品生产企业所在地的省级药品不良反应监测机构均应当及时根据调查报告进行分析、评价，必要时进行现场调查，并将评价结果报省级药品监督管理部门和卫生行政部门，以及国家药品不良反应监测中心。

第二十六条 国家药品不良反应监测中心应当及时对死亡病例进行分析、评价，并将评价结果报国家食品药品监督管理局和卫生部。

第三节 药品群体不良事件

第二十七条 药品生产、经营企业和医疗机构获知或者发现药品群体不良事件后，应当立即通过电话或者传真等方式报所在地的县级药品监督管理部门、卫生行政部门和药品不良反应监测机构，必要时可以越级报告；同时填写《药品群体不良事件基本信息表》（见附表2），对每一病例还应当及时填写《药品不良反应/事件报告表》，通过国家药品不良反应监测信息网络报告。

第二十八条 设区的市级、县级药品监督管理部门获知药品群体不良事件后，应当立即与同级卫生行政部门联合组织开展现场调查，并及时将调查结果逐级报至省级药品监督管理部门和卫生行政部门。省级药品监督管理部门与同级卫生行政部门联合对设区的市级、县级的调查进行督促、指导，对药品群体不良事件进行分析、评价，对本行政区域内发生的影响较大的药品群体不良事件，还应当组织现场调查，评价和调查结果应当及时报国家食品药品监督管理局和卫生部。对全国范围内影响较大并造成严重后果的药品群体不良事件，国家食品药品监督管理局应当与卫生部联合开展相关调查工作。

第二十九条 药品生产企业获知药品群体不良事件后应当立即开展调查，详细了解药品群体不良事件的发生、药品使用、患者诊治以及药品生产、储存、流通、既往类似不良事件等情况，在7日内完成调查报告，报所在地省级药品监督管理部门和药品不良反应监测机构；同时迅速开展自查，分析事件发生的原因，必要时应当暂停生产、销售、使用和召回相关药品，并报所在地省级药品监督管理部门。

第三十条 药品经营企业发现药品群体不良事件应当立即告知药品生产企业，同时迅速开展自查，必要时应当暂停药品的销售，并协助药品生产企业采取相关控制措施。

第三十一条 医疗机构发现药品群体不良事件后应当积极救治患者，迅速开展临床调查，分析事件发生的原因，必要时可采取暂停药品的使用等紧急措施。

第三十二条 药品监督管理部门可以采取暂停生产、销售、使用或者召回药品等控制措施。卫生行政部门应当采取措施积极组织救治患者。

第四节 境外发生的严重药品不良反应

第三十三条 进口药品和国产药品在境外发生的严重药品不良反应（包括自发报告系统收集的、上市后临床研究发现的、文献报道的），药品生产企业应当填写《境外发生的药品不良反应/事件报告表》（见附表3），自获知之日起30日内报送国家药品不良反应监测中心。国家药品不良反应监测中心要求提供原始报表及相关信息的，药品生产企业应当在5日内提交。

第三十四条 国家药品不良反应监测中心应当对收到的药品不良反应报告进行分

析、评价，每半年向国家食品药品监督管理局和卫生部报告，发现提示药品可能存在安全隐患的信息应当及时报告。

第三十五条 进口药品和国产药品在境外因药品不良反应被暂停销售、使用或者撤市的，药品生产企业应当在获知后24小时内书面报国家食品药品监督管理局和国家药品不良反应监测中心。

第五节 定期安全性更新报告

第三十六条 药品生产企业应当对本企业生产药品的不良反应报告和监测资料进行定期汇总分析，汇总国内外安全性信息，进行风险和效益评估，撰写定期安全性更新报告。定期安全性更新报告的撰写规范由国家药品不良反应监测中心负责制定。

第三十七条 设立新药监测期的国产药品，应当自取得批准证明文件之日起每满1年提交一次定期安全性更新报告，直至首次再注册，之后每5年报告一次；其他国产药品，每5年报告一次。首次进口的药品，自取得进口药品批准证明文件之日起每满一年提交一次定期安全性更新报告，直至首次再注册，之后每5年报告一次。定期安全性更新报告的汇总时间以取得药品批准证明文件的日期为起点计，上报日期应当在汇总数据截止日期后60日内。

第三十八条 国产药品的定期安全性更新报告向药品生产企业所在地省级药品不良反应监测机构提交。进口药品（包括进口分包装药品）的定期安全性更新报告向国家药品不良反应监测中心提交。

第三十九条 省级药品不良反应监测机构应当对收到的定期安全性更新报告进行汇总、分析和评价，于每年4月1日前将上一年度定期安全性更新报告统计情况和分析评价结果报省级药品监督管理部门和国家药品不良反应监测中心。

第四十条 国家药品不良反应监测中心应当对收到的定期安全性更新报告进行汇总、分析和评价，于每年7月1日前将上一年度国产药品和进口药品的定期安全性更新报告统计情况和分析评价结果报国家食品药品监督管理局和卫生部。

第四章 药品重点监测

第四十一条 药品生产企业应当经常考察本企业生产药品的安全性，对新药监测期内的药品和首次进口5年内的药品，应当开展重点监测，并按要求对监测数据进行汇总、分析、评价和报告；对本企业生产的其他药品，应当根据安全性情况主动开展重点监测。

第四十二条 省级以上药品监督管理部门根据药品临床使用和不良反应监测情况，可以要求药品生产企业对特定药品进行重点监测；必要时，也可以直接组织药品不良反应监测机构、医疗机构和科研单位开展药品重点监测。

第四十三条 省级以上药品不良反应监测机构负责对药品生产企业开展的重点监测进行监督、检查，并对监测报告进行技术评价。

第四十四条 省级以上药品监督管理部门可以联合同级卫生行政部门指定医疗机构作为监测点，承担药品重点监测工作。

第五章 评价与控制

第四十五条 药品生产企业应当对收集到的药品不良反应报告和监测资料进行分

析、评价，并主动开展药品安全性研究。药品生产企业对已确认发生严重不良反应的药品，应当通过各种有效途径将药品不良反应、合理用药信息及时告知医务人员、患者和公众；采取修改标签和说明书，暂停生产、销售、使用和召回等措施，减少和防止药品不良反应的重复发生。对不良反应大的药品，应当主动申请注销其批准证明文件。药品生产企业应当将药品安全性信息及采取的措施报所在地省级药品监督管理部门和国家食品药品监督管理局。

第四十六条　药品经营企业和医疗机构应当对收集到的药品不良反应报告和监测资料进行分析和评价，并采取有效措施减少和防止药品不良反应的重复发生。

第四十七条　省级药品不良反应监测机构应当每季度对收到的药品不良反应报告进行综合分析，提取需要关注的安全性信息，并进行评价，提出风险管理建议，及时报省级药品监督管理部门、卫生行政部门和国家药品不良反应监测中心。省级药品监督管理部门根据分析评价结果，可以采取暂停生产、销售、使用和召回药品等措施，并监督检查，同时将采取的措施通报同级卫生行政部门。

第四十八条　国家药品不良反应监测中心应当每季度对收到的严重药品不良反应报告进行综合分析，提取需要关注的安全性信息，并进行评价，提出风险管理建议，及时报国家食品药品监督管理局和卫生部。

第四十九条　国家食品药品监督管理局根据药品分析评价结果，可以要求企业开展药品安全性、有效性相关研究。必要时，应当采取责令修改药品说明书，暂停生产、销售、使用和召回药品等措施，对不良反应大的药品，应当撤销药品批准证明文件，并将有关措施及时通报卫生部。

第五十条　省级以上药品不良反应监测机构根据分析评价工作需要，可以要求药品生产、经营企业和医疗机构提供相关资料，相关单位应当积极配合。

第六章　信息管理

第五十一条　各级药品不良反应监测机构应当对收到的药品不良反应报告和监测资料进行统计和分析，并以适当形式反馈。

第五十二条　国家药品不良反应监测中心应当根据对药品不良反应报告和监测资料的综合分析和评价结果，及时发布药品不良反应警示信息。

第五十三条　省级以上药品监督管理部门应当定期发布药品不良反应报告和监测情况。

第五十四条　下列信息由国家食品药品监督管理局和卫生部统一发布：影响较大并造成严重后果的药品群体不良事件；其他重要的药品不良反应信息和认为需要统一发布的信息。前款规定统一发布的信息，国家食品药品监督管理局和卫生部也可以授权省级药品监督管理部门和卫生行政部门发布。

第五十五条　在药品不良反应报告和监测过程中获取的商业秘密、个人隐私、患者和报告者信息应当予以保密。

第五十六条　鼓励医疗机构、药品生产企业、药品经营企业之间共享药品不良反应信息。

第五十七条　药品不良反应报告的内容和统计资料是加强药品监督管理、指导合理用药的依据。

第七章 法律责任

第五十八条 药品生产企业有下列情形之一的，由所在地药品监督管理部门给予警告，责令限期改正，可以并处五千元以上三万元以下的罚款：未按照规定建立药品不良反应报告和监测管理制度，或者无专门机构、专职人员负责本单位药品不良反应报告和监测工作的；未建立和保存药品不良反应监测档案的；未按照要求开展药品不良反应或者群体不良事件报告、调查、评价和处理的；未按照要求提交定期安全性更新报告的；未按照要求开展重点监测的；不配合严重药品不良反应或者群体不良事件相关调查工作的；其他违反本办法规定的。药品生产企业有前款规定第（四）项、第（五）项情形之一的，按照《药品注册管理办法》的规定对相应药品不予再注册。

第五十九条 药品经营企业有下列情形之一的，由所在地药品监督管理部门给予警告，责令限期改正；逾期不改的，处三万元以下的罚款：无专职或者兼职人员负责本单位药品不良反应监测工作的；未按照要求开展药品不良反应或者群体不良事件报告、调查、评价和处理的；不配合严重药品不良反应或者群体不良事件相关调查工作的。

第六十条 医疗机构有下列情形之一的，由所在地卫生行政部门给予警告，责令限期改正；逾期不改的，处三万元以下的罚款。情节严重并造成严重后果的，由所在地卫生行政部门对相关责任人给予行政处分：无专职或者兼职人员负责本单位药品不良反应监测工作的；未按照要求开展药品不良反应或者群体不良事件报告、调查、评价和处理的；不配合严重药品不良反应和群体不良事件相关调查工作的。药品监督管理部门发现医疗机构有前款规定行为之一的，应当移交同级卫生行政部门处理。卫生行政部门对医疗机构作出行政处罚决定的，应当及时通报同级药品监督管理部门。

第六十一条 各级药品监督管理部门、卫生行政部门和药品不良反应监测机构及其有关工作人员在药品不良反应报告和监测管理工作中违反本办法，造成严重后果的，依照有关规定给予行政处分。

第六十二条 药品生产、经营企业和医疗机构违反相关规定，给药品使用者造成损害的，依法承担赔偿责任。

任务实施

药品不良反应上报

1. 任务实施目的

树立学生药品不良反应报告意识，进一步强化药品不良反应报告的内容和途径、药品不良反应的类型、我国要求报告的药品不良反应的范围、药品不良反应相关概念，培养学生依据相关的法律法规，依法开展药品不良反应报告的药学实践能力。

2. 物品准备

（1）药店不良反应上报模拟场景。

（2）涉及上报不良反应的药品或空药品盒。

（3）药品不良反应/事件报告表按照学生人数打印。

3.操作过程

（1）实训教师课前设计好药品不良反应上报的情景，方案中的考核点可包括：① 药品不良反应处理流程；② 药品不良反应/事件报告表填写等两项。

（2）实训开始，每位学生根据教师提供的药品不良反应上报情景，认真思考，填写药品不良反应/事件报告表（表4-3-1）。

表4-3-1 药品不良反应/事件报告表

首次报告□　　跟踪报告□　　　　　　编码：_____
报告类型：新的□　严重□　一般□
报告单位类别：医疗机构□　经营企业□　生产企业□　个人□　其他□_____

患者姓名：	性别：男□女□	出生日期：　年　月　日 或年龄：	民族：	体重（kg）：	联系方式：
原患疾病：		医院名称： 病历号/门诊号：	既往药品不良反应/事件： 有□____　无□　不详□ 家族药品不良反应/事件： 有□____　无□　不详□		

相关重要信息：吸烟史□　饮酒史□　妊娠期□　肝病史□　肾病史□　过敏史□____　其他□____

药品	批准文号	商品名称	通用名称（含剂型）	生产厂家	生产批号	用法用量（次剂量、途径、日次数）	用药起止时间	用药原因
怀疑药品								
并用药品								

不良反应/事件名称：	不良反应/事件发生时间：　年　月　日

不良反应/事件过程描述（包括症状、体征、临床检验等）及处理情况（可附页）：

不良反应/事件的结果：痊愈□　好转□　未好转□　不详□　有后遗症□　表现：____
死亡□　　直接死因：_____　　　死亡时间：　年　月　日

续表

停药或减量后，反应/事件是否消失或减轻？		是□ 否□ 不明□ 未停药或未减量□		
再次使用可疑药品后是否再次出现同样反应/事件？		是□ 否□ 不明□ 未再使用□		
对原患疾病的影响：不明显□ 病程延长□ 病情加重□ 导致后遗症□ 导致死亡□				
关联性评价	报告人评价：肯定□ 很可能□ 可能□ 可能无关□ 待评价□ 无法评价□ 签名： 报告单位评价：肯定□ 很可能□ 可能□ 可能无关□ 待评价□ 无法评价□ 签名：			
报告人信息	联系电话：		职业：医生□ 药师□ 护士□ 其他□＿＿＿	
	电子邮箱：		签名：	
报告单位信息	单位名称：	联系人：	电话：	报告日期： 　年　月　日
生产企业请填写信息来源	医疗机构□　经营企业□　个人□　文献报道□　上市后研究□ 其他□＿＿＿			
备注				

（3）填写任务实施报告（表4-3-2）。

表4-3-2　任务实施报告

班级：	小组：	时间：
课题：		
目的：		
器材、物品：		
步骤： 1.领取药品不良反应/事件报告表及药品不良反应情景资料 2.根据药品不良反应情景资料分析具体问题 3.填写药品不良反应/事件报告表 4.结束并整理		
教师评价：		

（4）教师现场考核点评。

任务测评

（1）每个考核点记40分，二项共80分；实训报告20分。
（2）每找出药品不良反应/事件报告表中一项错误扣3分。
（3）规定时间60分钟。

知识扩展

开展药品不良反应监测的意义

药品注册主要依据动物试验和部分患者临床试验的结果。但是动物与人在生理、病理上有许多不同的地方；临床试验又存在观察时间短、病例数少等局限性。许多发生率低、需要较长时间才能发现的不良反应，在注册时难以充分了解，所以许多经过严格审批的药品，在正常用法用量情况下还会引起未知的不良反应。因此，必须加强上市后的监测工作。

药品不良反应监测制度是加强药品管理，提高药品质量，保障人民用药安全，促进医疗水平提高的重要手段。通过药品不良反应监测，及时反馈不良反应信息，可防止不良反应重复发生，提高合理用药水平，促进药物流行病学研究，并为上市药品再评价提供依据。例如，国家药品监督管理局组织对安乃近注射液等品种进行了上市后评价，评价认为安乃近注射液等品种存在严重不良反应，在我国使用风险大于获益，决定自2020年3月18日起停止安乃近注射液、安乃近氯丙嗪注射液、小儿安乃近灌肠液、安乃近滴剂、安乃近滴鼻液、滴鼻用安乃近溶液片、小儿解热栓在我国的生产、销售和使用，注销药品注册证书（药品批准文号）。已上市销售的安乃近注射液等品种由生产企业负责召回，召回产品由企业所在地药品监督管理部门监督销毁。

思考与练习

（一）填空题

1. 药物警戒指与不良反应或任何其他与药物相关的问题的_____、_____、_____和_____有关的科学和活动。
2. 药品不良反应是指合格药品在_____出现的_____的有害反应。
3. 药品群体不良事件是指_____在使用过程中，在相对集中的_____、_____内，对一定数量人群的身体健康或者生命安全造成损害或者威胁，需要予以紧急处置的事件。
4. 新的不良反应是指_____中未载明的不良反应。
5. 严重药品不良反应是指因使用药品引起以下损害情形之一的反应：（1）导致_____；（2）危及_____；（3）_____、_____、_____缺陷；（4）导致显著的或者永久的人体_____或者器官功能的_____；（5）导致住院或者住院时间_____；(6)导致其他重要医学事件，如不进行治疗可能出现上述所列情况的。

（二）单项选择题

1.正常剂量情况下出现与用药目的无关的反应，一般比较轻微，多为可逆性机能变化，通常停药后很快消退的是（ ）。

    A.副作用　　　　　　　　　　　　B.毒性反应
    C.后遗效应　　　　　　　　　　　D.过敏反应

2.药物引起肌体发生生理生化机能异常或组织结构病理变化的反应，所造成的持续性的功能障碍或器质性病变，停药后恢复较慢，甚至终身不愈的是（ ）。

    A.副作用　　　　　　　　　　　　B.毒性反应
    C.后遗效应　　　　　　　　　　　D.过敏反应

3.致敏患者对某种药物的特殊反应，仅发生于少数患者身上，和已知药物作用的性质无关，和剂量无线性关系，反应性质各不相同，不易预知的是（ ）。

    A.副作用　　　　　　　　　　　　B.毒性反应
    C.后遗效应　　　　　　　　　　　D.过敏反应

4.药品生产、经营企业和医疗机构发现或者获知新的、严重的药品不良反应应当（ ）日内报告。

    A.15　　　　　　　　　　　　　　B.20
    C.25　　　　　　　　　　　　　　D.30

（三）多项选择题

1.药品不良反应主要情形包括（ ）。

    A.副作用　　　　　　　　　　　　B.毒性反应
    C.后遗效应　　　　　　　　　　　D.过敏反应
    E.继发反应

2.药物不良反应的类型包括（ ）。

    A.A型药品不良反应　　　　　　　B.B型药品不良反应
    C.C型药品不良反应　　　　　　　D.D型药品不良反应
    E.E型药品不良反应

3.药品不良反应发生的原因包括（ ）。

    A.药理作用、药物剂量、剂型的影响
    B.药物的杂质、药物的污染、药物的质量
    C.种族差别、性别、年龄、个体差异
    D.营养状态、病理状态、血型
    E.误用或滥用药、用药途径、用药时间、药物相互作用、减药或停药

（四）判断题

1.我国的药品不良反应报告和监测工作起步于20世纪80年代。（ ）

2.新药监测期内的国产药品应当报告该药品的所有不良反应；其他国产药品，报告新的和严重的不良反应。（ ）

3.进口药品自首次获准进口之日起5年内，报告该进口药品的所有不良反应；满5年的，报告新的和严重的不良反应。（ ）

4.药品生产、经营企业和医疗机构获知或者发现药品群体不良事件后，应当立即报告，必要时可以越级报告。（ ）

（五）问答题

如果你是一名药店店长，你可以从哪些方面入手，加强药店的药品不良反应监测及相关日常管理？

模块五

药品零售票据

任务九
销售凭据填写

学习目标

1. 掌握零售药品开票的操作过程。
2. 掌握零售药品票据的填写。

工作流程

扫一扫　数字资源5-1　销售凭据填写

数字资源5-1

（一）工作准备

1. 职业形象准备

开票是企业中的一个重要岗位，它不仅承担着实现企业收益的重任，同时还是展示企业形象的一扇窗口。

2. 设施和用品准备

（1）用于药品零售的营业场所和仓库，面积不应低于以下标准：大型零售企业营业场所面积100m²，仓库30m²；中型零售企业营业场所面积50m²，仓库20m²；小型零售企业营业场所面积40m²；仓库20m²。零售连锁门店营业场所面积40m²。

（2）药品零售企业和零售连锁门店的营业场所应宽敞、整洁，营业用货架、柜台齐备，销售柜组标志醒目。

（3）药品零售企业和零售连锁门店应配备完好的衡器以及清洁卫生的药品调剂工具、包装用品，并根据需要配置低温保存药品的冷藏设备。

（4）药品零售企业和零售连锁门店销售特殊管理药品的，应配置存放药品的专柜以及保管用设备、工具等。

（5）药品零售企业的仓库应与营业场所隔离，库房内地面和墙壁平整、清洁，有调节温度和湿度的设备。

（6）销售清单　见表5-1-1。

表5-1-1 某医药有限公司销售清单

销售单位：　　　　　　　　　　　　　　　　　　　　　年　月　日

商品名称	商品规格	生产企业	批号	有效期至	单位	数量	单价/元	金额/元
金额合计				金额合计大写				

（7）增值税普通发票样例　增值税普通发票的开具实际是通过税控系统在线开具，并直接用针式打印机打印，因税控系统需要真实企业的税号等信息方能注册，此处采用制作的增值税普通发票样例进行练习，增值税普通发票样例见表5-1-2。

表5-1-2　增值税普通发票样例

发　票　联　　　　　　　　　　　　　　　　NO.

开票日期：年　月　日

购货单位	名　称			纳税人登记号														
	地址、电话			开户银行及账号														
商品或劳务名称	计时单位	数量	单价	金　额								税率(%)	税　额						
				百	十	万	千	元	角	分		百	十	万	千	百	十	角	分
合　计																			
价税合计（大写）		佰	拾	万	仟	佰	拾	元	角	分									
销货单位	名　称			纳税人登记号														
	地址、电话			开户银行及银行														

收款人：　　　　　　　　　　　　　　　开票单位（未盖章无效）

(8) 进销存日报表　见表5-1-3。

表5-1-3　药品进销存日报表

通用名称	商品名称	规格	生产日期	剂型	生产企业	购货企业	有效期至	批准文号	生产批号	昨日结存	今日进货	退货或调出	今日销货	今日结存	进货累计	销货累计

项目	昨日结存	增加金额	减少金额	今日结存	传票编号
现金					自　　号
银行存款					凭证　张

（9）常用的POS设备　① 客显，显示所收金额和找零金额，方便顾客查看；② 票据打印机，打印收款小票的打印机；③ 刷卡器，刷磁卡的设备，主要用于会员积分与店内会员储值；④ 钱箱，装钱的设备，打印机打完小票后自动弹开钱箱；⑤ 扫描设备，扫描商品条码的设备。

（10）验钞机。

（二）开票操作流程

1.有医师开具处方的处方药先由执业药师进行处方审核，无医师开具处方的处方药，配备有远程问诊服务平台的药品零售企业和零售连锁门店可先通过平台进行远程问诊并开具电子处方，并由执业药师进行处方审核后方可进行销售，无医师开具处方且没配备有远程问诊服务平台的，不得销售处方药。

2.由柜台营业员开出销售清单，顾客执销售清单到收银台缴款并盖现金收讫章。

3.营业员凭销售清单发货并审核，把药品交于顾客。

4.顾客再拿销售清单换回正式发票。

5.填写进销存日报表。

案例导入

2021年7月1日张华到药店购买黄连上清片（非处方药）5盒，有效期2021年4月1日至2023年4月1日，单价1元/支；湖北成田制药有限公司生产的无极膏（10g）2支，单价0.8元/支，有效期2年，出厂日期2021年11月20日。由营业员王平开销售清单和正式发票，收银员王亚收款。应如何操作？

案例分析

1.对于处方药必须要由执业药师进行处方审核后，方可开票填写销售清单。

2.收费时一定要进行验钞。

3.当日销售清单,共分顾客、营业员、收银员三联。

4.开销售清单和开增值税普通发票时,一定要填写品名、规格、数量、单价、金额等,每张凭证应认真核对,不能出现误差。

5.购货单位和销货单位地址、电话,纳税人登记号,开户银行及账号等信息按照实际情况如实填写。

(1)填写销售清单 见表5-1-4。

表5-1-4　某医药有限公司销售清单

销售单位:张×　　　　　　　　　　　　　　　　　　　　　　　2021年7月1日

商品名称	商品规格	生产企业	批号	有效期至	单位	数量	单价/元	金额/元
黄连上清片	0.33g×16×3/盒	天津医药集团	080401	2010-04-01	盒	5	1.00	5.00
无极膏	10g	湖北成田制药有限公司	071120	2009-11-20	支	2	0.80	1.60
金额合计/元	6.6			金额合计大写		陆元陆角整		

营业员:王×　　　　　　　　　　　　　　　　　　　　　　　收银员:王×

(2)开具正式增值税普通发票 见表5-1-5。

表5-1-5　增值税普通发票样例

发　票　联　　　　　　　　　　　　　　　　　　　　　　　　NO.20210701

开票日期:2021年7月 1日

购货单位	名称	张×			纳税人登记号															
	地址、电话				开户银行及账号															

商品或劳务名称	计时单位	数量	单价	金　　额							税率(%)	税　　额							
				百	十	万	千	元	角	分		百	十	万	千	百	十	角	分
黄连上清片	盒	5	1					5	0	0									
无极膏	支	2	0.8					1	6	0									
合　　计								6	6	0									
价税合计(大写)	⊗佰⊗拾⊗万⊗仟⊗佰⊗拾 陆 元 陆 角⊗分																		
销货单位	名称	如实填写			纳税人登记号							如实填写							
	地址、电话	如实填写			开户银行及银行							如实填写							

收款人:王×　　　　　　　　　　　　　开票单位(未盖章无效)此处发票专用章

(3) 填写药品进销存日报表　见表5-1-6。

表5-1-6　药品进销存日报表

2021年7月1日

通用名称	商品名称	规格	生产日期	剂型	生产企业	购货企业	有效期至	批准文号	生产批号	昨日结存	今日进货	退货或调出	今日销货	今日结存	进货累计	销货累计
黄连上清片		0.33g×16×3/盒	2008-04-01	颗粒	天津医药集团		2010-04-01		080401	10			5	5		5
无极膏		10g	2007-11-20	膏剂	湖北成田制药有限公司		2009-11-20		071120	20			18	2		

项目	昨日结存	增加金额	减少金额	今日结存	传票编号
现金	26		6.6	19.4	自　　　号
银行存款					凭证　　张

负责人：（如实填写）　　　　　　　　　　　　　　　填表人：（如实填写）

相关知识

（一）增值税普通发票

目前增值税发票主要包括增值税专用发票（含增值税电子专用发票）、增值税普通发票（含电子普通发票、卷式发票、通行费发票）、机动车销售统一发票、二手车销售统一发票，药品零售企业和零售连锁门店常用增值税普通发票。

1. 增值税普通发票的概念

增值税普通发票是增值税纳税人销售货物或者提供应税劳务、服务时，通过增值税税控系统开具的普通发票。增值税普通发票和增值税专用发票的主要区别体现在：增值税专用发票不仅是购销双方收付款的凭证，而且还可以用作购买方（增值税一般纳税人）扣除增值税的凭证，因此不仅具有商事凭证的作用，而且具备完税凭证的作用。增值税普通发票除税法规定的经营项目外都不能抵扣进项税。

2. 增值税普通发票的分类

增值税普通发票一般分为增值税普通发票（折叠票）、增值税普通发票（卷票）、增值税电子普通发票。

（1）增值税普通发票（折叠票）　增值税普通发票（折叠票，图5-1-1）由基本联次或者基本联次附加其他联次构成，分为两联版和五联版两种。基本联次为两联：第一联为记账联，是销售方记账凭证；第二联为发票联，是购买方记账凭证。其他联次用途，由纳税人自行确定。

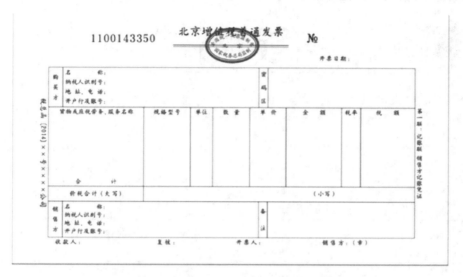

图5-1-1　增值税普通发票（折叠票）票样

（2）增值税普通发票（卷票）　增值税普通发票（卷票，图5-1-2）分为两种规格：57mm×177.8mm、76mm×177.8mm，均为单联。

图5-1-2　增值税普通发票（卷票）票样

（3）增值税电子普通发票　增值税电子普通发票的开票方和受方需要纸质发票的，可以自行打印增值税电子普通发票（图5-1-3）的版式文件，其法律效力、基本用途、基本使用规定等与税务机关监制的增值税普通发票相同。

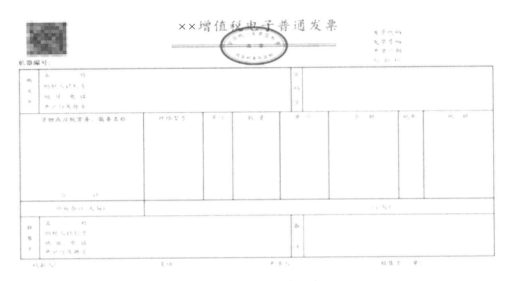

图5-1-3　增值税电子普通发票票样

3.增值税普通发票的开具要求

（1）根据实际交易内容真实填写发票。

（2）完整填写发票，一次填完所有联次，上下联一致。

（3）字迹工整无误，不可有涂改痕迹，不可压线，可错格。

（4）发票联与抵扣联加盖单位发票专用章，可加印其他财务章。

（5）使用"￥"符号在"金额""税额"栏合计数前封顶。

（6）填写购销双方公司的全称，不允许简称。

4.增值税普通发票的保管要求

增值税普通发票的保管主要包括以下内容。

（1）发票要有专人保管，并使用专柜，建立专用账表。

（2）发票保管要做到手续清、账目清、责任清。

（3）在保管发票的过程中，要注意防火、防盗、防霉烂毁损、防虫蛀鼠咬、防丢失。

（4）不准相互转借、转让发票。

（5）不准出现账实不符的现象。

（6）不准擅自处理发票中出现的空白联和其他残缺的联次。

（7）发生发票溢余或短缺，未经查明原因和批准，任何人不得擅自调账。

（8）已开具的发票存根联和发票登记簿，应当保存5年，保存期满，报经税务机关查验后销毁，任何单位和个人不准擅自销毁未满保管期限的发票。

（二）支票的使用

常见支票分为现金支票、转账支票，在支票正面上方有明确标注。现金支票只能用于支取现金；转账支票只能用于转账。

1. 支票正面不能有涂改痕迹，否则本支票作废。
2. 受票人如果发现支票填写不全，可以补记，但不能涂改。
3. 支票的有效期为10天，日期首尾算一天，节假日顺延。
4. 出票单位现金支票背面印章模糊的，可把模糊印章打叉，重新再盖一次或不接收。

任务实施

填写销售凭据及填写商业进销存日报表（以零售药店销售感冒药为例）

1. 任务实施目的

（1）能根据处方开销售清单。
（2）掌握销售清单收款时的注意事项。
（3）掌握销售清单换取正式发票时的注意事项。

2. 物品准备

（1）准备模拟药店一间、药品多种、销售清单、增值税普通发票票样、收款机。
（2）让同学模拟药店营业员、收银员、执业药师、顾客。

3. 操作过程

（1）每4人为一组。
（2）角色扮演　4人中，一人扮演营业员负责推介，一人扮演执业药师，一人扮演收银员，一人扮演顾客。实训中4人的角色应进行轮换。
（3）情景模拟
① 作用类别　本品为抗过敏类非处方药药品。
② 购药者来到柜台前购买抗过敏药马来酸氯苯那敏片（别名扑尔敏），为非处方药。
③ 营业员处开销售清单　马来酸氯苯那敏片为非处方药，顾客可直接到营业员处开销售清单。
④ 收银员收款　收银员根据销售清单收款并盖上现金收讫章。
⑤ 顾客取药并换取正式发票　营业员根据已盖现金收讫销售清单发货并审核，把药品交于顾客并换取正式发票。发票必须按要求填写品名、规格、数量、单价、金额等，凡是发票上设置的栏目都要逐项逐栏规范性地一次性填开。
（4）根据实训内容，开销售清单、收银、开增值税普通发票、填制药品进销存日报表。
（5）填写任务实施报告（表5-1-7）。

表5-1-7　任务实施报告

班级：	小组：	时间：
课题：		
目的：		
器材、物品：		
步骤： 1.模拟销售过程 2.填写销售清单 3.开具正式增值税普通发票 4.填写"药品进销存日报表" 5.结束并整理		
教师评价：		

（6）教师现场考核点评。

任务测评

根据学生扮演情况，小组互评和教师点评，并填写实验考核表（表5-1-8）。

表5-1-8　实验考核表

零售药店名称：　　　　　　　　　　　　评分日期：　　年　月　日

检查项目及内容	分值	评分标准	检查情况及扣分记录	得分
服饰和礼仪	15	着装不整洁、礼仪不端庄、接待不符合要求。缺1项扣3分		
环境准备（提问）	10	回答错1次扣1分		
设施和用品准备（提问）	10	回答错1次扣1分		
审处方	10	若无执业药师审核并签字扣5分		
开具销售清单	10	品名、规格、数量等开错扣2分		
收银	15	找错金额扣5分，没盖现金收讫章扣5分		
发货	10	药品拿错扣5分		
正式发票	10	品名、规格、数量、单价、金额等开错扣2分		
药品进销存日报表	10	填写错1项扣1分		
总分值	100	总得分		

知识扩展

（一）商业零售发票的管理及规定

1. 根据税务局对发票的管理规定，统一印制和购买，实行统一管理。
2. 使用的发票，由营业大厅到会计部门统一领取。
3. 会计部门设发票使用登记本，领取时要记载领用日期、数量、发票起止号、经手人。
4. 发票只限在本单位合法经营范围内使用，不准向外转让、出售。

（二）发票开具的管理

1. 开具发票时，项目填写齐全、字迹清楚、书写规范，不得缺联填写，须加盖发票专用章，使用防伪印油。
2. 发票内容填写要求：日期准确无误，购物单位栏不得简化或空白，品名、数量、大小写金额如实，不准开具品名金额与购物不相符的发票；发票的空白处画斜线封闭；注明开票人姓名。
3. 开错的发票不得撕毁，应在全部联次上注明"作废"字样，保留在原本发票上。
4. 购物需退货时，应持原发票，如因已报账不能提供原发票的，应有购货部门证明和发票复印件才能开具红字发票，证明信及发票复印件附在发票存根联后。
5. 购货人要求开具发票时，收回购物凭证粘在发票存根联后。

（三）发票的保管

1. 用完的发票存根，按发票的顺序整理好，交财务部核对，财务部检查收回和领用数量是否相符，发现缺本少页，按税务局发票管理规定罚款并追究当事人的责任。
2. 收回的发票上交财务部，其负责整理装箱，贴上封签，依据税务局的规定存放和保管（包括发票登记本），保存5年，保存期满，报税务机关查验，批准后销毁。

（四）开票人员素质

1. 优良的道德品质

具有优良的道德品质是对从事开票人员的首要要求。开票人员必须熟悉国家相关法律法规及企业规章制度，遵守国家相关法律法规。热爱本职工作，才可能全身心地投入并达到乐此不疲的程度；才可能在工作中始终兢兢业业，认真负责；才可能在工作中充分发挥自己的聪明才智，以真诚优质的服务来赢得顾客的信任，在平凡的岗位上做出不平凡的业绩。

2. 过硬的职业技能

职业技能过硬是提高工作效率和工作性质的前提。开票工作要求准确、快速、安全。准确性是工作质量的重要指标，只有在准确的基础上，快速和安全才是有意义的。开票人员除必须熟练掌握计算机操作技术以及会计数字书写规范外，还应掌握一定的会计业务基础知识。

3.良好的服务意识

开票工作是一项综合性很强的工作。它既是经济性工作，但更多的又是服务性工作。要能正确认识此工作的这一特殊性，树立正确的服务意识，不断增强服务意识，树立全心全意为顾客服务的思想，主动、热情、耐心、周到地为顾客提供优质的服务。通过自己的勤奋劳动，满足顾客的需要，对顾客不论生熟亲疏，都要熟知客户、了解客户，知道怎么去和客户沟通，能给客户满意的服务。

4.有丰富的专业知识和业务知识

所谓的专业知识就是对公司库存产品的品名、规格、厂家、单价，特别是商品名要了解和熟知，至少要了解这一品种的功能主治，要知道它的包装情况，还要了解处方药品和非处方药品及其药品的别名，并且要熟知医药市场信息，该药品的底价是多少及涨跌情况。

5.做好通信员

开票员是市场与采购员之间的桥梁，因此，开票员要做好信息传递工作，什么价位是目前的行情，滞销和畅销药品，把有用的、准确无误的信息尽快反映给采购部门，使公司在市场竞争中永远处于优势。

（五）相关法规和制度

有下列票据欺诈行为之一的，依法追究刑事责任。

1.伪造、变造票据的。
2.故意使用伪造、变造的票据的。
3.签发空头支票或者故意签发与其预留的本名签名式样或者印鉴不符的支票，骗取财物的。
4.签发无可靠资金来源的汇票、本票，骗取资金的。
5.汇票、本票的出票人在出票时作虚假记载，骗取财物的。
6.冒用他人的票据，或者故意使用过期或者作废的票据，骗取财物的。
7.付款人同出票人、持票人恶意串通，实施前六项所列行为之一的。

有前条所列行为之一，情节轻微，不构成犯罪的，依照国家有关规定给予行政处罚。

金融机构工作人员在票据业务中玩忽职守，对违反本法规定的票据予以承兑、付款或者保证的，给予处分；造成重大损失，构成犯罪的，依法追究刑事责任。

由于金融机构工作人员因前款行为给当事人造成损失的，由该金融机构和直接责任人员依法承担赔偿责任。

思考与练习

（一）单项选择题

1.（　　）是企业中的一个重要岗位，它不仅承担着实现企业收益的重任，同时还是展示企业形象的一扇窗口。

A.顾客　　　　　　B.收银员　　　　　　C.开票　　　　　　D.执业药师

2.销售清单，共分（　　）联。
　　A.1　　　　　　　B.2　　　　　　　C.3　　　　　　　D.4
3.药品零售票据的保管具体包括（　　）内容。
　　A.发票要有人保管，并使用专柜，建立账表
　　B.发票保管要做到手续清、账目清、责任清
　　C.在保管发票的过程中，要注意防火
　　D.可以相互转借、转让发票
4.支票的有效期为（　　）天，日期首尾算一天，节假日顺延。
　　A.5　　　　　　　B.6　　　　　　　C.8　　　　　　　D.10
5.出票单位现金支票背面印章模糊的（　　）。
　　A.可把模糊印章打叉
　　B.再盖一次或不接收
　　C.可把模糊印章打叉，重新再盖一次或不接收
　　D.可把模糊印章打叉，不接收
6.支票上的内容不得涂改，其他内容如动（　　）必须由签发人加盖预留银行印鉴证明。
　　A.出票日期　　　　B.收款人　　　　C.小写金额　　　　D.大写金额
7.发票保管要做到（　　）。
　　A.手续清、责任清　　　　　　　　B.账目清
　　C.责任清　　　　　　　　　　　　D.手续清、责任清、账目清
8.营业员凭（　　）发货并审核，把药品交于顾客。
　　A.发票　　　　　　　　　　　　　B.销售清单
　　C.发票和销售清单　　　　　　　　D.以上都不对
9.收回的发票上交财务部，其负责整理装箱，贴上封签，依据税务局的规定存放和保管（包括发票登记本），保存（　　）年，保存期满，报税务机关查验，批准后销毁。
　　A.2　　　　　　　B.3　　　　　　　C.4　　　　　　　D.5

（二）多项选择题

1.开票人员应必须具备的素质包括（　　）。
　　A.优良的道德品质　　　　　　　　B.过硬的职业技能
　　C.良好的服务意识　　　　　　　　D.有丰富的专业知识和业务知识
2.以下（　　）是票据欺诈行为。
　　A.伪造、变造票据的
　　B.使用正规票据的
　　C.签发可靠资金来源的汇票、本票
　　D.汇票、本票的出票人在出票时无虚假记载
3.药品零售票据的保管具体包括（　　）。
　　A.发票要有专人保管，并使用专柜，建立专用账表
　　B.发票保管要做到手续清、账目清、责任清

C.在保管发票的过程中，要注意防火、防盗、防霉烂毁损、防虫蛀鼠咬、防丢失
D.不准相互转借、转让发票
4.商场内部销售传票便于购销双方能够清楚地了解（ ）。
   A.商品具体的名称   B.数量   C.单价   D.总金额
5.商业零售发票的管理及规定（ ）。
   A.根据税务局对发票的管理规定，统一印制和购买，实行统一管理
   B.使用的发票，由营业大厅到会计部门统一领取
   C.会计部门设发票使用登记本，领取时要记载领用日期、数量、发票起止号、经手人
   D.发票只限在本单位合法经营范围内使用，不准向外转让、出售
6.支票必须记载（ ）。
   A.表明"支票"的字样   B.无条件支付的委托
   C.确定的金额   D.付款人名称

（三）判断题
1.开票工作在商业零售业不是一个重要岗位。（ ）
2.开票工作既是经济性工作，但更多的又是服务性工作。（ ）
3.发票和印章涉及企业的利益和权益，应加强保护，不得随意乱放。（ ）
4.POS收银机操作简单，还大大减轻了收银员的脑力负担，实现了节省人力、物力、财力和提高工作效率的目标。（ ）
5.开发票时应该按顾客的实际需要填写，可以虚开发票或填空白发票。（ ）
6.端庄的仪表既是对他人的一种尊重，也是自尊、自重、自爱的一种表现。（ ）
7.收银员上班期间可以披长发。（ ）
8.发票保管要做到手续清、账目清、责任清。（ ）
9.营业员可以直接把药品交于顾客。（ ）
10.受票人如果发现支票填写不全，可以补记，也能涂改。（ ）

（四）问答题
1.请叙述药品零售票据的保管规定。
2.开票的操作要点是什么？

任务十

进销存日报表的填写

❖ 学习目标

掌握零售药品进销存日报表的填写流程。

▤ 工作流程

（一）填写前的准备

1. 职业形象准备

同模块二任务三工作流程中的"西药处方药零售前准备工作"。

2. 环境准备

同模块二任务三工作流程中的"西药处方药零售前准备工作"。

（二）进销存日报表填写的流程

1. 准备好与填写有关的资料数据。
（1）填写当天的三联销售小票（表5-2-1）。
（2）进货记录单（表5-2-2）。
（3）退换货单（表5-2-3）。

表5-2-1　当日销售小票

年　月　日

药品名称	单位	单价	数量	金额	备注
合计人民币（大写）					

收款员：　　　　　　　　　　　　　　　　　　　　　　　　　营业员：

表5-2-2 进货记录单

进货日期	供货单位	货品名称	剂型	规格	单位	数量	单价	金额	生产企业	产品批号	有效期	业务经办人

制表人：　　　　　　　　　　　　　　　　　　　　　　　　　审核人：

表5-2-3 退换货单

年　月　日

药品名称	单位	单价	数量	金额	备注
合计人民币（大写）					

收款员：　　　　　　　　　　　　　　　　　　　　　　　　　营业员：

2.根据以上三种单据认真填写报表，各项内容要用黑色碳素笔或中性笔填写，字迹要端正、清楚。

3.填写完报表后，要及时总结分析当日的进销存情况。

（三）填写后的结束工作

1.药品采购部门档案管理人员负责将进销存有关资料存档。

2.填写报表人员把进销存日报表记录交给信息中心的后台人员做统计报表。见数字资源5-2进销存报表制作。

3.根据进销存日报表给药品进行分类，实现药品在公司内按市场需求动态地贮备管理。

数字资源5-2

案例导入

2017年8月17日李××到药店购买OTC黄连上清片5盒，有效期2017年4月23日至2019年4月23日，单价3元/支；湖北成田制药有限公司生产的无极膏（10g）2支，单价7.8元/支，有效期2年，出厂日期2017年4月20日。由营业员张×开销售清单和正式发票，收银员李×收款。销售凭据（表5-2-4）和销售发票（表5-2-5），填写药品进销存日报表（表5-2-6）。

表5-2-4　某医药有限公司销售凭据

商品名称	商品规格	生产企业	批号	有效期至	单位	数量	单价/元	金额/元
黄连上清片	0.3g×10×3/盒	北京医药集团	170423	2019-04-23	盒	5	3.00	15.00
无极膏	10g	湖北成田制药有限公司	170420	2019-04-20	支	2	7.80	15.60
金额合计/元	30.60		金额合计大写		叁拾元陆角整			

销售单位：李×　　　　　　　　　　　　　　　　　　　　2017年8月17日
营业员：张×　　　　　　　　　　　　　　　　　　　　　收银员：李××

表5-2-5　山西省货物销售统一发票

晋国税（17）印字第　　号　　　　　发票联　　　　　　发票代码：

品名	规格	单位	数量	单价	金额					
					千	百	十	元	角	分
黄连上清片	0.3g×10×3/盒	盒	5	3.00			10	5	0	0
无极膏	10g	支	2	7.80			10	5	6	0
合计金额（大写）	零仟　零佰　叁拾　零元　陆角　零分　¥：30.60									
销售单位纳税人登记号										
备注										

客户名称：　　　　　　　　　　　　　　　　　　　　　发票号码：
销售单位　　　　　电话：　　　　　收款：李××　　　开票：张×
（盖章有效）　　　地址：　　　　　　　　　　　　　　2017年8月17日

表5-2-6 药品进销存日报表

通用名称	药品商品名称	规格	生产日期	剂型	生产企业	购货企业	有效期至	批准文号	生产批号	昨日结存	今日进货	退货或调出	今日销货	今日结存	进货累计	销货累计
黄连上清片		0.3g×10×3/盒	2017-04-23	颗粒	北京医药集团		2019-04-23		170423	10			5	5		5
无极膏		10g	2017-04-20	膏剂	湖北成田制药有限公司		2019-04-20		170420	20			2	18		2

项目	昨日结存	增加金额	减少金额	今日结存	传票编号
现金	186		30.6	155.4	自　　　号
银行存款					凭证　　张

负责人：　　　　　　　　　　　　　　　　　　　　　　　　　　　填表人：

相关知识

基本概念

1.进销存日报表是根据当日销售小票、进货记录单、退换货清单与前一日的进销存日报表填写并汇总后形成。

2.报表结构见表5-2-7。

表5-2-7 药品进销存日报表
年　月　日

通用名称	药品商品名称	规格	生产日期	剂型	生产企业	购货企业	有效期至	批准文号	生产批号	昨日结存	今日进货	退货或调出	今日销货	今日结存	进货累计	销货累计

项目	昨日结存	增加金额	减少金额	今日结存	传票编号
现金					自　　　号
银行存款					凭证　　张

负责人：　　　　　　　　　　　　　　　　　　　　　　　　　　　填表人：

3. 报表功能

（1）利于实现对企业业务过程、经营情况、质量控制等全方位的快捷方便的统计查询。

（2）用于相关管理人员及时掌握药店库存、经营情况，完成日常管理。

（3）助于相关管理人员及时掌握畅销药、滞销药、普药的销售情况，辅助他们进行经营决策。

（4）为管理人员了解各项进、销、存的信息和各种统计数据提供有利平台，同时掌握营业员在销售过程中的效益、质量，并及时指导。

（5）营业员可以通过进销存日报表自我评价自己的销售工作，分析总结经验。

（6）药品进销存日报表是销售效益分析、销售统计的原始资料，并能清楚地反映不同阶段的销售状况。

4. 记账凭证

终端卖场记账凭证可分为进货凭证、销货凭证、顾客退货凭证、退货凭证及其他。

（1）进货凭证　一般是指公司的送货单或其他终端卖场调货过来的送货单。

（2）销货凭证　也叫销售小票，通常有三联（顾客、营业员、收银员）。

（3）顾客退货凭证　一般也采用销售小票，按照公司规定退货程序开具，并用红字开单，是终端卖场退款、收退货的凭证。

（4）退货凭证　终端卖场向总部退货时产生的凭证，一般是总部收货后出具的红字出货单。

（5）其他凭证　终端卖场销售过程中产生的其他凭证。如销售扣让、样品处理、赠品等，必须有经办人及责任人签字。

5. 报表

（1）日报表　一般分为销售日报表和"进销存"日报表。销售日报表是根据当日销售小票汇总的日报表；而"进销存"日报表根据当日的销售小票、进货单、退货凭证与前一日"进销存"报表汇总而成。

（2）周报表　一般为每周销售报表，依据销售日报表、每周销售汇总而成。

（3）月报表　包括月结汇总表和盘点表。月结汇总表应全面记录终端卖场当月的进货、销售、退货及上月库存；而盘点报表是反映终端卖场当月的实际库存。

6. 账册

终端卖场账册是根据企业不同规定，采用不同账册，一般企业主要采用商品明细账页形式，即含数量和金额。

7. 报表数据来源依据

（1）当日销售小票。

（2）进货记录单。

（3）退换货单。

8. 填写报表质量控制要求

（1）填写时注意药品的生产日期、购货日期、生产批号、批准文号、生产批号、有效期等项目。

（2）各项内容应如实填写，每张凭证应认真核对不能出现误差。
（3）报表填写完后应分析找出当天的畅销药和滞销药。

任务实施

填写并分析药品进销存日报表

1. 任务实施目的

（1）通过当地医药公司了解药品销售与进销存日报表的关系。
（2）准确填写进销存日报表。
（3）通过日报表分析经营情况。

2. 物品准备

（1）准备模拟药店一间、品种齐全、销货单、顾客退货单、进货单、发票、畅销药表格、滞销药表格、促销药表格、收款机。其中销货单、顾客退货单、进货单、发票应放在营业员柜台处，畅销药表格、滞销药表格放在柜组长工作处，收款机、单位财务公章放在收银区。
（2）让学生模拟药店营业员、收银员、顾客、柜组长、店堂经理。
（3）准备一个30～39人的班级。

3. 操作过程

（1）从班级选出12名学生，分3组。每组分别安排一名扮演营业员、收银员、柜组长、店堂经理。
（2）班级剩下的18～27名学生全充当顾客，每人必须模拟购物两次。
（3）根据销售过程，填写销货单、顾客退货单、进货单，在每轮结束时填写畅销药表格、滞销药表格、促销药表格、进销存日报表。
（4）每组在结束时写一份任务实施报告（表5-2-8）。

表5-2-8　任务实施报告

班级：	小组：	时间：
课题：		
目的：		
器材、物品：		

续表

步骤:
1. 每组同学根据模拟角色上岗
2. 根据顾客所需推荐药品
3. 营业员开当日销货单
4. 顾客到收银处付款并拿回盖章后的销货单
5. 营业员根据已盖现金收讫销售清单发货并审核，把药品交于顾客并换取正式发票。发票必须按要求填写品名、规格、数量、单价、金额等，凡是发票上设置的栏目都要逐项逐栏规范性地一次性填开
6. 营业员根据销售清单填制药品进销存日报表
7. 如有退货填写顾客退货单
8. 柜组长填写本柜组实销药品表格并统计出畅销药和滞销药品种
9. 柜组长根据以上图表汇总报告，并报店堂经理处。店堂经理根据销售情况做出经营决策
教师评价：

任务测评

（一）每个岗位的模拟人员语言、动作、表情规范（30分）。
（二）每个团队填表准确、字迹清晰、无涂改、表格整洁（30分）。
（三）每个团队汇总报告书写工整、语言准确精炼、内容符合实际销售并给出建议（40分）。
（四）教师现场考核点评。
（五）规定时间60分钟。

知识扩展

进销存记录管理相关的法规和制度

为保证质量管理工作的规范性、可追溯性，可依据《中华人民共和国药品管理法》及《药品经营质量管理规范》等法律、法规。记录和票据的设计首先由使用部门提出，报质量管理部统一审定、印制、下发。使用部门按照记录、票据的管理职责，分别对管辖范围内的记录、票据的使用、保存和管理负责。记录、票据由各岗位人员负责填写，由各部门主管人员每年收集、整理，并按规定归档、保管。

《药品经营质量管理规范实施细则》第二十七条规定：购进药品，应按国家有关规定建立完整的购进记录。记录应注明药品的品名、剂型、规格、有效期、生产厂商、供货单位、购进数量、购货日期等项内容。购进记录应保存至超过药品有效期1年，但不得少于3年。

药品经营企业购销药品，必须有真实完整的购销记录。购销记录必须注明药品的通用名称、剂型、规格、批号、有效期、生产厂商、购（销）货单位、购（销）货数量、购销价格、购（销）货日期及国务院药品监督管理部门规定的其他内容。

思考与练习

（一）填空题

1. 服务用语_____、_____、_____、_____。
2. 销售中，不同价位的同类药品有三类及以上，_____、_____、_____等剂型齐全，消费者可以自主选择，按需购药。
3. 营业员的提货计划应根据估计的_____、_____和_____向销售经理提交书面计划申请单，经销售部经理审核后签字交给采购。
4. 药品进销存日报表是根据_____、_____、_____与_____汇总而成。
5. 购销记录必须注明药品的_____、_____、_____、_____、_____、_____、购（销）货单位、购（销）货数量、购销价格、购（销）货日期及国务院药品监督管理部门规定的其他内容。

（二）单项选择题

1. 出库的药品必须有（ ）出库单。
   A.手工抄写　　　　B.电脑打印　　　　C.两种都使用　　　D.AB项任选其一
2. 进销存的重心是（ ）。
   A.购进　　　　　　B.入库　　　　　　C.销售　　　　　　D.仓储
3. 仓储部的采购计划应（ ）方式做出。
   A.一种　　　　　　B.两种　　　　　　C.三种　　　　　　D.四种
4. 对于滞销的药品，零售部至少应保存（ ）盒。
   A.2　　　　　　　B.3　　　　　　　C.5　　　　　　　D.20
5. 进销存工作结束后把进销存记录交给（ ）做统计报表。
   A.电脑后台　　　　B.财务部　　　　　C.销售部　　　　　D.仓储部
6. 缺货记录应按公司（ ）的要求进行详细登记。
   A.GSP认证　　　　B.业务部　　　　　C.销售部　　　　　D.仓储部
7. 通常滞销药列为（ ），半年后的即应通知药厂减少药量并换批号。
   A.A类　　　　　　B.B类　　　　　　C.C类　　　　　　D.E类
8. 处于价位或运输等原因考虑而增加的进货贮备应制作超额进货理由书，但必须考虑（ ）的认可意见，销售部在此单中负第二责任，同时请（ ）、总经理分别签字认可。
   A.业务部　　　　　B.财务部　　　　　C.销售部　　　　　D.仓储部
9. 破损库中的品种，经药管部鉴定后，确为质量问题的应在（ ）小时内通知药厂处理；确为破损的，一律统一处理。
   A.8　　　　　　　B.7　　　　　　　C.5　　　　　　　D.10
10. 进销存日报表是（ ）的原始资料，并能清楚地反映不同阶段的销售状况。

A. 销售效益分析　　　B. 销售统计　　　C. 仓储部　　　D. 业务部

（三）多项选择题

1. 填写时注意药品的（　　）等项目。
   A. 生产日期　　　B. 购货日期　　　C. 生产批号　　　D. 批准文号
   E. 采购数量

2. 销售特征指（　　）等。
   A. 集中销售　　　B. 均匀销售　　　C. 医保销售　　　D. 某类人群销售
   E. 其他销售

3. 销售凭证有（　　）、（　　）、（　　）三联。
   A. 顾客　　　B. 营业员　　　C. 收银员　　　D. 会计
   E. 其他

4. 营业员的提货计划应根据估计的（　　）向销售经理提交书面计划申请单，经销售部经理审核后签字交给采购。
   A. 销售量　　　　　　　　　　B. 日盘点
   C. 财务报表　　　　　　　　　D. 上个月的销售证明单
   E. 进销存日报表

5. 经审批的采购计划准备应有（　　）的签字并由总经理审批。
   A. 销售部　　　B. 仓储部　　　C. 业务部　　　D. 财务部
   E. 信息部

（四）判断题

1. 购进记录中没有药品生产日期栏。（　　）
2. 销售等级评定，B级月销售量60～100盒。（　　）
3. 滞销药统计上报表，目的是对卖点分析。（　　）
4. 滞销药分级A、B、C、D四项。（　　）
5. 盘点报表是反映终端卖场当月的实际库存。（　　）
6. 周报表是指依据销售日报表、每周销售汇总而成。（　　）
7. 零售卖场账册是根据企业不同规定，采用不同账册，一般企业主要采用商品明细账页形式。（　　）
8. 进销存日报表是销售效益分析、销售统计的原始资料。（　　）
9. 进销存日报表是根据进货单、退货凭证与前一日进销存报表汇总而成。（　　）
10. 销货凭证也叫销售小票，通常有三联（顾客、营业员、收银员）。（　　）

（五）问答题

1. 药品准备的最佳目标有哪些？
2. 进销存日报表有何作用？

（六）分析题

根据表5-2-9所示，分析畅销药、滞销药分别有哪些？该如何处理？

表5-2-9　××药房药品进销存日报表

通用名称	药品商品名称	规格	生产日期	剂型	生产企业	购货企业	有效期至	批准文号	生产批号	昨日结存	今日进货	退货或调出	今日销货	今日结存	进货累计	销货累计
茶新那止咳片	定喘止咳片	100粒/瓶	2017-10-24	片剂	立业制药股份公司	恒康医药公司	2019-10	H32025678	171024	10瓶	无	无	3瓶	7瓶	无	3瓶
小儿氨酚黄那敏颗粒	护彤	12袋/盒	2018-01-06	颗粒剂	哈药集团制药厂	恒康医药公司	2019-12	H236-22613	180106	15盒	无	无	2盒	13盒	无	2盒
头孢氨苄颗粒	先锋	12袋/盒	2017-10-23	颗粒剂	安徽精方药业股份有限公司	恒康医药公司	2019-09	H34023579	171023	12盒	10盒	5盒	10盒	7盒	10盒	10盒
复方醋酸地塞米松乳膏	999皮炎平	1支	2018-05-09	软膏剂	三九医药股份有限公司	恒康医药公司	2020-04	H44024170	180509	20支	30支	10支	15支	25支	30支	15支
丹香冠心注射液	复方丹参	10支/盒	2018-04-29	针剂	扬州制药有限公司	恒康医药公司	2019-09	Z20027937	180429	10盒	无	无	3盒	7盒	无	3盒
复方利舍平片	维脑路通降压片	10片/盒	2018-03-13	片剂	常州制药厂有限公司	恒康医药公司	2020-03-12	H32026540	180313	20盒	无	无	8盒	12盒	无	8盒
丁桂儿脐贴	宝宝一贴灵	30片/盒	2018-04-01	片剂	山西亚宝药业	恒康医药公司	2020-03	B20020882	180401	35盒	无	无	2盒	33盒	无	2盒
门冬氨胺片	天冬素片	100片/瓶	2017-06-29	片剂	上海复星朝晖	恒康医药公司	2019-05	H19990157	170629	3瓶	无	1瓶	无	2瓶	无	0瓶
人参归脾丸	当归	20丸/盒	2016-03-07	丸剂	同仁堂制药厂	恒康医药公司	2018-11	Z11020105	160307	3盒	10盒	1盒	8盒	4盒	10盒	8盒
三九胃泰颗粒	999胃泰	10袋/盒	2016-02-07	颗粒剂	三九医药制药厂	恒康医药公司	2018-09	Z44020705	160207	30盒	无	无	1盒	29盒	无	1盒

项目	昨日结存	增加金额	减少金额	今日结存	传票编号
现金	682.80元	376.60元	48.50元	1010.90元	自20180316001至20180316014号
银行存款	—	376.60元	48.50元	—	凭证共14张

模块六

核算与盘点

任务十一

柜组核算

学习目标

1. 掌握柜组各项经济指标的核算。
2. 能正确填制商品进销存日报表等各种报表。
3. 能通过商品库存明细账了解商品购存销的情况。
4. 熟悉柜组各项经济指标的概念。
5. 熟悉对账和结账操作的基本要求。
6. 熟悉量本利分析的基本程序和分析方法。

工作流程

（一）核算前的准备

笔，纸，计算器，各种报表的准备如销货结算簿（销货卡、销货小票）、商品进销存日报表、商品验收单、商品内部调拨单、商品调价单、商品损溢报告单、商品盘存表、商品内部交款单等。

（二）核算中的流程

1. 商品销售指标的核算

（1）商品进销存日报表　见表 6-1-1。

（2）填写商品进销存日报表

①"昨日结存"栏根据上日的"本日结存"栏内的数目填写。
②"本日购进"栏根据商品验收单汇总金额填写。
③"本日调入"与"本日调出"栏根据"商品内部调拨单"分别汇总填写。
④"调价增值"与"调价减值"栏根据"商品调价单"中相应栏内的数值填写。
⑤"盘点溢余"与"盘点短缺"栏根据"商品损溢报告单"中相应栏内的数值填写。
⑥"本日销售"栏根据"内部交款单"汇总金额填写。

表6-1-1 商品进销存日报表

柜组：　　　　　　　　　　　　　　年　月　日　　　　　　　　　　　单位：元

项目		金额	项目		金额
昨日结存			减少部分	本日销售	
增加部分	本日购进			本日调出	
	本日调入			调价减值	
	调价增值			盘点短缺	
	盘点溢余		本日结存		
合计			合计		
本月销售定额			本月销售累计		

组长：　　　　　　　　　　　复核：　　　　　　　　　　　　制表：

⑦"本日结存"栏的计算公式为：本日结存＝昨日结存＋增加部分－减少部分。

⑧ 商品进销存日报表中左右两边的合计数理应相等，左方合计数为昨日结存与本日增加部分的数值之和，右方合计数为本日减少部分数值与本日结存之和。

（3）填写的注意事项　当日经营结束后，柜组必须对照销货结算簿及盘点情况填报"商品进销存日报表"。进销存日报表是柜组向上级财会部门报账的日表单，是零售柜组经营业务活动的综合反映与真实记录。所以填报时必须及时、认真、准确，并逐日按月装订成册。

与填制商品进销存日报表相关的表单如下。

① 商品验收单　见表6-1-2。

表6-1-2 商品验收单

供货单位：　　　　　　　　　　　年　月　日　　　　　　　　　　　收货部门：

货号	等级	品名及规格	购进价				零售价				进销差价
			单位	数量	单位	金额	单位	数量	单位	金额	
	合计										
	备注										

调出柜组：　　　　　　　　　　　　　　　　　　　　　　　年　月　日

商品验收单是柜组质量员在进行商品进货数量清点并质量验收入库工作中所填制的。

② 商品内部调拨单　见表6-1-3。

表6-1-3　商品内部调拨单

调出柜组：　　　　　　　　　　　　年　月　日　　　　　　　　　调进柜组：

货号	品名	单位	数量	购进价		零售价		进销差价
				单位	金额	单位	金额	
合计								

调出部门经办人：　　　　　　　　　　　　　　　　　　　　　　调进部门经办人：

商品内部调拨单是发生在企业与柜组、柜组与柜组之间的商品流转业务而填制的表单。

③ 商品调价单　见表6-1-4。

表6-1-4　商品调价单

　　　　　　　　　　　　　　　　　　　　　　　　　　调价通知单日期：　年　月　日
填报部门：　　　　　　　　　　　年　月　日　　　　　　　　　调价通知文号：

货号	品名	单位	数量	零售单价		加或减	单位差价	增加金额	减少金额
				原售价	新售价				
合计									

门店经理：　　　　　　　　　　　　核算员：　　　　　　　　　　物价员：

商品调价是对商品原售价的调整变更。柜组在接到上级调价通知单后，在规定调价执行日期的前一天对调价商品进行盘点，查明实际库存后再核算出变价后现值，填制"商品调价单"。

④ 商品损溢报告单　见表6-1-5。

表6-1-5　商品损溢报告单

单位名称：　　　　　　　　　　　　　　　　　　　　　　　　　　　　年　月　日

编号	商品名称	计量单位	单价	实存		账存		对比结果				原因
								盘盈		盘亏		
				单价	金额	单价	金额	单价	金额	单价	金额	
领导批示				财会部门意见				实物负责人意见				

填表人：　　　　　　　　　　　　　　　　　　　　　　　　　　　　经理：

商品的损溢是指商品从进货到销售这一整个零售流转环节中所发生的溢余和损耗，当日盘点后发现有损溢情况必须将损（溢）情况、数额、原因分析填入损溢报告表。经盘点人、柜组长签名盖章后送交上级主管部门并以此作为会计处理的凭证。

⑤ 商品内部交款单　见表6-1-6。

表6-1-6　商品内部交款单

柜组：　　　　　　　　　　　　　　　　　　　　　　　　　　　　　年　月　日

现金		点款人	
支票		复款人	
托收或转账		交款人	
合计金额（大写）			

出纳：　　　　　　　　　　　　　　　　　　　　　　　　　　　　　收款人：

当日营业结束后，柜组要及时清点当日收进的销货款，并且由两人进行点数复核，同时填写"商品内部交款单"，一式二联，交款单连同货款交出纳员收讫盖章。

2.商品资金指标的核算

商品资金指标的核算一般用商品资金占用率和商品资金周转率这两个指标来反映。

（1）商品资金占用率指标的核算

① 计算公式　商品资金占用率是指商品资金平均占用额与商品销售额的百分比率，以反映柜组每销售100元商品所平均占用的商品资金数额，反映了柜组资金的利用效率。其计算公式如下。

$$商品资金占用率＝（商品资金平均占用额/商品销售额）\times 100\%$$

② 计算过程　公式中的"商品销售额"是指月末"商品进销存日报表"中的"本月销售累计"，即全月销售额。

公式中"商品资金平均占用额"即是商品资金的平均结存金额，是按"商品进销存日报表"中"本日结存"折合成进价金额平均计算。通常根据各期商品资金占用数额，采用序时平均法计算。

月平均商品资金占用额＝（月初商品资金占用额+月末商品资金占用额）/2
年平均商品资金占用额＝（1/2年初商品资金占用额＋第一季度末商品资金
　　　　　　　　　　　占用额＋第二季度末商品资金占用额＋第三季度末
　　　　　　　　　　　商品资金占用额＋1/2年末商品资金占用额）/4

③ 计算的注意事项　在实际中柜组库存商品资金占用率是以销价金额计算的，而上述计算中商品资金占用是按进价计算的。应根据综合进销差价率将销价金额折换成进价，具体计算如下。

商品资金平均占用额（进价）＝商品资金平均占用额（售价）×（1-综合进销差价率）

（2）商品资金周转率指标的核算　由货币变为商品，再由商品变为货币这样周而复始的运动，被称为商品资金周转。商品资金周转率反映了商品资金周转的速度，是衡量资金利用效率的重要质量指标。可用商品资金周转次数和商品资金周转天数来表示。在一定时期内商品资金周转的次数越多则资金周转越快；周转一次所需要的天数越少则资金周转越快。

$$商品资金周转次数＝本期商品销售额／本期商品资金平均占用额$$

$$商品资金周转天数＝本期天数／本期商品资金周转次数$$

3. 药店营业指标的核算

（1）营业费用指标核算

① 计算公式　费用率又称为费用水平，表示每百元商品销售所耗的费用。

$$费用率＝（商品流通费用额／商品销售额）×100\%$$

费用率是评价柜组经营业绩以及柜组经营管理水平的综合指标。

上式中的商品流通费用又称为费用，为柜组直接控制的费用核算。费用是指企业在商品经营过程中发生的各项耗费，可分为直接费用（可变费用）和间接费用（不变费用）。随商品流转额增减而增减的费用称为直接费用，如运杂费、保管费、包装费、商品损耗等。间接费用一般不随商品流转额的增减而增减，如工资、折旧费、租金等。

② 计算过程　同一企业在各柜组经营条件大致相当的情况下，间接费用往往按商品销售额比例下达分摊费用。计算公式如下。

$$柜组应摊间接费用＝企业费用率×柜组销售总额$$

$$企业费用率＝（企业应分摊费用额／企业商品销售额）×100\%$$

③ 计算的注意事项

a.间接费用具有相对稳定性，但不易控制，一般由企业财会部门综合平衡、分摊下达。

b.直接费用发生时，由店长或柜组长签字认可，企业财务部门填制柜组核算费用通知单（表6-1-7）。

表6-1-7　柜组核算费用通知单

柜组：　　　　　　　　　　年　月　日　　　　　　　　　字　　第　　号

项目	摘要	金额
合计		

店长：　　　　　　　　　　核算员：　　　　　　　　　　制单：

（2）营业利用额指标核算

① 相关指标　柜组在一定时期内，收到营业收入的金额大于全部支出的金额称之为营业利润；反之，称之为营业亏损。反映营业利润指标的名词有如下几个。

a.毛利　销售收入与销售成本的差值叫毛利。它是柜组获得利润的主要来源。

b.毛利率　销售毛利与销售额的百分比叫毛利率。表示每百元商品销售额所能实现的毛利。

c.销售扣率　指实际购进价与批发价或零售价之比。能较直观地反映商品销售的毛利水平。

d.销售税金　是按国家法律规定的纳税所实现的税款，具有法令性。商业零售企业交纳的销售税金包括国税（增值税）和地税两部分，是按商品的销售收入计算的。

② 计算过程　柜组营业利润是销售收入减去销售成本、经营费用、销售税金后的净值。

（三）核算后的工作

整理核算资料是对整个核算过程中所记录的工作资料进行分类收集归档。

资料的审核分对账和结账两部分。

（1）对账　为了确保柜组账册记录和核算资料的真实可靠，柜组要认真执行对账、清账制度。柜组在每一个会计核算期终时，要认真做好对账工作。对账就是把账簿上所反映的资料进行内部核对（柜组内部）、内外核对（柜组之间），做到账证相符（账簿与凭证）、账账相符（总账与所属明细账）、账实相符（账面数与实物数），现金账要天天盘对现金与账面余额是否相符。在对账中发现差错和疑问，应及时查明原因，加以更正与处理。供应商结算应付账款前首先要与采购部门对应付账，采购部门或门店应查对退货、票到货未到、短缺、质量拒收等供应商送货差错，检查有否冲红，确定应结算货款，然后与财务账核对，确认应付款，最后由企业负责人决定付款。

（2）结账　为了总结柜组某一时期（月、季、年度）的经营业务实绩，必须按期进行结账。所谓结账就是把一定时期内所发生的经济业务全部登记入账后，结算出各账户本期发生额和期末余额，结束本期账簿记录。结账的基本要求：确保账簿记录完整性；门店核实柜组全部库存商品，并计算总余额；按规定支付供应商应付账款，并按规定方法做好结账记录。

案例导入

商品资金周转率指标核算

某药房全年商品销售额为300万，年初商品资金占用为30万，一季度末为20万，二季度末为22万，三季度末为20万，年末为24万（均按售价确认），设综合进销差价为10%。试求药房年商品资金占用率、商品资金周转次数和商品资金周转天数？

案例分析

解：年平均商品资金占用率（售价）＝（30/2＋20＋22＋20＋24/2）÷4＝22.25

年平均商品资金占用率（进价）＝22.25×（1−10%）＝20.025

年商品资金周转次数＝［300×（1−0.1）］÷20.025＝13.5（次）

年商品资金周转天数＝360/13.5＝26.7（天）

相关知识

（一）柜组核算的概念

经济核算是企业经营管理的一种方式，借助价值形式，对企业经营过程中各种劳动占用、劳动消耗和劳动成果进行记录、计算、对比和分析，达到以较少的占用与消耗，取得较大的经济成果，这种方法就是经济核算。

柜组核算是商业企业经济核算的基础，是有关会计核算、统计核算、业务核算三大核算加以综合的初级的经济核算，是相对独立的经济核算。

柜组核算的特性：群众性、直接性、简便性。

柜组核算的内容：商品销售额、经营品种、商品资金、费用、差错率、劳动率、利润。

（二）柜组核算的重要性

中药企业的柜组核算，有利于中药企业遵循社会主义市场经济规律而发展；有利于保证中药企业各项经济指标的完成；有利于扩大中药商品流通，合理利用人力、物力、财力，节约费用开支；有利于发现企业经营中的薄弱环节，加强经营管理，提高经济效益；有利于贯彻按劳分配为主的分配原则，使企业责、权、利相结合，调动企业、部组、职工的积极性；有利于企业正确处理各方面的经济关系，积极开展市场竞争。

（三）柜组核算的形式

中药商业企业的柜组核算分为专业核算和群众核算两种形式。

（四）柜组核算的内容

1.专业核算

是商业企业中专门从事核算工作的专业人员的核算，包括业务核算、会计核算、统计核算三部分内容，由企业统一进行。

2.群众核算

是从事各项业务经营活动的营业人员直接参加的核算。在实际工作中多以部组为单位，所以又称为部组核算。

（五）商品记账

记账就是依据凭证登记账簿，是柜组核算实现全面、连续完整记录和反映柜组经营活动过程的重要工作内容之一。由于柜组核算属于简易性、群众性的经济核算，因此不需要设置系统的账簿，一般只登记商品账。

商品账对商品进行分类，按类别设置商品明细账（表6-1-8），登记数量和商品余额，同时以数量和余额的量度反映不同类别商品的购销存情况。

表6-1-8　库存商品明细账

品名：　　　　　规格：　　　　　单位：　　　　　存放地点：

年		摘要	增加	减少	结存	结存金额
月	日					

任务实施

商品销售、商品资金、销售差错率、营业费用、营业利润额指标的核算。

1.任务实施目的

能正确核算出柜组各项经济指标,并能正确填制相关表格。

2.物品准备

笔,纸,计算器,各种报表的准备如销货结算簿(销货卡、销货小票)、商品进销存日报表、商品验收单、商品内部调拨单、商品调价单、商品损溢报告单、商品盘存表、商品内部交款单等。

3.操作过程

(1)商品销售指标的核算。
(2)商品资金指标的核算。
(3)销售差错率指标的核算。
(4)营业费用指标的核算。
(5)营业利润指标的核算。
(6)每组在结束时写一份任务实施报告(表6-1-9)。

表6-1-9 任务实施报告

班级:	小组:	时间:
课题:		
目的:		
器材、物品:		
步骤: 1.将全班学生分成五个大组,进行抽签,每组进行一个核算项目 2.教师提供每个核算项目所需的实训数据,学生根据数据核算出各项的实训结果 3.要求每位学生都参与,小组之间交换核算的实训结果进行初次相互评审		
教师评价:		

(7)教师现场考核点评。

任务测评

（一）评分办法

速度30分，质量70分，两项总分60分及格。

（二）速度评分

在5分钟内完成得满分30分，提前不加分，每超1分钟扣2分。

（三）量评分

计算步骤清晰，结果计算正确，并能做一定分析得满分70分。若步骤错误扣10分，计算结果错误扣10分，分析错误扣5分。

知识扩展

（一）核算的方法介绍

1.机会损益分析方法

是指使用机会成本的概念对企业各种行为分析的一种分析方法。这种分析方法的基本出发点是企业的各种资源具有多种途径，在各种用途中企业应该找出一种使自己的经济资源能够得到充分利用的、经济效益最好的方法。

2.差额成本分析方法

是指在企业的各种活动中，每一种活动所产生的成本是不同的，要提高企业的经济效益，就要找出使企业的投资最小、产出最大的一种方案来。这种方法一般会综合地使用成本比较（差额成本的计算）、收入的比较（差额收入的计算）和损益比较（差额损益的计算）方法。

3.贴现现金流量分析方法

是指对企业的各种投资方案进行贴现分析，使问题在一个时间点上进行，而不是用静态的投资额与动态的收益进行比较。

（二）量本利分析法操作步骤

（1）保本计算

保本销售量=（企业利润+固定成本）/（单位售价−单位变动成本）

=（0+固定成本）/（单位售价−单位变动成本）

=固定成本/（单位售价−单位变动成本）

=固定成本/单位边际贡献

保本销售额=单位售价×保本销售量

（2）保利计算

目标利润销售量＝（企业目标利润＋固定成本）/（单位售价－单位变动成本）

＝（企业目标利润＋固定成本）/单位边际贡献

目标利润销售额＝单位售价×目标利润销售量

思考与练习

（一）填空题

1. 进销存日报表中的"昨日结存"栏应根据上日的_____数填写。
2. 商品资金指标的核算一般用_____和_____这两个指标来反映。
3. 商品资金周转率分别用_____和_____来表示。
4. 货款少于应收销货款即称之为_____。
5. 营业柜组的费用可分为_____和_____。
6. 当直接费用发生时，由_____签字认可_____填制柜组核算费用通知单差值。
7. 毛利就是_____和_____的差值。
8. 商业零售企业交纳的销售税金包括_____和_____两部分。
9. 经济核算分_____和群众核算两种形式。
10. 柜组核算的内容包括商品销售额、_____、_____、_____、_____、劳动率、利润。
11. 进销存日报表中的"本日销售"栏应根据_____汇总填写。

（二）单项选择题

1. 填写"调价增值（减值）"栏应根据（　　）。
   A. 商品调价单　　　　　　　　B. 商品内部调拨单
   C. 商品验收单　　　　　　　　D. 商品损溢报告单
2. 毛利率为销售毛利除以（　　）。
   A. 销售额　　　　　　　　　　B. 销售成本
   C. 商品流通费用额　　　　　　D. 费用率
3. 保本销售额为单位售价乘以（　　）。
   A. 单位变动成本　　B. 利润销售量　　C. 保本销售量　　D. 销售额
4. 记账时必须使用蓝色或黑色墨水的（　　）。
   A. 圆珠笔　　　　　B. 钢笔　　　　　C. 铅笔　　　　　D. 红色笔
5. 填写进销存日报表中的"本日购进"栏应根据（　　）。
   A. 商品验收单汇总金额　　　　B. 本日结存
   C. 商品损溢报告单　　　　　　D. 内部交款单
6. 填写进销存日表中的"本日调入（出）"栏应分别汇总（　　）。
   A. 商品内部调拨单　　　　　　B. 商品调价单
   C. 商品内部交款单　　　　　　D. 商品损溢报告单

7.记账中如果发生数字错误,更正时可( )。
　　A.画两条红线加盖私章　　　　　　B.刮擦
　　C.涂抹　　　　　　　　　　　　　D.用褪色药水
8.为了确保柜组账册记录和核算资料的真实可靠,柜组要认真执行对账( )。
　　A.审查　　　B.审核　　　C.监督　　　D.清账
9.销售税金是按国家法律规定的纳税所实现的税款,税金具有( )。
　　A.可行性　　B.法令性　　C.可操作性　　D.可控制性
10.发生在企业与柜组、柜组与柜组之间的商品流转业务而填制的表单是( )。
　　A.商品内部调拨单　　　　　　　　B.商品调价单
　　C.商品内部交款单　　　　　　　　D.商品损溢报告单

（三）多项选择题

1.下列为间接费用的是( )。
　　A.工资　　　B.折旧费　　　C.租金　　　D.运杂费
　　E.保管费
2.下列为直接费用的是( )。
　　A.运杂费　　B.保管费　　　C.包装费　　D.商品损耗
　　E.折旧费
3.柜组营业利润是销售收入减去( )后的净值。
　　A.销售成本　　B.经营费用　　C.包装费　　D.销售税金
　　E.租金
4.柜组核算的特性为( )。
　　A.群众性　　B.直接性　　　C.简便性　　D.间接性
　　E.保密性
5.经济核算的基本特征有( )。
　　A.核算　　　B.审核　　　　C.监督　　　D.检查
　　E.登记

（四）判断题

1.商品进销存日报表中左右两边的合计数理应相等。( )
2.进销存日报表填报必须及时、认真、准确并逐日按月装订成册。( )
3.商品调价单是发生在企业与柜组、柜组与柜组之间的商品流转业务而填制的表单。( )
4.商品资金占用率是指商品资金平均占用额与商品销售额的百分比率。( )
5.在一定时期内商品资金周转的次数越多或周转一次所需要的天数越少,表明资金周转越快。( )
6.柜组在一定时期内,收到营业收入的金额抵去全部支出后的余额,余额大于零则为利润。( )
7.在收款、发货过程中会发生实收销货款多于应收销货款即称之为短款。( )
8.在进行指标核算时应对规定的差错率从严控制,长款、短款应分别核算,应相互

抵消。（　）

9.记账时应严格账簿启用与交接手续，账簿启用时，应填写账簿启用表，注明启用日期，经管人员等，记账人员更换时，应办理交接手续，以明确经济责任。（　）

10.当日营业结束后，柜组要及时清点当日收进的销货款，由一人进行点数，同时填写"商品内部交款单"，一式二联，交款单连同货款交出纳员收讫盖章。（　）

（五）问答题

1.柜组核算包括几项？

2.柜组核算的基本特征有哪些？

（六）分析题

某医药经营企业销售某药品，单位销售（单价）为45元/瓶，单价变动成本是15元/瓶，核定分配的固定成本是2000元。试用量本利分析法求药品的保本销量和保本销售额。若该公司此药品的目标利润为50000元，求该药品的销量和销售。

任务十二

盘点操作

学习目标

1. 掌握药店盘点操作前准备工作及盘点的具体操作方法。
2. 熟悉盘点操作原则及盘点操作注意事项。
3. 能运用盘点技术按要求完成药店盘点工作。
4. 能对盘点结果进行计算并进行相应处理。

工作流程

（一）工作前准备

1. 环境准备

（1）供应商和顾客告知　盘点前门店应告知供应商，以免供应商在盘点时送货，造成不便。如果是停业盘点，门店还必须提前2～3天贴出安民告示告知顾客，以免顾客在盘点时前来购物而徒劳往返。

（2）编制配置图　根据本店药品存货位置及商品陈列位置编制盘点配置图。对每个区位进行编号，将编号做成贴纸，粘贴于陈列架的右上角，陈列架用字母表示，排数用阿拉伯数字表示。

（3）人员调配　店长根据盘点配置图具体调配人员。划分人员盘点位置、复盘、抽盘人员名单，合理安排输单人员，安排班次及盘点人员。确定好人员后再填入配置图内并张贴出来，让各位参加盘点的员工明确自己的盘点责任区。

（4）环境整理　在盘点前一日做好环境整理工作。检查各个区位的药品陈列，确认仓库存货的位置和编号是否与盘点配置图一致，清除卖场及作业场死角。

2. 设施和药品准备

（1）工具准备　将盘点的有关工具和用品准备。如果是使用盘点机盘点，需先检查盘点机是否可正常操作；如果采用人员填写方式，则需准备好盘点表及红色和蓝色圆珠笔、垫板、计算器等。

（2）单据整理　为了尽快获得盘点结果（盘亏或盘盈），盘点前应将相关单据准备好并交到店长处，以保证盘点所有数据的准确性。包括进货单、商品内部调拨单、商品调价单、销货单、退货单、净销货收入汇总（分免税和含税两种）、报废品单、赠品单据、移库商品单及前期盘点单等。总之，盘点前要做到"三清两符一归"，即票证数清、现金点清、往来手续结清，会计记账与柜组账相符、账簿与有关单据相符，全部药品归类存放。

（3）人员准备　应在盘点的前一周安排好出勤计划表，并在盘点当日停止盘点人员任何休假，落实盘点各区相关盘点责任人。

（4）药品整理　药品的整理是预防盘点差错的一项重要措施，使盘点工作更有序、更有效。盘点当天或前一天，要求店面不收货、不退货。药品整理后，各区域的货品划分明确，防止漏点和重点。

（二）操作过程

1.盘点制度的确定

确定盘点方法、盘点周期、账务处理、重大盘点差异处理及盘损奖罚处理。

2.盘点操作

在盘点正式开始前由店长简要说明盘点工作的重要性、盘点的要求、盘点中常犯的错误、异常情况的处理，如劣质或破损品的处理方法等。特别告诫大家要以盘点金钱的慎重态度对待药品盘点，不得马虎，再发放盘点清单。盘点作业可分为初点、复点及抽点。在实施盘点时，应按照负责的区位，按药品货架顺序，逐架逐排依序由上至下、由左至右、由前至后进行盘点。

3.店长的盘点作业检查

在整个盘点作业进行过程中，门店店长还需填写由总部门设计的"门店商品盘点操作规范检查表"（表6-2-1），它是供店长在完成盘点作业过程中，检查门店是否按照盘点的操作规范进行的表格。每次盘点时必须由店长实事求是地填写此表，以保证盘点作业的严密性，并在盘点作业账册结束后，由店长在店长会议上递交。门店执行"门店商品盘点操作规范检查表"的工作情况，将纳入连锁药店总部营运部考核门店的指标之中。

表6-2-1　门店商品盘点操作规范检查表（供参考）

门店：　　　店长：　　　　　　　　　　　　　　　　　　日期：

项目	内容	执行情况	
		是	否
盘点前	是否告知送商品的供应商		
	是否提前告知顾客		
	区域划分人员配备是否到位		
	盘点单是否发放		
	是否做好环境整理		
	是否准备好盘点工具（盘点机、红色和蓝色水笔）		

续表

项目	内容	执行情况	
		是	否
盘点前	单据整理	进货单是否整理		
		销货单是否整理		
		报销品单是否整理		
		赠品单是否整理		
		移仓单是否整理		
	商品整理	货架商品是否整文陈列		
		不允许上架商品是否已撤出货架		
		是否一物一价，价物相符		
		待处理商品是否专地堆放并有记录		
		通道死角是否有商品		
		内仓商品是否整理		
盘点中	盘点顺序是否按区域逐架逐排、由左而右、由上而下			
	商品清点是否一初点一复点（初点蓝笔，复点红笔）			
	复点是否更换责任人			
	每个商品是否都已盘点出数量和金额			
盘点后	盘点单是否全部回收			
	检查盘点单上签名是否齐全			
	检查盘点单上商品数量单位是否正确			
	营业现金备用金是否清点登记			
	盘点结果是否集中输入电脑			
	是否进行正常营业准备			
	是否进行地面的清扫工作			
	店长对盘点损益结果是否有说明			

在确认盘点记录工作无异常情况后，就要进行第二天正常营业的准备和清扫工作，包括补充商品，将陈列的样子恢复到原来的状态，清扫通道上的纸屑、垃圾等。

4. 盘点操作注意事项

（1）对已完成货架编号定位的药品不可再随便移动。

（2）落实责任区域的盘点人时，最好用互盘的办法。如A柜组的作业人员盘点B柜组的商品，B柜组的作业人员盘点A柜组的商品，依次互换，以确保盘点的准确性，防止"自盘自"可能造成的不实情况。

（3）盘点时应顺便检查商品的有效期，过期商品应随即取下，并做记录。盘店后应将盘点中发现的破损药品、滞销品、近效期药品等整理出来并汇总，与正常的商品分开或汇集到统一的地点，以做处理。对已过期失效的药品应按药品的报损处理方法处理。

（4）盘点不同特性的商品时，应注意计量单位的不同。

（5）盘点表上的数字书写要注意正确性及清晰性，以利于盘点后的整理工作；如果写错数字，只能在原有的基础上进行删减，不能涂改，不能用涂改液或圈涂法，必须将原来的数据划掉，重新书写，并由修改人在修改处签名确认。

（6）对大件商品、出堆头盘点时要注意安全，防止商品掉落造成伤害。

（7）若在营业中盘点，卖场内先盘点购买频率较低且售价较低的商品，并应注意不可高声谈论，或阻碍顾客通行。

（8）店长要掌握盘点进度。盘点时为配合实际需要，可成立临时机动支援小组，以达到盘点工作的时效性。盘点人员在盘点中遇到突发情况时不能擅作主张，应及时向店长汇报。

案例导入

药店盘点

在日常生活中，我们偶尔能看到一些门店贴出告示，内容为"今日盘点，暂停营业"，但大部分的零售企业为了不影响效益，专门会把盘点的时间放在晚间营业结束以后进行，并且一般药店都会1个月至少盘点1次。

案例分析

药店盘点是为了：

（1）确认店面药品在一定经营时间内的损溢状况，以便真实地把握经营绩效，并尽早采取防漏措施。

（2）掌握与控制库存，了解门店的存货水平，积压、短缺药品的状况，药品的效期情况及药品的周转状况。

（3）了解库存管理质量。

（4）了解药品积压、短缺状况。

相关知识

（一）盘点的基本概念

1. 盘点的含义

盘点是药店掌握自身资产状况和管理资产的有效方法。在门店作业中，盘点作业是一项最繁杂、最花费时间和人力的作业，但是盘点作业不仅能掌握现有的药品库存情况，而且还可以根据以往的库存情况进行分析，为改进药店的经营管理提供参考依据。

药店盘点是指定期或不定期地对药店内商品进行全部或部分的清点，以确定该期间实际库存和差异，从而掌握该期间内的实际损耗，它是考核药店定额执行的重要依据。药品盘点是药店经营活动中一项重要的工作环节。

2. 盘点的方法

按盘物或盘账来分，可以分为实物盘点和账面盘点；按盘点时间段可分为营业中盘点、营业前（后）盘点、停业盘点；按盘点区域可分为全面盘点和区域盘点；按盘点周期可分为定期盘点、不定期盘点、日销日盘；也可以采用按批次盘或自动方式盘点。盘点方法列表见表6-2-2。

表6-2-2 盘点方法列表

名称	定义	适用范围及时间间隔
1.实物盘点	1.实际清点存货数量的方法	1.门店实物盘点
2.账面盘点	2.以书面记录或者电脑记录进出账的流动状况得到期末存款余额或估算成本	2.由财务部或计算中心进行
3.全面盘点	3.特定时间，将店内所有库存区域进行盘点	3.一般1年2~3次
4.区域盘点	4.对店内不同区域进行盘点，一班以类分区	4.部分区域盘点、抽盘
5.营业中盘点	5.盘点时门店仍然对外营业	5.库存区盘点、单品盘点
6.营业（前）后盘点	6.再开门前或者关门后进行盘点	6.销售区域盘点
7.停业盘点	7.正常营业时间内停业一段时间盘点	7.全面或者区域盘点
8.定期盘点	8.间隔固定时间进行盘点	8.全面或者区域盘点
9.不定期盘点	9.间隔期不一致的盘点	9.调整价格、经营异常、人事变动、重点商品、突发事件等
10.自动盘点	10.利用现代化技术手段辅助盘点	10.门店商品盘点

3. 盘点的目的

药店在进行经营管理的过程中存在各种损耗，有的损耗是可见的和可控制的，可以利用现代化的管理手段进行统计。但是有些损耗是难以统计和计算的，如偷盗、账面错误等，这种情况下，就必须要开展定期或者不定期的盘点。盘点的主要目的有以下几项。

（1）掌握与控制库存　全面掌握目前店面药品的库存品种、数量和金额。

（2）了解店面商品的损益情况　比较实盘金额与账面金额的差异，确切掌握所有单品的调整状况。

（3）药品结构的调整　计算各类药品的品项数、库存比率、动销比率、毛利率、销售比率、存销比等，通过分析，调整药品结构，以实现更高利润。

（4）了解药品效期情况　清理滞销品、过期品等，及时登记、上报、下架。

（5）强化管理 通过比较，对损耗较大的运营部门、药品分组及个别单品等开展精细化管理。

（6）店面管理 通过盘点，了解药品的存放位置，整理环境并清除死角。

4.盘点的原则

（1）真实 要求盘点所有点数、资料必须真实，不允许作弊或弄虚作假，掩盖漏洞和失误。

（2）准确 盘点的过程要求准确无误，无论是资料的输入、陈列的核查、盘点的点数，都必须准确。

（3）完整 盘点过程的流程包括区域的规划、盘点的原始资料、盘点点数等，都必须完整，不要遗漏区域、遗漏药品。

（4）清楚 盘点过程属于流水作业，不同人员负责不同的工作，所以所有资料必须清楚，人员的书写必须清楚，货物的整理必须清楚，才能使盘点顺利进行。

（5）团队精神 盘点是全店人员都参加的营运过程，为减少停业的损失，加快盘点的时间，门店必须有良好的配合协调意识，以大局为重，使整个盘点按计划进行。

（二）盘点的操作要求与步骤

1.盘点的一般操作流程详见图6-2-1。

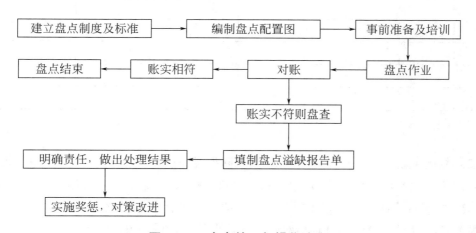

图6-2-1 盘点的一般操作流程

2.盘点的操作要求

（1）建立盘点制度及标准由总部统一制定，包括盘点方法、周期、账务处理、差异处理及奖惩制度等。

（2）组织落实全部盘点或部分盘点的组织落实、区域划分等。

（3）盘点工作要划分区域，责任到人。

（4）盘点前准备人员组织、工具、通告、环境整理、工作分配与盘前培训、各种资料整理等。

（5）盘点作业资料整理与分析、库存调整、差异处理、奖惩实施等。

3. 盘点的具体操作步骤

盘点正式开始前,要由盘点负责人向所有成员进行培训,说明盘点工作的重要性、具体要求、注意事项(见数字资源6-1 盘点操作注意事项)及异常情况的处理等。

数字资源6-1

盘点作业可分3种:初点作业、复点作业及抽点作业。盘点作业最好是2人1组,一人负责清点,另一人负责记录,由初点人和复点人配合完成。实施盘点时,应按照负责的区位,按商品货架顺序,逐架逐排依序由前至后、由上至下、由左至右进行盘点。

(1)初点作业(初盘) 由初点人对货架商品展开盘点,按盘点表(表6-2-3)顺序先读货架编号,然后读货号、品名、规格、单位、数量、零售价等,依次进行,而复点人此时作为填表者,如实根据初点人的读数进行记录或核对。初点作业须用蓝色圆珠笔来记录,并由初点人在初点处签名,以示负责。盘存者在盘点中,咬字要清楚,音量适中,以让填表者听清楚为原则。盘点时应顺便检查药品的有效期。

表6-2-3 商品盘点表

部门: 年 月 日 货架编号: 盘点单号:

货号	品名	规格	单位	数量	零售价	金额	复点	抽点	差异

抽点: 复点: 初点:

(2)复点作业(复盘) 由复点人对货架商品展开盘点,手持另一份盘点表,依序检查,先读货架编号,然后读货号、品名、规格、单位、数量、零售价等,依次进行,而初点人此时作为填表者,应如实根据复点人的读数进行记录或核对。复盘完之后对单,由初盘人员与复盘人员一起逐项核对两次的盘点数量是否一致,如不一致,两人再次核实盘点数量,确实盘点数量后,对差异进行修改,并签名确认。

(3)抽点作业(抽盘) 在初盘和复盘结束后,由门店店长或盘点负责人对盘点结果进行抽盘。抽盘操作重点注意以下内容。

① 检查每一类商品是否都盘点出数量和金额,并有签名。检查一些不正确的涂改方式或一些从字面上即能明显看出的差错等。

② 抽点易漏盘商品。可选择卖场内死角,或不易清点的商品,或单价高、数量多、金额大的商品,做到确实无差错。

③ 对初点和复点差异较大的商品要进行实地抽点加以确认。

④ 复查劣质商品和破损商品的处理情况。

（三）盘点操作的注意事项

1. 近效期药品的处理

企业对药品效期应实行全过程的有效控制和管理，即在购进、储存、养护、销售及售后服务中，都应体现对效期的管理要求。购进时应遵循择优购进的原则，防止购进效期结构不合理、不能在预期的合理期限内全部销售和使用完毕的药品。储存时应按照药品的批号及效期合理储存，根据效期进行出入库管理。应加强对效期较短及近效期药品的养护，并定期催销，防止造成药品过期失效。销售时，既要遵循依法销售的原则，又要遵循合理销售的商业规则，合理预期其所销售的药品，药师及门店工作人员必须始终对到期或快到期的药品保持警惕。当验收货物时，核对调拨单，检查快到期的药品。上货、理货和盘点时，有必要再一次核查药品的有效期（失效期），保证在该药品的法定效期内合理使用完毕。

（1）药品效期的标示与识别　根据法规对药品有效期标识的有关规定，国产药品的效期标识方法有以下两种。

① 直接标明有效期为某年某月或某日，如有效期为2022年6月12日，表示该药品可用到2022年6月12日，2022年6月13日及之后不能再继续使用。

② 直接标明失效期为某年某月某日。如失效期为2022年6月12日，则表示该药只能用到2022年6月11日，2022年6月12日起就不能再继续使用。

进口药品效期的标示有各自不同的表示方法：欧洲国家按日-月-年顺序排列，美国是按月-日-年排列，日本产品按年-月-日排列。进口药品表示效期的单词及其缩写有：Expiry date（Exp.Date）、Expiration或Expiring表示失效期；Use before或Use by意为在XX以前使用；Validity、Duration表示有效期；Stability表示稳定；Storage-life表示贮存期限。

（2）效期药品的预警　为防止药品积压导致超过效期而报废，企业通常制定效期药品预警制度，对近效期药品进行重点核查，并及时销售。具体要求有以下几项。

① 检查和记录　效期在6个月以内的近效期药品，各店每月填报效期预警表。驻店药师（店经理、医师）指导员工，根据商品分区管理，检查效期药品。检查、记录重点药品名、编码、批号、效期、数量、进销退存变化。每月盘点时对该表内容进行核对。该表每季度更新1次。

② 效期药品的销售和处理　效期在1～6个月商品称为近效期商品，销售人员应对该类商品需予以特别关注，积极销售。对近效期商品进行有效的陈列，如使用特殊的色标标识等在标价签上作出员工周知的特别标记。销售人员应熟练掌握有关商品知识。在驻店药师（店经理、医师）的指导下及时进行广告宣传以促进销售。与此同时，也可以对积极争取采购部和供应商的支持，争取退货或更换陈旧的商品包装。

③ 预防措施　为了减少店面近效期商品的损失，需进行店面之间的调拨，如商品过期，不计入调入店面的损失，损失由调出店面承担。各门店的销售实行先产先出、近期先出的原则，即先销售老批号商品，后销售新批号商品。

④ 准过效期商品的处理　效期在1个月以内的商品为准过效期商品，准过效期商品门店一律下架，按企业有关制度进行处理。

⑤ 对已过期失效的药品的处理除应按药品的报损处理方法处理外，还应该注意将废

品敲碎深埋，不可随便抛弃，防止混用或引起人畜接触过敏事故的发生。

2. 滞销药品的处理

在零售店的经营过程中，滞销商品的存在是不可避免的问题。如果对滞销商品置之不理，那么将大大影响卖场的经营效率，同时也会使卖场失去原有的魅力。而且，滞销商品积压在仓库中或者摆放在货架上，资金难以周转，无法采购新商品，最终可能使卖场出现混乱。因此将滞销商品进行早期处理是卖场的一个重要职责。通过对滞销商品的早期处理，换回现金可以采购畅销商品摆上货架，能促进卖场商品的良性循环，是提高销售额的一个重要措施。

处理滞销药品通常采用以下几种方式。

① 经常检查，发现滞销及时处理。

② 发现滞销首先采取更换展示位置，把滞销产品摆放到门店的黄金位置，或POP加大宣传力度，以期提高商品销量。实践证明，采用此方法一般可以处理1/3的滞销商品。

③ 若是代销商品，在结账前如发现滞销，应快速退货。所以门店与采购应及时做好沟通，特别是在引进新品时必须随时注意销售状况。

④ 如已经付款而仍产生滞销，可采取想办法退给供应商；与供应商交涉，换其他新产品；要求供应商降价出清（补价差）；要求供应商提供赠品出清；门店自行降价出清；门店作一个专题性的促销，争取出清等方式解决。

（四）盘点结果的计算与事后处理

盘点事后处理包括：资料整理、计算、盘盈（损）调整、重大差异处理及奖罚实施等。

（1）整理盘点资料　盘点负责人负责盘点表的回收工作。盘点结束后，盘点人将手中的盘点表按盘点区域交回给盘点负责人。盘点负责人应认真检查盘点表张数是否正确无误，是否都有签名或其他遗漏，并加以汇总。

（2）计算盘点结果，进行盘盈（损）调整　将盘点单的原价和数量相乘，合计出药品的盘点金额，并与会计账核对，如果两者不符，应该进行复算、复盘。对盘点后发现的长短货款或长短药品，应把长短数字、情况及原因分析分别填入药品实存账存对比表、盘点溢缺报告单，由填表人签名盖章后经领导核批，一联由柜台记账留存，一联由财务部门作为处理凭证。实存账存对账表见表6-2-4。盘点溢缺报告单见表6-2-5。

表6-2-4　实存账存对账表

单位名称：　　　　　　　　　　　　　　　　　　　　　　　　　年　月　日

编号	商品名称	计量单位	单价	实存		账存		对账结果				备注
								盘盈		盘亏		
				数量	金额	数量	金额	数量	金额	数量	金额	

对账人：　　　　　　　　　　　　　　　　　　　负责人：

表6-2-5　盘点溢缺报告单

单位名称：　　　　　　　　　　　　　　　　　　　　　　　　　　　年　月　日

编号	商品名称	计量单位	单价	实存		账存		对账结果				原因
								盘盈		盘亏		
				数量	金额	数量	金额	数量	金额	数量	金额	
领导批示				财务部门意见				实物负责人意见				

对账人：　　　　　　　　　　　　　　　　　　　　　负责人：

（3）根据盘点结果对重大差异进行处理并实施奖惩措施　商品盘点的结果一般都是盘损，即实际值小于账面值，但只要盘损在合理范围内应视为正常。商品盘损的多寡，可表现出店内从业人员的管理水平及责任感，所以有必要对表现优异者予以奖励，对表现较差者予以处罚。一般的做法是事先确定盘损率，[盘损率＝盘损金额/（期初库存＋本期进货）]，当实际盘损率超过标准盘损时，门店相关责任人员都要负责赔偿；反之，则予以奖励。

（4）总结问题根据盘点结果找出问题点，并提出改善对策。做好盘点的财务会计账务处理工作。

任务实施

1.任务目的
学习药品盘点的方法、步骤和内容。

2.任务要求
能在规定时间内正确完成盘点任务，盘点过程规范。

3.任务内容
（1）店内盘存　对门店内药品进行盘点，并进行简单的数据统计及分析。
（2）库内盘存　对库存药品进行盘点，并进行简单的数据统计及分析。

4.实施方法
模拟盘点现场，由3人一组。分别扮演初点、复点及抽点的角色。由教师准备好盘点用具及一定数量的需盘点的药品。

（1）首先确定此次盘点所用的方式方法。
（2）做好盘点前的准备工作，如整理药品、检查盘点工具等。
（3）2人一组严格按照盘点配置图的要求，按盘点操作规范进行初点和复点。
（4）由该组中剩下的另一名学生负责抽点。

（5）教师检查学生的盘点结果，同时观察并及时纠正学生整个盘点过程中不符合规范的步骤及操作。

（6）各组根据盘点结果，对门店目前的库存结构、商品质量等基本情况进行简单的分析。

任务测评

见表6-2-6。

表6-2-6　任务测评表

序号	评测内容	评测要点	配分	评分标准	扣分	得分
1	盘点前的准备工作	1.人员组织分工 2.准备工具、资料、盘点单 3.发布盘点通告 4.盘点前环境整理	2	1.不能在规定时间内完成盘点准备工作的，扣0.5分 2.没有进行人员分工，扣0.5分 3.没有准备相关工具、资料、盘点单，扣0.5分 4.没有查看盘点环境的，扣0.5分		
2	盘点操作	1.初点作业 2.盘点时检查药品的有效期 3.复点作业 4.初盘复盘比对 5.抽点作业	6	1.未按盘点表顺序，依次进行盘点，扣1分 2.没有检查药品有效期，扣1分 3.复点作业没有拿取新盘点单，扣1分 4.初盘人和复盘人未逐项进行两次盘点结果的比对，扣2分 5.没有找店长或负责人进行抽点作业，扣1分		
3	盘点结果比对	1.盘面与账面相符进行调整与结算 2.盘面不合，重新盘点	2	1.盘点结果与实际不符，扣1分 2.没有盘点结算，扣1分		
	合计		10			
否定项：无						

知识扩展

（一）药品的有效期

药品的有效期是指药品在一定的贮存条件下，能够保持质量的期限。药品由于各自理化性质的不同，具有不同的稳定性。通过一段时间，药品渐渐地失去效力。一些性质不稳定的药品，如抗生素、生物制剂、脏器制剂等，因其自身性质不稳定及不可避免的外界自然因素（光线、湿度、温度等）的影响，即使在规定的贮存条件下保存，其质量仍会随着时间的延长而逐渐变化。根据法律规定，药品必须在到期之前使用。

（二）药品滞销的原因

药品滞销的原因一般有以下三个方面。

（1）药品一次采购数量过多，但销售速度相对过慢。

（2）药品自身原因，如品质不好、包装问题、价格过高等。

（3）药品陈列不当，如药品摆放位置不醒目，或与某些同类药品陈列在一起压抑不能突出主题等。

思考与练习

（一）填空题

1. 药品盘点的原则是_____、_____、_____、_____、_____。
2. 盘点事后处理包括：_____、_____、_____、重大差异处理及_____等。
3. 在整个盘点作业进行过程中，门店店长还需填写由总部门设计的_____。
4. 药品的盘点金额为_____，净销货收入汇总分_____和_____两种。盘点前应根据本店药品存货位置及商品陈列位置编制_____。
5. 有效期为2023年6月12日表示该药品可用到_____。
6. 盘点中初点人用_____色笔来记录；盘点中复点人用_____色笔来记录。盘点中抽点一般由_____进行抽查。盘点前的"一归"指_____；盘点前的"两符"指_____、_____。

（二）单项选择题

1. 盘损率为（　）。
    A. 盘损金额÷盘点周期内销售金额×100%
    B. 盘点周期内销售金额+盘损金额×100%
    C. 盘损金额÷盘点周期内实存金额×100%
    D. 盘损金额÷盘点周期内账存金额×100%
2. POP指（　）。
    A. 促销材料　　　　B. 促销点广告　　　　C. 销售广告　　　　D. 购买广告
3. 近效期药品的效期为（　）
    A. 1年以内　　　　B. 2年以内　　　　C. 6个月以内　　　　D. 8个月以内
4. 盘点按区域区分，可以分为全面盘点和（　）
    A. 实物盘点　　　　B. 账面盘点　　　　C. 定期盘点　　　　D. 区域盘点
5. 盘点按周期来区分，可以分为不定期盘点和（　）。
    A. 实物盘点　　　　B. 账面盘点　　　　C. 定期盘点　　　　D. 区域盘点
6. 营业中盘点使用范围为库存区盘点和（　）。
    A. 单品盘点　　　　B. 销售区盘点　　　　C. 全面盘点　　　　D. 抽盘

7.由二人为一组，平行盘点，互相核对复查的方法称（　　）。
   A.复式平行盘点法　　B.实盘点　　　　　C.按账盘点　　　　D.全面盘点
8.侧重于反映经营成果的是收入、费用及（　　）。
   A.资产　　　　　　　B.负债　　　　　　C.所有者权益　　　D.利润
9.侧重于反映企业的财务状况的是所有者权益、负债及（　　）。
   A.资产　　　　　　　B.收入　　　　　　C.费用　　　　　　D.利润

（三）多项选择题

1.盘点结果可分为（　　）。
   A.盘亏　　　　　　　B.盘多　　　　　　C.盘少　　　　　　D.盘盈
2.盘点操作包括（　　）。
   A.初点　　　　　　　B.复点　　　　　　C.抽点　　　　　　D.复核
3.盘点制度的确定包括确定盘损奖罚处理及（　　）。
   A.盘点方法　　　　　　　　　　　　　　B.盘点周期
   C.账务处理　　　　　　　　　　　　　　D.重大盘点差异处理
4.盘点前的"三清"指（　　）。
   A.票证清　　　　　　B.现金点清　　　　C.往来手续结清　　D.会计记账清
5.全面盘点时间间隔一般为（　　）。
   A.一年2次　　　　　　B.一年3次　　　　　C.一年5次　　　　D.一年6次

（四）判断题

1.盘存表上如果写错数字，应用涂改液或圈涂法除去原来的数字后重新写。（　　）
2.药品盘点的结果一般都是盘损。（　　）
3.盘点只能在停业期间进行。（　　）
4.如果价格调整则可进行不定期盘点。（　　）
5.盘点前没必要告知供应商。（　　）
6.如果是停业盘点，还应提前2～3天贴出安民告示告知顾客。（　　）
7.盘点不同特性的商品时，应注意计量单位的不同。（　　）
8.购进药品时应遵循择优购进的原则。（　　）
9.上货、理货和盘点时，不再需要核查药品的有效期即失效期。（　　）

（五）问答题

1.盘点的含义和目的是什么？
2.盘点的方法有哪些？

（六）分析题

在零售店的经营过程中，会出现实存和账存不符现象导致盘盈或盘亏，请根据实际情况分析产生盘盈和盘亏的原因通常有哪些？

附录一

药店质量管理制度

一、药店质量管理制度提要

结合药店经营过程中表现出来的诸多特点,在药品的流通环节应采用严格和具有针对性的措施,故建立药店质量管理制度体系,提高从业人员素质,改善经营条件,建立各项管理制度、规范药品经营行为,以达到控制可能影响药品质量的各种因素,减少发生质量问题的隐患,确保药品的安全性、有效性和稳定性。

《药品经营质量管理规范》关乎药品企业销售的药品质量,以及人民群众的用药安全,零售药店作为药品流通的终端环节,与广大消费者的关系密切。按照《药品经营质量管理规范》(GSP)第三十六条规定,质量管理制度应当包括以下内容。

1. 质量管理体系内审的规定;
2. 质量否决权的规定;
3. 质量管理文件的管理;
4. 质量信息的管理;
5. 供货单位、购货单位、供货单位销售人员及购货单位采购人员等资格审核的规定;
6. 药品采购、收货、验收、储存、养护、销售、出库、运输的管理;
7. 特殊管理的药品的规定;
8. 药品有效期的管理;
9. 不合格药品、药品销毁的管理;
10. 药品退货的管理;
11. 药品召回的管理;
12. 质量查询的管理;
13. 质量事故、质量投诉的管理;
14. 药品不良反应报告的规定;
15. 环境卫生、人员健康的规定;
16. 质量方面的教育、培训及考核的规定;
17. 设施设备保管和维护的管理;
18. 设施设备验证和校准的管理;
19. 记录和凭证的管理;
20. 计算机系统的管理;

21. 药品追溯的规定；
22. 其他应当规定的内容。

二、药店有关药品质量管理制度范本

本部分列出某药品零售企业部分重要的药品质量制度范本，列出的药店质量管理制度主要包括：① 质量体系文件管理制度；② 质量方针和目标管理制度；③ 质量信息管理制度；④ 质量体系内审管理制度；⑤ 首营企业审核管理制度；⑥ 首营品种审核管理制度；⑦ 药品采购管理制度；⑧ 药品收货管理制度；⑨ 药品验收管理制度；⑩ 药品入库储存管理制度；⑪ 药品养护管理制度；⑫ 药品销售管理制度。

（一）质量体系文件管理制度

文件名称	质量体系文件管理制度	页数	共5页
文件编号	XXYY-ZD-001	版本号	2021-1
起草人：	审核人：	批准人：	
起草日期： 年 月 日	审核日期： 年 月 日	执行日期： 年 月 日	
分发部门	各部门、法定代表人、企业负责人		

1. 目的　规范本公司的质量体系文件的管理。

2. 依据　《中华人民共和国药品管理法》（2019年版）、《药品经营质量管理规范》（国家食品药品监督管理总局令第13、28号）等法律、法规和规章，特制定本制度。

3. 适用范围　本制度规定了管理文件的编制、审核、批准、发布、修订、复审、废除与收回的流程、部门及其职责，适用于对体系文件的管理。

4. 责任　文件起草人、审核人、批准人、行政部、人力资源部、质量管理部及运营部对本制度实施负责。

5. 内容

5.1 质量管理文件的分类

5.1.1 质量管理文件包括标准文件和记录文件两类。

5.1.2 标准文件指用以规定质量管理工作的原则，阐述质量体系的构成，明确有关组织、部门和人员的质量职责，规定各项质量活动的目的、要求、内容、方法和途径的文件，包括国家有关药品质量的法律、法规；国家质量标准；公司质量管理制度、部门及岗位职责、操作规程等。

5.1.3 记录文件指用以表明本公司实施质量体系运行情况和证实其有效性的文件，如各种质量活动和药品的记录（如档案、报告、记录和凭证）等证明文件。

5.2 质量体系文件的内容

5.2.1 公司的质量管理标准文件制定必须符合下列要求：

（1）依据《药品管理法》《药品经营质量管理规范》等法律、法规和规章的要求，使制定的各项管理文件具有合法性；

（2）结合本公司的经营方式、经营范围和公司的管理模式，使制定的各项文件具有充分性、适宜性和可操作性；

（3）制定文件管理程序，对文件的编制、审核、批准、发放、使用、修改、复审、作废、回收等实施控制性管理，并严格按照文件管理程序制定各项管理文件，使各项管理文件在公司内部具有规范性、权威性和约束力；

（4）必须严格执行国家有关药品质量的法律、法规、政策、方针以及国家法定技术标准以及上级文件；

（5）公司制定的文件应覆盖公司的质量管理和与药品质量有关的所有工作，完整表达公司的质量体系，使文件具有系统性。

5.3 文件的审核要点

（1）与现行的GSP标准一致性。

（2）与现行国家标准的一致性。

（3）与国际通行惯例的一致性。

（4）与公司内其他已生效的标准文件的一致性及协调性。

（5）文件形式的规范性和内容的可操作性。

（6）文件内容是否简练、确切、易懂，是否会引起理解的困难或误解。

5.4 文件编码及版本号要求

5.4.1 编号结构　文件编号由4个英文字母的企业代码、2个英文字母的文件类别代码、3位阿拉伯数字的序号组合而成，详见如下：

□□□□　　　□□□□□
公司代码　　　文件类别代码　文件序号

（1）企业代码如"××药业"代码为"XXYY"；

（2）文件类别代码

□ 质量管理制度类文件类别代码，用英文字母"ZD"表示；

□ 质量职责的文件类别代码，用英文字母"ZZ"表示；

□ 操作规程的文件类别代码，用英文字母"GC"表示；

（3）文件序号　质量管理体系文件按文件类别分别用3位阿拉伯数字，从"001"开始顺序编码。

5.4.2 文件编号的应用

（1）文件编号应标注于各"文件头"的相应位置。

（2）质量管理体系文件的文件编号一经启用，不得随意更改，如需要更改或废止，应按有关文件管理修改的规定进行。

（3）纳入质量管理体系的文件，必须依据本制度进行统一编码或修订。

（4）文件可以以任何媒介形式呈现，如纸张、电子版、磁盘或光盘、照片、样件等，按规定保存。

5.4.3 版本号说明　2021为文件编写或修订年份，-1为文件编写或修订次数，如第二次修订或编写即为-2。

5.4.4 质量记录表格类文件类别代码，用英文字母及数字"BG-X-00Y"表示，"BG"

即为"表格"简写，"X"为表格制定或修订次数，"00Y"为表格编号。

文件名称				页数	共×××页
文件编号	XXYY-ZD-001			版本号	2021-1
起草人：		审核人：		批准人：	
起草日期：	年 月 日	审核日期：	年 月 日	执行日期：	年 月 日
分发部门					

5.5 标准文件表头格式

5.6 文件的起草、审核及批准

5.6.1 质量管理部门提出编制计划，提交质量管理文件编制目录，确定起草部门，明确进度。

5.6.2 文件由主要使用部门依照国家有关法律、法规、结合企业实际进行起草（修订），质量管理部负责对组织初稿的讨论、修改。

5.6.3 质量负责人负责对文件的审核，审核的要点是：与现行药品管理法、GSP以及国家有关药品经营质量管理的法律法规是否相符；文件内容是否具有可行性；是否遵循起草原则；文件内容是否简练、确切、易懂，是否存在有两种或两种以上的解释；与同公司已生效的其他文件是否存在冲突、相悖的含义。

5.6.4 经审核后的文件，如需改正，交回原编写人员所属部门负责人进行修正，直到符合要求。

5.6.5 企业负责人负责文件的批准，批准日期即为执行日期。

5.6.6 文件的起草、审核、批准等必须有相关人员签字，并签署相应日期。

5.7 文件的印制、发放

5.7.1 批准的文件应由质量管理部门确定发放范围，使用部门提出发放数量，由行政部统一印制，确保在文件使用处得到适用文件的有效版本，任何人不得随意复印。

5.7.2 按其印制数量制定发行号，以便于查询、追踪及撤销。

5.7.3 行政部负责文件的发放，并建立发放的相关记录，包括发放的文件名称、文件编号、文件的发行号、发行数量、发放部门、相关人员签字及日期等。

5.7.4 发放的范围为：企业法人、企业负责人、质量管理部需要发放所有文件，其余人员及部门发放相关文件。

5.8 文件的执行及监督检查

5.8.1 文件的执行：质量管理文件颁发后，质量管理部应当协助人力资源部组织各部门负责人和相关岗位人员的培训，确保各岗位能够正确理解并执行相关要求。

5.8.2 文件的监督检查：行政部及质量管理部负责文件的监督检查。

5.8.2.1 行政部定期检查各部门、各岗位现场使用的文件是否是有效版本，核对文件目录、编号及保存是否完整，并形成记录。

5.8.2.2 检查文件的执行情况及其结果：质量管理部定期或不定期组织对文件的执行情况进行检查。

5.8.2.3 质量管理部检查是否按文件规定的程序操作，记录是否准确、及时，各项记录是否真实、完整和规范等。

5.8.2.4 行政部检查不得在工作场所出现的已作废文件是否全部收回。

5.9 文件的修订

5.9.1 需要修订文件的情形：

5.9.1.1 质量文件应定期检查、修订，质量管理部组织对现有质量管理体系文件进行定期评审，需要时进行修改。

5.9.1.2 当国家或地方有关法律、法规或企业的组织机构、经营模式、质量方针目标等发生较大变化时、质量管理体系需要改进时、使用中发现问题时、经过GSP认证检查或内部质量体系评审后以及其他需要修改的情况，应对文件进行修订，以确保其适用性和可操作性。

5.9.2 由质量负责人决定并审批是否修订质量管理体系文件。

5.9.3 修订后的文件，按原审批程序发布实施：文件的修订由文件的使用者或管理者在执行过程存在的问题提出修改意见报质量管理部，并由质量管理部提出并确定应修订的计划和方案，上交质量负责人评价修订的可行性并审批。文件的修订过程可视为新文件的起草，修订的文件一经批准执行，其印制、发放应按有关规定执行。

5.9.4 文件的修订过程必须做好记录，以便追踪检查。

5.9.5 对修改的文件应加强管理，并按有关规定发放。

5.10 文件的撤销及废除

5.10.1 被正式下达废除及过时的文件或发现内容有问题的文件属撤销文件的范围，发现文件有错误时也应立即撤销。

5.10.2 当新文件颁发执行之时，旧文件应同时撤销、收回，并做好记录，以防止无效的或作废的文件非预期使用。

5.10.3 已废止或者失效的文件除留档备查外，不得在工作现场出现。

5.11 文件的管理及归档

5.11.1 行政部负责质量管理体系文件的发放、登记、印刷、回收和销毁。

5.11.2 质量管理部负责建立文件编制、修订等记录，建立档案，并保留对文件讨论过程的相关记录或资料。

5.11.3 质量管理部负责质量管理体系文件的原件存档保管和监督销毁。

5.11.4 质量管理部负责收集相关的法律法规、药品质量信息等外来文件。

5.11.5 各部门、各门店指定专人负责质量管理体系文件的保存、归档等。

（二）质量方针和目标管理制度

文件名称	质量方针和目标管理制度		页数	共2页
文件编号	XXYY-ZD-002		版本号	2021-1
起草人：		审核人：	批准人：	
起草日期： 年 月 日		审核日期： 年 月 日	执行日期： 年 月 日	
分发部门	各部门、法定代表人、企业负责人			

1. 目的　制订本制度的目的是明确本公司经营管理的总体质量宗旨和在质量方面所追求的目标。

2. 依据　《中华人民共和国药品管理法》(2019年版)、《药品经营质量管理规范》(国家食品药品监督管理总局令第13、28号)等法律、法规并结合本公司实际经营，特制定本制度。

3. 适用范围　适用于本公司质量方针和目标的管理。

4. 责任　质量领导小组、公司各部门对本制度的实施负责。

5. 内容

5.1 质量方针　是指由公司的质量领导小组制定，经质量负责人及企业负责人审批并发布的质量宗旨和方向，是实施和改进质量管理体系的推动力。

5.2 我公司的质量方针是　完善质量体系，依法经营管理，确保药品质量，保证用药安全。

5.3 企业质量目标　严格执行最新版《药品经营质量管理规范》及公司规章制度，确保企业经营行为的规范性及合法性；确保所经营药品的质量，保障顾客用药的安全有效；确保门店全体员工的工作质量和服务质量，最大限度地满足顾客的需求确保质量管理体系的有效运行及持续改进，不断提升公司的质量信誉。

5.4 在质量负责人的监督指导下，公司各部门及各门店将公司总体质量目标进行有效的实施。

5.5 质量方针目标的管理程序分为策划、执行、检查和改进四个阶段：

5.5.1 质量方针目标的策划

5.5.1.1 公司质量管理领导小组根据外部环境的要求及本企业的工作实际，于每年12月份召开企业质量方针目标研讨会，制定下年度质量工作的方针目标。

5.5.1.2 质量管理部负责人负责编制年度质量工作计划指标草案，草案应广泛征求意见，对总体目标按各部门、岗位的职能进行细化分解，并经质量管理领导小组讨论通过。

5.5.1.3 讨论通过的质量方针目标经质量负责人及企业负责人审批后下达各部门实施执行。

5.5.1.4 质量负责人负责制定质量方针目标的考核方法，并结合企业经营质量体系定期考核。

5.5.2 质量方针目标的执行

5.5.2.1 每季度末，各部门将目标的执行情况自查上报给质量负责人，质量负责人对实施过程中存在的困难和问题制定有效的措施，确保各项目标的实现。

5.5.2.2 加强全体员工质量管理教育培训，落实质量责任制，培养训练员工的质量工作习惯，保证长效管理。

5.5.3 质量方针目标的检查

5.5.3.1 质量管理部负责人负责公司质量方针目标实施情况的日常检查、督促。

5.5.3.2 每年年底，结合质量职责履行情况的工作考核，由质量负责人组织各部门和门店对各项质量目标的实施效果、进展程度进行全面的检查与考核，检查考核结果上报公司企业负责人审阅。

5.5.3.3 对未按公司质量方针目标进行展开、执行、改进的部门，应按规定给予处罚。

5.5.4 质量方针目标的改进

5.5.4.1 质量管理部负责人应于每年末负责对质量方针目标的实施情况进行总结，认真分析质量目标执行全过程中存在的问题，并提出对质量方针目标的修订意见。

5.5.4.2 公司内外环境发生重大变化时，质量管理部应根据实际情况，及时提出必要的质量方针目标改进意见。

（三）质量信息管理制度

文件名称	质量信息管理制度		页数	共3页
文件编号	XXYY-ZD-003		版本号：2021-1	
起草人：		审核人：		批准人：
起草日期： 年 月 日		审核日期： 年 月 日		执行日期： 年 月 日
分发部门	各部门、法定代表人、企业负责人			

1. 目的　及时了解国家最新的法律法规及政策，沟通公司质量管理各环节相关情况，确保质量信息传递顺畅，保证经营过程中的药品质量。

2. 依据　《中华人民共和国药品管理法》（2019年修订版）、《药品经营质量管理规范》（国家食品药品监督管理总局令第13、28号）等法律、法规。

3. 范围　适用于本公司所有质量方面信息的收集、处理、传递、存档等。

4. 职责

4.1 质量管理部为质量信息中心，通过多种途径进行质量信息的收集、汇总，质量管理员负责具体的质量信息收集、传递和反馈工作，确保质量信息的真实可靠。

4.2 公司各部门及门店负责将相关质量信息反馈给质量管理部。

5. 内容

5.1 质量信息是指公司内外环境对公司质量管理体系产生影响，并作用于质量控制过程及结果的所有相关因素。质量信息主要包括以下内容。

5.1.1 国家新颁布的药品管理法律、法规（包括规范、标准、通知、办法等）及行政规章。

5.1.2 国家新颁布的药品标准、淘汰品种等。

5.1.3 国家及地区药品监督管理部门发布的有关药品抽检的质量公告、通知。

5.1.4 供货单位经营行为的合法性、质量保证能力及供货单位所供药品的质量情况等资料。

5.1.5 在验收、养护、出库、配送等过程中发现的有关药品质量信息。

5.1.6 在用户访问、质量查询、顾客投诉中收集的有关信息。

5.1.7 公司各经营环节收集、反馈的与质量有关的资料、数据、记录、报表及文件等。包括药品质量、工作质量和药学服务质量的信息。

5.1.8 医药流通领域的专业报纸、杂志、媒体及互联网信息。

5.1.9 门店在日常经营中发现的有关药品质量和服务质量信息等。

5.2 质量信息的收集

5.2.1 收集方式

5.2.1.1 质量政策方面的各种信息：由质量管理部通过各级药品监督管理部门文件、通知、媒体及互联网收集。

5.2.1.2 公司内部质量信息：由各有关部门通过收集各种报表、会议、质量信息收集登记表、谈话记录、质量查询记录、建议等方法收集。

5.2.1.3 公司外部信息：由各有关部门通过调查、用户访问、分析预测等方法收集。

5.2.2 收集原则
准确、及时、适用，对文字信息有原始文字或其复印件。

5.3 质量信息的传递和反馈

5.3.1 建立完善的质量信息反馈系统，质量管理部为质量信息管理中心，质量管理员负责收集各类质量信息，并进行分析评估，评估后将与公司相关的重要质量信息填写《质量信息传递反馈单》，传递至各执行部门或人员。

5.3.2 各部门相互协调、配合，发现重要的质量信息，及时填写《质量信息收集登记表》交于质量管理部，质量管理部在接到信息报告后，应及时对信息进行评估处理，并将与公司相关的重要质量信息以《质量信息传递反馈单》的方式，传递至各执行部门或人员，确保信息传递准确、及时、通畅，从而使信息得到最有效的利用。

5.4 质量信息的评估
按其重要程度实行分级管理。

5.4.1 A 类信息 对公司有重大影响，需要公司最高领导作出决策，并由公司各部门协同配合处理的信息。A 类信息必须在 24 小时内上报公司质量负责人和企业负责人，并做出决策，质量管理部负责组织决策的传递并督促执行。

5.4.2 B 类信息 涉及公司内部两个以上门店或部门，需由公司领导或质量管理部协调处理的信息。B 类信息经质量管理部协调后组织传递，相关部门领导负责传递和反馈。

5.4.3 C 类信息 只涉及一个部门或门店，需由部门或门店领导协调处理的信息。C 类信息由本部门或门店决策并协调执行，并将结果向质量管理部反馈。

5.5 质量信息的处理

5.5.1 各执行部门接收到质量信息后及时对信息进行处理，质量管理部负责监督和督促各部门执行，各部门处理完毕后将结果填写《质量信息传递反馈单》交于质量管理部，质量管理部对执行情况进行验证。

5.5.2 质量管理部应每季度整理、分析各类质量信息，形成书面的《质量信息汇总分析报表》，上报公司质量负责人和企业负责人，并向公司各部门传递。

5.5.3 公司在经营过程中收到各部门反馈的药品质量信息，质量管理部应及时通过电话及邮件方式向供货单位进行质量查询。质量查询应做到"凭证齐全、问题清楚、查询及时、逐笔查询、记录完整"，查询结果应存入质量信息档案。

5.6 档案管理

5.6.1 所有质量信息的原始资料均分类编号存入质量信息管理档案。

5.6.2 质量管理部负责建立质量信息管理档案，档案至少存档 5 年。

(四)质量体系内审管理制度

文件名称	质量体系内审管理制度	页数	共4页
文件编号	XXYY-ZD-004	版本号：	2021-1
起草人：		审核人：		批准人：
起草日期： 年 月 日		审核日期： 年 月 日		执行日期： 年 月 日
分发部门	各部门、法定代表人、企业负责人		

1.目的　赋予质量管理部内部监督机制，督促相关部门和岗位执行公司质量管理体系，促进本公司质量管理体系的完善并持续改进，提高质量控制水平，保证质量管理体系运行的适宜性、充分性、有效性和持续性。

2.依据　《中华人民共和国药品管理法》（2019年修订版）、《药品经营质量管理规范》（国家食品药品监督管理总局令第13、28号）等法律、法规和规章。

3.适用范围　本制度规定对公司质量体系各要素进行内部审核的规定，明确相关部门的职责，适用于质量体系内审。

4.责任　质量管理部对本制度的实施负责。

5.内容

5.1 定义

5.1.1 内审　是指依据《药品经营质量管理规范》、附录及相关法规文件的要求，组织开展对企业质量管理体系关键要素和运行状况进行审核、评价、改进等活动，以保证质量管理体系持续有效运行。内审可分为全面内审和专项内审。

5.1.2 全面内审　是对体系进行的系统、全面的审核评价，确定企业组织机构、人员、设施设备、体系文件及计算机系统等关键要素与企业经营范围和经营规模是否相适应，确定、分析、改进体系运行中存在的缺陷的活动。

5.2 开展内审的情形

5.2.1 开展全面内审的情形

（1）质量管理体系全面内审每半年开展一次，于年中和年末进行。

（2）企业全面自查内审每季度一次。

（3）体系文件版本整体更新。

（4）发生严重药品质量安全事故，造成严重后果的。

（5）被药品监督管理部门责令停业整顿或被撤销认证证书等情况。

5.2.2 如下情况或质量管理体系关键要素发生重大变化时，应立即组织进行专项内审：

（1）国家药监部门修订或颁布相关法律、法规；

（2）《药品经营许可证》许可事项（法定代表人、企业负责人、质量负责人、经营方式、经营范围、注册地址、委托配送企业）发生变更的；

（3）组织机构框架进行调整的；

（4）关键设施设备更换的（包括更换计算机操作系统软件）；

（5）体系文件规定需要开展专项内审的其他情形。

5.3 成立内审小组及内审成员要求

5.3.1 成立内审小组　根据内审类型、内审的目的组成内审小组，负责内审活动的具体实施。内审小组由企业负责人、质量负责人、质量管理部门人员和相关部门指定人员组成，企业负责人担任内审小组组长，质量负责人担任副组长。

5.3.2 内审成员要求　审核人员应具有较强的原则性，能按审核标准认真考核；审核人员熟悉国家药品监督管理法律法规、规范及公司基本情况，并经公司内审培训，掌握内审工作技能。

5.4 人员职责

5.4.1 企业负责人负责批准内审计划、内审方案、内审标准及内审报告，督促内审工作的开展。

5.4.2 质量负责人负责审核内审计划、内审方案及内审标准，审核整改方案及内审报告，督促内审缺陷的整改。

5.4.3 质量管理部负责人负责组织开展内审工作，制定内审计划、内审方案及内审标准，制定整改方案及内审报告，并监督、检查、跟踪相关部门整改情况。

5.5 内审计划、方案及标准的内容

5.5.1 内审计划应包括内审的目的、范围和内容、依据和标准、内审小组组成、内审时间安排等。

5.5.2 内审方案应当包括实施内审的时间、涉及的部门、审核内容、审核方法、所需文件等。

5.5.3 内审标准应当符合国家药品监督管理法律法规、GSP及企业经营管理实际。

5.6 内审内容　企业应当根据内审的类型和目标，确定每次内审的审核范围及内容，内审内容应当对应GSP及附录等相关内容，如下。

5.6.1 组织机构内审　需重点审核企业相关部门及岗位实际设置与组织机构设置文件的符合性；部门及岗位设置与企业经营管理实际、经营范围的适应性；质量管理机构和岗位人员履职的有效性。

5.6.2 人员资质内审　需调阅受审部门人员花名册，确认该部门关键岗位人员，重点审核其学历、专业、就业经历、岗位任命、社保缴纳情况等资料，判断其是否符合GSP的要求。

5.6.3 岗位技能内审　需确定每一位员工是否经过培训且能正确理解和掌握各项培训内容能否完整、正确讲述本岗位工作职责，并通过实际操作演示，正确开展本岗位规定的各项工作、准确执行操作规程。

5.6.4 培训工作内审　至少涵盖培训的实施过程和培训效果，审核相关部门是否对岗位人员分别制定了岗前培训、年度继续教育的培训内容，包括依据相关法律法规制定的企业质量管理制度，以及针对不同岗位所需药品专业知识及技能制定的岗位职责及操作规程等。

5.6.5 体系文件内审　主要审核文件制定的程序是否合规，记录是否完整；文件包含的内容是否完整，并结合法律法规及企业实际的发展变化，确定有无改进完善的方面；各岗位人员对体系文件的理解与执行情况等。

5.6.6 设施设备内审　主要审核设施设备台账和档案的建立，设施设备使用、维修与保养记录的建立和保管情况，并通过现场抽查核实设施设备配备和运行状况。

5.6.7 计算机系统内审　应当审核以下内容：

（1）查看质量管理部和信息部的履行相应计算系统管理职责的情况；

（2）对照公司总部组织机构设置，检查质量管理、采购等岗位人员是否配备专用的终端设备对照公司门店组织机构设置，检查质量管理、请货、收货、验收、陈列检查、销售等岗位人员是否配备专用的终端设备；

（3）对照人员花名册，抽查核实各操作岗位是否分配了专有的用户名和登录密码逐一检查总部质量管理、采购岗，门店质量管理、请货、收货、验收、陈列检查、销售等岗位的权限与岗位职责相符情况，各岗位操作权限不得存在超出和缺失职责的情况；

（4）检查近1年内的系统工作日志和数据库日志，核实是否存在违规操作、异常登录以及其他影响系统安全的状况；

（5）检查系统各类记录和数据是否按规定存储和按日备份，检查服务器和备份数据介质存放安全，确认使用备份数据恢复系统的机制的有效性；

（6）确认计算机系统质量管理基础数据库中数据的完整性和关联性，以及有效性的控制；

（7）对照GSP及其附录逐一核对企业计算机系统各项功能是否具备，且符合要求。

5.6.8 业务经营活动内审　对应计算机系统流程和近1年内的数据、票据，对总部的首营审核、采购，门店的收货、验收、陈列检查、销售、退货等进行全面审核。

5.6.9 应急管理内审　审核、评价现有应急预案是否与企业实际管理相适应，能否有效应对出现药品不良反应报告、药品生产企业召回药品，门店药品陈列过程中出现设施设备故障、异常天气影响以及发生灾情、疫情、突发事件或临床紧急救治等各类情况。

5.6.10 票据管理内审　审核发票收集情况，应付发票与随货同行单、采购记录的吻合情况。

5.7 质量管理部应当提前将批准的内审方案、内审标准发至受审部门，受审部门提前依据内审标准开展自查，并准备内审所需资料。

5.8 内审小组应当按照内审方案开展内审工作，按照内审标准对受审部门及人员以提问、查阅资料及记录、现场检查等方式，逐项审核、评价，如实、准确、完整记录审核内容及发现的问题。形成的缺陷项目应当由被审核部门负责人或直接责任者签字确认。

5.9 被审核部门应对缺陷情况进行分析，在规定时间内提出改进措施，反馈质量管理部门。质量管理部门应当对被审核部门的缺陷情况及其提出的整改措施进行评估，制定全面的整改方案，方案应当包括整改的内容、措施、完成时间等，并监督整改实施情况。

5.10 质量管理部负责人应当对内审全过程进行总结，制定完整的内审报告，包括计划、组织、实施、记录、缺陷项目、整改措施及整改结果、内审结论等内容。

5.11 质量管理部应当综合评估内审情况，结合内审发现问题，组织修订相关体系文件，升级、完善计算机系统功能，改善门店设施条件，培训相关岗位人员，提升企业质量管理水平。

5.12 质量管理部负责建立内审档案，包括内审计划、内审标准、内审方案、内审记录、内审报告、整改方案、检查记录等。

5.13 内审档案至少保存5年。

（五）首营企业审核管理制度

文件名称	首营企业审核管理制度	页数	共2页
文件编号	XXYY-ZD-005	版本号：	2021-1
起草人：	审核人：	批准人：	
起草日期： 年 月 日	审核日期： 年 月 日	执行日期： 年 月 日	
分发部门	采购部、质量管理部、法定代表人、企业负责人		

1. 目的　为确保从具有合法资格的企业购进合格的质量可靠的药品。
2. 依据　《中华人民共和国药品管理法》（2019年修订版）、《药品经营质量管理规范》（国家食品药品监督管理总局令第13、28号）等法律、法规和规章。
3. 适用范围　适用于首营企业的质量审核管理。
4. 责任　采购部、质量管理部对本制度的实施负责。
5. 内容

5.1 首营企业是指采购药品时，与本公司首次发生供需关系的药品生产或经营企业。

5.2 采购人员根据门店需要从首营企业购进药品时，首先对首营企业应进行合法资格的审核。索取并审核内容包括加盖有企业原印章的资料如下：

（1）《药品生产（经营）许可证》复印件；

（2）《营业执照》复印件；

（3）《药品生产（经营）质量管理规范》认证证书复印件；

（4）企业相关印章印模，需全部原印章，复印章或彩印章无效；

（5）随货通行单原件（样式），需盖出库章和公章，出库章有几个章盖几个章；

（6）银行开户许可证，需注明开户户名、开户银行及账号；

（7）加盖供货单位公章原印章和法定代表人印章的授权书，授权书应当载明被授权人姓名、身份证号码，以及授权销售的品种、地域、期限；

（8）加盖供货单位公章原印章的药品销售人员身份证复印件；销售人员上岗证复印件（上岗证必须在有效期内）或是公司出具的培训合格证明；

（9）条款全面的质保协议，对方公章或合同章及法人章需盖在甲方或乙方相应位置；

（10）本年度或上一年度的年度报告（或企业公示）；

（11）合格供货方档案表或质量体系调查表；

（12）开票信息。

5.3 对变更后的企业应严格审查其变更后证照、公章的合法性和有效性。

5.4 审核证照是否超出有效期，是否按所规定的生产（经营）范围和经营方式进行生产经营活动。

5.5 质量保证协议条款应全面，至少包括以下内容：

（1）明确双方质量责任；

（2）供货单位应当提供符合规定的资料且对其真实性、有效性负责；

（3）供货单位应当按照国家规定开具发票；

（4）药品质量符合药品标准等有关要求；

(5)药品包装、标签、说明书符合有关规定;
(6)药品运输的质量保证及责任;
(7)质量保证协议的有效期限。

5.6 对供货单位的质量管理体系进行评价,通过首营企业资料审核还不能确定其质量保证能力时,质量管理部会同采购部应组织进行实地考察,考察企业的生产或经营场所、技术人员状况、储存场所、质量管理体系、检验设备及能力、质量管理制度等,并重点考察其质量管理体系是否满足药品质量的要求等。

5.7 首营企业的审核由采购部会同质量管理部共同进行。采购部填写"首营企业审批表",并将本制度第5.2条规定的资料报质量管理部。

质量管理部对采购部填报的《首营企业审批表》及相关资料进行审核,报质量负责人批准后,列入合格供货方档案,同时录入计算机信息管理系统进行自动控制管理,方可从首营企业进货。

5.8 质量管理部将"首营企业审批表"及有关资料存档至少5年。

(六)首营品种审核管理制度

文件名称	首营品种审核管理制度		页数	共2页
文件编号	XXYY-ZD-006		版本号:2021-1	
起草人:		审核人:		批准人:
起草日期: 年 月 日		审核日期: 年 月 日		执行日期: 年 月 日
分发部门	采购部、质量管理部、法定代表人、企业负责人			

1. 目的 加强公司药品经营质量管理,确保从具有合法资格的企业购进合格的质量可靠的药品。

2. 依据 《中华人民共和国药品管理法》(2019年修订版)、《药品经营质量管理规范》(国家食品药品监督管理总局令第13、28号)等法律、法规和规章。

3. 适用范围 适用于首营品种的质量审核工作。

4. 责任 采购部、质量管理部及质量负责人对本制度的实施负责。

5. 内容

5.1 首营品种是指本公司首次购进的药品(含新规格、新剂型、新包装、新品种等)。

5.2 采购员购进首营品种时,应首先对首营品种进行合法性和质量基本情况的审核,审核内容包括下面几条。

5.2.1 供应商为生产厂家时 采购员应向生产企业索取加盖生产厂家公章原印章的该品种的在有效期内的药品注册批件、补充证明文件复印件(如变更生产厂商名称、增加或改变规格、修改包装说明书等)、法定质量标准、省检报告(如有则提供)、该品种的省物价批文(或厂家自主定价的文件、发改委价格文件)、药品说明书、样盒及标签的原件及复印件。

5.2.2 供应商为经营企业时 采购员应索取加盖供应商公章原印章的在有效期内的《药品注册批件》/《再注册批件》/《药品补充申请批件》、省检报告(如有则提供)及执行质量标准;如有可能,应索取药品的包装、标签、说明书等原件及复印件。

5.2.3 采购进口药品时 需要索取加盖供应商公章原印章的在有效期内的：（1）《进口药品注册证》或《医药产品注册证》；（2）《进口药品注册批件》复印件；（3）《进口药品检验报告书》复印件或者注明"已抽取"并加盖抽样单位公章的《进口药品通关单》复印件实行批签发管理的生物制品。除了索取（1）、（2）、（3）项，需要同时提供口岸所在地核发的批签发证明复印件，例如《生物制品批签发合格证》《进口生物制品检验报告书》。

5.3 资料齐全后，采购员在计算机系统内填写《首营品种审批表》，将电子版审批表与纸质版首营资质一同报送质量管理部。

5.4 质量管理部对首营品种的合法性和质量基本情况应进行审核，审核内容包括：

5.4.1 审核所提供资料的完整性、真实性和有效性。

5.4.2 了解药品的适应证或功能主治、储存条件及质量状况。

5.4.3 审核药品是否符合供货单位《药品生产/经营许可证》规定的生产/经营范围，以及是否符合我公司的经营范围，超范围的严禁采购。

5.4.4 当生产企业原有经营品种发生规格、剂型或包装改变时，应按首营品种审核程序重新审核。

5.4.5 审核结论应明确，相关审核记录及资料应及时归档保存。

5.4.6 需登录《国家药品监督管理局》网站进行查验，有国家局的审批并且在有效期内，批件有效期为批准日期后推5年的前一日，核对批件的批准文号、产品名称、剂型、规格、生产单位、生产地址、产品类别、批准日期等，查询到的信息和批件必须完全一致才能录入及购进。将查询结果截图命名存档，命名与首营资料档案归档号相同。

5.5 质量管理部审核通过后报质量负责人审批，审批通过后质量管理员录入计算机管理系统，采购部才可以做采购订单，进行药品的采购活动。

5.6 《首营品种审批表》及首营品种资质等有关资料应归档保存，保存至少5年以上。

（七）药品采购管理制度

文件名称	药品采购管理制度	页数	共3页
文件编号	XXYY-ZD-007	版本号：2021-1	
起草人：	审核人：	批准人：	
起草日期：年 月 日	审核日期：年 月 日	执行日期：年 月 日	
分发部门	采购部、质量管理部、信息部、法定代表人、企业负责人		

1. 目的 加强药品采购环节的质量管理，对药品采购过程进行质量控制，以确保依法购进，经营合法并保证药品的质量。

2. 依据 《中华人民共和国药品管理法》（2019年修订版）、《药品经营质量管理规范》（国家食品药品监督管理总局令第13、28号）等法律、法规和规章，特制定本制度。

3. 适用范围 适用于药品的采购管理。

4. 职责 采购部、质量管理部对本制度的实施负责。

5. 内容

5.1 根据"按需购进、择优选购、质量第一"的原则，依据药品销售动态、库存量、顾客需求以及营业员反馈的各种信息，进行采购。

5.2 严格执行药品购进规程，把好购进质量关，认真审查供货单位的法定资格、经营范围和质量信誉等，确保从合法的企业购进符合要求和质量可靠的药品。

5.3 采购员配合质量管理部，做好首营企业和首营品种的审核工作，向供货单位索取合法证照及相关资料。

5.3.1 对首营企业的审核，应当查验加盖其公章原印章的以下资料，确认真实、有效：

（1）《药品生产许可证》或者《药品经营许可证》复印件；

（2）营业执照、税务登记、组织机构代码三合一的证件复印件，及上一年度企业年度报告公示情况；

（3）《药品生产质量管理规范》认证证书或者《药品经营质量管理规范》认证证书复印件（不是必须提供）；

（4）相关印章、随货同行单（票）样式；

（5）开户户名、开户银行及账号。

5.3.2 采购首营品种应当审核药品的合法性，索取加盖供货单位公章原印章的药品生产或者进口批准证明文件复印件、产品质量标准、检验报告书、物价批文等资料以及药品包装、标签、说明书实样，以及质量管理部认为应该索取的资料，并予以审核，审核无误的方可采购。

5.3.3 根据《购进药品质量评审操作规程》按每年年末或次年年初对药品采购的整体情况进行综合质量评审，建立药品质量评审和供货单位质量档案，并进行动态跟踪管理。

5.3.4 质量管理员年中和年末登录"国家企业信用信息公示系统"，查询供应商是否存在频繁变更、失信及违规记录，根据查询结果与采购部对其进行综合评定，确定是否继续采购。

5.4 采购员应当核实供货单位销售人员的合法资格，留存供货单位销售人员以下资料：

（1）加盖供货单位公章原印章的销售人员身份证复印件；

（2）加盖供货单位公章原印章和法定代表人印章或者签名的授权书，授权书应当载明被授权人姓名、身份证号码，以及授权销售的品种、地域、期限。

5.5 与供货单位签订质量保证协议，明确双方质量责任，保证药品质量，与供货单位签订的质量保证协议至少包括以下内容：

（1）明确双方质量责任；

（2）供货单位应当提供符合规定的资料且对其真实性、有效性负责；

（3）供货单位应当按照国家规定开具发票；

（4）药品质量符合药品标准等有关要求；

（5）药品包装、标签、说明书符合有关规定；

（6）药品运输的质量保证及责任；

（7）质量保证协议的有效期限。

5.6 资料齐全及符合要求后，采购员填写《首营企业审批表》及《首营品种审批表》，将审批表与资料提交给质量管理部审核，经质量负责人审批通过后可以进行采购，必要时采购部会同质量管理部应当进行实地考察，对供货单位质量体系进行评价。

5.7 采购员在计算机系统内做采购计划，采购计划内容包括药品的通用名称、规格、剂型、生产企业、供货单位、购进数量、价格等内容，经审核后形成采购订单，以供收货及验收药品时核对。

5.8 采购药品应建立采购记录，采购记录注明药品通用名称、剂型、规格、批号、有效期、生产厂商、上市许可持有人、供货单位、购进数量、购货日期等项内容。

5.9 因供应商各种证照、销售委托书、质量保证协议书、药品生产或进口批准证明文件等任何质量基础数据接近失效，计算机系统提示、预警，采购员应及时索取相关资料，交送质量管理员，经审核合格后，质量管理员要及时更新基础数据后继续进行采购。

5.10 因供应商各种证照、销售委托书、质量保证协议书、药品生产或进口批准证明文件等任何质量基础数据已经过期失效，被计算机系统自动锁定，采购员不得从该企业购进药品，采购员应及时索取相关资料，递交质量管理员，经质量管理员审核合格并更新基础数据库后，方可从该企业采购药品，质量管理员将更新的资料归档。

5.11 供货单位只能从经质量管理部审核的，并建立在计算机系统中的，首营企业和合格供货方档案中记载的供货企业中选择。要认真审查供货单位的法定资格、经营范围，要与供货单位授权委托书授权经营的品种和地域相统一。综合考虑供货单位质量信誉，履行合同的能力。

5.12 采购药品应签订购销合同（包括邮件、通过网络传递的图片等），购销合同必须符合《合同法》规定。

5.13 采购药品时，向供货单位索取发票，做到票、账、货相符。发票要符合国家税务局的相关规定，并且列明药品的通用名称、规格、单位、数量、单价、金额等；不能全部列明的，应当附《销售货物或者提供应税劳务清单》，并加盖供货单位发票专用章原印章、注明税票号码。发票上的供货单位名称及金额、品名应当与付款流向及金额、品名一致，并与财务账目内容相对应。发票按有关规定保存，不得少于5年。

5.14 采购部应分析销售形势，合理调整库存，优化药品结构。

（八）药品收货管理制度

文件名称	药品收货管理制度		页数	共3页
文件编号	XXYY-ZD-008		版本号：2021-1	
起草人：	审核人：		批准人：	
起草日期：　年　月　日	审核日期：　年　月　日		执行日期：　年　月　日	
分发部门	仓储部、法定代表人、企业负责人			

1. 目的　把好入库药品质量关，保证购进药品数量准确、质量完好，防止不合格药品和假劣药品进入本公司。

2. 依据　《药品管理法》、《药品经营质量管理规范》（国家食品药品监督管理总局令第28号）、《药品流通管理办法》等法律、法规。

3. 范围　适用于本公司所购进和销后退回药品的收货工作。

4. 职责　药品收货员对本制度的实施负责。

5.内容

5.1 药品到货时，收货员应检查运输工具和运输状况是否符合要求。

5.2 供货方委托运输的，应对物流凭证（运输单、托运单、快递单等）进行核对，确认药品运输过程（发运地点、送达地点、送货人、运输时间等）是否符合要求。

5.3 药品到货时，收货员应当查验与货物同来的《随货同行单（票）》。

5.3.1 随货同行单（票）内容应包括：供货单位、生产厂商、药品的通用名称、剂型、规格、批号、数量、收货单位、收货地址、发货日期等内容。

5.3.2 随货同行单（票）应加盖企业原印章。

5.3.3 收货员如果对所载的内容或票据样式有疑问，应到质量部调出供货单位留存的《随货同行单（票）》票样，进行比对。比对合格后，方可收货，比对不合格，应当拒收，同时报质量管理部处理。

5.3.4 收货员调出采购订单，核对随货同行单（票）上面所记载的供货单位、生产厂商、药品的通用名称、剂型、规格、数量、收货单位是否与采购订单内容一致。

5.3.5 收货员应当核对随货同行单（票）中所记载的通用名称、规格、剂型、批号、数量、生产厂商是否与药品实物相符。

5.4 随货同行单（票）、到货药品实物应与采购订单有关内容相一致，一致后，收货员应当将核对无误的药品放置于相应的待验区内，收货员在随货通行单上签署名字和日期，通知验收员验收，验收无误后，将随货通行单交予采购部复核，复核完毕，收货员核对收货通知单无误后，用手持终端进行收货，输入实货批号、有效期等。不一致的应当拒收或通知采购部门处理。

5.5 收货员对破损、污染、标识不清等情况的药品，应当拒收。

5.6 冷藏、冷冻药品到货时，应优于其他药品先收货，避免外界环境对其运输储存条件影响。

5.6.1 冷藏、冷冻药品到货时，应先检查运输方式、温控方式是否符合规定。

5.6.2 冷藏、冷冻药品到货时，对到货时的温度和运输过程的温度记录、运输时间等质量控制状况进行重点检查，并将相关内容记录到冷链药品运输交接单中，不符合温度要求的应当拒收。

5.7 销后退回药品的收货。

5.7.1 对于销后退回药品，收货员应当依据销售部门核准的退货单或通知对销后退回药品进行核对，确认为本企业销售的药品后，方可收货并放置于符合药品储存条件的专用待验场所，通知验收员验收。

5.7.2 对于销后退回的药品，经核实不是本公司销售的药品，应拒绝收货。因特殊原因必须收货并退回公司，要告知验收员相关情况，验收员一律按不合格药品处理。

5.7.3 销后退回的冷藏、冷冻药品，应当有退货单位提供的该药品在退货单位储存期间以及退回运输过程中质量控制情况说明，确认符合规定储运条件的方可收货；如不能提供证明及超过温度控制要求的，拒绝收货或按不合格药品处理。

（九）药品验收管理制度

文件名称	药品验收管理制度	页数	共3页
文件编号	XXYY-ZD-009	版本号：2021-1	
起草人：	审核人：	批准人：	
起草日期： 年 月 日	审核日期： 年 月 日	执行日期： 年 月 日	
分发部门	仓储部、法定代表人、企业负责人		

1. 目的　把好入库药品质量关，保证购进药品数量准确、质量完好，防止不合格药品和假劣药品进入本公司。

2. 依据　《药品管理法》、《药品经营质量管理规范》（国家食品药品监督管理总局令第28号）等法律、法规和规章。

3. 范围　适用于本公司所购进和销后退回药品的验收工作。

4. 职责　药品验收员对本制度的实施负责。

5. 内容

5.1 药品验收必须按照《药品验收工作程序》进行，由验收员依照药品的法定标准、质量保证协议书规定的质量条款及随货同行单和退货单（通知）等，对购进药品和销后退回药品进行逐批验收。

5.2 验收员应按照药品批号，查验供货企业随货送来的药品检验报告书，药品检验报告书符合相关规定后，将药品检验报告书扫描录入计算机管理系统存档。

5.3 药品验收应在专门的待验区内进行。冷藏、冷冻药品应在冷库内待验区内进行；特殊管理的药品应按照相关规定在专库或者专区内进行。一般情况下，验收应在规定时间内完成。

5.4 验收药品时应按规定比例逐批抽取样品，抽取样品应具有代表性。

5.5 验收时应同时对药品的外观和包装、标签、说明书以及有关要求的证明文件进行逐一检查核对。

5.6 验收进口药品时，应同时查验加盖了供货单位质量管理专用章原印章的相关证明文件。

5.7 对特殊管理药品应双人验收，并逐箱验点至最小包装。

5.8 验收时如发现药品外观质量和包装质量不合格时应拒收，并要注明不合格事项及处置措施。

5.9 发现质量可疑的药品时，应报告质量管理部，请其确认可疑药品的质量。经确认为合格的药品，正常入库经确认为不合格的药品，如果是外在质量原因不合格的购进验收药品应作拒收处理，内在质量不合格的购进验收药品移入不合格品库，同时报质量管理部和相关药品监督管理部门。是销后退回的药品一律移入不合格品库。

5.10 药品验收完毕应尽量恢复验收前的原状。对打开的药品整包装，应用封条密封并标示。对作破坏性验收的药品应做抽样处理。

5.11 收货员用手持终端收货完毕，验收员在计算机系统内调出采购订单，将随货通行单、质检报告、采购订单等详细内容进行核对，核对无误后，输入验收结论，与自动生成的验收员姓名和验收日期，存盘保存，形成验收记录，验收完毕。

5.12 验收发现到货药品与收货记录的有关内容不相符的，由采购部负责与供货单位核实和处理。

5.13 对实施电子监管的药品，应按照规定进行药品电子监管码扫码，并及时将数据上传至中国药品电子监管网系统平台。对未按规定加印或者加贴中国药品电子监管码，或者监管码的印刷不符合规定要求的，应当拒收。监管码信息与药品包装信息不符的，应及时向供货单位查询，未得到确认之前不得入库，必要时向当地药品监督管理部门报告。

5.14 验收工作结束后，仓储人员将货物按相应货位上架。

（十）药品入库储存管理制度

文件名称	药品入库储存管理制度		页数	共3页
文件编号	XXYY-ZD-042		版本号：2021-1	
起草人：		审核人：		批准人：
起草日期：　年　月　日		审核日期：　年　月　日		执行日期：　年　月　日
分发部门	仓储部、法定代表人、企业负责人			

1. 目的　确保所储存药品数量准确和质量完好，杜绝差错。
2. 依据　《药品管理法》、《药品经营质量管理规范》（国家食品药品监督管理总局令第28号）等法律、法规和规章。
3. 适用范围　药品入库保管工作。
4. 责任　仓储部保管员对本制度的实施负责。
5. 内容

5.1 仓储部保管员必须严格执行《药品管理法》和《药品经营质量管理规范》，保证企业经营药品的质量完好，数量准确。

5.2 保管员或仓储部人员用手持终端将验收完毕的货物放入电子分配的相应货位上。

5.3 保管员应熟悉药品的性能及储存要求，储存保管中应遵守下列要求。

5.3.1 药品按温、湿度要求储存于相应的库（区）货位中，药品与非药品、内用药与外用药、品名或外包装易混淆的药品必须分开，同一品种不同批号必须分开存放，不能置于同一托盘或储位。

5.3.2 根据药品的性能及要求，将药品分别存放于常温库、阴凉库、冷库中，保证药品的储存质量。其中常温库的温度应控制在10～30℃、阴凉库的温度应控制在0～20℃、冷库的温度应控制在2～8℃，相对湿度均控制在35%～75%。

5.3.3 在库药品均实行色标管理：待验区、退货区为黄色，合格品库（区）、发货区为绿色，不合格品区（库）为红色。

5.3.4 当待验区、退货区和不合格品区的面积不能满足待验、退货或不合格药品堆放要求时，可将其堆放在合格品区，然后挂上相应的标志牌并用绳索圈围起来以示区别。

5.3.5 搬运和堆垛应严格遵守药品外包装图式标志的要求，规范操作。怕压药品应控制堆放高度，定期翻垛。

5.3.6 根据季节、按气候变化，做好温湿度调控工作。温湿度自动监测系统30分钟对库房温湿度记录一次。库房内温湿度超标则系统自动报警提示，此时保管员或保管员协助养护员及时采取相应措施。确保相应库区的温湿度保持在规定的范围内，保证阴凉库温度不高于20℃，冷库温度为2~8℃；各库房相对湿度应保持在35%~75%。

5.4 对库存药品经常进行检查，确保库存药品的质量合格；应定期对库存药品进行盘点，做到账、货相符。

5.5 保持货架、托盘等设施设备清洁卫生，无破损，不堆放杂物。保持药品储存作业区的清洁卫生，不得存放于储存管理无关的物品。

5.6 保管员应做好防火、防盗、防潮、防热、防霉、防虫、防鼠及防污染等工作。

5.7 药品因破损而导致液体、气体、粉末泄漏时，应迅速按照相关程序采取安全处理措施，防止对储存环境和其他药品造成污染。

5.8 未经批准的人员不得进入存储作业区，存储作业区内的人员不得有影响药品质量和安全的行为。

（十一）药品养护管理制度

文件名称	药品养护管理制度	页数	共3页
文件编号	XXYY-ZD-011	版本号：	2021-1
起草人：		审核人：	批准人：
起草日期： 年 月 日		审核日期： 年 月 日	执行日期： 年 月 日
分发部门	仓储部、质量管理部、法定代表人、企业负责人		

1. 目的　规范药品养护工作，确保所储存药品数量准确和质量完好。

2. 依据　《中华人民共和国药品管理法》（2019年版）、《药品经营质量管理规范》（国家食品药品监督管理总局令第13、28号）等法律、法规并结合本公司实际经营，特制定本制度。

3. 适用范围　药品养护工作。

4. 责任　养护员对本制度的实施负责。

5. 内容

5.1 养护员必须严格执行《药品管理法》和《药品经营质量管理规范》，保证本公司经营药品的质量完好。

5.2 对储存条件有特殊要求和近效期药品确定为重点养护品种。

5.3 信息部应责成软件服务商，将养护记录表嵌套到计算机系统，养护记录的内容包括：药品通用名称、规格、剂型、批号、有效期、生产厂商、货位号、质量状况，养护措施、养护人，处理结果。

5.4 计算机系统要自动生成养护计划。生成养护计划的原则。

5.4.1 依据养护类别，按货位顺序依次生成养护计划。

5.4.2 冷藏药品、近效期药品、第二类精神药品等重点养护品种，一个月养护一次。

5.4.3 除重点养护品种外，其他品种一个季度养护一次，第一个月养护在库药品的40%，第二个月养护所有未养护在库药品的70%，第三个月养护所有前二个月未养护的药品。

5.4.4 在养护过程中如果发现实际货位批号、数量与计算机系统中不相符，养护员在计算机系统中调整货位或通知保管员、物流部领导，要求物流部整改。

5.5 养护员在养护工作中应遵守下列要求。

5.5.1 在质量管理部的指导下加强对重点养护品种的养护。

5.5.2 根据库存药品的流转情况定期进行循环质量检查。

5.5.3 养护员在养护中如发现质量可疑的药品，应及时悬挂黄色标志，通知暂停发货，并在计算机系统中进行锁定和记录，及时报质量管理部门确认。对经确认为合格的药品，应立即撤销黄色标志和暂停发货的通知，并在计算机系统中解锁；对经确认为不合格的药品，应立即通知保管员将不合格药品移至不合格品库区。

5.5.4 对近效期、储存日久的品种，应有计划抽样送质量管理部进行内在质量确认工作。

5.5.5 指导保管员对药品进行合理储存。

5.5.6 库房内温湿度超标，温湿度自动监控系统报警提示时，养护员责成保管员或协助保管员及时采取相应措施。

5.5.7 负责养护用仪器设备、温湿度自动监控仪器、仓库在用计量仪器及器具、叉车、电子标签、电子扫描枪等设施、设备、仪器、的养护管理。

5.6 养护人员应每季度汇总、分析养护工作情况。

5.7 当用友时空系统，因药品有效期不足6个月自动预警时，做好近效期药品每月统计报表工作。凡有效期不足6个月的药品，均应及时导出数据，以邮件、QQ、纸质文件的形式发送至采购部、销售部、质量管理部。

（十二）药品销售管理制度

文件名称	药品销售管理制度	页数	共3页
文件编号	XXYY-ZD-012	版本号	2021-1
起草人：	审核人：	批准人：	
起草日期： 年 月 日	审核日期： 年 月 日	执行日期： 年 月 日	
分发部门	质量管理部、运营部、法定代表人、企业负责人		

1. 目的 为加强药品销售环节的管理，规范药品的销售行为特制定本制度。

2. 依据 《中华人民共和国药品管理法》（2019年修订版）、《药品流通监督管理办法》、《药品经营质量管理规范》（国家食品药品监督管理总局令第13、28号）、《处方药与非处方药流通管理暂行规定》等法律、法规和规章，特制定本制度。

3. 适用范围 各门店的药品零售工作。

4. 责任 质量管理部、运营部对本制度的实施负责。

5. 内容

5.1 门店必须在营业场所的显著位置悬挂《营业执照》《药品经营许可证》及执业药师注册证等证照原件。

5.2 营业人员应佩戴有姓名、照片、岗位等内容的工作牌，执业药师的工作牌还应标明执业药师的技术职称。

5.3 门店应在营业场所公布药品监督管理部门的监督电话及公司投诉电话，设置顾客意见簿，听取顾客的意见和建议，及时处理顾客对药品质量的投诉。

5.4 门店必须贯彻执行有关药品质量管理的法律、法规和行政规章，严禁销售假药、劣药、过期变质、潮湿霉变、虫蛀、鼠咬、破损等不合格药品禁止上柜销售。

5.5 关于销售

5.5.1 销售人员对顾客正确介绍药品的适应症或功能主治、用法、剂量、禁忌和注意事项等，不得夸大药品疗效，滥行推销，不得将非药品以药品名义向消费者介绍和推荐。

5.5.2 营业时间内，应有处方审核员在岗为顾客提供咨询服务，指导顾客安全、合理用药。坚持问病售药，防止事故发生。

5.5.3 销售处方药必须凭医师处方销售，无合法合规的处方禁止销售处方药。处方必须经在店内注册的执业药师审核并签字后方可销售，处方内药品不得擅自更改或代用，对有配伍禁忌或超剂量的处方应当拒绝调配、销售，必要时经原处方医师更正并重新签字后方可调配、销售，防止差错和事故的发生。

5.5.4 销售甲类非处方药、乙类非处方药可不凭医师处方销售，若顾客需要，执业药师应负责对药品的购买和使用进行指导。执业药师不在岗时停止销售甲类非处方药。

5.5.5 处方药、非处方药不得采用搭售、买药品赠药品、买商品赠药品、有奖销售、附赠礼品等销售方式。

5.5.6 不得采用网上售药的销售方式。

5.5.7 非本公司在职人员，不得在店内销售药品，不得从事药品宣传或推销活动；非本门店药品，不得在店内销售。

5.5.8 销售药品近有效期6个月的应告知顾客有效期，并提醒顾客在有效期前使用。

5.5.9 销售含麻黄碱类复方制剂、复方甘草片及复方地芬诺酯片时，必须如实登记顾客姓名和身份证号，并且严格按规定一次销售不得超过2个最小包装。认真做好登记记录，登记内容包括购买人姓名、身份证号码、电话等。销售含麻醉药品和曲马多口服复方制剂时，无医师处方禁止销售，一次销售不得超过2个最小包装。

5.5.10 销售药品要开具销售凭证（小票），内容应包括药品名称、生产厂商、数量、价格、批号等；要遵照"近期先出、按批号拿货"的原则销售，做到票、账（微机记录）、货相符。

5.5.11 除药品质量原因外，药品一经售出，不得退换。因质量原因退回的药品，按不合格药品管理制度进行处理，并记录。

5.6 关于陈列

5.6.1 门店严格按分类管理原则陈列药品，处方药与非处方药分开陈列摆放，并悬挂"处方药"和"非处方药"专有标识，处方药不得采用开架自选的方式销售。

5.6.2 药品价签对应相应的药品，一药一签，标明品名、厂家、规格、价格等；

5.6.3 将易混淆药品用标签进行标识，防止错拿混拿药品。

5.6.4 根据说明书把药品的禁用、慎用情况用标签在药品旁边注明，销售药品时注意咨询顾客，有禁用的情况禁止销售。

5.6.5 店内的药品广告必须有合法的药品广告批文，严格执行国家有关广告管理的规定。

5.7 关于拆零药品

5.7.1 定义　拆零药品是指拆分了最小包装的药品，销售的最小单元不能完整保留品名、规格、服法、用量、有效期等信息的药品。

5.7.2 拆零销售的药品，应向顾客提供所销药品的说明书原件或复印件。

5.7.3 拆零销售的药品，在销售期间应保留药品原包装和说明书，拆零后药品应放在拆零药品专柜。

5.7.4 拆零销售的药品应使用洁净、卫生的包装袋，包装袋上注明药品名称、规格、数量、用法、用量、批号、有效期以及药店名称等内容。

5.7.5 拆零的工作台及工具应保持清洁、卫生，防止交叉污染。

5.7.6 应做好拆零销售记录，拆零销售记录内容应包括拆零起始日期、药品的通用名称、规格、批号、生产厂商、有效期、销售数量、销售日期、分拆及复核人员等。

5.8 遇到顾客投诉及时将顾客带离营业场所，有办公室的带至办公室，接待时要微笑和尊重顾客，禁止当事人处理投诉事件，尽量店长亲自处理。处理完毕后质量负责人在系统内登记"顾客投诉记录"并且形成报告。

5.9 门店发现已售出药品有严重质量问题，应及时采取措施追回药品并做好记录，同时立即向运营部和质量管理部报告。

5.10 门店人员注意收集由本店售出药品的不良反应情况及质量投诉，发现不良反应情况，按规定上报质量管理部，执行《药品不良反应报告管理制度》。

5.11 以上所有记录至少保存5年。

附录二
药店质量管理表式

一、药店管理表格概述

药店管理表格是药店管理的重要工具。

（一）表格化管理的特点

（1）管理者和被管理者必须直接参与填写、核对、检测、确认，使管理更加有效。
（2）与电脑化管理丝丝相扣，电脑化管理的文件形式几乎都以表格形式出现。
（3）清晰、简洁，所表达内容一目了然。

（二）药店管理中常用的表格种类

1.管理质量相关　质量领导小组会议记录、GSP内部审核记录、质量方针目标检查考核表、卫生检查记录、安全检查记录、药品质量档案、首营企业审批表、首营品种审批表。

2.员工管理　员工体检记录、员工培训计划、员工业务培训卡。

3.药品购、存、销质量管理

（1）药品购入　药品购货计划表、药品购进记录、药品购进退出台账。

（2）药品验收　购进药品验收记录（国产/进口）、药品入库验收单、药品拒收报告单。

（3）药品保管养护　库房温湿度记录表、库存药品质量养护记录、出库复核记录、养护设备维修保养记录、重点养护品种目录表、近效期药品催销表。

（4）药品销售　药品销售记录、处方登记表、拆零药品记录。

4.服务质量　药品质量查询记录表、药品质量投诉记录表、顾客意见表、售后药品质量问题追踪表、销后退回药品验收记录、顾客投诉受理卡。

5.质量问题管理　药品质量事故调查处理报告、药品不良反应报告表、药品停售通知单、不合格药品报损审批表、报损药品清单、不合格药品汇总表、不合格药品销毁申请单、不合格药品销毁报告、不合格药品销毁记录。

二、药店常用质量管理表式样张

首营企业审核表

填报人：　　　　　　　　　　　　　　　　　　　　　编号：

供货企业全称			法定代表人	
企业地址			邮政编码	
许可证号		企业类型	发证机关	
生产或经营范围				
发证日期			有效期	
供货企业联系人		身份证号	联系电话	
企业提供资料情况	1. 药品经营（生产）许可证　□ 2. 营业执照　□ 3. GSP（GMP）证书　□ 4. 质量保证协议　□ 5. 委托书　□ 6. 身份证　□			
企业质量信誉及采购负责人意见	签字：　　　年　月　日			
质量负责人意见	签字：　　　年　月　日			
企业负责人审批意见	签字：　　　年　月　日			

首营品种审批表

编号：

药品名称	规格	剂型	批准文号	生产厂家

药品执行标准	

储存条件		有效期	

药品性能、用途	

首营品种资料情况	1. 质量标准　□ 2. 生产批件　□ 3. 包装、标签、说明书　□ 4. 药品检验报告书　□

产品质量信誉及采购意见	 填写人：　　年　月　日

质量负责人意见	 签字：　　年　月　日

企业负责人审批意见	 签字：　　年　月　日

购进药品检查验收记录表

(_____ 年度 _____ 季度)

编号:　　　　　　　　　　　　　　　　　　　　　　　制表日期:

日期	品名	剂型	规格	数量	供货单位	生产企业	生产批号	批准文号	有效期	药品外观质量	验收员意见	验收员签章

药品养护记录表

(_____ 年度 _____ 季度)

编号:　　　　　　　　　　　　　　　　　　　　　　　制表日期:

养护日期	养护药品种类及数量	药品质量问题	近效期药品情况	养护员意见	养护员签字

经营设备、陈列环境及条件检查表

(_____年度_____季度)、

编号:　　　　　　　　　　　　　　　　　　　　制表日期:

检查项目	检查时间	检查结果	采取措施	检查人员
温湿度计				
空调机				
暖气				
电冰箱				
陈列柜				
仓库货架				
照明设备				
各项标志				
仓库卫生				
店堂卫生				
防鼠等设备				
饮片调配设备				
加湿器				

近效期药品月报表

填报人:　　　　　　　　　　　　　　　　　　　填报日期:

品名	规格	数量	生产企业	批号	有效期	金额

接收人:

药品不良反应报告

企业名称：　　　　　　电话：　　　　报告日期：　　年　月　日

患者姓名	性别： 男□ 女□	出生日期：　年　月　日	民族	体重 （kg）	国家药品不良反应： 有□　无□　不详□
病历号/门诊号	工作单位或住址：		电话：		既往药品不良反应情况： 有□　无□　不详□
原患疾病：	不良反应名称：				不良反应发生时间： 年　月　日

不良反应的表现：
（包括临床检验）

不良反应处理情况：

不良反应的结果：治愈□　　好转□　　有后遗症□
　表现：　死亡□　　直接死因□　　　　　　死亡时间：　　年　　月　　日

　　对原患疾病的影响：不明显□　病程延长□　病情加重□　导致后遗症□　导致死亡□

关联性 评价	省级ADR监测机构：肯定□很可能□可能□不大可能□未评价□无法评价□签名： 国家ADR监测中心：肯定□很可能□可能□不大可能□未评价□无法评价□签名：

	商品名	国际非 专利名	生产企业	批号	剂型	进货 渠道	生产日期
怀疑引起不良反 应的药品							
并用药品							

曾在国内、外发生的不良反应情况（包括报纸、杂志报道情况）

国内：

国外：

其他：

报告人单位：　　　　　　　　　职务：　　　　　　　报告人签名：

不合格药品报损申请表

(_____年度_____季度)

编号：   制表日期：

药品名称		剂型		规格	
数量		生产批号		有效期	
生产企业		来源		金额	
报损原因	填写人：　　　　　　　年　月　日				
采购员意见	负责人：　　　　　　　年　月　日				
质量负责人意见	负责人：　　　　　　　年　月　日				
财务人员意见	负责人：　　　　　　　年　月　日				
企业负责人审批意见	负责人：　　　　　　　年　月　日				

参考文献

[1] 苏兰宜. 药店零售技术[M]. 北京：化学工业出版社. 2019.

[2] 王桂梅. 药店零售与服务技术[M]. 北京：中国医药科技出版社. 2020.

[3] 张宁. 零售药店实务[M]. 北京：中国医药科技出版社. 2021.